expat guide

Londres
et ses Quartiers

Directrice édition: Guylaine Amyot
La présente édition a été révisée et augmentée par Marie-Blanche Camps

Remerciements
Géraldine Appert
Alexandre Auddin
Claude Berthoux
Olivier Bertin
Anne Bioche
Sandrine Burtschell
Nicolas Camps
Pierre Camps
Emilie Corel
Catherine Cusset
Isabelle Chazot
Carole Chuquet
Hélène Fauquet
Thérèse Fontana
Guillemette Gaigneux
Isabelle Gault
Annik Glasgow
Odile Grand
Valérie Hourcade
Caroline Imbert
Ségolène Journé
Valérie Lehmann
Isabelle Leize
Maud Martinelli
Cécile Mouchel
Corinne Mure-Ravaud
Nathalie Nahum
Christine Naoumoff-Faillat
Delphine Rigaud
Marlène Stobbart
Marie-Claire Suirdale
Candice Thompson
Fabienne Uzel
Dominique Valentiny
Phoebé Vigneron
Agnès de Williencourt

Publicité
Maud Martinelli / maud@expatguide.co.uk

Vente Royaume-Uni
Marie-Blanche Camps / marieblanche@expatguide.co.uk

Vente France
Nadège Amyot / nadege@expatguide.co.uk

Création graphique et maquette
Eléonore Pironneau / eleonore.pironneau@gmail.com

Impression
St Ives Management Services - www.stives-sims.co.uk

Publié par Expat Guide London www.expatguide.co.uk

ISBN: 978-0-9547609-3-9, 4ème édition / mise à jour juin 2016
ISBN 978-0-9547609-2-2, 3ème édition / mise à jour avril 2014
ISBN 0-9547609-0-5, 1ère édition - ISBN 0-9547609-1-3, 2ème édition

Présentation

Vivre à Londres est un privilège. Parmi toutes les grandes capitales, aucune ne parvient à être à la fois aussi multiculturelle et vibrante d'énergie que verte et aérée, presque provinciale par endroits.

A la fois pratique et culturel, rédigé par des Françaises établies à Londres, ce guide vous aide à décoder les clés de la vie quotidienne à Londres et de la société britannique en général. Il vous présente les grandes lignes de la vie en Grande-Bretagne, le fonctionnement du système scolaire, du logement, de la santé, des transports, des médias, etc. Vous y trouverez aussi une sélection de sports et d'activités pour les adultes et les enfants, des idées de sorties, de promenades et de week-ends dans la région.

Aucun guide de Londres ne serait complet sans passer en revue ses différents quartiers, tous différents mais qui, regroupés, forment l'identité de cette ville. Nous reprenons donc ces différents thèmes dans tous les quartiers de Londres fréquentés par les Français, en essayant de vous donner pour chacun une idée de son ambiance ainsi que nos meilleures adresses.

Nous avons apporté une attention particulière à la scolarité, car vivre à Londres, c'est avant tout avoir l'opportunité de rendre les enfants bilingues. Dans 17 quartiers, autant de "villages" où vivent les Français de Londres, nous avons compilé la liste exhaustive – et sans équivalent en français - des écoles françaises, internationales et des meilleures écoles anglaises publiques et privées.

Ouvrage de référence, ce guide vous fera gagner ainsi de précieuses heures de recherche afin de profiter au maximum de votre séjour à Londres.

Car, c'est bien connu, « les Anglais ne font rien comme tout le monde » !

Sommaire

Repères

On estime que 300 à 400 000 Français vivent au Royaume-Uni. La moitié vit à Londres et les deux tiers dans le Grand Londres. Ce chiffre place Londres au niveau de Nice, 5e ville de France avec 340 000 habitants. Fin 2016, 140 224 Français étaient inscrits au Registre des Français établis hors de France. 63% d'entre eux résident dans le grand Londres et 25,6% (31 031) ont moins de 18 ans.

La population française au Royaume-Uni a plus que doublé depuis le début des années 1990 et la capacité d'accueil des écoles françaises à Londres entre le CP et la Terminale (environ 6 000) est devenue insuffisante. Le Plan Ecole, lancé en 2008 par l'Ambassade de France, permet d'augmenter progressivement les places offertes dans l'enseignement français, avec l'ouverture de nouvelles écoles et d'un nouveau lycée à Wembley. On estime également que 30 000 Belges, 26 000 Suisses, 1 200 Québécois et 800 Luxembourgeois vivent au Royaume-Uni.

Angleterre, Royaume-Uni, ou Grande-Bretagne?

Le **Royaume-Uni** regroupe :

- l'Angleterre
- le Pays de Galles
- l'Ecosse
- l'Irlande du Nord

La **Grande-Bretagne** est l'île comprenant l'Angleterre, le Pays de Galles et l'Ecosse.

Le drapeau, *Union Jack*, synthétise les drapeaux de ces différentes régions: la Croix Rouge sur fond blanc est le drapeau de l'Angleterre (la croix de Saint George), la croix en diagonale blanche sur fond bleu est celle de Saint Andrew, patron de l'Ecosse, et la croix en diagonale rouge sur fond blanc est celle de Saint Patrick, patron de l'Irlande (depuis l'acte d'union en 1801).
Le dragon gallois (*welsh dragon*) n'apparaît pas sur l'*Union Jack* puisque le Pays de Galles était déjà uni à l'Angleterre (depuis 1284), lors de sa création en 1603 avec l'accession au trône des Stuarts (le roi James VI d'Ecosse devient le roi James Ier en succédant à Elisabeth I, dernière reine Tudor)

Comment se repérer dans cette ville immense?

Dès votre arrivée, procurez-vous le ***A to Z***, l'indispensable plan de Londres vendu sous multiples formats. Le plus pratique est le *BIG A to Z* avec sa reliure spirale. Si le mini *A to Z* est facile à glisser dans son sac, il est écrit en très petits caractères.
Ne cherchez pas une logique dans la numérotation des immeubles de rue. Toutes les formules existent: en ordre croissant, en côté pair / impair, en U (en ordre croissant d'une extrémité à l'autre). Parfois la numérotation s'interrompt, le temps d'aller se perdre dans une ruelle un peu plus loin.

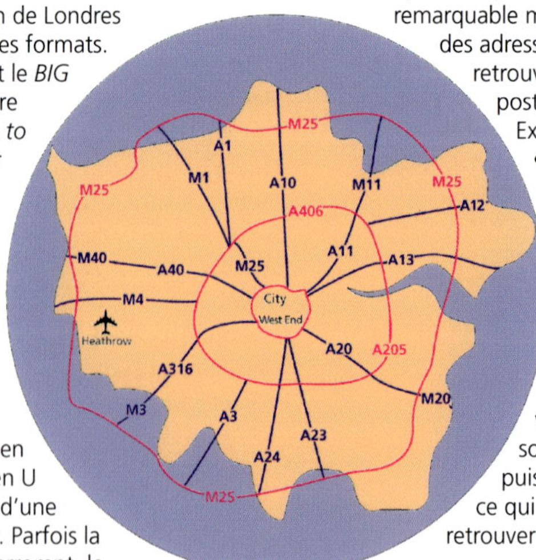

Les codes postaux (*postcodes*) sont un remarquable moyen d'identification des adresses. Tout logement se retrouve… grâce au code postal.
Ex: SW7 5JA

- SW = la zone géographique *South West*
- 7 = le quartier *South Kensington*
- 5JA = rue, lieu d'habitation (*Queen's Gate*).

C'est pourquoi l'on vous demandera souvent votre *postcode*, puis votre *house number*, ce qui sera suffisant pour retrouver votre adresse.

Mild, wet and windy?

S'il est vrai que vous entendrez souvent ces trois mots au cours du très détaillé *weather forecast* télévisé, pas d'inquiétude: le climat anglais est bien plus agréable que sa réputation ne le laisse entendre...
Le fameux *smog* si caractéristique de l'imagerie londonienne a bel et bien disparu... depuis plus d'un siècle! Il était dû au charbon que l'on brûlait dans les cheminées, maintenant avantageusement remplacé par le gaz. Seul vestige de cette époque, les très nombreuses cheminées de brique qui couronnent les immeubles (il en fallait une par pièce).
Si vous aimez la Bretagne, vous vous plairez dans ce pays de vents et d'embruns, vous aimerez cette alternance continuelle d'éclaircies et d'averses, ces cieux toujours incertains et les cris des mouettes.
Dans cette ville pas si éloignée de la mer, on respire mieux que dans bien d'autres capitales et l'omniprésence des parcs permet de vivre au rythme des saisons. Grâce à la douceur du climat (il gèle rarement), la végétation est abondante et variée et les jardins souvent extraordinaires.
Seul point noir : les "courtes" journées d'hiver, qui finissent au milieu de l'après-midi de novembre à février... Si aujourd'hui les Insulaires passent à l'heure d'hiver à la même date que les Continentaux, ils maintiennent 1h de décalage avec ces derniers.

Une géographie marquée par la proximité de l'estuaire de la Tamise

Port maritime, situé à seulement 60 km de la mer du Nord, Londres est traversée d'est en ouest par la Tamise (*The Thames*), dont le niveau fluctue en fonction des marées. Le fleuve scinde la ville en deux parties: *North of the river*, résidentiel et *South of the river*, traditionnellement industriel (mais en mutation accélérée). La ville se définit aussi entre l'*East End*, terre d'asile des divers flux d'immigrants à travers les siècles et le *West End*, qui désigne les quartiers plus cossus et plus particulièrement le quartier des spectacles autour de *Covent Garden*.

Le centre de Londres ne s'est pas développé concentriquement comme à Paris. Il s'est déplacé d'Est en Ouest au cours des siècles expliquant l'épanouissement de multiples quartiers à forte identité.

A Londres, les numéros de téléphone commencent tous par **020**.
A l'intérieur de Londres, il n'est pas nécessaire de composer cet indicatif pour joindre votre correspondant.

Les numéros de téléphone portable s'écrivent ainsi :
07XXX XXXXXX

Londres est une ville assez sûre et les quartiers que nous recommandons ne posent en général pas de problème. Vous pouvez vérifier les statistiques de criminalité dans chaque quartier sur le site *www.police.uk*

Londres en chiffres

Londres n'est pas une ville unifiée mais une agglomération de quartiers administrativement gérés par le *Greater London Assembly*, présidé par le maire de Londres (*Mayor of London*). Le *Greater London* comprend *the City of London, the City of Westminster* et 31 *London boroughs*, dont ceux étudiés dans le guide. C'est la plus petite des 9 régions anglaises.

Londres	1 584km²	(30% espaces verts)	8,65 M habitants
Paris	105 km²	(6.4% espaces verts)	2,2 M habitants
Région Ile de France	12 000 km²		11,7 M habitants

1 Petite Enfance

Modes de garde

Mother & toddler groups

Allocations et aides

Sources d'informations

Les structures d'accueil des tout-petits sont moins développées qu'en France, souvent privées et chères. En revanche, les lieux d'accueil mamans-enfants sont très nombreux. Néanmoins, certaines mesures visent à faciliter le travail féminin en soutenant le travail à temps partiel et en instaurant des aides aux modes de garde.

Modes de garde

Pour toutes vos questions concernant le choix du mode de garde, les tarifs, les aides, contacter le *Family Information Service (FIS)* de votre *borough*.

DAY-NURSERIES

Correspondant aux crèches collectives françaises, elles sont souvent ouvertes la journée de 8h à 18h. Leur gestion est publique ou privée. Coût moyen: près de £300 par semaine. (£55/£65 par jour). Certaines crèches acceptent les enfants à partir de 3 mois. Certaines n'acceptent qu'un placement à temps plein, d'autres au minimum 1 jour par semaine ou plus rarement une ou plusieurs demi-journées.
Les *nurseries* sont soumises au contrôle de l'organisme public *OFSTED (The Office for standards in education, www.ofsted.gov.uk)*. Les rapports d'inspection sont disponibles gratuitement sur le site internet et nous vous invitons à vous y référer avant de choisir votre *nursery*.
Tous les établissements recevant des enfants de 0 à 5 ans doivent également suivre le programme du *Early Years Foundation Stage (EYFS)*, qui définit les critères d'apprentissage et de garde (cf. *www.direct.gov.uk/parents*).
Ne pas hésiter à visiter les lieux. Concernant les locaux, les normes imposées aux structures publiques et privées semblent parfois peu contraignantes comparées aux exigences françaises. Ainsi, il est possible d'avoir une excellente *nursery* dans des locaux en sous-sol sans fenêtres. Le personnel est souvent jeune et peu qualifié.
Les exigences en matière d'encadrement expliquent les prix élevés des *nurseries*.
Remarque: Il est fréquent que des *day-nurseries* accueillent les enfants jusqu'à 7 ans. Une *day-nursery* peut également être une *nursery school*. Elles assurent alors l'accueil simultané de bébés et d'enfants d'âge scolaire. Pour plus de clarté, nous avons gardé la distinction française *Petite Enfance/Ecoles* dans nos ➤ ***Pages Quartiers***.

CHILDMINDERS

Les nourrices agréées accueillent plusieurs enfants à leur domicile. Environ £125 par semaine. Le *FIS* de votre *borough* peut vous communiquer des listes par quartier. Elles sont inspectées une fois par an et vous pouvez aussi retrouver le rapport d'inspection sur le site de l'*OFSTED* en vous procurant leur numéro de référence.

NANNIES

Les nourrices viennent au domicile de l'enfant. Pour trouver une *nanny*, vous pouvez passer par l'intermédiaire d'une agence, mais cela revient plus cher et n'apporte pas forcément de meilleures garanties, car la profession de *nanny* n'est pas réglementée. Vous pouvez également consulter les panneaux d'affichage dans votre quartier, et bien sûr, utiliser le bouche à oreille. Coût moyen: £300 à £500 par semaine, à temps plein.
Les familles employant une *nanny* doivent payer la *National Insurance* et ses taxes (25% du brut). Une agence privée peut également vous aider à remplir ces formalités:
www.nannytax.co.uk

A consulter : le site très complet de *the Association of Nannies Agency (ANA), www.anauk.org*

Ideal Nannies
Britannia House, 11 Glenthorme Road
Hammersmith, W6 0LH
020 8994 5888 - www.idealnannies.com
Personnel avec références, bon rapport qualité/prix. Membre de l'ANA.

Maternally Yours
17 Radley Mews, Kensington, W8 6JP
020 7795 6220 - www.imperialnannies.co.uk
Testé avec succès.

St Pancras Recruitment
St Pancras Chambers, Euston Road, NW1 2AR
020 7183 4235 - www.stpancrasrecruitment.com
Agence de placement de nourrices francophones. Membre de l'ANA.

JEUNES FILLES AU PAIR BABY-SITTERS

Toutes les modalités concernant l'embauche d'une jeune fille au pair sont sur le site internet *www.easyaupair.com*

Quelques organismes:

Austrian Catholic Centre
29 Brook Green, W6 7BL
020 7603 2697 - www.acclondon.org.uk
Jeunes filles d'origine autrichienne, qui parlent également anglais.

Like Minders
0844 879 7189 - www.likeminders.co.uk
Propose des *baby-sitters* à temps partiel (minimum 4h). Abonnement de £10 par mois (résiliable à tout moment), £8 par heure *Booking fee* 3.50/j.

Babysitters Childminders
0800 38 900 38 (appel gratuit)
www.sitters.co.uk

N'oubliez pas également de consulter les listes de *baby-sitters* de ***L'Echo***, le magazine des familles francophones de Londres, *Londres Accueil* et le site *www.ici-londres.com.*
Coût : à partir de £8 par heure.

PLAY-GROUPS

Mode de garde plus ponctuel.
Cette appellation recouvre des structures d'accueil variées qui favorisent à la fois l'éveil éducatif de l'enfant et sa socialisation. De manière générale, un *play-group* prend en charge l'enfant seul. Mais certains d'entre eux exigent une présence parentale, parfois uniquement pour les plus-petits. Il s'agit souvent de quelques heures hebdomadaires, mais certains offrent des mi-temps, voire plus. Un *play-group* peut avoir lieu dans un local utilisé le matin par une *nursery* par exemple, car la multi-utilisation des locaux est fréquente. Coût moyen: £5 par session (avec éventuellement un engagement sur le trimestre).
Note: vous entendrez parfois parler de «*creches*», qui sont des structures correspondant plutôt aux halte-garderies françaises.

Mother & toddler groups

Ce sont des groupes de rencontre mamans-enfants ou nourrices-enfants, qui sont des lieux de socialisation de l'enfant et d'échanges entre les adultes. Ce ne sont donc pas des espaces de "garde", mais des lieux de rencontres. Ils peuvent avoir des appellations diverses (certains s'appellent *play-groups* et portent à confusion sur la présence exigée de l'adulte). Ils ont souvent lieu dans les *community centres* ou bibliothèques de quartier.

ONE O'CLOCK CLUBS

Ouverts en général de 13h à 15h30/16h, ils permettent aux parents et à leurs enfants de moins de 5 ans de partager une activité. Souvent gratuits, leur listing est disponible sur le site de votre *borough* et à la bibliothèque. Ce service peut aussi être utilisé par les *nannies*.

TODDLERS GROUPS

Toddler désigne l'enfant qui, commençant à marcher, "titube" et qui, de facto, n'est pas scolarisé.

Fréquemment organisés dans les bibliothèques de quartier et dans certaines librairies jeunesse, ce sont des moments de lecture, hebdomadaires et gratuits, des *Story Telling* (pour les enfants accompagnés, de 6 mois à 5 ans) ou *Baby Rhymes* (comptines chantées aux bébés accompagnés – dès la naissance). Les jours et heures sont fixes, et on peut y aller sans inscription préalable. C'est un bon moyen de rencontrer des mamans anglaises ou d'autres étrangères habitant à proximité.

NATIONAL CHILDBIRTH TRUST

Quand vous êtes enceinte, inscrivez-vous au *National Childbirth Trust (NCT)*. Vous pourrez rencontrer des femmes de votre quartier, qui accoucheront à peu près à la même date que vous, rester ainsi en contact après l'accouchement et vous revoir régulièrement avec vos bébés. Cette organisation est très prisée des Anglaises et c'est une formidable occasion de rencontrer des mamans anglaises ou d'autres nationalités de votre quartier.

Allocations
et aides aux modes de garde

CHILD BENEFIT

Dès lors que vous êtes résident fiscal en Grande-Bretagne et que vous ne percevez plus d'allocations familiales en France, vous pouvez recevoir le *Child Benefit* (allocations familiales). Cette allocation est attribuée pour chaque enfant jusqu'à ses 18 ans révolus et n'est pas imposable.
Le montant hebdomadaire (de £13.55 à £20.50/semaine) est calculé en fonction de l'âge de l'enfant et versé mensuellement. Vous pouvez vous enregistrer sur *www.gov.uk/child-benefit*. Il vous faudra envoyer un certificat de naissance ou d'adoption de chaque enfant (que l'on peut obtenir en ligne sur *mdel.mon.service-public.fr*).

Sources d'informations
sur la petite enfance

BIBLIOTHÈQUES MUNICIPALES

Ce sont souvent des trésors d'information pour la petite enfance et des lieux d'accueil pour différents clubs (voir ci-dessus). Vous trouverez leur liste auprès de votre *council*. Malheureusement, des coupes budgétaires occasionnent la fermeture de nombreuses bibliothèques de quartier.

CHILDREN'S CENTRES

Ces centres regroupent les services liés à l'enfance : conseils en matière de santé, de nutrition, garde d'enfant, sessions de jeux (*drop in*), etc. Pour trouver le centre dont vous dépendez consultez le site de votre *borough*.

SITES ET ANNUAIRES

Family and Childcare Trust
www.familyandchildrencaretrust.org
Toute information sur le droit de la famille, les modes de garde etc.

Bestbear
www.bestbear.co.uk
Liste et recommande également des agences pour trouver tous modes de garde. Quelques annonces de *nannies* sont accessibles en ligne.

The Baby Directory
www.babydirectory.com
Listing très complet sur le monde des 0-5 ans à Londres (*nurseries*, écoles, maternités, clubs d'activité, magasins de jouets,...). Peu de conseils. Disponible en format papier, £8.99.

MÉDIAS

Angel and Urchins
www.angelsandurchins.co.uk
Magazine et site très complets pour tout ce qui concerne l'enfance.

Families
www.familiesonline.co.uk
Magazine mensuel gratuit dédié aux familles avec de jeunes enfants (en anglais). Donne les adresses par quartier. Disponible dans de nombreux lieux publics, écoles,... Le site internet propose un carnet d'adresses fourni pour tout ce qui concerne la famille.

Mumsnet
www.mumsnet.com
Conseils et actualités pour les jeunes mamans. Déclinaison en sites locaux avec annuaires d'adresses sur la petite enfance.

2

Education

Le bilinguisme

Les linguistes (Claude Hagège, Marc Petit...) ont démontré que l'apprentissage de deux langues dès la petite enfance développe les capacités du cerveau, les aptitudes à apprendre, l'ouverture d'esprit... Mais cela dépend beaucoup aussi de la personnalité de chaque enfant et de son environnement. Un enfant qui a déjà bien acquis sa langue maternelle et continue à la parler chez lui aura plus de facilité à apprendre une autre langue. Il est parfois déconseillé d'apprendre simultanément à lire et à écrire dans deux langues, mais une fois le mode de lecture acquis, l'apprentissage dans la deuxième langue se fait plus facilement. Aussi est-il important de prendre en compte les spécificités de chaque enfant, son âge, son environnement familial, etc.

Calendrier scolaire

Le calendrier scolaire anglais (*school term and holiday dates*) diffère de celui des écoles françaises. Il est difficile pour une famille de gérer des enfants dans les deux systèmes. Ainsi à Pâques, bien que tous les enfants bénéficient de 15 jours de vacances, il est fréquent qu'aucune semaine ne soit commune. De surcroît, dans le système anglais les dates de vacances ne sont pas déterminées au niveau national, mais par la *Local Education Authority*. Dans un cadre donné, chaque établissement conserve une certaine latitude. Le calendrier est donc variable d'une école à l'autre, notamment entre les *state schools* et les *independent schools*. Les vacances sont souvent plus longues dans les *independent schools*. Le calendrier scolaire s'organise selon les appellations suivantes:

- *Autumn term*, 1er trimestre. Il démarre souvent début septembre.
- *Spring term*, 2ème trimestre.
- *Summer term*, 3ème trimestre. Il se termine souvent tard, vers le 23 juillet.
- *Half-term*: au milieu de chaque trimestre, une semaine de vacances (voire deux dans le privé).

Les vacances de Noël, de Pâques/printemps et d'été sont dénommées *Christmas, Easter* et *Summer holidays*.

A savoir: les frais de scolarité des écoles privées -françaises ou anglaises- augmentent tous les ans...

Le système français

LES ÉCOLES FRANÇAISES

L'offre est assez large en ce qui concerne les écoles maternelles et primaires. La demande de scolarisation des enfants dans le système français, de la maternelle à la terminale, est en constante augmentation depuis plusieurs années. Grâce à l'impulsion du Plan Ecole mené par l'Ambassade de France, la communauté francophone dispose maintenant d'un collège, le Collège Français Bilingue de Londres, situé à Kentish Town et de deux lycées, le Lycée Français Charles de Gaulle à South Kensington et le Lycée International de Londres Winston Churchill à Wembley. Les deux lycées ne disposent que d'un cursus général après la 3ème, il n'y a pas de filières professionnelles et seul le Lycée Français propose la section L au baccalauréat (le Lycée International propose les sections S, ES et l'option internationale).

Si vous n'obtenez pas de place dans l'école maternelle ou primaire de votre choix, des alternatives existent, aussi bien dans les écoles bilingues qu'anglaises.

La distinction entre les différents établissements est souvent faite sur la base de leur statut et des liens qu'ils entretiennent avec l'Etat. Le Lycée Charles de Gaulle et ses trois annexes primaires, Marie d'Orliac à Fulham, André Malraux à d'Ealing et Wix à Clapham ainsi que Le Lycée International Winston Chruchill font partie du réseau international de l'AEFE. Néanmoins, comme tout établissement scolaire français à l'étranger, ces établissements sont payants (£6,000 pour le Lycée Français, £10,000/an pour le Lycée International et environ £8,000/an pour le CFBL).

Les Etablissements conventionnés sont des écoles autogérées qui reçoivent une aide de l'Etat sous forme de postes d'enseignants. On trouve dans cette catégorie l'école française Jacques Prévert à Hammersmith et le CFBL.

Les Etablissements homologués ne reçoivent aucune aide de l'Etat mais s'engagent à respecter les programmes et sont régulièrement inspectés par l'Education Nationale. C'est le cas de l'Ecole des Petits à Fulham et Battersea, la Petite Ecole Française à Notting Hill, l'Ecole bilingue à Little Venice, Le Hérisson à Hammersmith.

Les établissements libres n'ont aucun rapport avec l'Etat (ex. Les Petites Etoiles à Tufnell Park et La Petite Ruche à Kentish Town).

Bourses scolaires et prise en charge de la scolarité des lycéens (2e-1e-Terminale)

Consulat de France à Londres
www.ambafrance.org.uk
Le consulat octroie des bourses scolaires aux familles françaises qui ne disposent pas de ressources financières suffisantes pour payer les frais de scolarité de leurs enfants dans les établissements homologués par le ministère de l'Education Nationale. Etant donné que la scolarité française est ici payante, les bourses s'adressent à des familles de catégorie moyenne, même avec un seul enfant. Les critères d'attribution reflètent la situation financière réelle des familles, avec prise en compte des charges comme le loyer, etc. Les revenus de l'année précédente sont pris en compte pour l'année en cours et pour une bourse valable pour l'année suivante.

LE CNED

L'enseignement français par correspondance, le Centre National d'Education à Distance (CNED), organisme public, dispense des cours par correspondance dans toutes les matières scolaires, en suivant les programmes de l'Education Nationale. Il est donc théoriquement possible de suivre une scolarité française complète via le CNED tout en étant inscrit dans une école britannique. Le coût est modique, mais pas l'investissement en temps! Il faut bien réaliser que pour des enfants déjà scolarisés en système anglais, cela équivaut à une double scolarisation à temps complet, ce qui n'est pas vraiment souhaitable pour l'enfant. Attention, en effet, à la charge de travail que représente un double cursus scolaire pour des enfants fraîchement arrivés en Grande-Bretagne et qui ne maîtrisent pas encore bien l'anglais. Les cours du CNED sont davantage conçus pour des enfants non scolarisés par ailleurs.

Le CNED ne dispense plus d'avis de passage, ce qui signifie que les enfants devront de toute façon passer un examen d'entrée lors de leur retour dans le système scolaire français (ou tout du moins, c'est à la discrétion de chaque établissement scolaire). Plusieurs formules vous sont proposées : scolarité réglementée complète, cours à la carte et formule internationale.

Le CNED, en relation avec le Service culturel de l'Ambassade de France au Royaume-Uni, propose une formule spécifique d'enseignement à distance. C'est un programme allégé pour permettre aux Français scolarisés dans le système anglais de valider leur année en suivant le programme de mathématiques, français et histoire-géographie. A l'issue de l'année scolaire et à la demande des parents, une attestation de suivi est délivrée par le CNED. Cette attestation, accompagnée des évaluations de l'école britannique, donne lieu à une attestation d'un niveau de scolarité, délivrée par le Service culturel de l'Ambassade.

Deux établissements britanniques, Fast Languages Ltd (88 Peterborough Road, SW6 3HH - *www.fastlanguages.com*) et Hampton Court House, *www.hamptoncourthouse.co.uk*) ont signé une charte d'agrément qualité avec le CNED et proposent un tutorat des cours.

Certaines écoles anglaises offrent la possibilité aux enfants français de suivre le CNED après les cours. C'est le cas, notamment, de Belleville School à Clapham, Eridge House à Fulham et St Nicholas Preparatory School à South Kensington.

Autres cours par correspondance

- **Le Cours Legendre**
  www.cours-legendre.fr
- **L'Ecole par correspondance (EPC)**
  www.epceducation.com

Petites Ecoles FLAM (Français Langue Maternelle)

Sans pour autant passer par des cours agréés par le CNED, vous aurez peut-être envie que votre enfant suive des cours de français afin qu'il maitrise le programme de l'éducation nationale des classes phares (CE1, CE2, CM1 et CM2) avec notamment l'apprentissage de la lecture, de l'écriture, de la conjugaison et de la grammaire. Vous pouvez passer par un professeur privé, mais il existe aussi des petites écoles qui dispensent ce genre de cours par groupe d'âge, en semaine ou le samedi matin. On en trouve notamment à Blackheath, Ealing, Hackney, Hampstead, Wimbledon et Muswell Hill (voir la liste sur le site *www.parapluieflam.org*).

Le système anglais

L'école est obligatoire entre 5 et 16 ans. Depuis plusieurs année, les réformes du systéme anglais visent à améliorer le niveau, à lutter contre l'exclusion, à favoriser l'accès à l'enseignement complémentaire et aux études supérieures. Attention: une autorisation d"absence écrite de la direction de l'école est obligatoire pour emmener votre enfant en vacances pendant le temps scolaires.

Si les programmes (*national curriculum*) et les financements sont nationaux, la gestion est fortement décentralisée au niveau de l'administration locale (*Local Education Authority*), des *boroughs* à Londres, voire au profit d'entités entièrement indépendantes commes les *Academies* ou les *Free Schools*, gérées par des groupes privés ou de parents.

La carte scolaire n'est pas appliquée partout, cela dépend des quartiers... Même dans le système "public" on choisit son école, on la visite... La liste exhaustive des écoles et la démarche à effectuer peuvent être obtenues sur le site internet de chaque *borough*.

Il faut en général contacter directement l'école et renvoyer un dossier d'inscription auquel il est bon d'ajouter une lettre de motivation. Il est également recommandé de prendre rendez-vous avec le directeur.

Pour de nombreuses écoles, il est prudent de prendre contact assez tôt car les listes d'attente sont généralement longues. Néanmoins, le critère de proximité est largement pris en compte pour le systéme

UN SYTÈME COMPLEXE

Le système scolaire anglais est complexe du fait de la diversité de l'offre publique et de l'importance (et l'influence) du réseau privé. Si 93% des enfants anglais sont scolarisés dans l'enseignement public, la réalité londonienne est très différente, car dans les milieux aisés le privé semble être l'unique option. Pour les années de maternelle et primaire, l'offre publique peut être satisfaisante, pour le secondaire cela semble plus difficile.

ECOLE MATERNELLES

(Nursery schools)

Avant 5 ans, les propositions sont très diversifiées. Certaines structures accueillent les enfants de l'âge bébé à 7 ans, avec tous les cas de figures intermédiaires. La diversité s'explique aussi par l'importance de l'offre privée qui définit librement ses modes d'accueil. Néanmoins, après la généralisation de la *Reception class* (4 ans) dans les *Primary schools*, les classes d'accueil des enfants de 3 ans (au 1er septembre) se développent au sein des *Primary Schools* sous la pression du gouvernement. Mais le nombre de places disponibles et des critères d'admission, comme l'exercice d'une activité professionnelle par les deux parents, déterminent l'attribution d'une place à mi-temps ou à temps plein.

ECOLES GRATUITES

(Ecoles maternelles, primaires et secondaires)

Un mode de gestion public ou privé

Les écoles publiques gratuites ou ***state schools*** ont des modes de gestion et des statuts différents.

Les ***community schools*** (écoles publiques gratuites) sont financées et gérées par l'administration locale *(LEA)* qui emploie les enseignants et décide des conditions d'admission. Le *LEA* est également propriétaire du terrain.

Les ***voluntary-aided*** et ***voluntary-controlled schools*** (écoles confessionnelles gratuites) fonctionnent de la même façon, mais une Fondation *(Trust)* est propriétaire du bâtiment, décide des critères d'admission et recrute les enseignants. Ces *trusts* peuvent relever d'une paroisse ou d'une institution religieuse, ce qui se traduit généralement dans leur nom, par exemple *CofE* pour *Church of England*.

Les ***Academies*** sont financées par l'Etat mais gérées sous forme de *charities* (associations type loi 1901) par des groupes privés ou des sponsors individuels. Toutes dotées d'une spécialisation - généralement « *humanities* » ou « *sciences* » - elles se sont beaucoup développées ces dernières années sous l'impulsion du gouvernement face à l'échec de nombreuses écoles publiques, notamment à Londres. Modernes et bien tenues, elles suivent les programmes scolaires nationaux (*national curriculum*) et obtiennent souvent de bons résultats.

Les ***Free Schools*** sont une extension récente des *Academies*. Créées et gérées par des groupes privés ou des groupes de parents, elles sont financées par l'Etat. Elles définissent elles-mêmes les programmes mais restent contrôlées par l'*OFSTED* (*Office for Standards in Education*).

Quelque soit le statut de l'école publique, elle est gérée par un conseil (*committee* ou *board of governors*) comprenant des parents, des enseignants, des représentants des sponsors privés dans le cas des *Academies* ou des élus locaux lorsque l'école dépend du *LEA*. Le directeur définit les priorités de l'école. Il a un pouvoir d'initiative, d'intervention, d'autonomie beaucoup plus grand qu'en France (il recrute notamment les enseignants).

Laïcité

On notera que la notion de laïcité n'existe pas au sens français du terme, car il n'y a pas de séparation du pouvoir entre l'Etat britannique et l'Eglise (*Church of England*). Les enfants reçoivent une éducation religieuse au sein des écoles même non confessionnelles.
Si les cours de religion sont recommandés dans le *national curriculum* jusqu'en *year 9*, ils ne font pas partie des examens, et chaque

école définit sa propre démarche.
La participation aux rassemblements à l'Eglise n'est pas obligatoire, et les écoles profitent des différentes célébrations religieuses pour asseoir leur enseignement.
Les écoles confessionnelles vous réclameront un certificat de baptême, et une fréquentation régulière de l'église sera un atout majeur, parfois une exigence, pour l'admission de votre enfant.

Déroulement de la scolarité dans le système public

L'école démarre officiellement à 5 ans avec la *Primary school (Year 1)*. Les enfants apprennent à lire dès la *Reception class* (maternelle), soit un an plus tôt qu'en France ou en Suisse romande.

Une organisation par cycles

La *Primary school* s'organise en deux cycles:

- le 1er cycle (*Key stage 1*) regroupe les *infants* (5-7ans) et correspond aux classes *year 1* et *year 2*.
- le 2e cycle (*Key stage 2*) regroupe les *juniors* (7-11ans) et correspond aux classes *year 3* à *year 6*.

Hors cycle, la *Reception Class* fait partie de la *Primary school*.

La *Secondary school* accueille les enfants de 11 à 16/18 ans. Elle comprend:

- les classes *year* 7, 8 et 9
- les *year* 10 et 11 (*GCSE - General Certificate of Secondary Education*)
- les *year* 12 et 13 (*A levels*).

Une scolarité ponctuée par des examens

Les programmes (*national curriculum*) sont unifiés et les écoles sont jugées par leurs résultats aux tests nationaux appelés *Standard Attainment Tests (SAT)*. Ces examens définissent le niveau de l'école,
et déterminent en partie le niveau des aides financières qu'elle reçoit de l'Etat. Tous les résultats sont recensés dans les *League Tables*, publiés au mois de mars de chaque année sur le site web du *DFEE, Department for Education and Employment, www.education.gov.uk*. Vous pouvez aussi consulter le site de l'*OFSTED* sur *www.ofsted.gov.uk*.

Les examens

Le système scolaire anglais se caractérise par une succession d'examens. A la fin du cycle 1, en classe *year 2*, un 1er test national (le *SAT* du *Key stage 1*) avec des épreuves de lecture, d'écriture, d'orthographe et de sciences est effectué en classe, en avril-mai. L'évaluation est faite directement par les enseignants, puis vérifiée par un examinateur extérieur.

A la fin du cycle 2, en classe *year 6*, le *SAT* du *Key stage 2* est évalué par des enseignants extérieurs.

En *year 9*, les *Key stage 3 SATs* (7h d'examen). Les résultats vont aider l'enfant à choisir les matières qu'il étudiera en *year 10* et *11* dans l'optique de préparer le GCSE.

Le GCSE (*Key stage 4 SATs*) se prépare sur 2 années correspondant aux 3e et 2nde françaises.

Puis les *A levels* sanctionnent un cursus de 2 ans correspondant aux années de 1ère et Terminale. Ils reposent sur une sélection de 3 à 4 matières choisies par les élèves.

Beaucoup s'interrogent sur le maintien de ce type d'examens nécessitant une spécialisation précoce. Le gouvernement essaye de développer le concept de « *English Baccalaureate* », un certificat accordé aux élèves qui choisissent et obtiennent au moins C aux *GCSEs* dans les matières suivantes: anglais, maths, histoire ou géographie, sciences et une langue.

INDEPENDENT SCHOOLS
(Ecoles privées payantes, confessionnelles ou non)

Une étonnante diversité

Les écoles privées (*public schools*) accueillent une minorité (7%) d'enfants britanniques et les forment en vue des meilleures universités dont Oxford et Cambridge (où ils représentent 20% des effectifs). Elles varient énormément dans leur style, pédagogie et tarifs, mais en règle générale dispensent un enseignement de qualité, souvent académique. Certaines, comme Eton ou St Paul's, sont quasiment inaccessibles aux étrangers, tant leur liste d'attente est longue et leurs critères d'admission sélectifs.

La pension est encore très développée, certaines accueillant même des enfants dès l'âge de 8 ans. Les *boarding schools* sont toujours situées dans de belles propriétés au cœur de parcs et proposent de nombreuses activités sportives et culturelles. Certaines permettent de rentrer le soir (*day boarding*) ou le week-end (*weekly boarding*).

Les locaux des *independent schools* de Londres sont parfois assez exigüs, car aménagés dans d'anciennes maisons victoriennes. L'absence d'espace extérieur est généralement compensé par des sorties au parc.

La majorité des *independent schools* ne sont pas mixtes et imposent le port de l'uniforme. L'enseignement intègre de nombreuses activités: sport, musique, arts, etc. Coût élevé (entre £12,000 et £15,000 par an, voire plus). Petites classes, de l'ordre de 15 élèves.

Différents types d'écoles et procédures d'admission

Il existe trois catégories principales d'écoles (mais certaines regroupent plusieurs niveaux):

Les *nursery schools* accueillent les enfants jusqu'à 4/5 ans. L'admission se fait généralement sur entretien avec les parents et l'enfant. Les frais de scolarité ont beaucoup augmenté ces dernières années, et il n'est pas rare de payer £2,500/trimestre pour 5 journées pleines.

Les *pre-prep* préparent les garçons de 6-8 ans à l'examen d'entrée en *preparatory school*.

Les *preparatory* ou *junior schools* accueillent les garçons de 8-13 ans et les filles jusqu'à 11 ans. Ce qui explique que certaines écoles n'acceptent que les filles entre 11 et 13 ans. Admission sur examen et entretien.

Les *senior schools* sont des écoles secondaires pour les garçons de 13 à 18 ans et les filles de 11 à 18 ans. On y entre sur examen, le *Common Entrance Exam*.

Système français, anglais ou les deux?

Si de plus en plus de familles françaises choisissent de scolariser leurs enfants d'âge primaire dans le système anglais, nombreux sont ceux qui hésitent par rapport au passage dans le secondaire, ou en raison des calendriers scolaires différents.

Nous nous sommes efforcées, dans nos pages ***Quartiers***, de lister toutes les options scolaires valides à tous les niveaux. Sachez qu'une fois votre enfant scolarisé dans le primaire anglais, public ou privé, il sera épaulé pour son orientation dans le secondaire. Pour le public, elle a lieu à la fin de la *year 6*, sur la base d'un formulaire dans lequel vous indiquez vos choix par ordre de priorité. Le système est très souple, et même si les bons collèges sont

Le Lycée Français Charles de Gaulle à South Kensington

saturés, on assiste actuellement à une augmentation considérable de l'offre à travers la création des *Free Schools* et des *Academies*. Les collèges et lycées publics du centre de Londres, longtemps délaissés à la fois par les autorités et les parents des classes moyennes en raison de leurs résultats catastrophiques, ont bénéficié ces dernières années d'investissements massifs qui commencent à porter leurs fruits, avec de nombreuses écoles jugées « *outstanding* » par l'*OFSTED* lors des dernières inspections. Les enseignants y sont formés et habitués à une population d'élèves multiculturelle (le soutien *English as a Foreign Langage (EFL)* est courant), et avec un fort *turnover*.

Par ailleurs il reste l'offre privée, pléthorique même si évidemment pas à la portée de toutes les bourses - d'autant que les frais de scolarité y ont augmenté de 10% par an en moyenne depuis 5 ans. Certaines *public schools*, comme Whitgift à Croydon ou King's School à Canterbury, proposent même des cours adaptés aux élèves français.

Si vous arrivez dans le Sud de Londres avec un collégien, de réelles possibilités existent donc. Il faut qu'il soit déjà anglophone et que vous ayez l'intention de rester au moins jusqu'à ses *A Levels*, car sinon se posera le problème du retour dans le système français. Si vous en avez les moyens, choisissez une école (forcément privée) préparant au **Bac International** *(IB)* qui a l'avantage d'être disponible un peu partout dans le monde.

Le bac international offre un cursus plus varié et plus proche du bac français, tout en laissant la possibilité de combiner les matières en fonction des goûts et des aptitudes de chacun. De nombreuses écoles privées l'ont adopté, avec, ou en remplacement, des *A Levels* perçus comme trop spécialisés. De plus en plus d'universités le reconnaissent, dont Oxbridge. En France aussi, il est accepté dans

Photo © Lycée français Charles de Gaulle

des prépas et universités prestigieuses, dont Fermat, Sainte Geneviève... Il est préparé essentiellement par les écoles internationales et quelques *public schools* anglaises. Nous listons les écoles internationales ci-dessous. Coté *public schools*, Sevenoaks dans le Kent, King's College School à Wimbledon obtiennent les meilleurs résultats et offrent des débouchés dans les meilleures universités britanniques. Notez quand même le *Richmond Adult Community College* à Richmond, le seul établissement public gratuit à proposer le *IB*.

La liste exhaustive se trouve sur le site de l'*International Baccalaureate Organization*: *www.ibo.org.*

ACS International Schools
www.acs-schools.co.uk
Ecole américaine et internationale. 3 campus situés à l'ouest de Londres (service de bus). Anglais ESL et possibilité de cours de français langue maternelle. £8,000 à £11,000/trimestre. Possibilité de pension.

Hampton Court House
Hampton Court Road, Surrey KT8 9BS
020 8943 0889 - www.hamptoncourthouse.co.uk
3-16 ans. Enseignement primaire et secondaire bilingue français-anglais dès 3 ans. Ecole anglaise conventionnée et agréée par le CNED. Dans un manoir géorgien au centre d'un magnifique parc. Bus scolaire depuis Londres Centre. £3,800 à £5,400/trimestre.

International Community School
Regent's Park, NW1 4PT - www.icschool.co.uk
A Regent's Park. 3-18 ans. Enseignement primaire et secondaire. *IB*. £5,000+/trimestre.

International School of London
139 Gunnersbury Avenue, W3 8LG
www.islschools.org
A Acton. IB. £18,000 à £25,000/an.

King's College School
Southside, Wimbledon Common, SW19 4TT
www.kcs.org.uk
Garcons 7-18 ans, filles 16-18 ans. *IB*. £5,300 à £6,600/trimestre.

Marymount International School
Kingston-upon-Thames, KT2 7PE
(au Sud de Richmond Park)
www.marymountlondon.com
Ecole américaine internationale pour filles, catholique, mais accepte d'autres confessions. 11-18 ans. Excellents résultats au *IB*. £19,000/an.

Dwight School London
www.dwightlondon.org
Trois sites au Nord de Londres. 3-18ans. £2,700 à £3,600/trimestre.

Southbank International School
Trois campus au centre de Londres: Notting Hill, Hampstead (primaire 3-11 ans) et Westminster (secondaire 11-18 ans). £6,000 à £8,000/trim.

Whitgift School
Haling Park, South Croydon CR2 6YT
020 8633 9935 - www.whitgift.co.uk
Ecole britannique partenaire du Plan Ecole pour garçons de 11-18 ans. Parc de 18 ha, belles installations sportives. Section française qui prépare au bac international bilingue. Cours français langue maternelle + certains cours dispensés en français. Bus scolaire depuis Wandsworth Common et Wimbledon. £6,454/trimestre.

Ecole Internationale Franco-Anglaise (EIFA)
36 Portland Place, W1B 1LS - 020 7637 5351
www.ecole-ifa.com
Ecole primaire et secondaire bilingue homologuée, membre du réseau de la Mission Laïque. Programme français enseigné à 50/50 en français et en anglais. £4,950-£5,190/trimestre. 4 classes de collège et une classe de seconde. Les classes de première et de terminale ouvriront en 2017 et 2018 (bac international en français et en anglais).

Ecole Jeannine Manuel
43-45 Bedford Square, Bloomsbury, WC1B 3DN
contact@jmanuel.uk.net
www.ecolejeanninemanuel.org.uk
Ecole bilingue non homologuée, tout près du *British Museum*, accueille 480 élèves de toutes nationalités de la moyenne section à la 5ème (et progressivement 1 300 élèves jusqu'à la terminale, avec un baccalauréat à option internationale et un baccalauréat international). £15,000/an (assistance financière allouée à 20% des élèves par la Fondation Jeannine Manuel).

Lycée International de Londres Winston Churchill
Forty Lane, Wembley, HA9 9HD
http://lyceeinternational.london
Situé à Brent, non loin de Wembley, le Lycée accueille 1 300 élèves, du primaire au lycée. Suivi du programme français, avec un enseignement bilingue à partir de la 6ème. Baccalauréat S, ES et option internationale. £9,770/an (primaire et collège), £10,470/an (maternelle et lycée), demi-pension et tablette comprises.

Choisir une bonne école

Il est essentiel de bien faire son *homework* avant de choisir une école. Il n'est pas rare que des enfants d'une même famille aillent dans des écoles différentes, en fonction de la perception qu'ont les parents du type d'enseignement qui conviendra le mieux à chacun de leurs enfants (et des places disponibles). Pour vous aider, le site du Ministère de l'Education, *www.schoolsfinder.direct.gov.uk*, vous permet d'entrer votre code postal et d'accéder à des renseignements sur les écoles de votre quartier. Vous pouvez - et devez - également consulter le site de l'*OFSTED*, *www.ofsted.gov.uk*. Le site *www.findmyschool.co.uk* vous permet de visualiser rapidement sur une carte les écoles et leur *rating OFSTED*. Enfin, le site *www.angelsandurchins.co.uk/schools* croise les meilleures écoles du *Good School Guide* avec les codes postaux.

The Good Schools Guide
Cet ouvrage de référence contient une sélection des meilleures écoles du Royaume-Uni, avec pour chacune leurs résultats aux examens et un commentaire individuel sur l'ambiance, les activités. Disponible en ligne. Service payant d'aide personnalisée.
http://www.goodschoolsguide.co.uk

The independent Schools Council
www.isc.co.uk
Cet organisme créé par 1 300 *independent schools* édite un guide gratuit. Consultations personnalisées payantes.

L'enseignement supérieur

Les 170 universités et instituts d'enseignement supérieur sont autonomes. L'enseignement dure généralement 3 ans et permet d'obtenir un *BA, Bachelor of Arts*, ou *BSc, Bachelor of Science*, équivalent d'une licence. Au-delà, *Master's Degree* et *PhD*.
Les étudiants doivent maintenant participer largement au financement de leurs études (£9,000/an), mais ils peuvent recevoir une aide sous forme de prêt à taux bonifié ou de bourses scolaires pour les plus modestes.

De plus en plus de Français commencent leurs études en université britannique (60% des bacheliers du Lycée Français de Londres). A l'issue de leur *BA* ou *BSC*, ils entrent en admission parallèle dans les Grandes Ecoles, obtenant ainsi un double diplôme en 5 ans, sans passer par les classes prépas.

L'admission à l'université est sélective. Comme pour les écoles, les étudiants sont encouragés à visiter les universités lors de journées portes ouvertes. Tous les dossiers de candidature post-bac / post *A-Levels* sont traités par le système centralisé du site *www.ucas.ac.uk* qui fonctionne très bien. Pour plus d'informations consultez *www.orientationgb.com.* Ce site propose des articles traitant de nombreux aspects de l'orientation post-bac en GB et des modes d'accès aux différentes filières.

Special Educational Needs (SEN)

Déménager à Londres avec un enfant « différent » est certainement source d'inquiétude, mais ce peut être aussi une grande chance pour les enfants plus jeunes.

Si les écoles françaises classiques de Londres, poussées par une certaine exigence de niveau et limitées par la taille importante des classes, ne disposent de classes avec un enseignement adapté (type CLIS en primaire ou ULIS au collège), les écoles anglaises peuvent offrir une merveilleuse opportunité d'épanouissement et de progrès. En règle générale, elles sont plus ouvertes à la différence et mieux équipées pour accueillir et aider des enfants rencontrant des difficultés à l'école, en particulier ceux souffrant de troubles d'apprentissage.

Par ailleurs, les médecins anglais, en particulier ceux de la *NHS* (service public), sont souvent bien formés pour diagnostiquer les troubles d'apprentissage, dans le sillage des Américains, et semblent plutôt en avance sur les Français sur des sujets comme l'autisme et les troubles du langage.

A savoir: si votre enfant est scolarisé dans un établissement français de Londres et a des difficultés d'apprentissage, de concentration, de compréhension ou autres, le réseau AVS-Londres propose une aide à la scolarisation et dispose d'Auxiliaires de vie scolaire (AVS) qui interviennent en classe, à la récréation ou à la cantine : *www.avs-londres.com* (tarif horaire pris en charge par la famille).

L'association Dys à Londres (*www.dysalondres.org*) soutient les parents des enfants "dys" scolarisés au Lycée Français.

ORGANISATION DES ÉCOLES POUR LES *SEN*

L'enseignement au Royaume-Uni est globalement plus tourné vers l'épanouissement et la valorisation de l'enfant (*self-esteem*), l'exploration des talents de chacun, moins porté vers un moule unique et excluant.

Special Needs Coordinator

Les écoles anglaises publiques et privées, ainsi que les écoles internationales et américaines, ont toutes un *Special Needs Coordinator (SenCo)*, chargé:

• d'établir un programme individuel d'éducation (*IEP*) pour chaque enfant en difficulté – en conjonction avec les autorités locales pour les cas plus lourds (voir « *statement* » ci-dessous)

• d'organiser des cours de soutien pour les enfants en difficulté, en général prodigués par un enseignant spécialisé (*Special Education Teache*r)

• de faire mettre en œuvre, en classe, les différentes méthodes d'apprentissage identifiées par l'équipe spécialisée comme plus efficaces pour tel enfant

• de coordonner les interventions des différents spécialistes (orthophoniste, psychomotricien, etc.), qui, selon les établissements peuvent faire partie de l'équipe scolaire ou être des intervenants extérieurs.

LE SYSTÈME PRIVÉ (*Independent schools*)

Le système privé classique (*main stream*)

En général, le système privé offre des classes à petits effectifs - 10 à 18 élèves, très favorables pour apporter aux enfants de l'attention individuelle et limiter les sources de distraction. Le soutien aux *special needs* y fait partie intégrante de la scolarité, avec des cours de soutien individuels ou en très petits groupe 2 à 3h/semaine (ceci est moins vrai dans les établissements secondaires les plus réputés qui ne recrutent pas d'enfant avec des difficultés). L'intervention de spécialistes (orthophoniste, ergothérapeute, etc.) peut aussi être organisée pendant les heures d'école, dans ou en dehors de la classe. Toutefois, si toutes les écoles sont organisées pour aider les enfants avec des besoins particuliers, beaucoup ne souhaitent pas en recruter et se contentent de fournir ces services aux enfants déjà scolarisés dont le problème n'apparait que plus tard.

Le système privé spécialisé

Un certain nombre d'établissements spécialisés reçoivent des enfants avec déficit d'apprentissage, en particulier dyslexiques. On les trouve, entre autres, sur le site internet du *Good School Guide*, le guide de référence des écoles anglaises (accès payant, mais qui en vaut la peine).

Ces établissements proposent généralement de très petites classes (5 à 10 enfants) avec un assistant, plusieurs heures de soutien scolaire individuel avec des professeurs spécialisés et l'intervention de spécialistes (en particulier orthophoniste) au sein de l'école.

Les *tutorial colleges* sont des petites structures organisées en classe de 3-5 élèves, pour des enfants capables de suivre le programme scolaire normal, mais qui ne peuvent pas s'intégrer dans une école plus grande. Les cours étant quasiment individuels, les professeurs ou *tutors* s'adaptent au rythme de chacun et offrent beaucoup de soutien. Ces petites structures ont également un *Special Needs Coordinator* et quelques professeurs.

LE SYSTÈME PUBLIC (*state schools*)

Le système public est sans doute à considérer sérieusement pour les déficits d'apprentissage plus lourds. Il offre un système d'aide scolaire très complet et gratuit aux enfants reconnus par les autorités locales comme ayant de sérieux besoins d'aide pour suivre l'école.

COMMENT TROUVER UNE ÉCOLE?

1/ Le ***Good School Guide*** donne une description très précise des écoles, de leur dispositif *Special Needs* et une appréciation personnelle (critère de recherche: "*SEN*").

2/ Conseillers en éducation (*school counselor*), comme Humphrys Education. Les sociétés de *relocation* peuvent vous proposer d'autres conseillers. Bea-Konnect by Avenuedesecoles.com propose également un service de prestations conseil payant (*www.avenuedesecoles.com*).

3/ Des professionnels comme des psychologues d'éducation, orthophonistes, etc., sont souvent de bon conseil pour vous orienter vers l'école la mieux adaptée à votre enfant.

Quelques écoles à Londres

La liste ci-dessous est loin d'être exhaustive et est à prendre à titre purement indicatif. Chaque cas est particulier, une école peut convenir à l'un et pas du tout à l'autre. Il est important de visiter l'école, de rencontrer le *SenCo*, le directeur et de faire une journée d'essai pour se faire sa propre opinion.

Ecoles spécialisées en déficit d'apprentissage

- **Fairley House** (5-14 ans) à Westminster - dyslexie et dysprasie
- **Blossom House** (3-19 ans) à Wimbledon
- **Centre Academy** (8-19 ans) à Wandsworth
- **The Moat** (anglophones seulement) à Fulham
- **Manor School** (4-11 ans) à Kensal Rise

Ecoles anglaises *"main stream"* (qui suivent le cursus normal), **mais ouvertes à la différence**

Primaire

- **Putney Park School** (Putney)
- **St Nicholas Preparatory School** (Kensington)
- **Thomas's** (Battersea, Clapham, Fulham, Kensington)

Secondaire

- **North London International School** (Barnet)
- **Portland Place School** (Westminster)

Il peut être opportun d'étudier la piste des *boarding schools*, dont certaines offrent aussi une bonne structure pour *Special Needs*.

Ecoles internationales avec un bon niveau de soutien *Special Needs*

- **ACS Hillingdon**

Ecoles à petits effectifs/*Tutorial Colleges*

- **The Academy School** à Hampstead (6-13 ans). 70 élèves.
- **Collingham Independent College** à Kensington

Ecoles publiques

Les écoles catholiques offrent des places prioritaires aux enfants avec *special needs*:

- jusqu'à 11 ans: **Our Lady of Victories RC** (Kensington)
- après 11 ans: **The London Oratory** (Fulham)

STATEMENT

Pour les enfants ayant des difficultés importantes, les autorités britanniques chargées de l'éducation (*LEA = local education Authority*) délivrent un *statement*, document établissant les besoins spécifiques de l'enfant pour pouvoir suivre une scolarité aussi normale que possible (par exemple orthophonie, psychomotricité, aide de vie en classe, temps hebdomadaire d'enseignement individuel, temps prolongé pour les examens, etc.).

Ce *statement* donne la priorité à votre enfant pour accéder à l'école publique de son choix, et donne droit à des aides gratuites dans ces écoles. Il peut également permettre de faire payer par le *LEA* des aides dans un établissement privé (négociation au coup par coup), voire les frais de scolarité dans un établissement spécialisé, si le *LEA* reconnait que le service public ne peut pas fournir l'aide nécessaire à la scolarisation correcte de votre enfant. Il est établi à partir d'évaluations complètes fournies par les parents (faire traduire en anglais) ou réalisées par des spécialistes envoyés par le *LEA*, complétées par des observations en classe.

Démarches à suivre

Contacter les autorités de votre quartier ou *borough (Family and Children's Services - SEN team)* pour leur demander un *assessment* (évaluation) de votre enfant. Le *LEA* déterminera les aides supplémentaires auxquelles votre enfant a droit, qui peuvent aller jusqu'à une scolarisation dans un établissement spécialisé. Vous pouvez faire appel si vous trouvez que ces besoins sont sous-estimés. Le processus complet peut prendre jusqu'à 6 mois. Attention, aucune démarche ne peut être entamée avant que vous ne soyez réellement domicilié au Royaume-Uni.

LE GRAND MARCHÉ DE L'ÉDUCATION

Le secteur privé est, on l'aura compris, florissant en Grande-Bretagne. *Pre-prep, prep-schools & Co* se partagent un énorme gâteau, et rivalisent pour trouver les clients (avec la crise il semblerait que de nombreuses écoles voient leurs effectifs baisser). Quand vous visiterez une école privée, vous aurez donc probablement droit à un discours bien rodé sur le thème « chaque enfant est pris dans son individualité de façon à favoriser son épanouissement ». C'est vrai dans la mesure où le style de l'école correspond à celui de l'enfant. Il faut se souvenir que ces écoles sont jugées sur leurs résultats au concours d'entrée dans celles de l'étape suivante, donc elles n'hésiteront pas à se défaire d'un élément encombrant qui a du mal à s'adapter. Il faut bien évaluer les capacités d'intégration de votre enfant avant de finaliser l'inscription (tout trimestre commencé est dû).

LES DATES D'INSCRIPTION

On vous dira parfois que les Anglais inscrivent leurs enfants sur les listes d'attente dès la naissance. Si vous venez d'arriver, point n'est besoin de vous soucier trop des dates d'inscription, car vous vous situez dans le « volant » de places qui deviennent disponibles chaque année en fonction des mouvements de population. N'hésitez donc pas à contacter les écoles de votre choix et à discuter avec elles des critères d'admission.

SAVOIR DÉCODER LE JARGON *OFSTED*

Les inspecteurs de l'*OFSTED* effectuent des inspections régulières, et rédigent ensuite un rapport détaillé et public dont la parution est même obligatoire sur le site Internet des écoles. Cependant il faut savoir décoder leur jargon. Une école *outstanding* est souvent jugée telle parce qu'elle réussit à remonter le niveau des enfants (notion de valeur ajoutée). C'est effectivement remarquable, mais il peut arriver aussi que ces écoles obtiennent globalement des résultats assez faibles, surtout si elles sont situées dans des zones défavorisées (ceci étant, si votre enfant ne parle pas anglais, il fera certainement d'excellents et rapides progrès dans ce type d'école où la prise en charge ESL est bien rodée).
Une école jugée *good* est satisfaisante, alors que le terme *satisfactory* signifie plutôt juste passable. Le degré suivant *inadequat* indique plus ou moins la fermeture programmée de l'école…
Toutefois, l'*OFSTED* a été critiqué pour l'hypocrisie de ces termes, et devrait prochainement adopter un parler plus franc.

LA CARTE SCOLAIRE

Les écoles publiques dites *community* recrutent essentiellement sur critère de proximité. Pour les plus recherchées, il vous faudra habiter dans un rayon de 1 à 2 km de l'école pour espérer y rentrer. Ces périmètres varient chaque année en fonction des places disponibles. Renseignez-vous bien avant de signer un contrat de location. Souvent, les prix de l'immobilier reflètent directement les *catchment areas* des bonnes écoles.
Les écoles anglicanes doivent réserver 25% de leurs places à des enfants d'autres religions, mais les catholiques gardent toute latitude pour ne recruter que des catholiques, ce qui est le cas pour les meilleures d'entre elles.

QU'EST-CE QUE LE "BULLYING" ET FAUT-IL S'EN PRÉOCCUPER ?

Le *bullying* (ou harcèlement scolaire) est depuis longtemps un vrai sujet outre-Manche. Les écoles que vous visiterez s'enorgueilliront probablement de ne pas en avoir, ou alors d'avoir mis en place une politique *anti-bullying* super efficace. Ne vous y fiez qu'à moitié : le simple fait qu'on en parle montre qu'il y a un problème. Sa cause est difficile à cerner, mais il est probable que l'éducation en *single sex*, l'organisation des écoles en *houses* concurrentes, ajouté au fait que la société anglaise reste très stratifiée par classes, explique la persistance du problème. Soyez vigilants donc, et si vous constatez que votre enfant n'est pas bien accepté par ses pairs dans sa nouvelle école, n'hésitez pas à aller voir directement la direction et insister pour qu'elle fasse quelque chose. Contrairement à la France, où les adultes interviennent spontanément dans les disputes entre enfants, les Anglais ont tendance à laisser-faire, partant du principe que l'apprentissage social passe par ce genre de déboires.

NOTRE CLASSEMENT ECOLES DANS LES *QUARTIERS* DU GUIDE

Nous avons répertorié les meilleures écoles publiques et privées dans chaque quartier. Compte tenu de la diversité des écoles britanniques, il nous a semblé plus simple de les classer par groupe d'âge, et de mentionner pour chacune son statut (public, privé), l'existence de frais de scolarité, et s'il s'agit d'une école religieuse.

Nos catégories

Day Nurseries
Solutions souples pour les enfants de moins de 5 ans, âge légal de début du primaire en GB.

Nursery-Primary schools
De nombreuses écoles publiques et privées intègrent une nursery et prennent les enfants dès 2-3 ans.

Primary schools
Normalement de 5-11 ans (*state*), souvent de 3 à 11/13 ans (*independent*).

Primary-Secondary schools
Souvent des *independent* qui prennent des élèves de 8-18 ans. Quelques *Nursery, Primary & Secondary* (toutes privées) vont de 4 à18 ans.

Secondary schools: à partir de 11 ans, généralement publiques.

Logement

Type d'habitat

La recherche

Louer ou acheter?

Depuis le dernier crash immobilier de 1989, on a assisté à une envolée des prix des logements, due en majeure partie à un déséquilibre entre l'offre et la demande. Toute l'Angleterre semble vouloir s'installer dans le Sud-Est, plus chaud, plus riche, mieux desservi. Malgré une baisse importante pendant la crise financière de 2008, la tendance est repartie légèrement à la hausse. Les prix de l'immobilier à Londres sont parmi les plus élevés du monde. La capitale du Royaume-Uni compte un nombre inégalé de milliardaires de tous pays, attirés par la qualité de vie (il est encore possible d'avoir une maison avec jardin en plein centre-ville), le mode d'éducation britannique et un régime fiscal assez flexible.

Le **Collège Français Bilingue de Londres** se trouve dans un quartier relativement populaire, **Kentish Town**, où il est encore possible de trouver un appartement de 3 chambres pour moins de £1,000 / semaine. Hormis **Camden Town** ou, plus au Nord, Golders Green ou Brent Cross, qui reste abordable, les quartiers environnants du *Heath* sont plus chers (Hampstead, Highgate, Primrose Hill).

Le Lycée International est plus éloigné. Il est implanté à Wembley (en zone 4), dans un quartier populaire où les commerces sont rares. On peut toutefois penser que le quartier se développera dans les prochaines années.

Les familles françaises prévoient de s'installer dans les quartiers alentours tels Ealing, Acton, Hampstead East ou encore Marylebone, où elles s'intègreront sûrement avec plus de facilité.

Le Lycée Français pour sa part se trouve à **South Kensington**, l'un des quartiers les plus résidentiels de Londres. S'y loger décemment devient de plus en plus difficile, avec des prix de l'ordre de £1,300-£1,800 / semaine pour 3 chambres et de £1,800-£2,500 / semaine pour 4 chambres.
Les écoles primaires annexes du Lycée se situent dans des quartiers périphériques beaucoup moins chers. On trouve des maisons avec 4 chambres à **Clapham** pour £900/semaine et pour £600 à **Ealing**…

Type d'habitat

Georgian houses: construites entre 1700 et 1840, elles sont très élégantes, blanches, reconnaissables à leurs terrasses, balcons et colonnes, et sont toutes très différentes les unes des autres.

Victorian houses: bâties entre 1830 et 1900, elles représentent le type d'habitat que l'on rencontre le plus couramment à Londres. Elles peuvent être de toutes tailles et sont généralement construites en briques rouges ou jaunes.

Edwardian houses: construites entre 1901 et 1910, elles sont très aérées et lumineuses.

Mews: anciennes écuries ou logements de personnel construits au XIXème siècle et convertis en maisons sur plusieurs niveaux dans des ruelles privées. Champêtres et familiales, elles n'ont pas de jardin et sont souvent un peu sombres, mais la plupart d'entre elles ont été aménagées à l'aide de trouées. Très tendance.

Dans le centre, nombreux appartements hauts de plafond dans des hôtels particuliers reconvertis. Bon rapport qualité-prix dans les ***Mansion Blocks***, immeubles souvent anciens avec concierge.

La recherche

Pour la location d'appartements et de maisons, on peut consulter utilement de nombreux sites Internet, comme par exemple *www.primelocation.com* ou *www.zoopla.co.uk* (ces sites regroupent les agences) et tous les sites des agences immobilières (*voir ci-dessous*). Pour les étudiants et les jeunes diplômés, voir avec le Centre d'Echanges Internationaux *www.cei-work-travel-study.com* (*➤ **Chapitre Emploi)*** qui propose aussi des offres de logement.

LES AGENCES

Les ventes ou locations de biens immobiliers se font ici avec l'aide des *Estate Agents*, agences immobilières, plus souvent qu'en France où les transactions entre particuliers sont plus développées. S'assurer que celles-ci répondent à des critères de sérieux et de professionnalisme (membres d'organismes professionnels tels que NAEA, *Guild of Lettings and Management*, ARLA...). Les loyers sont affichés "frais d'agence inclus", mais prévoyez entre £200 et £300 pour préparer le bail et les références.
Les frais d'agence à la vente sont de 1,5% à 3%, compris dans le prix de vente.
Plusieurs grands réseaux couvrent tout Londres: Douglas&Gordon, John D Wood, Knight Frank, Savill's, Winkworth, etc. Mais il existe aussi nombre d'agences locales.
Les services dits de relocation, organismes ou départements spécialisés d'agences, prospectent pour le compte de leurs clients (particulier ou personnel de société). Leurs services sont variés: journée d'orientation, sélection et visite groupée de biens immobiliers, négociation du contrat, aide au choix des écoles et dans les diverses démarches administratives.

Boulle International
020 7221 5429 - www.boulle.co.uk
Agence basée à Holland Park, qui propose ses services dans tous les quartiers fréquentés par les Français. Les consultants bilingues vous accompagnent tout au long de votre recherche de location ou d'achat.

Emilie Corel
079 3211 6872 - emilie.corel@gmail.com
Emilie Corel est spécialiste de la location sur tous les quartiers de Londres, pour cela ses services sont gratuits. Elle peut également vous aider pour un achat.

FL Consult
078 3449 4795 - www.flconsultproperties.com
FL Consult aide les familles qui arrivent à Londres dans le conseil et la recherche de logement (location et achat).

French Touch Properties
0208 994 0447 - www.frenchtouchproperties.com
Service de relocation couvrant tout Londres. Location et achat. Aide à l'installation et aux choix du quartier et des écoles .

MR Camps

Louer ou acheter?

Compte tenu du montant très élevé des loyers, de plus en plus de Français (souvent déjà résidents sur le sol anglais), envisagent l'acquisition. Une bonne source d'information: le London Property Guide, publié chaque année, donne des éléments de prix à l'achat et à la location, quartier par quartier et même rue par rue.

LOUER

Les loyers sont négociés à la semaine et les baux sont d'une durée d'un an renouvelable. Les biens se renouvellent en permanence; si vous vous y prenez trop tôt, on ne vous montrera que les biens qui ne trouvent pas preneur…

En général, il suffit d'un mois à l'avance pour trouver une location.

La surface des logements n'est pas donnée en m^2 comme en France, mais en nombre de pièces de réception, de chambres doubles ou simples et de salles de bains. Dans le centre de Londres, les loyers sont le plus souvent donnés par semaine (*pw*) et plus rarement par mois (*pcm*).

Il n'y a pratiquement pas de différence de prix entre une location vide et une location meublée. En location vide, la cuisine est entièrement équipée (four, plaque de cuisson, réfrigérateur, machines à laver…). La fourniture de rideaux ou autre moyen d'obscurcissement est à la charge du propriétaire.

Des emplacements de parking (*off street parking*) sont parfois proposés avec la location, mais rarement dans le centre de Londres. Ils ne sont finalement pas indispensables car il est très facile de se garer dans tous les quartiers avec un *resident permit.*

Le *flatshare* est très courant et permet aux célibataires et jeunes couples de se loger pour un coût moindre en partageant leur logement avec d'autres locataires (compter £200-£250 par semaine en zone 1). Le magazine Loot, publié 3 fois par semaine et disponible dans tous les kiosques, contient des dizaines d'annonces de flatshare. Acheter de préférence l'édition du vendredi ou celle du lundi. Voir aussi le site *www.gumtree.com.*

Parmi les différentes sortes de contrat de location, le plus fréquent est le bail à court

terme d'un an renouvelable (*assured shorthold tenancy*) qui assure au locataire la jouissance des lieux jusqu'au dernier jour du bail.

Lors de la signature d'un contrat de location (*tenancy agreement*), on demandera de 6 semaines à deux mois de loyer de caution et un mois de loyer en avance. Il faut également penser à vous munir, avant votre départ, de références bancaires et professionnelles. Le propriétaire assure la prise en charge de l'assurance immobilière et de son mobilier. L'eau, le gaz et l'électricité sont à la charge du locataire, tout comme l'assurance de son mobilier personnel.

En Grande-Bretagne, la *council tax*, impôt local calculé par tranches, correspond à la taxe d'habitation française. Elle n'est presque jamais incluse dans le loyer et son montant peut être élevé: pensez à vous renseigner avant de signer.

Le montant de la *council tax* peut varier énormément en fonction des *boroughs*. Peu élevé à Westminster et surtout à Wandsworth, *borough* dont la *council tax* est la plus faible de tout le Royaume-Uni.

Délai de préavis

Le plus souvent 2 mois après les 4 premiers mois, car le bail est d'une durée minimum de 6 mois. Certains propriétaires peuvent demander un bail d'un an sans préavis possible.

Augmentation du loyer

Elle est négociée annuellement entre le propriétaire et le locataire et suit généralement l'indice du coût de la vie « *RPI* », avec un taux minimum de 3 à 4 %. En cas de notification unilatérale d'une forte augmentation par le propriétaire, le locataire en désaccord peut saisir le *rent assessment comittee* de son quartier.

Etat des lieux

L'état des lieux a lieu à la fois à l'entrée et à la sortie du bail. Le premier sera pris en charge par le propriétaire, le second par le locataire.

Récupération de la caution

L'appartement doit être impeccable lors de l'état des lieux. Il est fortement conseillé de faire appel à un service de nettoyage professionnel.

A savoir: si votre appartement donne sur un square privé, vous recevrez un jeu de clefs. Un bon moyen de rencontrer des familles anglaises !

ACHETER

Le processus d'acquisition est rapide. Six semaines peuvent suffire pour devenir propriétaire. Les solutions de financement sont très variées et flexible et l'achat peut être une option intéressante par rapport au niveau élevé des loyers.

Deux procédures sont à considérer:
Le freehold: l'acquéreur achète la pleine propriété des lieux.
Le leasehold: l'acquéreur achète son logement au détenteur d'un bail principal octroyé par le propriétaire.

La propriété en *leasehold* dure une période déterminée, à l'issue de laquelle le bien revient au propriétaire. Toutefois, il est possible d'acheter des années supplémentaires. Il est conseillé de n'acheter que des *leaseholds* de plus de 80 ans.

Le leasehold with share of freehold: cas d'un immeuble appartenant à une société dont les seuls associés sont les propriétaires en *leasehold* des appartements. Ceci s'apparente à la copropriété française.

Avant toute recherche, il est essentiel de préparer son dossier de financement.

La diversité des types de prêts est telle qu'il est préférable de s'adresser à un conseiller indépendant de bonne renommée (*mortgage broker*). Les prêts (*mortgages*) peuvent aller jusqu'à 25 ans à taux variable et couvrir jusqu'à 75% du prix d'achat. A savoir: les Anglais renégocient fréquemment leur *mortgage*.

Ensuite, mandatez une firme de *solicitors* possédant un département spécialisé dans les ventes (*conveyancing*). Contactez rapidement un *surveyor* chargé d'expertiser le bien.

Une fois la propriété trouvée, analysez méticuleusement les informations correspondantes (titres, plans, autorisations de travaux...). Listez les anomalies, les biens inclus dans la vente et joignez cette liste à l'offre et au contrat.

Une fois l'offre acceptée, assurez-vous que le vendeur s'engage par écrit à retirer la propriété du marché et ce, pour une période suffisante au bon déroulement de l'ensemble des procédures d'échange. Contrairement à la France, où la promesse de vente engage acheteur et vendeur, les parties ne sont pas juridiquement liées jusqu'à la signature du contrat (*exchange*). Le vendeur peut donc vendre à un plus offrant et vous perdrez tous les frais engagés.

Il est donc essentiel d'aller très vite dans l'accomplissement de toutes les formalités.

Lors de la signature du contrat au moment de l'échange, l'acheteur doit remettre 10% du prix de vente (*deposit)*. La vente est alors considérée comme fixe. Un compromis de vente détermine la date de la signature définitive (*completion*), généralement une dizaine de jours plus tard. La transaction sera conclue par pacte authentique (*deed of conveyance* ou *deed of transfer*), avec règlement du solde.

Déménagement 4

- Choix d'un déménageur
- Autres préparatifs
- Logement provisoire
- Le jour J
- Arrivée à Londres

Vous avez décidé de partir, de vous expatrier en Grande-Bretagne, voici quelques éléments pour vous aider à bien préparer ce changement.

Choix d'un déménageur

• Contactez 2 ou 3 déménageurs pour comparer les prix et les services.
Choisissez des déménageurs ayant des références: Afnor, Iso 9002, Fnaim, NF.

Ils sont régulièrement contrôlés par des organismes extérieurs.

Si vous avez besoin d'un garde-meuble, les sociétés de déménagement assurent souvent aussi ce service. N'hésitez pas à leur demander leurs tarifs.

• Déterminez dans vos affaires celles à déménager, à laisser et à mettre en garde-meuble. Attention, les maisons londoniennes sont souvent étroites et ne peuvent accueillir de grands meubles (le déménagement de ces derniers peut d'ailleurs conditionner le choix d'un appartement). Vérifiez donc bien les dimensions des portes, fenêtres, ascenseur et escaliers dans votre logement de Londres et l'accessibilité de certaines pièces.

• Faites l'inventaire de vos biens et de leur valeur, nécessaire pour l'assurance et pour le déménageur.

• Organisez la visite du (ou des) déménageur(s) à votre domicile pour déterminer le volume de vos effets à transporter et établir les devis. Vérifiez aussi avec eux le planning du déménagement et l'assurance de vos biens.
Le service de déménagement est à géométrie variable. Le plus complet et confortable est le service "porte à porte" (emballage, transport et déballage), souvent pris en charge par les entreprises en cas d'expatriation professionnelle.

• Une fois l'entreprise de déménagement choisie, vous communiquez pour l'assurance l'inventaire détaillé et valorisé de vos biens à transporter. Pour vos objets précieux ou vos collections, conservez les factures et faites des photos. Il est conseillé de garder ses bijoux avec soi si l'on ne dispose pas d'un endroit sécurisé pour les entreposer à l'arrivée (logement temporaire par ex.)

Un dernier conseil: même après votre installation à Londres, conservez une photocopie de votre inventaire, elle vous resservira pour un nouveau déménagement (et en cas de cambriolage)...

Voici quelques adresses de déménageurs testés avec succès:

AGS Déménagement International
Garde-meuble également.
0189 520 1595 - www.agsmovers.com

Burke and Willis
020 8947 9001 - www.burkeandwills.co.uk
Une équipe sympa et compétente.

Delahaye Moving
+44 (0)20 8687 0400 - www.delahayemoving.com
Déménagements internationaux et garde-meuble. Bureaux à Paris, Nice et New York.

Scott's Removals
020 8807 8007 - www.scottsremovals.co.uk
Une bonne adresse aussi pour des déménagements Londres/Londres. Un bon rapport service/prix, sérieux.

Autres préparatifs

Si vous êtes membre de l'Union Européenne, vous n'aurez aucune déclaration particulière de douane à remplir pour vous installer à Londres. Les denrées alimentaires sont importées librement en Grande-Bretagne (sauf le lait non pasteurisé, mais les produits fabriqués à partir de lait non pasteurisé sont en revanche autorisés, comme le fromage par exemple). Pas de problème non plus pour apporter du vin si c'est pour votre consommation personnelle. Nous vous conseillons donc d'en expédier autant que possible car le vin est lourdement taxé en Grande-Bretagne.

• Photocopiez tous vos papiers importants (passeport, CNI…) ou scannez-les puis téléchargez-les sur le Cloud.

• Avant de partir, emmenez avec vous votre pharmacie. Si vous avez de jeunes enfants ou êtes habitués à certains médecins et médicaments particuliers, effectuez une dernière visite: dentaire, ophtalmo…(vous ne trouverez pas de suppositoires dans les pharmacies anglaises).

Logement provisoire

En attendant le déménagement, ces formules peuvent rendre service.

Citadines Apart'hotel
0800 376 3898 - www.citadines.com
L'appart'hotel, une solution provisoire le temps de vous installer. Exemple de prix pour un 2 pièces/4 personnes à South Kensington, de 1 à 6 jours: £200/nuit.

London Bed & Breakfast Agency
020 7586 2768 - www.londonbb.com

Mettez de côté vos effets qui ne partiront pas dans le déménagement, et qui vous seront nécessaires pendant la durée du déménagement (vêtements, médicaments, papiers, billets de train, adaptateurs électriques…).

Le jour J

Généralement, il faut prévoir un délai minimum de 2 à 3 jours pour l'emballage et la cargaison. Organisez-vous pour dormir hors de chez vous (les lits seront peut-être déjà emballés). Pendant l'emballage, les déménageurs rempliront la liste de colisage. Sur cette liste est indiquée le numéro de chaque carton et son contenu. Assurez-vous que vous êtes capable de la lire et de la comprendre. Vous garderez ensuite une copie de cette liste qui vous sera indispensable pour vérifier vos effets le jour du déchargement. Soyez donc présent et vigilant pour la rédaction de cette liste, elle vous permettra aussi à l'arrivée d'indiquer rapidement aux déménageurs dans quelle pièce déposer les cartons. Lorsque tout est emballé et mis dans le camion, vous signez la liste de colisage avec le transporteur qui vous en remet une copie.
Contrôlez avec votre société de déménagement que le planning et la date d'arrivée de vos effets à Londres sont bien conformes aux prévisions.

Arrivée à Londres

Le déchargement

Il est indispensable de réserver une place de parking devant chez vous les jours du déchargement. L'entreprise de déménagement devra avoir fait la demande auprès de la mairie de votre *borough* (2 à 3 semaines avant l'arrivée du camion). Soyez présent pendant le déchargement, pointez l'arrivée des cartons avec la liste de colisage et indiquez aux déménageurs dans quelle pièce entreposer les cartons. Vérifiez que rien n'a été détérioré.

Que faire en cas de "casse"?

Vous avez normalement réglé une prime d'assurance couvrant le remplacement de vos biens en Grande-Bretagne. Mais en cas de détérioration partielle, il faut parfois faire venir un expert avant de pouvoir procéder aux réparations, et se débrouiller seul en pays inconnu pour les faire effectuer ensuite. Sans oublier le côté irremplaçable de certains de vos trésors. Conclusion : mieux vaut choisir une entreprise réputée pour éviter les déboires...

Mettre une réserve sur le papier de réception du déménagement. Il arrive qu'on ne se rende compte d'une casse que quelques jours après le déménagement et il peut être trop tard pour se retourner contre le déménageur.

Demandez aux déménageurs de vous débarrasser des cartons vides (pas facile de s'en séparer à Londres).

Attention: l'inventaire détaillé et chiffré est un lourd *pensum*. Pensez à estimer tous vos biens à leur valeur de remplacement à Londres (parfois bien plus élevée que leur coût d'achat en France, notamment pour les meubles anciens).

Et pour finir...

Lorsque vous emménagez et ouvrez vos cartons, vous vous trouvez encombré par vos décorations de Noël, votre garde-robe été/hiver, les jouets des enfants... Une solution: le ***self storage*** (garde-meuble). Très pratique, et très répandu en Grande-Bretagne. C'est un peu comme une cave. Vous pouvez déposer et reprendre très facilement vos affaires. Il en existe dans de nombreux quartiers de Londres. Vous pouvez aussi y laisser une voiture...

Ci-dessous quelques adresses, visitez leur site Internet pour demander des devis. Possibilité d'acheter des cartons pour emballer vos affaires.

- **Big Yellow**

080 0783 4949 - www.bigyellow.co.uk

- **Personal Storage**

West London.

020 8740 1557 - www.personalstorage.co.uk

- **Safestore**

0800 44 48 00 - www.safestore.co.uk

5 Formalités administratives

En tant que ressortissant de l'Union Européenne, les Français qui s'installent au Royaume-Uni bénéficient actuellement des mêmes droits que les Britanniques. Mais le référendum de mai 2016 sur la sortie du Royaume-Uni de l'Union Européenne modifira substantiellement - à terme- les formalités administratives décrites dans ce chapitre.
La possession d'un passeport en cours de validité est recommandée (notamment pour l'ouverture d'un compte en banque), même si la Carte Nationale d'Identité est suffisante.

Priorités administratives

• Obtenir un *National Insurance Number*, l'équivalent du numéro de Sécurité sociale, après avoir trouvé un emploi.
• Vous inscrire sur les listes électorales britanniques (*electoral register*). Cette inscription est prioritaire, car elle facilite d'autres démarches administratives, notamment l'obtention du *resident permit*.
• Vous inscrire chez un médecin généraliste (*General Practitioner)*.
• Vous enregistrer au consulat (important si vous avez des enfants et souhaitez solliciter des bourses scolaires et utile pour faciliter vos démarches consulaires).
• Immatriculer votre véhicule en Grande-Bretagne dans les 6 mois après votre arrivée et souscrire à contrat d'assurance britannique (entre-temps, prévenir votre assurance française que vous utilisez votre véhicule en Grande-Bretagne).

Le consulat

Consulat Général
21 Cromwell Road, SW7 2EN
020 7073 1200 - www.ambafrance-uk.org
Le Consulat propose un service de prise de rendez-vous en ligne pour :
• la délivrance d'un passeport ou d'une carte nationale d'identité
• l'nscription au registre des Français établis hors de France
• les affaires d'état civil
• le dépôt des dossiers de bourses scolaires.
L'accès aux services du Consulat est possible sans rendez-vous en cas d'extrême urgence (perte ou vol de papiers, etc.).
Horaires d'ouverture
Du lundi au jeudi : 8h45-17h00
le vendredi : 8h45-15h00
Fermé les jours fériés.

MISSIONS DU CONSULAT

• Le **service social** s'occupe des Français de passage en difficulté, assiste les Français incarcéréset et assure le rapatriement en France des personnes prises en charge par les services sociaux britanniques. Il effectue les recherches dans l'intérêt des familles et est compétent en matière de procédure d'adoption. Il présente les dossiers de bourses scolaires à l'Agence pour l'Enseignement du Français à l'Etranger.

• Le service des **affaires militaires** recense les jeunes Français de 16 à 25 ans et établit les dossiers de secours aux anciens combattants.

• Le service de la **nationalité** instruit les dossiers de déclaration et les demandes de certificat de nationalité française.

• Le service des **visas** délivre des visas pour les personnes soumises à l'obligation de visa pour entrer dans l'espace Schengen.

PASSEPORT-CARTE D'IDENTITÉ

Le passeport est valable 10 ans pour les adultes, 5 ans pour les enfants. La carte d'identité est gratuite et valable 15 ans, 10 ans pour les mineurs (les cartes valides au premier janvier 2014 sont automatiquement valides 15 ans sans démarche particulière). Pour obtenir un passeport ou une carte d'identité, tout se fait via le site Internet du Consulat. La comparution personnelle du demandeur est exigée. Il faut compter une ou deux semaines pour le passeport et trois mois pour la carte d'identité.

A noter: il n'est pas nécessaire ou obligatoire de faire changer votre adresse sur le passeport ou la carte nationale d'identité.

Enfants

Le passeport est désormais un titre individuel: les mineurs ne peuvent plus figurer sur le passeport de leurs parents, ils doivent être détenteurs d'un passeport personnel. Les mineurs titulaires d'une carte d'identité qui doivent quitter le territoire britannique sans être accompagnés par une personne titulaire de l'autorité parentale doivent être munis d'une autorisation de sortie du territoire.

REGISTRE DES FRANÇAIS ÉTABLIS HORS DE FRANCE

L'inscription au Registre des Français établis hors de France est une formalité administrative simple qui présente de multiples avantages. Elle permet, par exemple, d'obtenir plus facilement passeport et carte nationale d'identité, de demander une bourse scolaire pour les enfants et de s'inscrire sur la liste électorale consulaire. Elle n'est pas obligatoire, mais vivement recommandée. Vous pouvez vous inscrire en ligne, sur le site du Consulat.

Droit de la famille

En cas de mariage sur le sol britannique (contrat pré-nuptial) ou en cas de difficultés familiales (séparation, divorce, responsabilité parentale), il est fortement conseillé de prendre conseil auprès d'un *solicitor.*

Kingsley Napley LLP
Knights Quarter, 14 St John's Lane, EC1M 4AJ
020 7369 3827
www.kingsleynapley.co.uk/droitfamille
William Healing conseille en droit de la famille, y compris en matière de contentieux familiaux internationaux. Il est bilingue français/anglais.

Exercer son droit de vote

Hormis pour les élections françaises, vous pouvez voter pour les élections locales et pour les élections européennes sous réserve de vous inscrire sur les listes électorales britanniques. S'inscrire auprès de votre *borough* est fortement conseillé.

ELECTIONS LOCALES DE LONDRES

Les Français résidant en Grande-Bretagne peuvent actuellement, en tant que citoyens européens, participer aux élections locales britanniques.

Habitant à Londres, ou dans le Grand Londres, vous pouvez participer aux élections des conseillers locaux (*London Borough Councillors*) de votre *borough*, équivalent d'un arrondissement parisien. L'accent est mis sur la collégialité: les conseillers exercent la fonction de maire à tour de rôle pendant un an. En raison d'un système complexe du renouvellement partiel de l'assemblée, des élections locales sont organisées tous les ans le premier jeudi du mois de mai. Le vote par correspondance est possible. Vous pourrez également voter pour le Maire de Londres et pour les 25 membres de la *London Assembly*. Leur mandat est de 4 ans. Les dernières élections ont eu lieu en mai 2016.

ELECTIONS EUROPÉENNES

Le lieu de vote des Français de l'étranger pour les députés français du Parlement européen dépend du choix indiqué lors l'inscription sur la liste électorale consulaire. Vous pouvez voter, en personne et par procuration soit dans la circonscription consulaire de Londres dans un des bureaux de vote ouverts par le Consulat, soit en France dans le bureau de vote de la commune où vous êtes inscrits. Par ailleurs, comme tout citoyen européen résidant au Royaume-Uni et inscrit sur les registres britanniques (*electoral roll*), vous pouvez voter pour les députés britanniques au Parlement européen. Attention, le double vote est absolument interdit sous peine d'amende.

ELECTIONS FRANÇAISES

Le site *www.monconsulat.fr* vous permet de consulter et modifier votre situation électorale et vos données personnelles. Pour ouvrir un compte, vous avez besoin de votre NUMIC (Numéro d'Immatriculation Consulaire), attribué lors de votre inscription au Registre des Français établis hors de France.

Elections municipales, cantonales et régionales

Le Consulat n'organise pas les élections municipales, mais vous offre la possibilité d'établir une procuration afin qu'un mandataire vote pour vous en France, dans la commune où vous êtes inscrits.

Elections présidentielles et référendums

Vous pouvez voter en personne ou par procuration dans un des bureaux de vote ouverts par le Consulat, sous réserve de votre inscription sur la liste électorale consulaire, ou bien voter en personne ou par procuration en France, dans la commune où vous êtes inscrits.

Elections législatives

Depuis 2012, les Français de l'étranger sont représentés à l'Assemblée Nationale par 11 députés. Le Royaume-Uni appartient à la circonscription d'Europe du Nord (Danemark, Estonie, Finlande, Irlande, Islande, Lettonie, Lituanie, Norvège, Royaume-Uni, Suède). Vous pouvez voter en personne, par procuration, par correspondance ou par internet pour le député d'Europe du Nord, sous réserve de votre inscription sur la liste électorale consulaire, ou bien voter, en personne ou par procuration, pour votre député en France dans la commune où vous êtes inscrits.

ELECTION DES CONSEILLERS ET DÉLÉGUÉS CONSULAIRES

Les Français inscrits sur la liste électorale consulaire sont invités à voter pour les Conseillers et les Délégués consulaires à l'urne (en personne ou par procuration) ou par voie électronique. Les Conseillers consulaires (9 pour la circonscription de Londres) siègent au Conseil consulaire, dont le rôle est de donner un avis sur les sujets qui intéressent la communauté française, tels que la protection et l'action sociale, l'emploi et la formation professionnelle ou encore l'enseignement et la sécurité. L'ensemble des 444 Conseillers consulaires élisent les 90 Conseillers de l'Assemblée des Français de l'Etranger et contribuent, avec les Délégués consulaires, à l'élection des 12 sénateurs des Français de l'Etranger.

Vous trouverez les coordonnées des conseillers à l'AFE de la circonscription de Londres sur *www.assemblee-afe.fr/elections.*

Deux associations reconnues d'utilité publique représentative des Français de l'Etranger organisent des conférences, dîners-débats et activités culturelles.

- **Union des Français de l'Etranger en Grande-Bretagne**
www.grande-bretagne.ufe.org
- **Français du monde au Royaume-Uni**
www.francaisdumonde.co.uk

Installation et entretien

6

- Ouvrir un compte en banque
- Services postaux
- Assurance habitation
- Eau, gaz, électricité
- Téléphone et Internet
- Services domestiques
- Recyclage

Ouvrir un compte en banque

Il est assez difficile d'ouvrir un compte en banque en Grande-Bretagne, car la plupart des banques veulent pouvoir effectuer un contrôle de solvabilité (*credit history*) sur une période d'au moins deux ans. Pour améliorer vos chances, il est utile de vous inscrire dès votre arrivée sur le registre électoral (*electoral register*) de votre *borough*. Cette démarche sera utile pour d'autres formalités comme l'obtention du *resident parking permit*.

Londres est la capitale européenne de la finance et de la banque et vous aurez l'embarras du choix pour votre agence. La plupart sont situées près des stations de métro et sur la *High Street*.

Le mieux est donc de faire votre shopping en visitant ces agences les unes après les autres, pour vous renseigner sur les documents qu'elles exigent préalablement à l'ouverture d'un compte pour un étranger. En général, on vous demandera:

- une attestation de domicile type facture de gaz, eau ou électricité (*utility bill*)
- des copies de vos relevés bancaires des 6 derniers mois
- une preuve de vos revenus (une lettre de l'employeur par exemple)
- des références (témoignages sur l'honneur de citoyens anglais concernant votre moralité).

Les grands réseaux bancaires:

Barclays
www.barclays.co.uk

HSBC
www.hsbc.co.uk

Lloyds Bank
www.lloydsbank.com

Metrobank
www.metrobankonline.co.uk
Guichets ouverts 7j/7.

NatWest
www.natwest.com

Il existe aussi des banques sans guichet, accessibles uniquement par Internet ou par téléphone, par exemple:

Yorkshire Building Society
www.ybs.co.uk

First direct (groupe HSBC)
www.firstdirect.com

Intelligent Finance
www.if.com

Comme en France, la plupart des banques vous proposent un chéquier (gratuit) et une carte de paiement à débit immédiat (*Debit Card*). Attention: la façon de remplir un chèque est inversée. Indiquez d'abord le nom du bénéficiaire après la mention *Pay to*, puis la somme en lettres (*X pounds and Y pence*). Pour des sommes sans pence, terminer en écrivant *only* (*X pounds only*).
La plupart des banques proposent l'ouverture simultanée d'un compte courant (*checking account*) et d'un compte d'épargne (*savings account*), avec des transferts automatiques ou manuels entre les deux comptes (*sweep accounts*).
Les véritables cartes de crédit avec paiement mensuel sont très développées, mais il est difficile d'en obtenir une en arrivant car la plupart des organismes effectuent une vérification de votre historique bancaire sur une période d'au moins deux ans (*credit record*).
La plupart des banques vous proposeront l'ouverture d'un compte en euros, mais vous ne pourrez pas obtenir de chéquier sur ce compte. Mieux vaut donc conserver un compte en France si vous y allez souvent.
En attendant l'ouverture de votre compte en banque, vous avez la possibilité d'utiliser les services de la poste pour des opérations courantes, comme le paiement de factures et l'envoi de mandats (*postal orders*). Si vous devez faire des virements vers la France, espacez-les au maximum: pour limiter les frais. Attention au risque fiscal qui existe à rapatrier des fonds de France vers la Grande-Bretagne en fonction du statut fiscal de chacun ➤*Chapitre 7*. Le fisc anglais peut considérer que ces *remittances* sont en fait des revenus et les taxer comme tels.

Services postaux

Le *Post Office* est un organisme public géré par des mandataires privés. Il regroupe les *Post Office Counters*, un réseau de 12 000 agences postales, le *Royal Mail* chargé d'acheminer le courrier et *Parcelforce Worldwide* pour les colis.
Outre les bureaux de poste proprement dits, on trouve des services postaux dans des petites boutiques, *newsagents*, voire même dans des pubs!
En dehors du traitement du courrier, le *Post Office* offre des services variés:

- paiement de factures d'eau, gaz, électricité (*utility bills*)
- vente de la *Motor Vehicle License* ou *Road Tax*
- vente de la *TV License*
- distribution de formulaires divers et variés, notamment pour l'immatriculation d'un véhicule en Grande-Bretagne.

Les horaires d'ouverture varient entre les bureaux.

Services privés

Mailboxes a ouvert des boutiques un peu partout dans Londres pour l'envoi de colis ou la réception de courrier en boîte postale. Ils proposent généralement des services plus élaborés que ceux du *Post Office* (collecte à domicile, emballage...) et leurs tarifs sont compétitifs, dans la mesure où ils donnent le choix entre plusieurs prestataires (dont *Parcelforce*).

Assurance habitation

Comme en France, il est nécessaire de souscrire une assurance habitation (*home contents insurance*) dès votre installation comme locataire. Vous pourrez obtenir différents devis sur Internet auprès des compagnies d'assurance. Attention: l'assurance responsabilité civile (*personal liability cover*) n'est pas toujours incluse. Vérifiez également le montant des franchises, très élevées en Grande-Bretagne.
Un nombre impressionnant de sites proposent des comparaisons de devis en ligne, vous pouvez essayer:
www.moneysupermarket.com
www.insurance.co.uk
www.confused.com

Eau, gaz, électricité

Conseil: essayez toujours de souscrire vos abonnements à vos deux noms, si vous etes en couple, cela vous permettra d'avoir un justificatif de domicile à votre nom.

EAU

Thames Water assure la distribution de l'eau à Londres. Les compteurs d'eau ne sont pas installés systématiquement, car les factures d'eau sont calculées sur une base de consommation forfaitaire (selon le nombre de pièces). Si vous avez une famille nombreuse et un jardin, vous paierez beaucoup moins cher si vous restez sans compteur. La pression d'eau est souvent faible car l'eau est stockée dans des réservoirs individuels, souvent installés sur le toit des maisons et doit emprunter un double circuit (vers le bas pour être chauffée, puis vers les étages pour être distribuée!). L'eau du robinet de l'évier est potable, bien que très calcaire, évitez celle des salles de bains, qui provient généralement d'un réservoir.

Thames Water

0800 714 614 - www.thameswater.co.uk

GAZ ET ELECTRICITÉ

Il est très facile de faire son shopping dans le domaine concurrentiel de l'énergie pour trouver le meilleur rapport qualité-prix. N'hésitez pas à changer de fournisseur si vous trouvez des conditions meilleures au bout d'un an: des sites Internet vous proposent d'optimiser vos factures (exemple *www.uswitch.co.uk*).

British Gas

0800 048 0202 - www.britishgas.co.uk

Le site Internet de British Gas est conçu comme le *one stop shop* de l'installation. Quasiment tous les services y sont proposés: installation de chauffage central et contrat d'entretien chaudière, abonnement électricité, assurance habitation, dépannage plomberie et appareils ménagers, abonnement téléphone, internet et portable!

Suite à l'interdiction d'utilisation du charbon qui a permis d'éliminer le fameux *smog* londonien, les cheminées ont été reconverties au gaz.

Le courant est le même qu'en France (220-240 volts), mais les prises électriques ont trois fiches plates (type G). Pensez à vous munir d'adaptateurs pour tous vos appareils.

Téléphone et Internet

En attendant d'être connecté, procurez-vous une clé USB mobile (*dongle*) chez Carphone Warehouse, Vodafone, O2, 3 Mobile, T-Mobile ou Orange. Cela vous permettra d'effectuer toutes vos démarches en ligne.

Vous aurez ensuite besoin de faire installer une ligne fixe par BT pour obtenir Internet par l'ADSL, à moins que vous n'habitiez dans un quartier câblé par Virgin Media (*cf. ci-dessous*). Pour s'abonner à BT ou reconnecter une ligne existante, appelez le 0800 100 400.

Plusieurs sites peuvent vous aider à choisir un opérateur ADSL (*www.thinkbroadband.com* ou *www.ispreview.co.uk*).La plupart proposent un routeur dans le cadre de l'abonnement, mais vous pouvez en acheter un séparément dans un magasin comme PC World et choisir un opérateur sans abonnement. Bien veiller à vérifier la durée de l'abonnement, les conditions en cas de déménagement anticipé et les limites éventuelles en téléchargement. Vous avez probablement intérêt à regrouper tous vos abonnements, téléphone, Internet, TV et portables chez le même opérateur pour obtenir les meilleurs tarifs.

Des sites comme *www.broadbandchoices.co.uk* et *www.simplifydigital.co.uk (0800 542 4704)* offrent un conseil gratuit pour vous aider à choisir le package Téléphonie-Internet-TV le mieux adapté à vos besoins.

Téléphone, Internet et TV numérique

Virgin Media

www.virginmedia.com

"UK's fastest broadband"... Si vous habitez dans un quartier câblé en fibre optique. Possibilité, si vous êtes câblé, de ne prendre qu'un abonnement Internet, sans ligne de téléphone fixe. Accès aux chaînes de Sky.

Sky TV

www.sky.com

"UK's widest range of HD channels", l'équivalent de Canal Plus. Propose aussi internet et téléphone. ➤ *Chapitre Médias*.

Téléphone portable

Les opérateurs proposent deux types de plans:

- *Pay monthly:* abonnement mensuel sur 12 mois minimum. Tarifs de communication intéressants et possibilité d'obtenir des réductions sur les portables.
- *Pay as you go:* vous achetez l'appareil puis des cartes de recharge d'unités. Plus cher, mais convient en cas d'utilisation légère ou temporaire.

Les magasins Carphone Warehouse - présents un peu partout dans Londres- revendent des abonnements aux différents réseaux ainsi que des appareils déverrouillés à des prix intéressants.

Des dizaines de sites vous proposent de vous aider à choisir votre meilleur *package mobile*,

par exemple : *www.moneysupermarket.com*, *www.broadbandchoices.co.uk*, *www.affordablemobiles.co.uk*.
De plus en plus d'opérateurs offrent des cartes prépayées, parfois à rechargement automatique, pratiques pour les petites consommations ou les enfants. Voir notamment *www.lebara.co.uk* pour des communications nationales et internationales à très bas prix.
Si votre portable est verrouillé sur un réseau, vous pourrez le faire déverrouiller (*unlock*) dans l'un des nombreux magasins d'électronique de Tottenham Court Road ou même chez les *newsagents* de quartier.

Services domestiques

Vérifiez s'il existe dans votre ville un *community website*, qui contient généralement un annuaire de divers services domestiques.

HANDYMAN

Jacques Faudot
020 8789 5645 / 075 9672 8368
jfaudot@hotmail.co.uk
Décoration intérieure et extérieure. Travaux divers d'entretien de la maison. Pose et installation d'étagères, montage de meubles... Devis gratuit, travail sérieux, prix raisonnables.

Martin Moser
0790 420 5200
martinmoser11@hotmail.com
Petits travaux à la maison et dans le jardin. Menuiserie, peinture, bricolage, réparations, déplacement meubles... Devis gratuit- environ £120 pour 8h £60 pour 4 h. Martin parle anglais et allemand, mais pas le français!

NETTOYAGE MAISON ET VITRES

A Londres, du fait de l'ouverture des fenêtres vers le haut ou vers l'extérieur, il est difficile et dangereux de nettoyer ses vitres soi-même.
Il faut avoir recours à des sociétés ou des laveurs de carreaux indépendants. Demandez à vos voisins les coordonnées du laveur de carreaux de votre rue. Vous pouvez faire confiance au bouche à oreille pour trouver une femme de ménage, ou encore passer une annonce gratuite sur le site *www.gumtree.co.uk*.
La communauté philippine est très présente, de même que de nombreuses Polonaises et Brésiliennes. Il n'y a pas de système de chèques emploi-service, chaque employeur est tenu de payer les cotisations sociales (modiques, dans le cas d'une femme de ménage) à l'*Inland Revenue*. Prévoir des formalités (renseignements sur *www.inlandrevenue.gov.uk*). Autre possibilité: faire appel à une entreprise extérieure. Vous serez démarché dans votre boîte aux lettres. Coût: de £10 à £11 l'heure.

Recyclage

Chaque *borough* a sa propre politique en matière de recyclage. Généralement les encombrants ne sont pas ramassés, il vous faut les apporter vous-mêmes à la décharge ou prendre rendez-vous avec le *borough* pour un ramassage payant (voir le site de votre *borough*). Vous trouverez des *containers* de recyclage sur le parking des supermarchés. Vous pouvez rechercher les plus proches sur *www.recycleforlondon.com*. ou essayer de donner vos meubles et objets inutiles via *www.freecycle.org*.
Pensez aussi aux *Charity Shops* pour les vêtements et les petits objets en bon état (par ex., *www.trinityhospice.org.uk*).

7 Emploi Fiscalité

Quitter la France

Obligation fiscale

Une convention franco-britannique tend à éviter les doubles impositions en matière d'impôt sur les revenus. Au moment de votre départ à l'étranger, vous devez communiquer par courrier au Centre des impôts des Non-Résidents votre nouvelle adresse à l'étranger. L'année suivant votre départ, vous adresserez au même centre d'impôt une déclaration qui comprendra les revenus perçus pendant l'année entière en France, avant et après votre départ de France (imprimés n° 2042 et 2042N à télécharger sur *www.impots.gouv.fr*). La date limite de dépôt de la déclaration française est fixée au 30 juin de l'année suivant celle de la perception des revenus.

Vous continuez à percevoir des revenus en France.

Devenu résident fiscal en Grande-Bretagne (*non UK domiciled*), si vous possédez un bien immobilier en France ou si vous continuez à percevoir des revenus en France, vous restez à ce titre imposable en France et devrez établir chaque année une déclaration de revenus avant le 30 juin en utilisant l'imprimé n° 2042N.

Centre des impôts des Non-Résidents
10 rue du Centre, TSA 10010, 93465 Noisy-Le-Grand Cedex - +33 1 57 33 8300
sip.nonresidents@dgfip.finances.gouv.fr

> Le taux de chômage de la Grande-Bretagne (5,6 %, contre 10,8 % en France) reste inférieur à la moyenne européenne de 2015 (11%), malgré la crise économique qui a entrainé une hausse du chômage des jeunes.
>
> Le marché du travail est d'une grande flexibilité tant à l'embauche qu'au licenciement.

Vous quittez votre poste pour suivre votre conjoint

Si vous occupez un emploi salarié, l'assurance chômage considère que votre démission est légitime et vous pourrez alors percevoir les prestations chômage à l'étranger (*cf. ci-dessous*). Attention de mentionner ce motif dans votre lettre de démission.

Allocations chômage

Si vous perceviez des allocations chômage en France, ou si vous démissionnez pour suivre votre conjoint à l'étranger, vous pouvez faire transférer vos droits en Grande-Bretagne pendant 3 mois. Avant votre départ, procurez-vous l'imprimé U2 auprès de la direction départementale de l'emploi du lieu où siège votre entreprise. Une fois en Grande-Bretagne, inscrivez-vous au *Job Centre* le plus proche de votre résidence et présentez votre imprimé U2 dans un délai de 7 jours. Mais, pour percevoir

votre allocation chômage (*jobseeker's allowance*), il vous faut impérativement exercer une activité professionnelle au moins une journée en Grande-Bretagne. Pas facile, mais indispensable.
Le montant –très faible– des allocations qui vous sera alors attribué est fixé chaque année en juin (vous ne recevrez pas le même montant d'allocation chômage qu'en France, l'allocation-chomâge au Royaume-Uni est forfaitaire et n'est pas calculée en fonction de vos anciens revenus).
Si vous ne percevez pas vos droits au chômage pendant votre expatriation, vous pourrez les exercer à nouveau, de retour en France, seulement si votre expatriation ne dépasse pas le délai de 4 ans.

Travailler en Grande-Bretagne

EMPLOI SALARIÉ

Droits

Pour des informations sur le temps de travail, le contrat de travail, le salaire minimum, les droits des salariés, consulter le site Internet: *www.direct.gov.uk*.
Les congés payés annuels sont de 20 jours. La durée hebdomadaire de travail varie entre 35 et 42 heures. La durée légale maximale est de 48 heures. Depuis octobre 2014, le salaire minimum horaire est de £6.50 pour les plus de 21 ans, de £5.13 pour les 18-20 ans, de £3.79 pour les moins de 18 ans et £2.73 pour les apprentis.
Pas besoin de justificatif pour un congé maladie inférieur à 3 jours.
Même si la loi est plus souple qu'en France, on ne peut pas licencier sans motif.
Vos droits sur: *www.adviceguide.org.uk*

La protection sociale

• Lorsque vous travaillez ou cherchez un emploi en Grande-Bretagne, vous relevez du **régime de protection sociale britannique** (maladie, chômage, retraite) et pour cela, vous devez vous inscrire:
- *au National Health Service* via votre *GP (General Practioner)*
- au *Department of Social Security* pour obtenir un *National Insurance Number (NIN)* en ligne sur www.gov.uk
Veillez bien à être muni d'une attestation d'emploi ou d'un contrat de travail, d'une preuve de domicile et d'une pièce d'identité. Vous recevrez un numéro provisoire, puis environ 8 semaines après la demande, votre numéro définitif.

• Cotisations sociales sur le salaire
- Aucune cotisation salariale sur les salaires inférieurs à £155 / semaine
- 10,6% sur les salaires compris entre £155 et £770
- 12% sur les salaires compris entre £770 et £815.

Sur le plan fiscal

La retenue est à la source, c'est le système *PAYE (Pay As You Earn)*.

SELF-EMPLOYED

Il est très facile de travailler à son compte en Grande-Bretagne, une simple déclaration préalable au *Her Majesty Revenue & Customs* suffit sur le site *www.gov.uk*.

Protection sociale

Pas de cotisations sociales (*National Insurance Contribution–NIC*) à payer si les bénéfices sont inférieurs à £5,905/an (2016). Au-dessus de ce montant, elles sont forfaitaires : £2.50/semaine (Class 2).

L'impôt sur le revenu

Mêmes barèmes que celui des salariés.
En tant que *self-employed*, vous êtes tenu d'avoir l'initiative de faire une déclaration de vos revenus à l'*Inland Revenue*. Une fois votre première déclaration faite, le formulaire vous est ensuite envoyé automatiquement.

CRÉER SON ENTREPRISE

Créer une *Limited Company*

Monter une société à responsabilité limitée est facile et ne nécessite pas d'apport de capital. Capital minimum exigé £1.
Toutes les infos sont sur le site de la *Companies House* qui enregistre la création des nouvelles entreprises, *www.gov.uk*.
Les frais d'enregistrement sont de £18, et en 15 jours l'entreprise est créée.

Les documents à fournir sont l'acte constitutif (*Memorandum of Association*), les statuts (*Articles of Association*) et une déclaration contresignée par un avocat (*solicitor*).
Des documents types sont disponibles sur *www.quickformations.com.*

Conseils pour créer son entreprise:

Business support helpline
0300 456 3565 (lundi à vendredi, de 9h à 18h)
www.gov.uk
Des conseillers du HM Revenue & Customspeuvent répondre à vos questions d'ordre général (taxes, impôts, TVA...) par téléphone.

Portobello Business Centre
6 Canalside House
383 Ladbroke Grove, W10 5AA
Conseils pour vos démarches et formations.

Cotisations sociales

L'entreprise paie des cotisations sociales en tant qu'employeur (13,8%).

L'impôt sur les sociétés (*Corporation tax*)

Les profits (bénéfices + plus-values sur le capital) sont soumis à l'impôt sur les sociétés.
Taux d'imposition (2014):

- 20 % entre £0 et £300,000
- 21% au-delà.

LE VOLONTARIAT

Le volontariat peut constituer une alternative à l'emploi salarié. Très développé, il peut vous permettre d'enrichir votre CV, de continuer à chercher un emploi et d'étendre votre réseau de contacts. Quelques sites internet peuvent vous y aider:
www.volunteering.org.uk
www.do-it.org.uk
www.reachskills.org.uk

PRENDRE UN EMPLOYÉ À DOMICILE

Les démarches de déclaration d'un employé à domicile sont relativement simples.
Contactez *HM Revenue & Customs* au 0300 200 3211 (du lundi au vendredi de 8h à 20h) pour connaître le détail des cotisations sociales sur le salaire hebdomadaire de votre futur employé à régler chaque trimestre et enregistrez-vous comme employeur au moins 4 semaines avant de l'embaucher, sur *www.gov.uk/register-employer*. Vous ne payez que le salaire net à votre employé.

Chercher un emploi

ORGANISMES FRANÇAIS

French Chamber of Great Britain
Recruitment Service, Lincoln House, 4th Floor, 300 High Holborn, WC1V 7JH - 020 7092 6600
www.recruitment-ccfgb.co.uk
Le service de recrutement accompagne les candidats bilingues dans leur projet professionnel, pour des emplois permanents, mais aussi à durée déterminée, à temps partiel ou télétravail.

Centre Charles Péguy
28 Brunswick Place, N1 6DZ - 020 7014 5230
https://centrecharlespeguy.wordpress.com
Accompagnement des jeunes francophones dans leur recherche d'emploi à Londres.

Centre d'Echanges Internationaux (CEI)
28 Brunswick Place, N1 6DZ - 020 7014 5210
www.cei-work-travel-study.com
Le CEI propose pour les jeunes francophones, à partir de la France, des stages et des emplois garantis, des cours d'anglais ainsi que des hébergements à court ou moyen terme, tels que des auberges de jeunesse, des familles d'accueil, des résidences.

ORGANISMES ANGLAIS ET INTERNATIONAUX

Job Centres

En tant que membre de l'Union Européenne, vous pouvez travailler sur le sol britannique sans permis de travail. Mais le référendum de mai 2016 sur la sortie du Royaume-Uni de l'Union Européenne modifira substantiellement - à terme- les formalités actuelles.
Le *Job Centre* est l'équivalent britannique du Pôle Emploi, vous y avez accès au même titre que les Britanniques. Cet organisme national pour l'emploi a un réseau d'agences locales dans les quartiers. Offres d'emploi en ligne sur *www.direct.gov.uk/en/Employment/Jobseekers.*
Vous y trouverez également des renseignement sur d'éventuelles aides financières (*Income Support*, l'équivalent du RMI ou le *Housing Benefit* - Allocation Logement).

Agences, Cabinets de recrutement et chasseurs de tête

Adecco, Manpower, Connexions, Nextstep...
Trouvez les adresses de ces agences sur les *Yellow pages* sous la rubrique *Employment agencies* ou *Personnel Consultants.*
www.yell.com

Agences de recrutement spécialisées dans le recrutement des francophones :

www.french-resources.co.uk
www.french-selection.co.uk
www.frenchrecruitment.co.uk

- **Federation of Recruitment Services**

020 7009 2183 - www.rec.uk.com
Cette fédération vous fera parvenir la liste d'agences de recrutement par secteur d'activité.

Conseils juridiques

- **Burtonwoods Solicitors**

Museum House, 25 Museum Street, WC1A 1JT
020 7636 2448 - www.burtonwoods.com
Tout aspect du droit du travail, conseil et contentieux, rupture amiable, discriminatin etc. *Solicitor* bilingue (Stéphanie McKeon).

- **Consultations gratuites**

Crypte de St Mary's Church, Upper Street, Islington, N1 2TX
www.consultationgratuites.org.uk
Le jeudi de 19h à 20h, des avocats ou *barristers* francophones répondent gratuitement à vos questions en droit du travail anglais (réservé aux personnes qui n'ont pas les moyens de payer un avocat).

PETITES ANNONCES

Presse

Chaque quotidien publie des annonces pour des secteurs déterminés (marketing, secrétariat, éducation, finance...). Les quotidiens se consultent gratuitement dans toutes les bibliothèques de quartier ou sur leur site Inernet.

- **Financial Times**

www.exec-appointments.com

- **Daily Telegraph**

http://jobs.telegraph.co.uk

- **Guardian**

www.jobs.guardian.co.uk

Sites Internet

- *www.jobsite.co.uk*
- *www.jobserve.com*
- *www.inretail.com*
- *www.workthing.com*
- *www.totaljob.com*
- *www.gumtree.com*
- *www.caterer.com*

La fiscalité

La comparaison entre les systèmes fiscaux est difficile, les données de base étant différentes. En outre, le référendum de mai 2016 sur la sortie du Royaume-Uni de l'Union Européenne modifira substantiellement -à terme- la situation des Français décrites dans ce chapitre.

DIFFÉRENCES FRANCE / GRANDE-BRETAGNE

En Grande-Bretagne, il n'y a pas de notion de foyer fiscal ni de "parts fiscales", favorable aux familles en France. L'impôt est calculé et payé individuellement.
Le prélèvement à la source de l'impôt, pour les revenus salariaux, est une institution fondamentale de la fiscalité britannique. C'est le système *PAYE, Pay As You Earn* (payez au fur et à mesure que vous gagnez). Les salariés n'ont pas à remplir de déclaration de revenus. L'employeur paie directement au *HM Revenue & Customs* l'impôt dû sur votre salaire. Toutefois, pour des revenus supérieurs à £100,000 / an, les salariés doivent remplir une déclaration de revenus (*Tax Return*).
Avec le système du *Self-Assessment,* le calcul pour l'ensemble des impôts dûs est calculé de façon globale, comme en France.
L'année fiscale court du 6 avril de l'année en cours au 5 avril de l'année suivante.

Le régime fiscal des résidents étrangers

Le régime des *UK resident non UK domiciled* est un régime fiscal dérogatoire et avantageux pour les étrangers.
Le terme « *domicile* » n'est pas synonyme de résidence et ne coïncide pas nécessairement avec pays de la nationalité. Le *domicile* correspond aux liens les plus étroits et les plus durables qu'une personne entretient avec un pays sur le plan de l'attachement quasi patriotique, culturel et social. Il détermine le régime applicable en matière d'impôt sur le revenu, sur les plus-values et d'impôt sur les successions.
Les *UK residents non UK domiciled* ont le choix d'être taxés soit sur une base mondiale, soit selon le régime de la *Remittance Basis (RB)*, selon lequel les plus-values et revenus dégagés en dehors du Royaume-Uni ne sont taxables au Royaume-Uni que dans la mesure où ils y sont rapatriés. Dans ce dernier cas, ils perdent le bénéfice des abattements sur

l'impôt sur le revenu et les plus-values. Depuis 2008, les *résidents non-UK domiciled* depuis plus de 7 ans – sur les 9 dernières années- qui souhaitent être taxés selon le régime de la *Remittance Basis* doivent s'acquitter d'un impôt forfaitaire s'élevant à £30,000 (£50,000 pour les résidents de plus de 12 ans -sur les 15 dernières années). Cette somme n'est pas susceptible de constituer un crédit d'impôt dans les autres juridictions et n'ouvre toujours pas droit à rapatrier des fonds au Royaume-Uni. Le choix du mode d'imposition se fait chaque année et devra donc faire l'objet d'un arbitrage, afin de choisir le régime d'imposition le plus favorable à chaque exercice fiscal.

Le capital peut toujours être rapatrié sans encourir d'imposition. C'est la raison pour laquelle les *résidents non-UK domiciled* doivent structurer leurs comptes bancaires détenus à l'étranger en plusieurs sous comptes : *Capital ; Income ; Capital/Capital Gain* et *Income Gain*, afin de pouvoir, en cas de contrôle, démontrer à l'administration fiscale britannique la nature des fonds rapatriés au Royaume-Uni.

En matière d'**impôt sur les successions** (*Inheritance Tax)*, les *résidents non-UK domiciled* bénéficient également d'un régime dérogatoire, dans la mesure où ceux-ci ne sont soumis à l'impôt britannique que sur les biens détenus au Royaume-Uni. Les biens détenus à l'étranger ne souffriront donc pas de fiscalité successorale britannique (mais il peut exister un impôt dans le pays dans lequel sont situés les biens). L'impôt est payable directement par l'actif successoral (*the estate*) avant distribution aux héritiers (taux de 40% après abattement de £325,000, sauf transmission entre époux (totalement exonérée). **Attention :** la fiscalité est une matière très complexe et il est vivement recommandé de consulter un spécialiste.

IMPÔT SUR LE REVENU SALARIAL

Lorsque vous êtes salarié, votre employeur effectue pour vous le paiement de l'impôt sur le revenu (retenue à la source) et les cotisations de l'assurance nationale.

Après l'abattement forfaitaire de £10,600 par an, le taux d'imposition (2015-2016) sur le revenu annuel est de:

- 20% pour les revenus inférieurs à £31,785/an
- 40% pour les revenus de £31,785 à £150,000
- 45% pour les revenus supérieurs à £150,000.

IMPÔT SUR LES REVENUS NON SALARIAUX

Les plus-values sur le capital (*Capital Gain*) bénéficient d'une exonération jusqu'à £11,100/an. Au-delà, elles sont taxées à 18 % ou 28 % selon votre tranche d'imposition.

Les revenus de capitaux mobiliers (*Dividends*) sont taxés à :

- 10 % pour les revenus inférieurs à £31,785
- 32,5 % pour les revenus de £31,785 à £150,000
- 37,5 % pour les revenus inférieurs à £150,000.

Il n'y a pas d'impôt de solidarité sur la fortune (ISF) en Grande-Bretagne.

En conclusion

Lorsque vous êtes salarié, vous n'avez aucune déclaration sur votre revenu salarial à faire. Par contre, si vous recevez des revenus britanniques bruts, c'est-à-dire sans déduction d'impôt à la source ou si vous rapatriez des revenus ou plus-values étrangères en Grande-Bretagne, vous devez contactez le *HM Revenue & Customs* pour qu'il vous envoie une déclaration de revenus à compléter.

Conseil fiscal :

Altyxfp

Linen Hall, Suite 516, 162-168 Regent Street, W1B 5TF - 020 7439 8509 - www.altyxfp.com

Contact: Bérangère Hassenforder, berangere@altyxfp.com

Conseiller financier (organisation patrimoniale: investissements, retraite, assurance, etc.).

www.joptimiz.com

Une plateforme d'assistance et conseils fiscaux pour les expatriés français à Londres, gérée par 4 fiscalistes de métier avec réponse en ligne sous 48h (fiscalité immobilière, taxation des revenus, résidence fiscale ...).

PwC Société d'Avocats

Crystal Park, 61 rue de Villiers, 92208 Neuilly-sur-Seine Cedex - + 33 (0)1 56 57 56 57 (Georges Morisson-Couderc) - www.pwcavocats.com

Société d'avocats, Membre du réseau international PwC. Assistance juridique et fiscale des expatriés, lors du départ de France ou lors du retour (gestion patrimoniale, l'assistance en cas de contentieux, toutes questions liées aux plans d'intéressement internationaux ou à la retraite, etc.).

8 Santé

Le *NHS*

La Grande-Bretagne a mis en place à la fin de la seconde guerre mondiale un service public de santé gratuit accessible à tous sans conditions de ressources, le *NHS (National Health Service)*. Aujourd'hui l'un des plus gros employeurs mondiaux avec plus d'un million de salariés, c'est l'équivalent de la Sécurité Sociale française, avec les soins dispensés gratuitement. Le cadre du système est relativement rigide: l faut s'inscrire auprès d'un *General Practitioner (GP)* et être référé pour consulter un spécialiste.
Les hospitalisations sont gratuites, mais il faut parfois patienter assez longtemps en liste d'attente quand il n'y a pas d'urgence.
Contrairement à l'image négative qu'on en a souvent en France, le *NHS* est en pointe de la recherche médicale avec plusieurs prix Nobel de Médecine, des hôpitaux remarquablement équipés et des spécialistes internationalement réputés.

INSCRIPTION CHEZ UN *GP*

Même si vous bénéficiez d'une assurance médicale privée complète, vous avez intérêt à vous enregistrer dès votre installation auprès du *NHS*. Il suffit de se munir d'une pièce d'identité et d'une attestation de domicile et de se rendre chez un *GP* proche de votre domicile. Vous trouverez la liste des différents *GPs* de votre quartier sur le site du *NHS* *www.nhs.uk*.

Les *GPs* exercent généralement au sein de cabinets médicaux nommés *surgeries*. Ces cabinets médicaux peuvent réaliser rapidement et gratuitement tous les prélèvements et analyses qu'il peut être compliqué et cher de faire dans le privé.
Le *GP* de votre choix, s'il n'a pas atteint son quota de patients, vous délivrera une carte avec un numéro de sécurité sociale *NHS*.
Les consultations sont sur rendez-vous et durent généralement une dizaine de minutes.
Les médicaments sont gratuits pour les personnes âgées, les femmes enceintes et les enfants de moins de 16 ans. Les adultes doivent acquitter une somme forfaitaire modique par médicament. Les médecins anglais donnent assez peu de médicaments et vous recevrez la quantité exacte correspondant à votre ordonnance *(prescription)*.

Il est possible mais rare que votre *GP* se déplace à domicile en cas d'urgence. Il existe en général un service d'urgence de nuit commun à plusieurs *GPs*.

Vous êtes tenus de consulter uniquement le *GP* chez lequel vous êtes enregistrés, mais vous avez la possibilité de demander un transfert vers un autre cabinet médical si vous n'êtes pas satisfaits. A savoir: selon les quartiers, certains *GPs* ont à leur disposition des médicaments que d'autres n'ont pas...

Certains *GPs* vous proposeront des consultations en "privé" si leur liste d'attente est pleine.

CONSULTATION DE SPÉCIALISTES

Il faut une recommandation écrite d'un *GP* pour consulter un spécialiste dans le cadre du *NHS*, généralement à l'hôpital le plus proche. Les délais d'attente pour une consultation sont variables, mais peuvent être très longs, notamment pour des problèmes secondaires. Il est intéressant dans ce cas de recourir à la médecine privée. En revanche, pour les cas « lourds », il est plutôt recommandé de s'adresser au *NHS* qui dispose de consultants de qualité, très au courant des dernières recherches.

Dentistes

Le choix d'un dentiste est libre dans le *NHS*. Vous devez d'abord vous inscire aupres d'un GP pour pouvoir vous inscrire aupres du cabinet dentaire de votre choix. Ne pas s'attendre à des soins dentaires sophistiqués et ultra-modernes dans le cadre du *NHS*... Les soins dentaires sont gratuits pour les enfants jusqu'à 16 ans, les étudiants à plein temps de moins de 19 ans et les femmes enceintes ou jeunes mamans (d'enfants de moins d'un an au démarrage du traitement). Les soins font l'objet d'un forfait qui varie selon leur complexité. La plupart des dentistes opèrent aussi en privé. Il sera donc possible qu'une partie du traitement passe en *NHS*, et une autre, plus cosmétique, en privé. Demandez à votre dentiste de bien vous expliquer ces différences et les coûts.
A noter : consultation possible auprès d'un hygiéniste, pour le détartrage et la prévention des affections bucco-dentaires.
Les soins d'orthodontie s'obtiennent sur recommandation d'un dentiste.

Gynécologues

Il existe un peu partout des centres de planning familial *(Family Planning)* qui délivrent gratuitement moyens de contraception et conseils. Pour trouver le plus proche consulter le *www.fpa.org.uk*. Notez que les *GP* reçoivent une formation en gynécologie et peuvent normalement s'occuper des problèmes courants (contraception, etc.). Ils prescrivent un frottis (*cervical screening test*) tous les 3 ans pour les femmes de 25 à 49 ans (tous les 5 ans pour les femmes de 50 à 64 ans), et à des mammographies qu'à partir de 50 ans.

Opticiens

La plupart des opticiens de ville (*ophtalmic opticians*) proposent un service d'examen des yeux (*eye test*). L'examen est gratuit pour les enfants de moins de 16 ans, les étudiants de moins de 19 ans et les plus de 60 ans. L'opticien que vous consultez est dans l'obligation de vous donner une ordonnance qui reste valable deux ans.

HOSPITALISATION ET ACCOUCHEMENT

Urgences

Les hospitalisations sont gratuites. Toute personne, même non enregistrée au *NHS*, peut se faire soigner gratuitement aux urgences. Attention, comme peu de médecins se déplacent à domicile, les files d'attente aux urgences sont parfois impressionnantes. Les enfants sont prioritaires, mais les adultes sont pris dans l'ordre d'arrivée (sauf cas extrême). A noter: composez le 999 pour appeler les urgences (ambulance).

Urgences mineures

Pour désengorger les services d'urgence des hôpitaux, des *Walk-in Centres* ont été mis en place ces dernières années. Il est possible de s'y rendre pour recevoir gratuitement des soins dispensés par des médecins ou infirmières. Pour les petits bobos, consultez directement un pharmacien.
Vous pouvez aussi appeler le 111 7/7j et 24/24h pour un conseil médical.

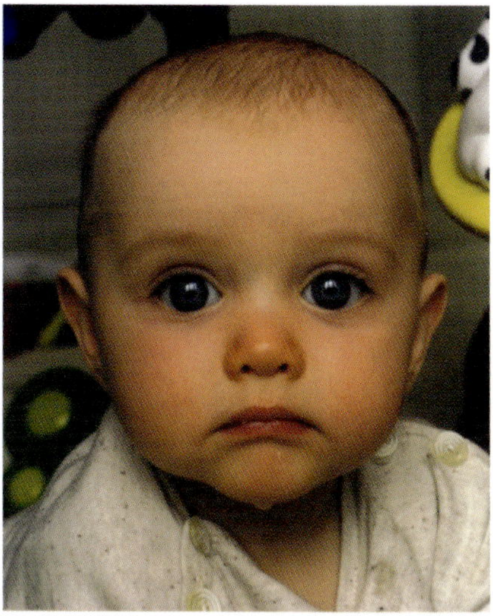

Accouchements

Le suivi de grossesse et l'accouchement dans le cadre du *NHS* sont gratuits et s'effectuent à l'hôpital ou à la maternité dont vous dépendez. Votre *GP* vous indiquera où vous adresser. L'accouchement est fait par des sages-femmes (*midwifes*) sous le contrôle d'un gynécologue obstétricien.
Le séjour à la maternité est très court, (entre 24 et 48h) et les chambres ne sont jamais privées (de 4 à 8 lits). En cas de césarienne, l'hospitalisation est un peu plus longue (3 à 5 jours), et vous bénéficierez peut-être d'une chambre seule si vous avez de la chance... ou des jumeaux.
Une sage-femme effectue un suivi à domicile après l'accouchement. A savoir : l'allaitement maternel est fortement conseillé en Grande-Bretagne.

Plusieurs organisations apportent aide et support aux jeunes mamans:

National Childbirth Trust
www.nct.org.uk

Association of Breastfeeding Mothers
http://abm.me.uk

La Leche League
www.laleche.org.uk

Pédiatrie

Les *baby clinics* offrent des consultations spécialisées en pédiatrie et vaccinent gratuitement. Se renseigner auprès de son *GP*.

Pharmacie

Zafash Pharmacy
233-235 Old Brompton Road
020 7373 2798 - www.zafashpharmacy.co.uk
Unique pharmacie de Londres ouverte 24h/24 et 365 jours/an à Earl's Court.

La Médecine Privée

De nombreuses personnes combinent les deux systèmes: *GP* pour les maladies courantes non urgentes, et privé pour les soins urgents (enfants malades)
et les spécialistes.
La médecine privée est très développée partout et ne présente bien évidemment aucune des rigidités du *NHS*:

- possibilité de voir un médecin dans la journée
- consultations plus longues
- possibilité de consulter directement un spécialiste.

Les tarifs de la médecine privée sont prohibitifs pour qui ne dispose pas d'une assurance médicale complémentaire: comptez £70 à £80 pour un généraliste, et à partir de £100 pour un spécialiste.

LA MÉDECINE FRANÇAISE

De nombreux généralistes et spécialistes français sont installés et exercent à Londres. Certains médecins anglais parlent aussi très bien le français.
Il serait impossible de lister ici tous les médecins français. Quasiment toutes les spécialités médicales sont représentées. La plupart se concentrent dans le quartier de South Kensington, mais plusieurs exercent aussi dans Harley Street, située derrière Oxford Circus. Les cabinets de spécialistes privés se succèdent les uns après les autres dans cette artère chic.

Les structures les plus importantes sont:

Bupa Cromwell Hospital
162-174 Cromwell Road, SW5 0TU
020 7460 5700 - www.bupacromwellhospital.com
Toutes spécialités médicales. Nombreux médecins spécialistes et généralistes français. Urgences adultes et enfants.

Doctorcall 24/7
0844 257 0345 - www.doctorcall.co.uk
Consultations à domicile dans l'heure.

Medicare Français
3 Harrington Gardens, SW7 4JJ
020 7370 4999 - www.medicare-francais.com

Toute la médecine en français. Kiné, orthodontie, dentisterie, orthophonie, pédicure médicale, ostéopathie, échographie... Pharmacie française.

La Maison Médicale
10 Cromwell Place, SW7 2JN
020 7589 9321 - www.lamaisonmedicale.co.uk
Spécialistes et médecins français.

The Medical Chambers Kensington
10 Knaresborough Place, SW5 0TG
020 7244 4200 - www.themedicalchambers.com

Dispensaire Français
184 Hammersmith Road, W6 7DJ
020 8222 8822 - www.df-sfbs.org.uk
Association caritative de médecins et spécialistes français et britanniques qui assurent des consultations à £10 pour les Français en difficulté.

LES MÉDECINES DOUCES

Elles sont très développées au Royaume-Uni, en partie du fait des problèmes rencontrés ces dernières années par le système de santé public. On trouve absolument toutes les spécialités, depuis la médecine tibétaine jusqu'à l'ayurveda, en passant par l'acuponcture et le massage de tête indien. L'homéopathie appartient à cet univers de la *complementary medicine*, médecine alternative. Elle est donc exercée principalement par des praticiens privés qui ne sont pas forcément médecins, mais qui ont quand même reçu 6 années de formation. Les médicaments homéopathiques sont délivrés directement par le praticien et coûtent assez cher. Pour plus d'informations consultez le site *www.britishhomeopathic.org*
A savoir: on trouve des médicaments homéopathiques et tout un assortiment de spécialités para-médicales dans les *health shops*.

Royal London Hospital for Integrated Medicine - *60 Great Ormond Street, WC1N 3HR*
020 3456 7890
Hôpital dépendant du *NHS*, *University College London*, spécialisé dans les médecines alternatives.

Sophrologie
www.thesophrologynetwork.co.uk
Pour apprendre à se relaxer, à gérer son stress, dévoiler son plein potentiel. Réseau de sophrologues françaises à Londres.

Le Remboursement des frais médicaux

LA CARTE EUROPÉENNE D'ASSURANCE MALADIE (CEAM)

EUROPEAN HEALTH INSURANCE CARD (EHIC)

Elle est nécessaire pour se faire rembourser des frais médicaux en France et dans les pays de l'Union Européenne, si vous dépendez du *NHS* et n'êtes pas couvert par une assurance privée. Disponible sur le site du *NHS*. Elle ne couvre pas les dépenses de santé non urgentes et prévisibles, comme la maternité et les frais dentaires. Remboursement au tarif de la Sécurité Sociale. Ne pas oublier de conserver toutes les factures et les justificatifs de paiement.

LA CAISSE DES FRANÇAIS À l'ETRANGER (CFE)

C'est une assurance volontaire qui permet à tout ressortissant français de bénéficier de la Sécurité Sociale Française à l'étranger.
L'inconvénient majeur de cette couverture est que les remboursements sont calculés sur les plafonds français, très bas comparativement aux coûts anglais. Il est donc nécessaire de prendre une complémentaire. L'ASFE (Association de Services des Français de l'Etranger) propose d'excellentes formules.
Le coût global (CFE + complémentaire) dépendra de vos revenus, de votre situation familiale et du choix de la complémentaire.
La CFE peut parfois s'avérer intéressante pour les familles à revenus modestes, les familles et les personnes avec des antécédents médicaux qui ne pourraient être prises en compte par les assurances médicales privées.

LES ASSURANCES MÉDICALES PRIVÉES

A ne pas confondre avec des mutuelles (comme en France), dont la prise en charge est complémentaire de la Sécurité Sociale.
Les assurances médicales privées en Angleterre remboursent les sommes dépensées, beaucoup plus élevées qu'en France. Le coût de la prime dépend généralement du niveau de la couverture, de l'âge, et du lieu de résidence.
Les assurances médicales privées ne couvrent pas les maladies récurrentes, en cours de

traitement ou qui viennent d'être diagnostiquées au moment de la souscription.

Assurances anglaises

De manière générale, l'assurance médicale anglaise ne couvre que l'hospitalisation et les frais de spécialistes. Afin d'obtenir une consultation auprès d'un spécialiste, il est toujours impératif d'être référencé par votre généraliste (*GP*). Pour les Français et autres expatriés, le gros inconvénient des assurances anglaises est, que sauf en cas d'urgence pendant des vacances ou voyages d'affaires, on ne peut se faire soigner qu'en Grande-Bretagne.
Le *leader* des compagnies anglaises en matière d'assurances médicales est incontestablement BUPA. Autres compagnies renommées: AXA-PPP, WPA, AVIVA. Comparez les prix et les offres sur *www.healthinsurancecompare.co.uk*.

Assurances spécifiques aux expatriés vivant en Grande-Bretagne

Il en existe une gamme très étendue: elles vont de la couverture basique comme les assurances de type anglais à l'assurance complète couvrant non seulement l'hospitalisation et les spécialistes, mais aussi les généralistes, les frais dentaires, l'optique, la maternité… L'avantage de ces assurances est que l'assuré peut choisir d'être soigné dans son pays d'origine. Certaines assurances permettent même à l'assuré d'être couvert mondialement.
L'une des meilleures couvertures serait l'assurance Expat Duo de GMCI (groupe Henner, *www.henner.com*) qui est le *leader* français dans le domaine de la protection sociale des expatriés.
Le Groupe Welcare a créé des produits conçus tout spécialement pour les bénéficiaires de la CFE. L'utilisation d'un réseau de médecins et de spécialistes à Londres leur permet de contrôler les coûts et d'offrir des tarifs attrayants. Ils proposent deux formules, Urgence et Complète, dans le cadre de leur offre «Planet». Devis en ligne sur *www.welcare.fr*

9 Conduire

La voiture est loin de s'imposer car Londres dispose d'un réseau de transports en commun largement développé, sans compter les nombreux taxis. Mais, elle reste utile pour les familles et les escapades hors de Londres.

LES CAR CLUBS

Si vous n'avez pas un besoin quotidien d'une voiture, il est possible d'en louer une à l'heure ou pour un week-end. Il suffit de s'enregistrer auprès du *Car Club* qui propose une *Car Club Car* près de chez vous (consultez le site : *www.carplus.org.uk* pour la trouver) et de payer une cotisation annuelle (de l'ordre de £50). Vous recevrez une carte magnétique qui vous permettra d'ouvrir la voiture. Vous n'aurez plus qu'à réserver en ligne ou par téléphone (une heure minimum, un week-end au maximum). La voiture est à rendre au même endroit. Abonnement par heure ou par jour, essence et assurance comprise (avec une franchise de £750), mais pas de *congestion charge* à payer! Le paiement se fait par prélèvement automatique.

- **City Car Club**
  www.citycarclub.co.uk
- **Hertz 24/7**
  www.he247.com (pas de cotisation annuelle)
- **Zipcar**
  www.zipcar.co.uk
- **E-car Club**
  www.e-carclub.com
- **Drive Now**
  www.uk.drive-now.com
- **easyCar Club**
  www.carclub.easycar.com
- **Matcha Car Club**
  www.drive-matcha.co.uk

IMPORTER SA VOITURE FRANÇAISE

Avec le tunnel sous la Manche, venir avec sa voiture est tellement simple qu'on aurait tendance à ne pas se poser de questions et à importer sa voiture, mais le problème du parking peut influencer votre choix.
Si l'immatriculation de votre véhicule est théoriquement obligatoire à partir du moment où vous êtes résident (dans les 6 mois suivant l'entrée de la voiture en Grande-Bretagne), en pratique elle ne s'impose pas. Mais attention: tout stationnement illégal d'un véhicule immatriculé à l'étranger est généralement sanctionné par la pose d'un sabot et un départ à la fourrière quasi simultané – sans doute par crainte de n'avoir aucun recours pour les amendes impayées.
Si vous ne disposez pas d'un garage privé, vous aurez besoin pour vous garer d'un *resident parking permit* délivré par votre *boroug*. Mais si votre voiture n'est pas immatriculée en Grande-Bretagne, vous n'obtiendrez qu'un *resident parking permit* temporaire, renouvelable une seule fois… Vous serez donc obligés de faire immatriculer votre voiture en Grande-Bretagne. Or immatriculer sa voiture française, l'assurer et la garer relèvent souvent du parcours du

combattant, d'autant que chaque démarche nécessite souvent la réalisation simultanée des deux autres, ce qui n'est pas toujours possible.
Conseil: acheter une voiture immatriculée en Grande-Bretagne évite beaucoup de soucis!

Acheter

UNE VOITURE NEUVE

Tous les concessionnaires sont dans les pages jaunes (*www.yell.com*) et ont un site web. Les marques françaises sont distribuées en Grande-Bretagne, à des prix souvent supérieurs à ceux pratiqués en France.

UNE VOITURE D'OCCASION

La cote à l'Argus s'obtient gratuitement sur le site *www.whatcar.com*
Il existe des supermarchés de voitures d'occasion dans la grande banlieue:

Cargiant
44-45 Hythe Road, NW10 6RS - 020 8969 5511
www.cargiant.co.uk
A proximité du centre commercial Westfield.

Trade Sales
372 Bath Road, Slough, Berkshire, SL1 6JA
0844 558 2000 - www.trade-sales.co.uk
Accès facile par le train (Burnham Station, depuis la gare de Paddington).

PAR PETITES ANNONCES

Ici-Londres
www.ici-londres.com

What Car
www.whatcar.com

Loot
www.loot.com

Immatriculer sa voiture française

DVLA - *Driver and Vehicle Licensing Agency*
Le DVLA est l'organisme chargé des immatriculations des véhicules neufs et d'occasion. Si vous déménagez à Londres avec votre voiture, vous devez l'enregistrer comme une voiture importée. Toutes les démarches se font en ligne sur le site*https://www.gov.uk/importing-vehicles-into-the-uk*, avec l'envoi des documents suivants par la poste : le formulaire V55/5, un certificat de conformité en anglais (délivré par le constructeur), l'original de votre carte grise et de votre assurance, etc. La procédure est longue, y compris pour les deux roues.
Original: vous pouvez personnaliser votre plaque d'immatriculation en l'achetant pour un montant minimum de £390, mais les prix peuvent s'envoler y compris aux enchères! Informations sur le site du DVLA.

Assurance

Votre véhicule doit être assuré en Grande-Bretagne.

UNE VOITURE IMMATRICULÉE EN GRANDE-BRETAGNE

Les compagnies d'assurance donnent un devis immédiat par téléphone. Il est utile de prévoir une traduction de votre attestation de "bon conducteur", pour une prise en compte rapide de votre bonus français (*no claim discount*). De nombreuses assurances demandent cette attestation en anglais.
En Grande-Bretagne existent aussi l'assurance tous risques (*comprehensive insurance*) et l'assurance au tiers (*third-party insurance*). Pensez à vérifier si vous êtes couverts par votre assurance lorsque vous quittez le territoire britannique.

Direct Line Insurance
0845 246 3761 (pour un devis)
www.directline.com
Un des meilleurs rapports qualité/prix> Tout se fait par Internet. Attestation (*Certificate of Motor Insurance*) envoyée dans les 24h.

Tesco Motor Insurance
0345 246 2895 - www.tescobank.com
Compétitif et bien organisé. Offre une assurance «*value*» à bas prix, moyennant une franchise plus élevée.

Automobile Association AA
0800 316 2456 - www.theaa.com
L'assurance dépannage AA vous aidera en cas de panne en Grande-Bretagne, comme en Europe.

Royal Automobile Club
0844 891 3111 - www.rac.co.uk

UNE VOITURE FRANÇAISE

Assurer une voiture avec un volant à gauche est possible, compliqué et très cher! Certaines assurances sont plus conciliantes que d'autres:

Co-operative Insurance
0333 331 5361
www.co-operativeinsurance.co.uk

Aviva
0844 891 1101 - www.aviva.co.uk

Documents à posséder

LE PERMIS DE CONDUIRE

Le permis de conduire (*driving licence*) d'un pays de l'Union Européenne vous autorise à conduire en Grande-Bretagne, sans obligation d'échange contre un permis britannique.

LE CERTIFICAT D'ASSURANCE

Voir ci-dessus (***Assurer une voiture***).

LA CARTE GRISE

Désigné plus fréquemment par le nom du document *Vehicle Registration Document V5C* qui donne des détails relatifs au véhicule (marque, modèle, numéro d'immatriculation) et à son propriétaire. Toute modification doit être signalée au *DVLA*.

LA VIGNETTE

La *licence* (*Vehicle Excise Duty Disc ou Tax Disc*) est également appelée *Road Tax*. Elle se paie annuellement en ligne ou au bureau de poste. Vous recevrez chaque année un avis de renouvellement du DVLA. Elle doit être impérativement affichée sur votre pare-brise. Si elle n'est pas visible ou si elle est périmée, votre voiture sera soumise à une contravention. Pour acheter cette vignette au bureau de poste, il faut fournir :

- un formulaire (disponible au bureau de poste) mentionnant l'assurance, les références de la voiture…
- L'attestation d'assurance
- Le certificat d'immatriculation (V5C)
- Le *MOT Certificate* (contrôle technique du véhicule). S'impose à tous les véhicules de plus de 3 ans. Il est annuel et s'obtient dans les garages agréés. Le prix du contrôle est fixé par le *DVLA*.

A l'exception de la *Road Tax* qui doît être affichée sur le pare-brise, vous n'êtes pas tenu de rouler avec les papiers du véhicule.

Le stationnement

En Grande-Bretagne, le stationnement est très réglementé et ne souffre d'aucune infraction ni exception. Il y a quelques parkings collectifs (coût élevé: £8 / heure).

LES MARQUAGES AU SOL

- La double ligne rouge, la ligne blanche en zig-zag ou la double ligne jaune signifient l'impossibilité de se garer à tout moment (c'est possible le soir et le dimanche pour la ligne rouge simple, dans certains *boroughs*).
- La simple ligne jaune signifie l'impossibilité de se garer pendant les heures de contrôle. On peut, dans certains *boroughs* de Londres (pas à Camden, par exemple), se garer sur la ligne jaune en dehors des heures de contrôle mentionnées sur le petit panneau, *cf. ci-dessous*. Se renseigner sur le site internet de chaque *borough.*
- Les marquages blancs simples délimitent l'emplacement d'une voiture. Ces marquages doivent être respectés: si une roue dépasse, vous pouvez avoir une contravention.
- Les marquages blancs double-trait indiquent un changement de règle expliqué par un petit panneau, *cf. ci-dessous*.

Les petits panneaux

Affichés en hauteur, ils comportent différentes indications :

- Le *borough* et son blason (attention, une même rue peut avoir deux trottoirs appartenant respectivement à deux *boroughs* différents)
- Qui a le droit de se garer: les *resident permit holders only*, les *pay at meter*
- Les heures pendant lesquelles il y a un contrôle.

PARKING SUSPENSION

La pose d'un carton temporaire jaune *Warning* sur ces panneaux suspend leurs indications de parking. Le *Warning* indique les dates, la durée et la cause de la suspension (travaux, déménagements, événement,…). Comme vous n'êtes pas préalablement prévenus de ces modifications, attention lorsque vous partez en vacances en laissant votre voiture garée à Londres, vous prenez le risque de la retrouver à la fourrière. Conseil : ne laissez pas votre voiture garée pendant une longue période au même endroit. Vous pouvez vous renseigner auprès de votre *borough* sur les projets envisagés durant votre absence, mais vous n'obtiendrez aucune garantie. Une place de parking payant municipal temporaire peut vous être éventuellement proposée.

LE RESIDENT PARKING PERMIT

Ce document correspond à un abonnement. Valable uniquement dans le périmètre de votre quartier (zone) dans votre *borough*, il vous permet de vous garer sur les emplacements

resident permit holder. Dans les autres zones de votre *borough* et ailleurs dans Londres, il vous faudra payer un ticket. Dans une même rue, des places *resident permit holder* et *pay at meter* peuvent s'alterner ou se succéder y compris pour un ou deux emplacements. Attention: si l'horodateur ne marche pas, ne prenez pas le risque de vous garer. Vous pouvez essayer d'appeler le numéro inscrit sur l'horodateur, mais a priori, vous serez considéré en infraction et dans les minutes qui suivent, vous aurez une contravention. Certains *boroughs* proposent le paiement du parking par téléphone. Très pratique car on paye pour le temps réellement utilisé, à la minute près.
Le *resident permit* s'achète en ligne sur le site de votre *borough,* pour 6 mois ou un an et vous permet de vous garer dans un périmètre limité autour de votre maison ou appartement. A savoir: si vous habitez dans le *Royal Borough of Kensington and Chelsea,* votre *resident permit* vous permet de stationner dans toutes les zones *Resident Permit Holder* du *borough* (rare).
Le macaron doit être obligatoirement apposé sur votre pare-brise. Vous devez être préalablement enregistré sur les listes électorales de votre *borough* (première démarche à effectuer en arrivant). Si vous tardez à le recevoir, votre *borough* vous donnera une référence à afficher à l'intérieur de votre voiture, vous permettant de vous garer dans une zone *Resident Permit Holder*.

Les tickets de parking "visiteur"

Dans certains *boroughs*, existe un système de tickets de parking (*visitors parking vouchers*) pour la journée, ou pour quelques heures dans les zones où il est interdit de se garer pendant une période de la journée. Les *boroughs* rivalisent d'inventivité sur la manière de remplir ces bons. Attention, si c'est mal rempli, vous avez une contravention. A acheter en ligne ou dans votre *library* en cas d'urgence.

Amendes

LES CONTRAVENTIONS

Le prix des contraventions est très élevé, quelque soit la gravité du délit. Leur coût est réduit de 50% si vous payez dans les 14 jours qui suivent le jour de l'infraction. Mais le non paiement entraîne une sur-taxation. Leur règlement peut-être effectué par courrier, par téléphone (mentionné sur l'amende) ou au *parking shop*. Attention aux caméras installées un peu partout, elles flashent sans répit les arrêts sur les carrefours, les arrêts ou stationnements à des endroits interdits – couloirs de bus ou lignes blanches en zigzags- et le moindre excès de vitesse. Heureusement, elles sont signalées par des bandes blanches sur la chaussée.

LE SABOT (clamp)

Il est très facilement posé même pour des infractions mineures. Si vous retrouvez votre voiture immobilisée par un sabot, il faut d'abord payer l'amende. Le paiement peut se faire par téléphone (par carte de crédit) ou au *parking shop* de votre quartier (→ ***Pages Quartiers***). Une fois votre amende payée, le sabot devrait être retiré dans l'heure.

LES DEUX-ROUES

Malheureusement, les emplacements de parking pour les motos sont totalement insuffisants et il n'est pas rare de «tourner» pour se garer. Le deux-roues est valable si vous disposez de parking ou sortez beaucoup le soir... Dans le centre de Londres, les places réservées aux motos sont payantes (£1/jour).

LA FOURRIÈRE

Si votre voiture a disparu, appelez le centre *TRACE* au 0845 206 8602 (24h/24). Si elle est à la fourrière, on vous réorientera sur votre quartier. Coût: £200 minimum! Pensez à vous munir de votre carte grise ou document V5C, de votre attestation d'assurance et de votre passeport. Ils sont ouverts 24/24h. Mais si vous y laissez votre voiture, vous risquez d'avoir à payer en sus des frais de parking.

RÉCLAMATIONS

Si la contravention ou le sabot vous paraissent injustifiés, vous avez 14 jours pour faire votre réclamation écrite, cf. adresse sur la contravention.

LA CONGESTION CHARGE

Cette taxe (£11.50) s'applique quotidiennement à tous les véhicules (hormis les motos et les taxis) qui entrent dans le centre de Londres entre 7h et 18h du lundi au vendredi inclus, hors jours fériés et pendant la période comprise entre Noël et le jour de l'an. La zone de la *congestion charge* est clairement indiquée par de grands «C» rouges peints sur la chaussée. Si vous utilisez votre voiture dans cette zone, même exceptionnellement, intérêt enregistrez-vous auprès de:

Transport for London
www.tfl.gov.uk
Cela facilitera le paiement qui doit être effectué le jour même avant minuit, ou le lendemain moyennant £2 supplémentaires. Au-delà, vous serez passible d'une amende de £100. Le paiement peut être fait par téléphone en donnant votre numéro d'enregistrement ou plus simplement le numéro de votre plaque d'immatriculation. Possibilité d'utiliser le système *Auto Pay* : avec un abonnement annuel de £10, vous serez automatiquement débité de £10 par jour d'entrée dans la zone *congestion charge* (pas de démarche à faire : les nombreuses caméras dans la zone reconnaissent les numéros de plaque d'immatriculation).
Les résidents de la zone bénéficient d'une réduction de 90%. Les deux roues, les véhicules munis d'un badge «handicapé» et les voitures électriques en sont totalement exemptés.

Que faire en cas d'accident?

Le constat n'existe pas en Grande-Bretagne. En cas d'accident, immobilisez la voiture, faites des photos avec votre téléphone portable et trouvez absolument des témoins, car les indemnisations seront basées sur leurs témoignages.
Echangez vos coordonnées et les informations suivantes : nom, adresse, téléphone, n° plaque d'immatriculation, nom des compagnies d'assurance.
Vous devez rapporter l'accident aux services de police (999 en cas d'accident grave, 101 en cas d'accident sans gravité), si vous désirez démontrer le manque de prudence de la partie adverse ou tout délit commis par elle, ou si vous pensez que les détails qui vous ont été fournis sont faux. Des poursuites ne sont pas systématiquement engagées. Les conducteurs en sont informés sur le lieu de l'accident, dans le cas où l'on a appelé la police. Informez votre compagnie d'assurance de l'accident rapidement et transmettez-lui les coordonnées des témoins.

Quelques règles de conduite

• La conduite est à gauche. D'où vient cette spécificité insulaire? Peut-être de l'antériorité des trains qui roulent universellement à gauche et qui ont été inventés dans ce pays. Aux ronds-points, on tourne dans le sens des aiguilles d'une montre, et celui qui est engagé sur le rond-point a la priorité. Si deux voitures arrivent en même temps, priorité à droite.

• Ne jamais s'arrêter au milieu d'un carrefour zébré de jaune.

• La vitesse est limitée à 30 mph (50 Km/h) en ville, à 60 mph (95 Km/h) sur route à deux voies, à 70 mph (110 Km/h) sur autoroute. L'arrêt est obligatoire pour les voitures aux passages pour piétons protégés (lampadaires jaunes clignotants).

• Les autoroutes sont toutes sans péage en Grande-Bretagne. Elles sont financées par la *Road Tax.* Elles sont souvent moins larges et plus denses qu'en France. Leur accès, du centre de Londres, prend du temps. Attention, les stations essence sont moins nombreuses qu'en France et sont parfois situées à plusieurs kilomètres de la sortie les indiquant.

Le port de la ceinture est obligatoire pour le chauffeur comme pour les passagers.

L'usage des téléphones portables au volant est illégal et condamnable (amende de £1,000).

Transports

Arriver à Londres

AÉROPORTS

Londres est desservie par 5 aéroports: Heathrow à l'ouest (24 km), Gatwick au sud (50 km), Stansted au nord-est (56 km), Luton au nord-ouest (50 km) et London City Airport à l'est (14 km).

Heathrow

L'aéroport le plus important en terme de trafic, est desservi par :

• le métro, la *Piccadilly Line* y fait trois arrêts, aux 5 aérogares. Compter 45 mn entre Heathrow et South Kensington (zone 6).
• *Heathrow Express* (toutes les 15 mn, durée du trajet 15 mn) vers la gare de Paddington, au nord-est de Londres.
• un taxi vous coûtera à peu près £40. La companie *British Airways* est basée à Heathrow.

Informations Heathrow Airport
0844 335 1801

Heathrow Express
0845 600 1515

Informations British Airways
0844 493 0777

Gatwick

Gatwick Airport est desservi en 30 mn de Victoria Station et London Bridge par train, le *Gatwick Express*. Les trains au départ de Waterloo et Clapham Junction desservent aussi Gatwick et mettent seulement 5 minutes de plus que le *Gatwick Express*. Un tramway aérien du type VAL relie les aérogares.

Informations Gatwick Airport
0844 892 0322

Gatwick Express
0845 850 1530

Stansted

De Stansted, le *Stansted Express* met 45 mn jusqu'à la gare de Liverpool Street (*City*) et des compagnies de bus relient Victoria Station en 1h. La compagnie low-cost Ryanair, basée à Stansted (*www.ryanair.com*), dessert toute l'Europe.

Informations Stansted Airport
0844 335 1803

Luton

Luton Airport est relié à la gare de King's Cross au nord de Londres par le train (*Thameslink*) ou le bus. La compagnie lowcost Easyjet (*www.easyjet.com*) est basée à Luton.

Informations Luton Airport
www.london-luton.co.uk

London City

London City Airport est le plus proche du centre de Londres (liaison en train – *DLR*), très pratique pour les voyages d'affaires.

Informations City Airport
020 7646 0088

EUROSTAR

▸ www.eurostar.com

08432 186 186

Relie la gare de St Pancras International à la gare du Nord en 2h15. Liaiasons directes vers Marseille, Nantes, les stations de ski, etc. Réservez vos billets sur Internet au moins 6 mois à l'avance pour bénéficier des meilleurs tarifs. Eurostar ne dispose pas d'un service pour les mineurs non accompagnés. Côté français, pas de problème à priori pour envoyer vos enfants, munis de leur passeport et d'une attestation de sortie du territoire. Côté anglais en revanche, la loi interdit aux enfants de moins de 12 ans de voyager seuls. Il est possible d'obtenir l'autorisation de faire voyager un enfant de 13 à 17 ans seul en envoyant un email depuis le site d'Eurostar (rubrique *Special Travel Needs*).

EUROTUNNEL

▸ www.eurotunnel.com

08443 35 35 35 ou *+33 810 63 03 04*

La traversée du tunnel sous la Manche entre Calais et Folkestone dure 35 mn. Si l'enregistrement est un jeu d'enfant (les navettes se succèdent toutes les 20 mn), la tarification est d'une rare complexité et varient de façon importante selon la durée du séjour. Il est indispensable de réserver son passage bien à l'avance, car les tarifs sur place sont prohibitifs.

BUS

▸ Ouibus

http://uk.ouibus.com

Lignes de bus avec Wifi au départ de Paris, Lille, Lyon. Bon marché.

FERRIES

▸ Brittany Ferries

0871 244 0744 - www.brittany-ferries.co.uk

Lignes entre la Bretagne (St Malo, Roscoff), la Normandie (Cherbourg, Caen), l'Espagne (Bilbao, Santander) et la côte sud de l'Angleterre (Portsmouth, Poole, Plymouth).

▸ DFDS Seaways

www.dfdsseaways.co.uk

Calais-Douvres ou Dunkerque en 2h.

▸ P&O Ferries

0800 130 0030 - www.poferries.com

Calais-Douvres en 1h30.

Les transports dans Londres

Londres est une ville très étendue et son réseau de transports publics est très dense. Pour tout renseignement sur les transports, consultez le site Internet très complet de *Transport For London (TFL)*, le consortium municipal en charge des transports: *www.tfl.gov.uk*

Pour être informé 24/24h des perturbations dans les transports, composez le 0843 222 1234.

MÉTRO

Le *Tube* ou *Underground* est un réseau qui compte 6 zones et 13 lignes, chacune dotée d'un nom et d'une couleur. Certaines (*Central Line, Circle Line*) sont plus anciennes et plus sujettes à problèmes que d'autres plus récentes (*Jubilee Line*).

Une ligne de métro aérien appelée *Docklands Light Railway (DLR)* dessert l'est de Londres, au départ de Bank en traversant la City. Très pratique pour l'accès à London City Airport (même tarification que l'*Underground*).

L'*Overground* est un réseau de chemin de fer reliant l'ouest, le nord et le sud de Londres (Wimbledon, Clapham Junction) avec la zone 2 du réseau de l'*Underground*.

Le *Tube* fonctionne de 5h à 0h30 (7h30 à 23h30 le dimanche et toute la nuit le vendredi et le samedi). Il n'y a aucun service (métro, DLR, Overground, bus) le jour de Noël.

Le coût du métro est très élevé. Un ticket aller-simple en zone 1 coûte £4.90 pour un adulte. Au-delà d'un A/R il est préférable d'acheter une day travelcard à £6.50 (zone 1-2) pour voyager de manière illimitée entre 9h30 et 19h en dehors des heures d'affluence (*off peak*).

La meilleure option est de se doter rapidement d'une *Oyster Card*, carte magnétique (vendue £5), prépayée rechargeable disponible dans toutes les stations de métro. Elle peut être utilisée dans tous les transports publics, y compris dans l'*Overground*. Une carte *collector* a été vendue pour la première fois avec la photo du Prince William, à l'occasion de son mariage avec Kate, suivie par celles du jubilé de la Reine et des Jeux Olympiques. Les élèves et étudiants de Londres doivent faire une demande de *student card* au moins 3 semaines avant leur rentrée.

TFL Lost Property
200 Baker Street, NW1 5RZ - 0343 222 1234
Les objets trouvés dans les transports en commun.

BUS

Les bus sont l'un des moyens de transport les plus appréciés des Londoniens. Adaptés aux poussettes et aux fauteuils roulant, ils fonctionnent tous les jours de 5h à 0h30. Un bon réseau de bus de nuit dessert les grands axes au départ de Trafalgar Square. Ils sont très pratiques pour revenir du West End après le dernier métro.
Vous devez être munis de votre titre de transport avant de monter dans le bus. Certains arrêts de bus sont équipés de distributeurs automatiques de tickets.
Il existe encore deux lignes desservies par les "*Routemasters*", les anciens modèles "*double deckers*", et on y grimpe par la porte arrière: la ligne 9 entre High Street Kensington Station et Somerset House et la 15 entre Piccadilly Circus et la Tour de Londres.
Les bus sont gratuits pour les enfants de moins de 11 ans -ils peuvent voyager seuls- et les jeunes Londoniens scolarisés de moins de 18 ans, munis d'une *Zip Oyster Card*. Le métro est gratuit pour les moins de 11 ans mais ils doivent voyager accompagnés d'un adulte titulaire d'un titre de transport valide.
Attention, si votre famille ou vos amis viennent vous rendre visite, ils devront acheter une *Oyster Card* ou une *Travel Card* au tarif enfant, pour leurs enfants âgés de 11 à 15 ans, au tarif adulte pour leurs jeunes âgés de 16 ans et plus.

TRAIN

La Grande-Bretagne dispose d'un réseau ferroviaire très dense. Pourtant les tarifs sont élevés, car la plupart des sociétés d'exploitation du réseau, privatisées sous Mme Thatchter, doivent maintenant faire face à des investissements colossaux en maintenance.
Vous pouvez vérifier tous les horaires des trains et les perturbations éventuelles sur *www.nationalrail.co.uk*.
Le réseau est privé et ne dépend pas de TFL, mais il est relié maintenant à l'*Overground* à Londres. Vous pourrez donc utiliser votre *Oyster Card* sur certaines parties du réseau.
Plusieurs gares desservent la Grande-Bretagne à partir de Londres:
Pour le nord: Euston, King's Cross et St Pancras
Pour le sud: Charing Cross, London Bridge, Victoria et Waterloo
Pour l'ouest: Paddington et Waterloo
Pour l'est: Liverpool Street, Victoria
L'Eurostar part de King's Cross-St Pancras, le Stansted Express de Liverpool Street, le Gatwick Express de London Bridge et Victoria, et le Heathrow Express de Paddington.

BATEAU

Un peu comme à Paris, il est possible de naviguer sur la Tamise (*The River Thames*) pour se déplacer dans Londres. A côté des croisières touristiques existe le *River Bus*, géré par *TFL et* desservant les points névralgiques des bords de Tamise, entre Embankment et Woolich Arsenal, en passant par la City (London Bridge) ou entre Putney et Blackfriars, etc. La fréquence des rotations est variable: toutes les 20mn en période d'affluence. Vous pouvez utiliser votre *Oyster Card*. Horaires à vérifier sur le site : *www.tfl.gov.uk*

TAXIS

Les *black cabs*

Omniprésents dans la ville, les *black cabs* (de plus en plus colorés) sont certainement l'un des moyens de transport favoris des Londoniens comme des visiteurs. Non seulement ils acceptent 5 personnes avec leurs bagages et leur poussette (deux enfants comptent pour un adulte), mais ils connaissent parfaitement leur ville (ils doivent passer un examen très difficile sur la cartographie de Londres, le *Knowledge Test*, pour obtenir leur licence). Ils sont également accessibles aux fauteuils roulants.

Vous pouvez les héler dans la rue si le signe *For Hire* est allumé sur le toit. Il existe également des files d'attente à différents endroits (artères commerçantes, gares...). Ils acceptent sans problème les petits trajets, et sont très nombreux à accepter les paiements CB (avec des frais supplémentaires).

Les *cabbies* sont dans l'ensemble sympathiques, et si leur anglais est parfois difficile à saisir tant il est mâtiné de cockney, ils sont généralement prêts à aider leurs clients (sauf pour charger les bagages qu'il faut mettre à l'avant, près du conducteur, car ils n'ont pas de coffre).

Les tarifs sont relativement élevés, mais néanmoins intéressants au regard du coût des transports en commun dès lors que l'on est plusieurs à voyager ensemble. Une course St Pancras-South Kensington revient à environ £25. Il est d'usage d'arrondir le prix de la course au £ supérieur (donner £7 quand le compteur affiche £6.50 par exemple).

Quelques sociétés de *black cabs*:

◗ **ComCab**

www.comcablondon.com - 020 7908 0271

Accueil téléphonique et courses assurées le matin tôt et le dimanche. Frais supplémentaires en période de fêtes.

◗ **Radio Taxis**

www.radiotaxis.co.uk - 020 7272 0272

Les objets trouvés pour les taxis:

◗ **TFL Lost Property**

200 Baker Street, NW1 5RZ - 0343 222 1234

Les objets oubliés dans un *black cab* ou dans un *mini-cab* sont déposés par les *cabbies* dans les postes de police, qui les transmettent à *TFL Lost Property Office*. Cela peut prendre 5 jours.

Les *minicabs*

Les *black cabs* sont très onéreux pour une grande distance. Choisissez plutôt les *mini-cabs*, à peu près 30% moins chers.

Il s'agit d'un système de taxis privés avec *license*. Ils roulent dans des voitures banalisées et vous devez les réserver à l'avance. Les *mini-cabs* n'ont pas de compteur et il est nécessaire de se mettre d'accord au moment de la réservation sur le montant de la course. Le prix est fixe et ne tient pas compte des éventuels embouteillages…

Vous avez besoin d'un taxi à 9h le matin, en semaine: pensez à réserver un *mini-cab* la veille, car vous pouvez avoir des difficultés à trouver un taxi libre le matin, ils vont tous à la City… Même chose si vous sortez le soir: réservez votre *mini-cab* pour rentrer chez vous, car il est parfois difficile de trouver un *black cab*. Vous recevrez dans votre boîte aux lettres des cartes de visite avec leurs offres. Gardez-les et faites-vous un petit carnet d'adresses de *mini-cabs*. N'hésitez pas à en contacter plusieurs pour vérifier les meilleurs prix sur le trajet que vous souhaitez faire. Demandez également à votre voisinage. Une valeur sûre :

◗ **Addison Lee**

www.addisonlee.com - 020 7407 9000

Avec une flotte de 4 800 véhicules, Addison Lee est l'une des principales sociétés de *mini-cabs*.

◗ **Uber**

www.uber.com

Application mobile d'offre de voitures de tourisme avec chauffeur.

En deux-roues

VÉLO

La petite reine a ses *aficionados*, généralement bien équipés avec casque, masque anti-pollution et gilet réfléchissant… Mais cela demeure relativement dangereux (un accident mortel par mois environ). Conseil d'Expat Guide : à l'arrêt au feu rouge, placez-vous devant ou derrière le bus ou le camion pour qu'il vous voie avant de tourner à gauche au feu vert. Sinon, vous êtes dans son angle mort et risquez de vous faire écraser…

La ville de Londres met à disposition des vélos à louer. Tous les renseignements sont sur le site www.tfl.gov.uk

La carte des pistes cyclables *London Cycle Network* est disponible dans les bibliothèques. Elle renseigne aussi sur les panneaux et sigles existants à Londres. Vous pouvez également consulter: *www.londoncyclenetwork.org.uk*, doté d'un *Journey Planner* qui indique en détail le parcours optimal pour rallier deux points à vélo. A noter: il est possible de faire du vélo dans les parcs, sur certaines voies réservées.

MOTO / SCOOTER

Les deux roues connaissent un engouement certain depuis la mise en place de la *Congestion Charge* (ils n'y sont pas soumis). Du coup, la ville de Londres organise, en collaboration avec la *Metropolitan Police*, des mini stages de conduite moto pour les personnes roulant en ville et voulant rafraîchir leurs connaissances et leurs réflexes. Le coût est minime (£45 pour une journée). Il faut venir avec son deux roues (moto, scooter ou même mobylette), son permis moto ou voiture (suivant la cylindrée), son *MOT* et une preuve d'assurance. Pour plus d'informations, consulter leur site *www.bikesafe-london.co.uk*. Le port du casque est obligatoire. Attention, dans certains *boroughs*, vous ne pouvez vous garer que sur des emplacements spécialement aménagés. Les places réservées aux deux roues sont indiquées par des signes "*M/C only*" sur la chaussée. Les deux roues peuvent obtenir un *resident parking permit* à coût modique leur permettant de se garer dans les *resident bay areas* de leur quartier.

Animaux domestiques

Le *Pet Travel Scheme* (*PETS*)
Races interdites et autres animaux
Être chien en Angleterre

Les Britanniques sont connus pour aimer les animaux. On estime le nombre de chiens à environ 8 millions, de chats à plus de 9 millions. Et malgré cela, pas une crotte sur les trottoirs ou dans les parcs. Vous pourrez laisser vos enfants gambader tranquillement. Le Royaume-Uni étant exempte de rage, les conditions d'entrée des animaux en provenance de l'extérieur sont draconiennes. Si vous voulez amener votre animal de compagnie, vous devrez respecter certaines conditions.

Le *Pet Travel Scheme (PETS)*

Le *PETS* est le système qui permet aux chiens, chats et furets d'entrer au Royaume-Uni sans quarantaine, sous réserve de respecter des règles très strictes. Il s'adresse aux personnes résidentes au Royaume-Uni qui souhaitent voyager vers les pays de l'Union Européenne ou les pays listés par le DEFRA (à vérifier sur *www.defra.gov.uk*) et retourner au Royaume-Uni. Ces règles visent à protéger la Grande-Bretagne contre l'importation de la rage notamment.
Les animaux doivent être munis du Passeport Européen pour les Animaux de Compagnie. Celui-ci est délivré par votre vétérinaire (pour l'obtenir, votre animal doit être âgé de 3 mois). Ce document comporte des informations sur le propriétaire de l'animal et sur l'animal lui-même (numéro de puce, date de vaccin ou de rappel antirabique, date de prise de sang -sauf pour les chats, les chiens et les furets). Une partie est également prévue pour les traitements anti-parasitaires contre l'échinococcose, exigé pour entrer au Royaume-Uni.

LES ÉTAPES À RESPECTER POUR IMPORTER VOTRE ANIMAL VERS LE ROYAUME-UNI

• Implantation d'une micro-puce qui permettra de l'identifier.
• Vaccination contre la rage après la mise en place de la micro-puce. Cette règle ne souffre aucune exception même si la vaccination antirabique est en cours de validité. Les rappels antirabiques doivent être tenus à jour. Le délai d'attente pour entrer au Royaume-Uni après la date de la vaccination est de 21 jours. Si la vaccination a lieu en deux fois, le délai de 21 jours commencera à la date de la seconde vaccination.
• Obtention des documents de voyage pour votre animal – Passeport Européen pour les animaux venant d'un pays membre de l'Union Européenne, de la Croatie, de Gibraltar, de la Norvège, de San Marino et de la Suisse ou certificat vétérinaire officiel si vous préparez votre animal dans un pays non-membre de l'UE figurant sur la liste des pays autorisés.
• Vermifugation des chiens uniquement contre le ténia. Le chien devra être traité entre 24h et 120h avant sa date d'arrivée prévue sur le territoire britannique, et cette étape devra figurer dans son passeport.

• Transport avec une entreprise de transport approuvée empruntant une route autorisée.

ROUTES

Les chats, chiens et furets doivent continuer à respecter les points d'entrée agréés. Attention, il est interdit d'apporter votre animal domestique au Royaume-Uni dans un voilier ou un avion privé! Assurez-vous que la compagnie de transport que vous souhaitez emprunter accepte bien les animaux à bord, et sous quelles conditions. Eurostar n'accepte que les chiens guides. Pour connaître la liste des compagnies aériennes qui acceptent les animaux, veuillez vous renseigner auprès de DEFRA au +44 (0)370 241 1710 ou par email : *pettravel@ahvla.gsi.gov.uk*

Races interdites et autres animaux

Certaines races de chien dangereuses sont interdites : les pitbull, tosa japonais, dogue argentin et fila brazilero ainsi que les chiens issus de croisements de ces races. En revanche, les Rottweiler sont admis. Attention, les sanctions sont lourdes : vous risquez £5,000 d'amende et/ou 6 mois de prison ainsi que la « destruction » de votre chien.
Les règles vétérinaires régissant l'importation d'animaux vivants en provenance d'un autre pays de l'Union européenne varient selon l'espèce concernée. Une autorisation spéciale est requise pour certaines espèces menacées -serpents, lézards, tortues, par exemple. Votre vétérinaire saura vous renseigner sur les certificats exigés.

Être chien en Angleterre

Les chiens sont très nombreux au Royaume-Uni, mais vous ne les verrez pas si vous n'êtes pas un habitué des parcs. Avoir un chien est la meilleure façon de faire la connaissance de tout le monde dans son quartier. Ils ne sont pas acceptés dans la majorité des magasins (y compris les bureaux de poste) et des restaurants, toutefois quelques *pubs* les acceptent et vous trouverez leurs coordonnées sur de nombreux sites "*dog friendly*". Si vous achetez votre chien au Royaume-Uni, il doit être muni d'une micro-puce dès l'âge de 8 semaines (sous peine d'amende de £500). Il est obligatoire de ramasser les déjections de son chien, dans la rue comme dans les parcs, sous peine d'amende pouvant aller jusqu'à £1,000.
Si vous travaillez, vous pouvez faire appel à un professionnel qui promène votre compagnon dans la journée. Coûteux, mais bonne qualité de service. Vous trouverez leurs coordonnées chez les vétérinaires et sur les sites de *dog walking*.

GARDE D'ANIMAUX À DOMICILE

Max & Kitty
www.maxkitty-petsitting.co.uk
Mise en relation de familles ou individuels rigoureusement sélectionnés avec des propriétaires d'animaux (chiens, chats, autres petits animaux) qui ont besoin de s'absenter de quelques heures à plusieurs semaines. Propose un service de qualité : accompagnement de chaque propriétaire par un conseiller personnel, sélection et aide au choix des pet-sitters, assurances professionnelles incluses.

Dog Buddy
www.dogbuddy.com
Pour trouver un "dog-sitter" près de chez vous.

CHENILS

Haxted Kennels
Dwelly Lane, Edenbridge, Kent TN8 6QA
www.haxtedkennels.co.uk - 017 3286 3166
Possibilité de venir chercher votre chien à domicile et de le ramener (service payant). Vous pouvez aussi amener votre chien chez un vétérinaire à Hammersmith ou Barnes, la prise en charge est alors gratuite. Ils peuvent faire les vaccins sur place et des soins vétérinaires. C'est à la campagne, dans le Kent avec un grand espace où les animaux peuvent courir. Tarifs très intéressants. Les chiens y sont très heureux.

Centres d'accueil pour les chats

Appletree Cattery
197 Vicarage Road, Sunbury-on-Thames, TW16 7TP
www.appletreecattery.co.uk - 01932 780 508

Loggerheads Cattery
33 Winchester Road, Highams Park, London E4 9LH - www.loggerheads.org.uk - 020 8531 2134

VÉTÉRINAIRE

Pascal Sulzer
55 Elisabeth Street, London SW1W 9PP
www.veterinairefrancais.com - 079 5029 4630
Vétérinaire français. Visites à domicile à vélo dans les zones SW et W, sans frais de déplacement. Cette clinique est l'une des seules du centre de Londres à accepter les urgences vétérinaires (→ *Quartier Westminster*).

Shopping

Comme vous le constaterez rapidement dans votre quartier, le commerce britannique s'est développé sur un concept de *High Street*, rue principale où se concentrent les magasins, restaurants et pubs. Après la disparition progressive des boutiques traditionnelles, ce sont des chaînes qui se sont maintenant installées sur toutes les *High Streets* de Grande-Bretagne. Ces magasins viennent en complément des supermarchés, souvent un peu excentrés par rapport à la *High Street* (parking oblige). Spécialisés dans l'alimentaire, l'entretien de la maison et la mode, leur taille reste bien inférieure à celle de nos hypermarchés de périphérie. Les magasins sont ouverts le dimanche.

Bien sûr, à Londres vous n'aurez que l'embarras du choix en matière de shopping. Nous vous donnons un bref aperçu de ses ressources dans les pages suivantes, quelques bonnes adresses chinées par des Françaises vivant ici depuis longtemps et surtout, quelques clés pour savoir comment et où faire vos achats en arrivant.

Utile: le site *www.streetsensation.co.uk* vous donne la possibilité de visualiser toutes les enseignes des rues commerçantes de Londres.

Les zones commerçantes

Oxford Street

Un concentré de grands magasins, souvent les *flaghip stores* (boutiques étendards) des grandes chaînes du pays: John Lewis, Debenhams, House of Frasers (ces 3 grands magasins sont très pratiques pour s'installer), Marks & Spencer, Selfridges, Primark, etc., en méga *size*, ainsi que les grandes enseignes de mode plus junior comme Nike Town ou Top Shop.

Tottenham Court Road

Le paradis de l'électronique et de la high tech. Des commerçants en majorité asiatiques louent des stands à l'intérieur de grands halls donnant sur la rue et proposent les téléphones portables dernier cri, ordinateurs et du matériel d'occasion. Ne pas hésiter à négocier les prix. Nombreux magasins de meubles également: Dreams (literie), Habitat, Heals, Lombok, Dwell, Sofas, etc.

Regent Street et Piccadilly

Succession de marques et d'enseignes bien intégrées à l'architecture d'un magnifique *crescent* de style géorgien: Liberty, Hamleys (l'un des plus grands magasins de jouets au monde), Disney Store, Church's, Apple Store, Zara… Juste derrière, Carnaby Street, rue piétonne mythique de la mode beatnik des années 60, aujourd'hui reconvertie en mode ado, marque le début de Soho. A Piccadilly, Lillywhites est incontournable pour les articles de sport. Derrière Piccadilly, Jermyn Street, une rue délicieusement traditionnelle de *tailors* et de *shirt makers*. Ne pas oublier Waterstone's (la plus grande librairie d'Europe), Fortnum & Mason à Piccadilly, une institution britannique depuis 1707, où vous trouverez d'excellents produits et Paxton & Whitfield, le fromager de la famille royale depuis 200 ans!

Bond Street et New Bond Street

Tout le luxe s'y retrouve: Gucci, Versace, magasins d'antiquités, galeries d'art et la plus grande concentration de *Royal Warrant holders* (fournisseurs de la famille royale) de tout le pays.

Marylebone High Street

Un mini quartier à découvrir, où l'on retrouve les enseignes branchées et quelques *concept stores* très tendance comme La Fromagerie.

Covent Garden

Le Market Hall, avec ses stands d'artisanat et la Piazza sont agréables bien que très touristiques. Nombreux restaurants et cafés sans oublier l'Apple store. Sur Neal Street toute proche, concentration de jeunes designers, *shoe shops*, ainsi que la *Tea House* (spécialiste du thé). Célèbres boutiques bio (alimentation et remèdes naturels) à Neal's Yard.

Knightsbridge

On y retrouve toutes les grandes enseignes regroupées autour de Harrods et Harvey Nichols, les deux grands magasins stars de Londres: de Topshop à Zara, elles y sont toutes. Au sud, Sloane Street est une petite enclave de marques de luxe et de créateurs qui se succèdent jusqu'à Sloane Square.

King's Road

Le temple du shopping chic de Chelsea. Designers, magasins de chaussures et enseignes internationales: L.K. Benett, Patrick Cox, Natural Shoe Store, Manolo Blahnik, Zara, Agnès B, Habitat, Karen Millen, Jack Wills, Penhaligon... et surtout Peter Jones, grand magasin bien pratique quand on s'installe.

High Street Kensington

Les marques anglaises et internationales s'y retrouvent (Uniqlo, Urban Outfitters, American Apparel, Top Shop) et encadrent le magnifique magasin de l'alimentation naturelle et bio Wholefoods.

Notting Hill

A Portobello Road, Ledbury Road, Westbourne Grove, etc. se concentrent des magasins branchés et cosmopolites dans le plus pur style bobo. On y retrouve des marques françaises (Loft, Zadig & Voltaire, Sandro, Comptoir des Cotonniers...), des magasins de mode enfantine (sur Ledbury Road) et encore quelques boutiques indépendantes créatives.

L'East End

Les quartiers branchés de Londres se trouvent dans l'Est. Avec son cortège de cafés, *lounge bars* et galeries d'art sans cesse renouvelés, le triangle Liverpool Street-Shoreditch-Old Street incarne l'énergie créative de la ville: *pop stores,* jeunes designers, galeries d'art et de design, *concept stores* s'y concentrent, entre clientèle argentée de la City et nouveaux gourous du multimédia. Des quartiers qui montent à découvrir en prenant son temps.

L'alimentation

SUPERMARCHÉS

Tous ont leur site Internet et offrent un service livraison.

Sainsbury's: taille variable et prix moyens. Bien achalandés en fruits et légumes frais. Carte fidélité *Nectar Card*.

Tesco: bon rapport qualité-prix. Bien pour les gros ravitaillements car le choix y est généralement très vaste. On en trouve de très grands en périphérie et pour se dépanner, les Tesco Express de proximité sont très pratiques. Carte de fidélité Tesco.

Waitrose: équivalent de Monoprix. Meilleure qualité et prix légèrement supérieurs.

Marks & Spencer: à part les grands magasins qui proposent vêtements et objets de décoration, on trouve dans chaque quartier de Londres des supérettes *M&S Simply food*, qui vendent de l'alimentation. Produits de bonne qualité.

Wholefoods: produits frais et bio, épicerie fine. Excellente qualité des produits et plaisir des yeux, on y trouve aussi ce qu'on ne trouve pas ailleurs. Assez cher.

MARCHÉS

Les *farmers' markets* se sont considérablement développés ces dernières années dans plusieurs quartiers. Plus petits qu'en France, vous y trouverez néanmoins fruits et légumes frais et de saison (souvent en direct de la ferme), viande, poisson, fromages, pain et plats cuisinés. Consulter le site de London Farmers' Markets : *www.lfm.org.uk*

Borough Market

8 Southwark Street, SE1 1TL (London Bridge).
Du mercredi au samedi (lundi et mardi: pour y déjeuner seulement). La référence culinaire de tous les gourmets! Vous y trouverez un grand choix d'excellents produits, unique pour les Londoniens, moins pour des Français.

Brixton Market,

Electric Avenue, Brixton SW9
Pour le folklore, énorme marché caribéen. Découvrez les stands de fruits et légumes exotiques, poisson, viande, etc., au son d'un air de Reggae. Sous les arcades, on trouve aussi des restaurants sud-américains, de nombreux cafés et de plus en plus d'échoppes artisanales tenues par de jeunes artistes. Un endroit très branché où se mêlent différentes populations. Un vrai régal et un voyage sans quitter Londres !

VENTE EN LIGNE

Abel&Cole

www.abel-cole.co.uk
Livraison toutes les semaines de fruits et légumes bio de saison.

Donald Russell

www.donaldrussell.com
Produits surgelés (viande, poisson, produits cuisinés). Excellente qualité des produits, transparence totale sur leur origine et excellent service.

Chanteroy

www.chanteroy-online.co.uk
Produits français: crèmerie, charcuterie, poissons, viande…

Cook

www.cookfood.net
Plats préparés et desserts anglais délicieux, sans colorant ni conservateur.

Natoora

www.natoora.co.uk
Produits frais en direct des fermes françaises et britanniques. Produits italiens, viande, charcuterie, produits laitiers, fruits et légumes. (Egalement disponible sur Ocado.com).

Ocado

www.ocado.com
Un site de vente en ligne très bien achalandé avec un très bon service où l'on retrouve beaucoup de produits de Waitrose, ainsi que les produits « Reflets de France » pour les nostalgiques de yaourts nature!

LE *MILKMAN*

Il existe toujours! Vous repérerez rapidement dans la rue son petit camion électrique qui livre sans bruit chaque matin lait, jus d'orange, eau et pain. Les prix sont élevés, mais le service réel et certains disent que le lait est bien meilleur. *So British!*

Milk&more

0845 606 3606 - www.milkandmore.co.uk

Les grands magasins

Tous les lister ici serait impossible, nous vous présentons donc nos préférés. A noter que la plupart ont un rayon alimentaire de première qualité et que la période des soldes d'hiver est très intéressante: elle débute dès le 26 décembre!

Fortnum&Mason

181 Piccadilly, W1A 1ER - 020 7734 8040
www.fortnumandmason.com
Epicerie fine et thés du monde entier *by appointment of her Majesty*. Un charme délicieusement anglais. *Excellents high teas* au St James Restaurant au 4e étage.

Liberty

Regent Street, W1B 5AH - 020 7734 1234
www.liberty.co.uk
Une belle maison à colombage de style Tudor abrite une sélection pointue dans un univers de luxe et de tradition. Un *must!*

Harvey Nichols
109-125 Knightsbridge, SW1X 7RJ
020 7201 8538 - www.harveynichols.com
Le grand magasin le plus fashionista de la capitale.

Harrods
87-135 Brompton Road, SW1X 7XL
020 7730 1234 - www.harrods.com
Faut-il encore mentionner Harrods? Ce grand magasin emblématique de Londres est, quand on commence peu à peu à le connaître, une source de surprises renouvelées. Les soldes, cela se sait, sont parmi les plus intéressantes de Londres. Tout part à – 50% dès le premier jour et finit rapidement à – 70% pour faire de la place à la collection suivante. C'est valable sur les vêtements (intéressants, les costumes pour hommes) et sur presque tout le magasin, dont les meubles, les tapis, l'électroménager, articles normalement pas ou peu soldés ailleurs. Le rayon enfant/jouets est très animé tous les jours de l'année par des clowns, *story tellers*, etc. Le rayon alimentation est un vrai paradis pour les yeux et le palais. On y trouve absolument tout. Les prix sont élevés, certes, mais restent abordables, ce qui garantit débit et fraîcheur.

Peter Jones
Sloane Square, SW1 8EL - 020 7730 3434
Un grand classique anglais de l'ameublement et de la maison. Bien pour les tissus d'ameublement au mètre, le linge de maison... Egalement électroménager, meubles, vêtements, chapeaux, parfumerie, cadeaux, jouets, fil DMC. Rayon important d'uniformes scolaires. Réputé pour la qualité de son service, de son service après-vente et sa politique de prix serrés. Fait partie de la chaîne anglaise John Lewis.

John Lewis
300 Oxford Street, W1A 1EX
020 7629 7711 - www.johnlewis.com
Le grand magasin par excellence qui s'étend sur 7 étages. Les Anglais ne jurent que par lui. Réputé pour la qualité de son de son service après-vente et de son service livraison. Organisé en coopérative, les employés se partagent les bénéfices.

Selfridges
400 Oxford Street, W1A 1AB
020 8944 8904 - www.selfridges.com
Le top de la *fashion*, dans un cadre jeune et énergique. 7 étages, 11 restaurants, magnifique rayon cosmétique, salon de beauté, *personal shopping service*, épicerie fine...

Marks & Spencer
Les Anglais ne sauraient s'en passer. Conserve une image traditionnelle, malgré des essais de modernisation. Bon rapport qualité / prix pour le textile. Le rayon alimentaire est de bonne qualité, prix assez élevés.

Primark
Une sorte de Tati anglais, en plus mode avec une offre textile importante. Les *teenagers* y dénichent des trésors pour quelques *pennies*. Il faut de l'énergie et du temps, mais ça vaut le coup. Evitez le week-end.

TK Maxx
Chaîne US de dégriffés. Vêtements et chaussures, mais aussi rayon maison et jouets. Un magasin idéal pour s'installer et un rêve pour le *bargain shopper*.

Les magasins et les chaînes spécialisés

SPORT

Décathlon
Southside Shopping Center, Wandsworth, SW18 4TF - ***www.decathlon.co.uk***
5 autres magasins à Londres. Livraison.

Lillywhites
24-36 Regent Street, SW1Y 4QF
0844 3325 602 - www.lillywhites.com
Le plus ancien magasin de sport de Grande-Bretagne, offre très large de produits et de prix.

MAISON ET BRICOLAGE

Argos
Sorte de grand magasin à mi-chemin entre la VPC et la vente traditionnelle. Vêtements, bijoux, meubles, télécom, informatique, décoration, bricolage... Edite un gros catalogue disponible gratuitement dans les boutiques de la *High Street*. Vous pouvez aussi le consulter sur place. Vous commandez, soit de chez vous, soit dans la boutique (sur un petit clavier électronique qui vous renseigne sur l'état des stocks), et vous repartez avec l'article (s'il est disponible) ou vous le faites livrer.

B&Q: Chaîne de DIY (*Do It Yourself*).

Homebase: Ameublement, décoration, bricolage. Jardinerie extérieure (équivalent Leroy Merlin).

Conran Shop: Toujours une source d'inspiration pour ceux qui aiment la déco et partagent les goûts de Sir Conran.

Designer's Guild: connue comme éditeur de tissus, cette belle enseigne a développé beaucoup d'autres objets et produits pour la maison, des arts de la table au meuble. Soldes très intéressants.

- **Heal's**: Meubles, éclairage, objets de déco, accessoires pour la cuisine et la salle de bain... Une sélection plus british, avec des produits sympas au moment des fêtes.
- **Ikea**: Trois magasins dans le Grand Londres, Croydon (sud), Wembley (nord-ouest) et Thurrock (est). Vous recevrez peut-être un catalogue dans votre boîte à lettres, sinon consulter leur site. Service de livraison.
- **Robert Dyas**: sur la High Street. Une ressource précieuse quand on s'installe. On y trouve quincaillerie, vaisselle, petit électroménager, produits d'entretien, matériel électrique et de jardin... Nombreuses promotions.
- **Ryness Electrical**: spécialiste de l'électricité. Sur la High Street.

JARDINERIES

- **Neal's nurseries**
Garden Centre, Heathfield Road, Wandsworth, SW18 - 020 8874 2037
Outils, meubles de jardins, barbecues, plantes en pots, bulbes, etc.
- **Columbia Road Flower Market** près de Liverpool Street. Fleurs et plantes à prix de gros le dimanche matin, 8h-15h. Vaut le détour.

MODE

Destination shopping par excellence, toutes les marques et enseignes internationales sont présentes à Londres. Inutile de les énumérer ici, il nous a semblé plus intéressant de proposer une sélection de marques et enseignes à l'esprit très *british*.

- **Accessorize**: grand choix d'accessoires fantaisie *Made in China* à petits prix.
- **Jack Wills**: le style *preppy tradi* par excellence, mais toujours branché, pour les nostalgiques des *boarding schools*.
- **Jigsaw**: vêtements pour femmes et enfants, prix assez élevés, esprit campagne anglaise.
- **Karen Miller**: vêtements bien coupés et assez originaux, tailleurs assez chics très féminins.
- **Orla Kiely**: la petite marque qui monte, une mode chic dans un esprit vintage, avec des lignes d'accessoires vraiment sympas.
- **Top Shop**: le *Must*! La seule marque pointue pas chère anglaise.
- **Whistles**: très mode, prix assez élevés.

ENFANTS

Entre le manteau anglais, les Start-Rite et les chaines spécialisées (Zara, H&M, Gap, etc.), il y a peu de marques moyenne gamme et créatives pour enfants. En voici quelques-unes:

- **Igloo**: chaussures, collants, chaussons et vêtements, à partir de la naissance.
- **Trotters**: vêtements et chaussures pour enfants, livres et jeux éducatifs, avec un coiffeur pour les enfants dans le magasin.

BEAUTÉ

Chaînes

- **Aveda**: excellents produits naturels.
- **Benefit**: inspiration 50's.
- **Jo Malone**: cosmétologie luxueuse et originale pour des cadeaux parfaits.
- **MAC**: le maquillage quasi professionnel.
- **Space NK Apothecary**: soins très ciblés.
- **Toni & Guy**: coiffeur rock n'roll.

Les *Nails Bars*

Mini-instituts spécialisés dans la beauté des ongles, il y en a toujours un près de chez vous. Pratique, sans RDV, à des prix en général compétitifs.

LIBRAIRIES

Chaînes

- **WHSmith**: papeterie, livres, magazines, location et vente DVD et vidéos.
- **Waterstone's**: grandes librairies avec rayons spécialisés bien achalandés.

Librairies indépendantes

- **Foyle's**
113-119 Charing Cross Road, WC2H 0EB
020 7437 5660 - www.foyles.co.uk
Immense librairie. Vaste choix de méthodes d'apprentissage de l'anglais.
- **Daunt Books**: un réseau de 5 jolies librairies. Belle sélection, accueil, conseil et service de qualité. Voir leur site: *www.dauntbooks.co.uk*

Librairies françaises

Très utiles pour y trouver toutes les fournitures scolaires (on y trouve des cahiers français) et les livres de classe.

- **The European Bookshop**
123 Gloucester Road, SW7 4TE
020 7734 5259 - www.europeanbookshop.com
Littératures française et étrangère, méthodes de langue. Ouvert tous les jours.

Librairie La Page
7 Harrington Road, SW7 3ES
020 7589 5991 - www.librairielapage.com
Ateliers pour enfants et signatures d'auteurs. Ouvert tous les jours. Abonnez-vous à sa *newsletter*!

PAPETERIE

Ryman's: offre assez complète (cartouches imprimante, papier et fournitures de bureau). Offres promotionnelles fréquentes pour des achats en quantité. Pas de fournitures d'art.

ELECTRONIQUE-INFORMATIQUE

Maplin: chaîne spécialisée dans l'électronique.
Dixons: achat en direct sur le site web.
PC World, Currys (+électroménager).

Les créateurs

Christopher Bailey, Erdem, Christopher Kane, Jonathan Saunders et **Roland Mourey**, le plus *british* des créateurs français, forment la nouvelle génération des designers anglais. Ceux qui ont déchaîné la chronique hier sont aujourd'hui des prestigieuses marques de luxe internationales. Voici quelques noms de la mode représentatifs du style anglais.
Oswald Boateng: ancien directeur des collections homme de Givenchy, ce designer britannique d'origine ghanéenne a renouvelé avec élégance la tradition du savoir-faire des tailleurs de Savile Row.
Burberry a su dépoussiérer son carreau et incarne la marque glamour au style *british*.
Stella Mc Cartney: la fille de Paul est une talentueuse créatrice de mode féminine, douce, sensuelle et... écolo. Boutique à Mayfair.
Alexander Mc Queen: Sarah Burton continue l'oeuvre d'Alexander McQueen avec brio.
Paul Smith: élégant, cultivé et bouillonnant. A estampillé de son style unique la mode, la déco et tous les objets imaginables. Boutique à Notting Hill.
Vivienne Westwood: la punk la plus connue d'Angleterre nous surprend toujours.

Salles de ventes

Très développées en Grande-Bretagne, les *Auctions* permettent vraiment de faire des affaires. A utiliser en priorité si vous arrivez dans une grande maison vide, ou si votre canapé 3 places ne rentre pas dans votre nouvelle *reception room*...

Le principe est simple. Pour acheter, se rendre au *viewing* qui a lieu avant la vente et inspecter longuement l'objet de vos désirs car tout est vendu "en l'état". Le jour de la vente, vous arrivez 1/2h à l'avance, enregistrez vos coordonnées pour le paiement et enchérissez à l'aide d'un petit panneau cartonné que l'on vous aura remis (*paddle*). Il est conseillé d'assister à la vente, mais vous pouvez laisser par écrit une offre sur les articles qui vous intéressent et attendre tranquillement que la vente se déroule sans être présent. Si votre offre est retenue, on vous recontactera pour le paiement et la livraison. La commission de vente (10-20%) est à la charge de l'acheteur et vient s'ajouter au prix final.

Pour vendre, apportez une photo de vos biens à la salle des ventes (*auction house*) de votre choix. On vous donnera une estimation et les coordonnées d'un transporteur pour effectuer la livraison (à votre charge, compter £30-50 pour des meubles assez volumineux). Si vous avez trouvé preneur, vous serez contacté par la salle des ventes qui vous remettra le chèque diminué de la commission. Sinon, vos biens pourront éventuellement être remis en vente à une date ultérieure.

Ce système est très pratique et largement utilisé (il correspondrait un peu à nos dépôts-vente). Bien sûr, il existe toutes sortes de salles de vente, des plus modestes (bric à brac, vêtements d'occasion, etc.) aux plus chics (antiquités, bijoux, objets d'art). Parmi elles:

Lots Road Auctions
71 Lots Road, SW10 ORN - 020 7376 6800
www.lotsroad.com
Visites du mercredi au dimanche. Ventes tous les dimanches à 12h, 500 à 600 lots. Bien pour se meubler (meubles, tableaux, tapis...). Antiquités également. Estimations exactes dans 60% des cas (20% au-dessus, 20% en dessous). 50% des lots sont attribués à des acheteurs absents (*commission bids*).

Christie's
85 Old Brompton Road, SW7 3LD
020 7930 6074 - www.christies.com
Visites tous les jours en semaine, le dimanche quand il y a des ventes. Située au cœur du quartier français, à deux pas du Lycée, c'est l'une des salles de ventes les plus actives du monde. Evaluation gratuite. Pour des objets

d'art et des antiquités, vous ne paierez pas forcément plus cher qu'en magasin. Quant aux ventes exceptionnelles, cela vaut le coup d'aller admirer les pièces présentées, juste pour le plaisir des yeux.

Sotheby's

34-35 New Bond Street, W1A 2AA
www.sothebys.com

Visites tous les jours y compris le dimanche. Célèbre maison anglaise fondée en 1744, Sotheby's est la plus importante salle de ventes au monde avec plus de 100 succursales. Organise essentiellement des ventes d'antiquités et d'objets d'art où chacun peut trouver son bonheur. Service d'évaluation gratuite.

Marchés, brocantes et antiquités

Si vous aimez chiner et déambuler au milieu d'objets hétéroclites, vous allez vous régaler à Londres où les brocantes sont nombreuses.

Bermondsey Square antiques market

Bermondsey Square, SE1 4QB

Tous les vendredis 6h-14h. En plein air, quelques stands couverts à côté. Marché spécialisé dans les objets en argent, massif ou non: ronds de serviettes, petites cuillères, lorgnettes d'opéra, boules de bowling, bijoux anciens, vaisselle. On peut se faire plaisir pour un coût modéré.

A savoir: le poinçon anglais pour l'argent représente un lion. Vérifier sa présence si le marchand vous affirme que c'est de l'argent massif (*solid silver*) et non du plaqué (*plated silver*).

Brick Lane Market

91 Brick Lane, E1 6QR

Dimanche de 9 à 17h. Une mosaique de bric à brac, de *street food,* de happenings et de friperies dans un quartier jeune et branché. Ambiance et foule assurées.

Camden Passage

N1 8EA, angle d'Upper Street et d'Essex Road.

Mercredi 7h30-14h et samedi, dimanche 7h30-17h. Très nombreux stands: mobilier (large choix), vaisselle, bijoux et livres d'occasion.

Church Street Market

Camden Town, NW8

Du Lundi au Samedi de 8h à 18h. Plus de 200 stands s'étendent de Marylebone à l'Est, où

vous trouverez les antiquités, jusqu'à Edgware Road à l'ouest, où il devient un marché alimentaire bien achalandé. Prix intéressants.

Portobello Road Market

Notting Hill Gate, W10 5TA

Ouvert toute la semaine, le meilleur jour est le samedi. Marché le plus célèbre et le plus touristique. Plus authentique en semaine avec un marché alimentaire. Antiquités (mobilier, vaisselle, bibelots), objets en argent, curiosités (stand dédié aux animaux naturalisés). Hélas, beaucoup d'artisanat sans intérêt, de fabrication asiatique en série.

A l'extérieur de Londres

Sunbury Antiques Market

Kempton Park Race Course, Sunbury-on-Thames, TW16 5AQ - www.sunburyantiques.com

Voiture indispensable. Compter environ 30 mn en voiture de South Kensington. Tous les 2e et 4e mardis du mois 6h-12h. Cette foire d'antiquités-brocante attire de nombreux marchands. Stands extérieurs et intérieurs, sortie possible par tout temps.

Marchandises extrêmement diverses: petits meubles, gravures, vaisselle, argenterie, sacs en croco, bibelots... Vaste choix, prix plus compétitifs qu'à Londres. N'hésitez jamais à marchander.

Egalement: les *car boot sales* sont l'équivalent de nos vide-greniers. Elles sont organisées le week-end (*Car boot* signifie "coffre de voiture").

Acheter en gros

New Covent Garden Market
www.newcoventgardenmarket.com
Lundi-samedi 0h-6h pour les fruits et légumes et 4h-10h pour les fleurs. L'équivalent des Halles de Rungis. Ouvert au public, vous pouvez vous garer facilement au parking général (payant). Les matinaux (et les gourmands ou propriétaires d'un grand congélateur) y trouveront leur bonheur: fruits et légumes, poisson et viande en gros. Marché aux fleurs très intéressant, surtout au moment de Noël: les sapins et décorations y sont vendus une fraction du coût de la High Street. En plein projet d'agrandissement.

Magasins d'usine

Ces magasins sont généralement ouverts 7/7j.

Bicester Village Outlet Shopping Centre
50 Pingle Drive, Bicester OX26 6WD
www.bicestervillage.com
Un village de boutiques de marque dans l'Oxfordshire (OX26 6WD). Tout est dégriffé. Lun-sam 10h-19h et dimanche 10h-20h

Burberry Factory Shop
29-53 Chatham Place, Hackney, E9 6LP
020 8328 4287 - Métro: Bethnal Green.
Entrepôt où vous trouverez vêtements et accessoires dégriffés de la fameuse marque à carreaux.

Villeroy & Bosch
267 Merton Road, SW18 5JS - 020 8875 6006
Magasin d'usine. Du second choix, mais les défauts sont rarement visibles à l'oeil nu. Prix très attractifs (de 20 à 50 % de réduction, parfois plus).

Wedgwood
Barlaston, Stoke-on-Trent, Staffordshire, ST12 9ER - 01782 282 986
www.wedgwoodvisitorcentre.com
Centre de fabrication de cette célèbre marque anglaise de porcelaine bleue. On peut visiter les ateliers.

Boutiques de musée

Vous y trouverez plein d'idées cadeaux originales et sympas. Le moindre petit musée local a sa boutique. C'est toujours un plaisir d'y faire son shopping. Pensez-y à chacune de vos visites. Parmi les plus connues à Londres: Victoria & Albert Museum, Natural History Museum, Tate Modern.

Les *charity shops*

Une autre institution anglaise très développée, au service de bonnes œuvres (*British Heart Foundation, British Red Cross, Oxfam, Fara*, etc.), les *charity shops* sont gérées par des bénévoles. Vous pouvez y déposer vos vêtements, livres et petits objets et y chiner des vêtements vintage et des objets d'occasion bon marché. La nouvelle chaîne "*Mary's living and giving*" en faveur de *Save The Children* est l'une des plus branchées, avec ses boutiques chics haut de gamme et ses articles provenant de dons de designers (boutiques à Notting Hill, Fuhlam, Primrose Hill, Barnes et Richmond). En achetant et en donnant à *Trinity Hospice,* vous aidez au financement d'un centre de soins palliatifs situé à Clapham. Un nouveau style de shopping intelligent, qui permet de se faire plaisir tout en recyclant et en faisant une bonne action.

13 Médias

La presse britannique
La télévision
Les radios

La presse britannique

Les Britanniques sont les plus gros consommateurs de presse du monde. La presse britannique est omniprésente avec près de 12 millions de lecteurs quotidiens et plus de 9 titres au choix dans tous les kiosques chaque jour.

PRESSE QUOTIDIENNE

La distinction entre les journaux populaires et les journaux "sérieux" s'effectuait traditionnellement sur la base de leur format: réduit de moitié (*tabloïd*) pour la presse populaire et large (*broadsheet*) pour les autres quotidiens. Mais cette distinction s'atténue alors que les quotidiens adoptent de plus en plus la version tabloïd, un format plus pratique notamment dans les transports.
Malgré cette diversité apparente, 80% de la presse britannique est concentrée entre les mains de seulement trois propriétaires (dont Murdoch) connus pour leur conservatisme.
Une institution : l'édition du dimanche des quotidiens, enrichie de plusieurs suppléments. Le plus important est le Sunday Times.

La presse populaire

Les "tabloïds"

Le phénomène anglais des tabloïds est unique au monde, avec *The Sun*, "conservateur" et *The Daily Mirror*, "travailliste".
The Sun, quotidien de langue anglaise le plus vendu au monde, est aussi connu pour sa 3ème page exhibant une femme dénudée, la célèbre *Page Three girl*. Il y a aussi *The Morning Star*, clairement à gauche, et *The Daily Express*, eurosceptique et à droite.

Les gratuits

London Metro distribué le matin et *The Evening Standar*d le soir, et TimeOut. On les trouve un peu partout et notamment dans le métro.

Les quotidiens "sérieux"

• *The Times* est le quotidien national britannique le plus ancien. Il est plutôt "*Tory*" et peu européen. Son édition dominicale *The Sunday Times* comprend divers suppléments (voir notamment le supplément "*culture*").
• *The Daily Telegraph*, conservateur, souvent appelé le *Torygraph*.
• *The Guardian*, "Labour" social-libéral. Bon site internet. Le plus ancien journal dominical,
• *The Observer*, appartient au *Guardian* mais à une ligne sociale- démocrate. Sa rubrique livres est assez dense.
• *Independent,* centre gauche (version en ligne uniquement).
• *The Financial Times, q*uotidien économique de référence en Europe. Ses orientations politiques sont plus mesurées que celles de son concurrent américain *The Wall Street Journal*.
Les journaux britanniques contiennent des pages éditoriales très fournies, dans lesquelles les journalistes donnent ouvertement leurs opinions. Attention au contresens: *Liberal* en anglais signifie progressiste. *Liberal politics* évoque une politique que l'on qualifierait de gauche en français et non une politique libérale.

MAGAZINES

Les magazines hebdomadaires sont par contre quasi-inexistants (*Times* et *Newsweek* sont américains, *The Economist* est plus spécialisé), les suppléments des quotidiens couvrant en partie ce créneau. *The Week* est un hebdomadaire couvrant l'actualité au Royaume-Uni et dans le monde dans divers domaines.
La presse jeunesse est beaucoup moins développée qu'en France.

La télévision

Dès que vous serez installé et enregistré sur le registre de votre *borough*, vous recevrez un avis de paiement de la redevance (*TV licensing*). £145.50/an. Ne pensez pas échapper au paiement de la redevance!

FREEVIEW

Depuis votre téléviseur numérique (*digital TV*), *Freeview* est un bouquet gratuit d'une soixantaine de chaînes diffusées en numérique terrestre: les 5 chaînes nationales, des chaînes de divertissement dont des déclinaisons des chaînes nationales (BBC 3 & 4, ITV2, 3 & 4, Channel 4, E4, E4+1, Channel Five, Five US & Five Life), des versions HD, des chaînes d'information (France 24, BBC News 24, Sky News) et de sport (Sky Sports News), deux chaînes BBC et une ITV pour les enfants, des chaînes musicales, plusieurs autres de "lifestyle"et FRANCE 24 sur le canal 110. Egalement une trentaine de radios et des services interactifs.

LES GRANDES CHAINES NATIONALES

• Les chaînes publiques de la "*beeb*" ou "*Auntie*", comme la surnomment affectueusement les Anglais, BBC1 et BBC2. Documentaires, "dramas" et informations généralement d'excellente qualité. BBC3 et BBC4, plus récentes, sont plus culturelles (surtout BBC4) et proposent d'excellents documentaires.

• Trois chaînes commerciales: ITV, composée de 15 chaînes régionales, Channel 4 à vocation plus culturelle et Channel 5 qui propose beaucoup de films et feuilletons américains.

Les J.T anglais sont probablement les meilleurs du monde, avec des correspondants en direct des 4 coins du globe. *Newsnight* est considéré comme le journal de référence des "décideurs", mais le journal de 22h de BBC1 est aussi d'excellente qualité.

Comme en France, le rythme de programmation des émissions est hebdomadaire et souvent lié à l'actualité ou à la saison. Ainsi, au moment du *Chelsea Flower Show*, les émissions de jardinage se multiplient aux heures de grande écoute (entre 19h et 21h).

Peut-être en raison de son financement public (BBC) ou de son appartenance au public (ITV), la télévision britannique est réputée pour sa créativité et est à l'origine de nombreux formats qui ont été déclinés partout dans le monde.

Quelques programmes très *british*:

• **Les séries** sont un bon moyen d'apprendre la langue, de se préparer à l'expatriation et de découvrir la culture populaire. Les plus célèbres sont *East Enders, Coronation Street, Downton Abbey, et plus* récemment *Poldark...* sans oublier *Cranford, The Jewel in the Crown, Pride & Prejudice (BBC version), Faulty Towers*.

• **Les émissions pratiques**: cuisine (*Master Chef*), aménagement maison et jardin. Parfait pour enrichir son vocabulaire quotidien.

• **Les variétés et programmes d'"entertainment"**: souvent le meilleur moyen de se plonger au cœur de la culture du pays, si l'on arrive à suivre le rythme et les traits d'humour. Mention spéciale pour "*Have I got news for you*", où deux équipes d'humoristes doivent improviser sur l'actualité de la semaine.

• **Les documentaires naturalistes, scientifiques ou historiques** : ne pas rater ces programmes d'une qualité souvent extraordinaire, tant sur le plan technique que pédagogique. Ils sont souvent rediffusés ou disponibles en ligne ou sur DVD. Par exemple, *Planet Earth, Blue Planet, Frozen Planet, One Planet*, documentaires de Stephen Hawking, *Horizon, The Sky at Night, A Picture of Britain, Seven Ages of Britain*.

ACCÉDER À D'AUTRES CHAÎNES

Par le satellite

Freesat

Bouquet gratuit de 200 chaînes, dont les chaînes Freeview diffusées par satellite sur Astra 28,2°E (le même que Sky). Un boitier vous permet d'enregistrer les programmes, de les regarder en HD en différé (*I-player*). France 24 (en anglais) fait partie du bouquet Freesat.

Sky

Bouquet payant de centaines de chaînes thématiques. Très sophistiqué, le boitier permet d'arrêter les programmes (pause live TV), d'enregistrer en HD, etc. Il est possible d'obtenir l'installation et le boitier gratuitement (vérifier les promotions en cours sur le site web). Plusieurs formules d'abonnement possibles. Packages combinés Internet, Mobile, TV.

Par le câble

Le seul cablo-opérateur présent à Londres est Virgin Media. Il propose une offre combinée Internet haut débit, TV et mobiles.

POUR RECEVOIR LES PROGRAMMES FRANÇAIS

TNT SAT (Tntsat.tv), Canal Plus et Canal Satellite, TV Orange et TV5 Monde sont toutes disponibles sur le satellite ASTRA 19,2 E. Si vous avez déjà Freesat ou Sky, vous pouvez les capter en ajoutant une deuxième tête à votre parabole. Acheter en France un décodeur pour chacun des bouquets que vous voulez recevoir. Le décodeur TNT SAT est vendu avec une carte valable 5 ans renouvelable. Pour Canal+/CanalSat, il faut aussi une adresse et un compte bancaire français pour le prélèvement de l'abonnement.
Il est également possible d'acheter légalement un décodeur et une carte d'abonnement à l'année - renseignez-vous auprès des installateurs spécialisés sur la communauté française.

Les radios

Les radios publiques de la BBC représentent environ 50% de l'audience. Elles ne diffusent pas de publicité.
Radio 1: 97.6-99.8 kHz, nouveautés
Radio 2: 88-90.2 kHz, musique variée et talk shows, la plus écoutée
Radio 3: 90.2-92.4 kHz, classique, jazz, world
Radio 4: 92.4-94.6 kHz, débats et talk shows
BBC London: 94.9 kHz.
Vous pouvez également écouter les radios de la BBC sur Internet (*www.bbc.co.uk/radio*). Le radio player est très perfectionné et vous permet d'écouter tous les programmes en direct ou en différé, par genre de programmes et de retrouver les playlists des morceaux diffusés. Un outil précieux pour se familiariser avec la culture britannique.
Les radios commerciales privées sont nombreuses sur la bande FM. Les plus populaires sont:
Classic FM: 99.9-101.9 kHz
Jazz FM: 102.2 kHz
Virgin Radio: 105.8 kHz
Magic FM: 105.4 kHz - on y retrouve la pop anglaise connue sur le continent
Heart: 106.2 kHz et
French Radio London, la radio internet des Français de Londres:
www.frenchradiolondon.com

Jours fériés et british events

Bank holidays (*jours fériés*)

British events

Jours fériés

En 1871, la loi a instauré les jours fériés en obligeant les banques à fermer et en interdisant toute transaction commerciale. Depuis, on appelle ces jours fériés les ***Bank Holidays.*** L'Angleterre en a 8 (contre 11 jours fériés en France).

Le 1er Janvier (*New Year's Day*), le vendredi saint (*Good Friday*), le lundi de Pâques (*Easter Monday*), le dernier lundi d'août (*Summer Bank Holiday*), le jour de Noël (*Christmas Day*) et le 26 décembre (*Boxing Day*) sont chômés, tandis que le lundi de Pentecôte et le 15 Août ne le sont pas. En mai: le premier et le dernier lundi (*Early May Bank Holiday* et *Spring Bank Holiday*) sont fériés, donnant deux week-ends de 3 jours. Le dernier lundi de mai correspondrait à une ancienne tradition selon laquelle les employeurs de l'industrie attribuaient un jour exceptionnel de repos après une période de surchauffe.

A savoir : quand le jour normalement férié tombe un samedi ou un dimanche, le jour férié est déplacé au lundi suivant.

British events

LONDON'S NEW YEAR'S DAY PARADE

1er Janvier

Le goût britannique pour les costumes et les défilés s'exprime dans les nombreuses parades dont celle du 1er janvier (*London Parade*), de Piccadilly au Parlement de midi à 15h30. *www.lnydp.com*

LONDON SAINT PATRICK'S DAY PARADE

17 Mars

Saint Patrick est le patron de l'Irlande. Tous les pubs irlandais de Londres célèbrent cette fête pendant laquelle les Irlandais se rassemblent habillés ou coiffés de vert, la couleur nationale. A Londres, la parade est organisée le dimanche le plus proche du 17 mars.

THE BOAT RACE

Fin mars/début avril

Un évènement sportif regardé à la télévision par près de 8 millions de Britanniques. En 1829, deux copains de classes à Harrow entrent respectivement à Cambridge et à Oxford. Ils décident de confronter leurs équipes et organisent cette course.

Commencée à Henley-on-Thames, elle parcourt aujourd'hui 4 miles entre Putney et Mortlake. Le départ a lieu à Putney Bridge, l'arrivée à Chiswick Bridge. Une première course entre Isis (le bateau de l'équipe de réserve d'Oxford) et Goldie (le bateau de réserve de Cambridge) précède la course des Blue Boats, ceux des sportifs sélectionnés. La course a été ouverte pour la première fois aux femmes en 2015.
Cette course est l'occasion pour des dizaines de milliers de spectateurs (dont des étudiants et anciens d'Oxford et de Cambridge) de partager les plaisirs des abords de la Tamise, une bière ou un verre de *Pimm's* à la main. Elle marque le début de la "saison" londonienne.
www.theboatraces.org

THE CHELSEA FLOWER SHOW

Fin Mai

L'exposition florale se déroule durant 5 jours en extérieur dans les jardins du *Royal Hospital* à Chelsea. Il attire chaque année plus de 150 000 visiteurs et près de 600 exposants. Sa Majesté la Reine ne le manque jamais.
Il permet de comprendre comment la société anglaise dans sa diversité aime les jardins. Jeunes et moins jeunes, personnes seules ou en couple, tous les milieux se côtoient pour admirer les créations des paysagistes: une cinquantaine de véritables jardins miniatures sont reconstitués suivant des thèmes et des ambiances différents. Les pépiniéristes les plus réputés occupent des stands où vous pouvez vous procurer la "fine fleur" des collections britanniques. Mobilier de jardin également. Vous pouvez également demander conseil aux professionnels et amateurs présents.
Le prix d'entrée est assez élevé. Vous devez impérativement acheter votre billet à l'avance, dès décembre sur le site internet.

Chelsea Flower Show
Royal Hospital, Chelsea, SW3 4SR
0844 338 0338 - www.rhs.org.uk

ROYAL ASCOT

Mi-Juin

Vous pouvez, coiffées d'un chapeau pour les dames, en queue de pie pour les hommes, vous rendre, de préférence en train, aux courses hippiques d'Ascot pour le *Ladies'Day* et partager le rituel si bien décrit dans la mise en scène de la comédie musicale *My Fair Lady*. Vous admirerez la prestance de l'aristocratie

britannique dans la tribune. Après la parade des carrosses royaux, les courses se succèdent. Elles durent quelques minutes et font l'objet de paris enthousiastes. Puis toute la tribune se déplace pour aller admirer le cheval gagnant et féliciter le jockey et le propriétaire. Tout cela dans une ambiance bon enfant (pique-nique sur l'herbe). Réservez votre billet à l'avance, dès décembre.

Royal Ascot
Ascot, Berkshire, SL5 7JX
Réservations: 0844 346 3000 ou www.ascot.co.uk
A partir de £30.

THE CHAMPIONSHIPS, WIMBLEDON

Fin Juin/début Juillet

Ce tournoi international de tennis transforme Wimbledon pendant 2 semaines et lui donne une atmosphère de fête. Difficile mais possible d'avoir des places par tirage au sort ou par ténacité. Un grand nombre de tickets du Court Central et Court n° 1 sont vendus à l'avance, par tirage au sort des courriers envoyés entre le 1er août et le 31 décembre de chaque année avec une enveloppe timbrée indiquant votre adresse à *The All England Lawn Tennis & Croquet Club, PO Box 98, SW19 5AE*. Réponse en février.

Quelques tickets du Court Central et du Court n° 3 sont proposés à la vente la veille pour le lendemain, si vous vous êtes enregistrés préalablement sur *www.wimbledon.com*.
Il est toujours possible de se présenter dès 7h30 (*Gate 3)* et de faire la queue (prévoir plusieurs heures) pour obtenir un ticket pour le jour même: Court Central et Court n° 2, jour 1 à 9 des championnats. A partir de 17h, billets à prix cassé toujours pour le jour même.
All England Lawn Tennis & Croquet Club
Church Road, SW19 5AE - www.wimbledon.org

GLYNDEBOURNE FESTIVAL

Festival d'opéra de mai à août

Depuis 80 ans, ce festival fait rêver les amateurs d'opéra. Beaux jardins, qualité du nouvel auditorium, public en black-tie sont au rendez-vous. Le train qui vous amène à Glyndebourne semble d'un autre monde. N'oubliez pas votre pique-nique. Réservations en mars.
Glyndebourne Box Office
Lewes, East Sussex, BN8 5UU - 01273 813813
www.glyndebourne.com
Moins loin: le festival en plein air d'**Opera Holland Park**, de début juin à fin juillet (*www.operahollandpark.com*, quelques billets gratuits pour les enfants de 9 à 18 ans).

LES PROMS

Ce nom évoque les "promenades" musicales créées en 1895 par Sir Henry Wood pour développer le goût musical du grand public. Depuis la fin des années 20, la BBC a repris l'organisation de cet événement en programmant plus de 70 concerts entre mi-juillet et mi-septembre. Ils ont lieu majoritairement au *Royal Albert Hall*, à Hyde Park et au *Royal College of Music*. Une belle occasion de partager la passion musicale des Britanniques dans une approche festive et éclectique. *www.bbc.co.uk/proms*

THE BONEFIRE NIGHT

5 novembre

La nuit du 4 au 5 novembre, des pétards résonnent à tous les coins de rue, en souvenir du Parlement qui a failli exploser en 1605. C'est the *gunpowder plot*. En effet, le roi James 1er (un Stuart) a restauré une loi élisabéthaine exigeant que les catholiques fréquentent les églises protestantes. Un groupe de conspirateurs, dont Guy Fawkes, entreposa de la poudre à canon dans les celliers du Parlement, espérant ainsi tuer le roi qui devait s'y rendre, mais ils furent dénoncés et décapités.
Dès l'année suivante, des feux de joies furent allumés pour fêter le maintien du roi sur le trône. On y brûlait l'effigie de Guy Fawkes. Cette tradition perdure avec les feux d'artifice organisés partout dans Londres à cette occasion.

THE LORD MAYOR'S SHOW

2ème samedi de novembre

Un très bon moyen de voir la *City* en fête. Depuis 1215, le *Lord Mayor of the City of London* fête sa nouvelle élection et voue allégeance (*oath of allegiance*) au Roi ou à la Reine. La parade, avec plus de 200 chevaux et 20 fanfares, démarre de Guildhall pour se rendre à la *Royal Court of Justice* sur le Strand. Tous les "officiels" en costume et carrosses sont suivis par de nombreuses associations et corporations. Le *Lord Mayor of the City of London* (à ne pas confondre avec *the Mayor of London*) est le maire de la *City*, il joue surtout un rôle d'ambassadeur dans le monde entier pour promouvoir cette place financière de premier plan et défendre le business britannique.

REMEMBRANCE DAYS

Remembrance Day, le 11 novembre, célèbre l'Armistice de 1918. Au lendemain de la bataille d'Ypres, en 1915, John Mc Craie, un lieutenant canadien poète, ému par la couleur rouge des coquelicots, première fleur à resurgir de ces terrains dévastés écrivit "*We shall not sleep, though poppies grow in Flander fields*". Ainsi le coquelicot de soie rouge devint, dès les années 20, le symbole des soldats morts au combat. A l'instar du Bleuet de France, aujourd'hui en papier, les *poppies* sont vendus par et au profit de *The Royal British Legion*, qui vient en aide aux vétérans de guerre. Ce jour-là et pendant tout le mois de novembre, les Britanniques sont nombreux à les porter à leur boutonnière.

Le 11 novembre (non férié) est célébré le dimanche le plus proche. Tout au long de novembre, des cérémonies de commémoration ont lieu notamment le dimanche (d'où le pluriel de *Remembrance Days*) au pied du cénotaphe à Whitehall, qui est alors fermé aux voitures. Des couronnes de coquelicots rouges sont déposées au pied des monuments aux morts.

NOËL

De nombreux rituels ponctuent le mois de décembre:

• Les *Christmas Parties*, dont le film *Love Actually* rend bien compte.

• Les *Christmas cards*, lancées en 1843 par Henri Cole et son graveur John Horsley, qui sont envoyées début décembre (et non en janvier comme nos cartes de vœux). Elles décorent la maison pour Noël, disposées sur les cheminées, épinglées le long de rubans suspendus. Elles occasionnent une période de surchauffe pour le *Royal Mail*.

• Les *Christmas Carols* (chants de Noël) sont connus de tous et repris par la salle lors des concerts. De nombreux concerts de *Christmas Carols* ont lieu tout au long du mois de décembre, n'hésitez pas à consulter les affiches dans les églises et ne manquez pas ceux du *Royal Festival Hall* ou du *Royal Albert Hall*. Certaines séances du dimanche après-midi peuvent être l'occasion pour vos enfants de rejoindre la scène et d'accompagner le chœur.

Royal Festival Hall
Southbank Centre, Belvedere Road, SE 1 8XX
0844 875 0073 - www.rfh.org.uk

Royal Albert Hall
Kensington Gore, SW7 2AP
020 7589 8212 - www.royalalberthall.co.uk

• Les spectacles de Noël familiaux sont proposés dans les salles de spectacle. Ils sont souvent repris sur plusieurs années. Si la magie existe, ils sont souvent conventionnels. Il y a également les "*panto*" (pantomimes), mélange de théâtre populaire, comédie musicale, farces, où traditionnellement les personnages féminins sont joués par des hommes sur-maquillés et vice-versa. Le public est sollicité et crie ses encouragements. Toutes les écoles organisent aussi leurs spectacles de Noël et chantent les *Christmas Carols*.

• Le *Christmas cake,* dont La préparation démarre en octobre pour que les ingrédients aient bien eu le temps de macérer, peut se servir flambé. Pour le plaisir des yeux, vous pouvez admirer ces magnifiques gâteaux de fête chez Harrods.

• Le *Christmas tree* (le sapin): cette tradition allemande fut lancée par la reine Victoria et son mari Albert, représentés avec leurs enfants autour de l'arbre dans l'*Illustrated London News* vers 1840. Un grand sapin, offert chaque année depuis 1947 à la Grande-Bretagne par la Norvège, en remerciement de son aide pendant la guerre, trône sur la place de Trafalgar.

• Les illuminations de rues restent dans l'esprit des Français l'une des motivations pour venir à Londres à Noël, elles se sont amenuisées au fil des ans pour des raisons d'économie.

• Certaines propriétés comme Hampton Court, Somerset House, Windsor ou Kew Gardens, ou des monuments comme le National History Museum, le London Eye ou la Tour de Londres ouvrent une patinoire (*ice rink*) en plein air de décembre à janvier. C'est magique de patiner en famille dans ce cadre somptueux (location de patins). Mais attention, il est indispensable de réserver.

Somerset House Ice Rink
Somerset House, Strand, WC2R 1LA
020 7845 4600 - www.somerset-house.org.uk

• Ne pas manquer les nombreuses *Christmas fairs* souvent organisées par des *charities* ou dans des églises. Gâteaux, confitures, cartes de Noël, etc. Idéal pour les cadeaux de Noël!

BOXING DAY : 26 DÉCEMBRE

Cette tradition pourrait remonter au Moyen-Age. Les serviteurs de la maison, ayant dû travailler le jour de Noël, récupéraient le jour suivant. Leurs employeurs leur donnaient dans des *Christmas boxes* de la nourriture, des vêtements ou de l'argent pour se rendre dans leur famille. Une autre version tend à évoquer le fait qu'au lendemain de Noël, les églises distribuaient l'argent collecté pour les pauvres dans des boîtes en bois.
Aujourd'hui, c'est aussi une journée de retrouvailles familiales et un jour férié !

Activités artistiques culturelles et sportives

Arts et culture

COURS POUR ADULTES

Les *Colleges for Further Education* gérés par les *boroughs* et toutes les institutions culturelles et universitaires proposent des cours et des ateliers pour adultes. Tous les cours, les prix, la durée des sessions et les horaires sont disponibles sur *www.hotcourses.com* et *www.floodlight*.co.uk. Deux universités sont spécialisées en cours pour adultes: *The Open University (www.open.ac.uk)* et *Citylit (www.citylit.ac.uk).*

Si vous souhaitez perfectionner votre anglais, nous vous recommandons de vérifier d'abord l'offre du *college* de votre *borough* car les prix sont généralement très abordables pour les citoyens de l'Union Européenne et les cours de bonne qualité. Le catalogue des cours est disponible à la mairie et à la bibliothèque.

Une formation à acquérir en Grande-Bretagne: cours d'horticulture (*garden design*). Les Britanniques sont certainement, avec les Japonais, les plus grands jardiniers du monde. C'est ici une passion nationale comme en témoigne l'importance d'organisations comme la *Royal Horticultural Society.*

Royal Horticultural Society (RHS)
www.rhs.org.uk
La bicentenaire RHS est une référence internationale en matière d'horticulture. Elle est à la pointe de la recherche et décerne chaque année ses *awards* aux plantes les plus méritantes. Adhérer à cette association délicieusement britannique, qui compte près de 300 000 membres, permet de :

- se tenir informé de l'actualité des jardins par le magazine *The Garden,*
- visiter ses magnifiques jardins botaniques (**Wisley** dans le Surrey, **Rosemoor** dans le Devon, **Hyde Hall** dans l'Essex et **Harlow Carr** dans le North Yorkshire),
- obtenir des tickets à tarif réduit pour le *Chelsea Flower Show* qui présente chaque année des jardins réalisés par la fine fleur du *garden design* anglais et international.

Il est également possible de préparer dans de nombreux *Colleges for Further Education*, le *RHS Certificate*, qui est à l'horticulture ce que le *TOEFL* est à la langue anglaise…

Chelsea Physic Garden
66 Royal Hospital Road, SW3 4HS
020 7352 5646 - www.chelseaphysicgarden.co.uk
Propose des cours en botanique, paysagisme, représentation graphique des fleurs (aquarelle…), grande spécialité anglaise. Assez

cher. Le jardin se visite (payant). Café-restaurant charmant dans un cadre unique en plein coeur de *Chelsea*.

ACTIVITÉS LINGUISTIQUES POUR ENFANTS

Nous avons listé dans les quartiers une sélection de sports et activités extra-scolaires, mais s'ils sont scolarisés en école anglaise, ils auront accès à des *after school clubs* de bonne qualité et pas chers qui les prennent juste après l'école et en anglais bien sûr!

Si vous décidez de scolariser votre enfant dans une école française, ses progrès en anglais risquent d'être lents, du fait de son immersion permanente en milieu francophone. Quelques solutions:

- lui faire regarder la télévision anglaise, par exemple *CBBC* et *Cbeebies* gratuites sur *Freeview,*
- lui donner des cours d'anglais. De nombreux organismes proposent des formules de cours privés ou collectifs,
- emprunter des DVD et des livres à votre bibliothèque de quartier. La section enfants est souvent remarquablement développée. Il y a également des animations comme les *story times* et *toddlers groups,*
- vous pouvez aussi l'inscrire à des activités en anglais, mais ce n'est pas toujours facile car les petits Britanniques font souvent du sport, de la musique, etc., dans leur école. Les quelques activités proposées en ville après l'école ou le week-end sont souvent… colonisées par les Français! Même problème pendant les vacances: on peut trouver une multitude de stages de sport et activités, mais tout se déroule pendant les vacances scolaires anglaises, donc en décalage avec celles des écoles françaises
- dernière solution: l'envoyer en vacances dans un centre anglais, en prenant soin d'éviter début juillet (les Anglais ne sont pas encore en vacances, les centres sont remplis d'étrangers). Notre sélection :

Adventure & Computer Holidays
www.holiday-adventure.com
Les enfants de 6 à 14 ans choisissent deux activités par semaine (bricolage, informatique, jeux, équitation, gymnastique, théâtre, piscine, judo...). Avec ou sans hébergement.

Camp Beaumont
www.campbeaumont.co.uk
Camps pendant les vacances scolaires pour les enfants de 3 à 16 ans sans hébergement. Organisme très connu (35 ans d'expérience).

Kingswood Camps
www.camps.kingswood.co.uk
Camps pendant les vacances avec hébergement pour les 8-17 ans.

Camp Kernow
www.campkernow.org.uk
Séjours écologiques pour les 7-14 ans.

Wickedly Wonderful
www.wickedlywonderful.com
Séjours à la mer et à la montagne (ski l'hiver) pour les 6-13 ans.

Camp Wilderness
www.campwilderness.co.uk
Séjours en pleine nature sous des tentes pour les 6-15 ans.

Fire Tech
www.firetechcamp.com
Séjours dédiés à l'informatique. 12-14 ans.

XUK
www.xkeys.co.uk
Séjours d'activités sportives et stages linguistiques pour les 6-17 ans.

Fit for Sport
www.fitforsport.co.uk
Dans les écoles en *after-school clubs*. Centre aéré pendant les vacances scolaires (anglaises).

Marlborough College Summer School
www.mcsummerschool.org.uk
Ecole privée dans le Wiltshire, qui organise chaque été sur son magnifique campus des cours pour adultes et enfants de 3-16 ans. Accueil des jeunes non accompagnés dès 10 ans (réserver longtemps à l'avance).

Passport to Leisure
www.passporttoleisure.co.uk
Centre aéré 8-16 ans organisé à Barnes de début juillet à début août. Nombreuses activités et tarifs intéressants.

PGL Holidays
www.pgl.co.uk
Un genre d'UCPA anglais. 7-17 ans. Nombreux centres et activités sportives. Accueil des jeunes seuls ou des familles. A savoir: PGL a des centres en France, on a des chances d'y retrouver des Anglais!

MUSIQUE

L'enseignement musical et instrumental est généralement dispensé dans le cadre scolaire et la notion française de conservatoire municipal n'existe pas. L'évaluation se fait à l'aide d'examens nationaux (*grade 1* au *grade 8*) auxquels les professeurs privés inscrivent leurs élèves. Ces examens ont lieu deux fois par an. Pour trouver un professeur de musique, les écoles professionnelles prestigieuses comme le *Royal College of Music* (à South Kensington), la *Royal Academy* ou la *Guildhall School of Music & Drama*, accueillent de nombreux musiciens français qui viennent y finir leurs études et donnent également des cours particuliers. Coût: £30-£35 de l'heure.
On peut trouver des petites annonces dans les bibliothèques et les magasins de musique.

Eveil musical

Les organisations suivantes interviennent dans de nombreux quartiers.

Blueberry playsongs
www.blueberryplaysongs.co.uk
Classes de musique accompagnées par un guitariste. 6 mois à 3 ans. 30mn par semaine.

Monkey Music
www.monkeymusic.co.uk
Musique (comptines, chansons, jeux) pour bébés de 3 mois - enfants de 4 ans, regroupés. Très ludique.

DANSE

La Sylvaine School of Dance
www.lasylvaine.co.uk
Ecole de danse, dirigée par Blandine Lamaison, entretient des liens depuis 35 ans avec le Lycée Français. Les productions chorégraphiques y tiennent une place importante et, à partir du *Grade* 6, les enfants sont préparés aux examens d'entrée de la *Royal Academy of Dance*. Lieux divers.

The Chantraine School of Dance
www.chantrainedance.co.uk
Cette méthode d'enseignement de la danse est pratiquée à Londres depuis 1978 dans différents quartiers (Hampstead, Kilburn et Marylebone). Basée sur l'expression de la personne toute entière. Tous niveaux (y compris adulte), en anglais.

Royal Academy of Dance
36 Battersea Square, SW11 3RA - www.rad.org.uk
Centre international pour la formation de professeurs. Cours ouverts pour enfants certains soirs de la semaine et le samedi matin.

Royal Ballet School
www.royalballetschool.org.uk
Equivalent de l'école de danse de l'Opéra de Paris. Deux sites àCovent Garden et Richmond. Sélection rigoureuse sur audition.

The West London School of Dance
www.westlondonschoolofdance.co.uk
Ecole de danse originale orientée vers la préparation de spectacles de qualité professionnelle. Pas de préparation aux examens. Plusieurs centres dans Londres.

THÉÂTRE

De grande tradition en Grande-Bretagne, la pratique théâtrale intègre souvent un travail vocal et corporel et plus largement d'expression.

Jigsaw Performing Arts School
www.jigsaw-arts.co.uk
Cours de chant, danse, théâtre dans une vingtaine de lieux à travers Londres (Acton, Balham, Camden, Crouch End, Ealing, Finchley, Hendon). 7-18 ans. Stages pendant les vacances.

Perform
www.perform.org.uk
Cours de danse et expression corporelle pour les enfants de 4 à 12 ans, en semaine, le week-end et stages pendant les vacances scolaires.

Theatre Train
www.theatretrain.co.uk
Cours de chant, danse, théâtre pour 6-18 ans. Barnet, Hammersmith, Highgate, Mill Hill, Richmond, Wimbledon.

StageCoach
www.stagecoach.co.uk
4-18 ans. Sessions de 3h (danse moderne / jazz, chant, théâtre), le samedi matin dans de nombreux quartiers. Stages pendant les vacances scolaires.

Le site ***www.dramaclasses.biz*** recense tous les cours et stages de théâtre en Grande-Bretagne. Moteur de recherche utile pour trouver l'école la plus proche de chez vous ou un stage pendant les vacances.

ACTIVITÉS MANUELLES

Ces boutiques proposent des activités manuelles à faire en famille, seul, ou avec des amies. Dans vos quartiers, vous trouverez par exemple, **Ceramics Café, Pottery Café, Art 4 Fun**...

Sports

Nous avons sélectionné ici quelques sports dans lesquels les Britanniques sont *leaders*...

AVIRON

Le *rowing*, un des sports phare en Grande-Bretagne, le seul à avoir rapporté une médaille d'or à chaque Jeux Olympiques depuis 1984. De nombreux *Boat Clubs* sont installés sur les berges de la Tamise et permettent à tous de s'initier à ce qui est ici considéré comme "*The Ultimate Team Sport*".
Voir ➤ ***Quartiers Richmond / Barnes et Putney***

EQUITATION

Amateurs de chasse et proches de la nature, les Anglais sont fous d'équitation (*horseback riding*). Les courses hippiques d'**Ascot** et de **Cheltenham** font ici l'objet d'une couverture média nationale et tout le monde ou presque connaît le nom du vainqueur.
Malheureusement, il s'agit d'un sport d'élite et la beauté des clubs hippiques va de pair avec des prix souvent exorbitants. Il faut évidemment s'éloigner du centre-ville pour trouver une véritable ambiance de club. Toutefois, les amateurs pourront monter à **Hyde Park** (pour le plaisir et pour £40/heure).
Adresse de clubs locaux ➤ ***Pages Quartiers***
Les clubs les plus proches du centre-ville (hors celui de Hyde Park) se trouvent à **Wimbledon, Richmond** et dans le *borough*

Equitation à Richmond Park

de **Barnet**. Pour les cavaliers sérieux qui souhaiteraient chevaucher les collines du Kent ou du Surrey, liste des clubs sur *www.horseweb.co.uk*.
Pour les enfants, le **Pony Club** (*www.pcuk.org*) est une organisation nationale destinée à développer la pratique de l'équitation. Elle organise des stages, passages de tests, etc.

FOOTBALL

Il est bien loin le temps des images de combat de rue liées à la présence de hooligans dans les stades britanniques. Grâce à des efforts bien menés il y a quelques années, on peut maintenant aller assister en toute quiétude aux matchs de football opposant les équipes phares du *premiership* avec seulement de belles images sportives en tête. Et l'on n'a que l'embarras du choix, surtout en tant que Français désireux de soutenir des compatriotes expatriés dans l'un des clubs de Londres ou d'ailleurs. **Arsenal, Chelsea, Fulham, Tottenham** pour les clubs londoniens, **Manchester United, Manchester City, Liverpool, Newcastle** pour le reste du pays sont certainement parmi les plus connus des non-initiés du championnat anglais. Même s'il est difficile d'obtenir des places pour les grandes affiches, il faut essayer car le spectacle en vaut toujours la peine.
Si vous souhaitez permettre à vos enfants de s'adonner aux joies de ce sport, de multiples associations de quartier proposent, généralement le samedi matin, des entraînements pour enfants de tous âges.

GOLF

Paradis du golf, l'Angleterre compte plus de 1 500 parcours publics et privés, dont certains, comme **Saint Andrews** en Ecosse, sont parmi les plus beaux du monde.
Il est possible de prendre des cours et de pratiquer sans s'éloigner trop du centre. Par exemple les cours avec *Londres Accueil* ont lieu au **Duke Meadows & Chiswick Bridge Golf Range** à Chiswick.
On trouve de très beaux golfs dans les quartiers couverts par *Expat Guide* par exemple Barnet, Ealing, Finchley, Hampstead, Highgate, Muswell Hill, Wimbledon, Richmond…

RUGBY

Les succès de leur équipe nationale ont assurément contribué à renforcer encore davantage l'intérêt que les Anglais portent au rugby. Si la couverture dont il bénéficie sur l'ensemble du pays ne peut encore véritablement se comparer à celle du football, beaucoup plus implanté dans les couches populaires, Londres reste probablement un cas à part. Il existe notamment un véritable carré

magique, autour du **stade de Twickenham** reconnu dans le monde entier comme le temple du rugby. Là et tout autour, les poteaux de rugby ont toujours fait partie de ce paysage unique dans la plus grande tradition des collèges et des parcs anglais.
Il faut sans hésiter, si l'on a la chance de pouvoir obtenir des tickets, aller assister à ces grands messes du samedi après-midi lors du **Tournoi des 6 Nations**, dans une ambiance de connaisseurs qui se retrouvent pour des pique-niques d'avant-match sur le parking du stade, au milieu d'élégants *gentlemen* ouvrant pour l'occasion les coffres de leur Rolls, Jaguars ou autres Bentley. Les après-matchs, ou sacro-saintes troisièmes mi-temps, se déroulent généralement dans l'ambiance bondée des *pubs* des alentours.
Pour ceux qui souhaitent pratiquer, nous recommandons les adresses suivantes à Barnes et Richmond (➤ *Pages Quartiers*) :

- **London French RFC**

www.londonfrenchrfc.com
Le club de rugby des Français de Londres. Adultes et enfants.

De nombreux enfants français s'entrainent aux :

- **WASPS** à Acton le dimanche matin.

www.wasps.co.uk
et dans le Nord à :

- **Hampstead** *www.hampsteadrugbyclub.co.uk*

TENNIS

Courts municipaux

Les courts de tennis municipaux sont omniprésents sur tous les parcs, *commons* et *greens*. L'accès en est généralement libre, ou à coût modique, mais évidemment la qualité des surfaces laisse parfois à désirer.

Un système de compétition (*ladder*) avec des tournois (*league*) et même des cours gratuits, est organisé à l'échelle de Londres sur les courts municipaux. Pour toute information, consulter le site *www.londontennis.co.uk*. Vous pourrez aussi y trouver la liste des courts et des partenaires de votre niveau. Prix modiques.

Courts privés

Paradoxalement dans ce pays de vent et d'averses, il existe assez peu de courts couverts municipaux. Pour avoir la garantie de jouer, il faudra vous inscrire dans un club privé payant. Les tarifs varient énormément en fonction des clubs.
La plupart des clubs de sport privés ont des courts *indoors* et *outdoors* et proposent des cours, stages et compétitions adultes ou enfants. Clubs de tennis ou clubs spécialisés avec une dominante tennis:

- **Finchley Manor,** Finchley
- **Harbour Club**, Fulham
- **Hyde Park Tennis Club**, South Kensington
- **Queen's Club**, West Kensington
- **Riverside Club** et **Will to Win**, Chiswick

YOGA ET DISCIPLINES "DOUCES"

Londres est très en avance sur le reste de l'Europe en ce qui concerne les médecines alternatives et les différentes disciplines combinant une approche physique et mentale de l'équilibre individuel. Le **Yoga** sous toutes ses formes est pratiqué un peu partout, de même que le **Pilates** (une gymnastique douce développée par un médecin allemand) et le **Tai-chi** (gymnastique chinoise très lente basée sur la conservation de l'énergie).
Une première approche peut être faite dans

les clubs de sport généralistes, qui consacrent de plus en plus souvent l'un de leurs studios à ces disciplines.
Des centres plus spécialisés offrent une combinaison de cours en studio et de thérapies alternatives. Par exemple :

- **The Life Centre** à Kensington: tous types de yoga, stages, thérapies douces.
- **Special Yoga Centre** à Kensal Rise: yoga thérapeutique adultes et enfants. A but non lucratif.
- **Triyoga** à Chelsea, Covent Garden et Primrose Hill : tous types de yoga, stages, formation de professeurs.
- **Yoga Muni** (www.yogamuni.com): Dipa Trivedi est issue d'une famille indienne où l'on pratique traditionnellement le yoga. Elle donne des cours en français dans plusieurs quartiers de Londres.
- **Iyengar Yoga Institute** à Maida Vale : une des grandes écoles indiennes.
- **Jivamukti Yoga London** à Notting Hill: école de yoga new-yorkaise très dynamique.
- **Sivananda Yoga Centre London** à Putney : école indienne traditionnelle.

Coordonnées ➤ *Pages Quartiers*

CLUBS DE SPORTS

Publics

Tous les *boroughs* ont des clubs de sport publics aux prestations assez complètes, avec piscine, cours de sport en salle de tous genres et salles de musculation. Il y a souvent possibilité de garderie. N'hésitez pas à vous renseigner sur le site de votre *borough*, rubrique sport.

Privés

On trouve dans cette catégorie à la fois des chaînes avec plusieurs emplacements en ville et des établissements très select, prisés des familles anglaises qui aiment s'y retrouver le week-end. Ils proposent généralement piscine, cours en studio, *personal training* et salon de beauté, mais ils peuvent être très disparates car il y a eu de nombreuses fusions-acquisitions dans le secteur ces dernières années. Les droits d'entrée et tarifs mensuels d'abonnement varient énormément en fonction des clubs, de leur emplacement et de leurs facilités. De façon générale, plus on se rapproche du centre-ville et des quartiers "chics", plus c'est cher (pour des prestations pas forcément meilleures). Les clubs proposent généralement un abonnement *off peak* valable tous les jours de la semaine de 9 h à 17 h environ, moins cher que le plein tarif. N'hésitez donc pas à faire votre shopping et à bien vous renseigner. Si vous partez tout l'été, essayez de négocier une suspension temporaire de votre abonnement, certains clubs l'acceptent. Aucun club ne vous donnera ses tarifs par téléphone. Ils vous inviteront sur place pour une journée "découverte" et tout se négociera par la suite (attendez-vous à un marketing "pushy" car la concurrence est rude!).
Les grandes chaînes:

- **Nuffield Health**
www.nuffieldhealth.com
Bon rapport qualité-prix. Clubs dans la *City*.
- **David Lloyd**
www.davidlloyd.co.uk
Plutôt luxueux et assez cher.
- **Soho Gyms**
www.sohogyms.com
Ces clubs acceptent la formule *pay as you go*. À Covent Garden, Clapham, Camden.
- **Virgin Active**
www.virginactive.co.uk
Plutôt haut de gamme avec une trentaine de clubs sur Londres (ceux de Fulham et surtout Chiswick sont très biens). Autres clubs dans des villes européennes utilisables sous certaines conditions.

Et aussi:

- **Chel Ski**
4 Sotheron Place, Michael Road, SW6 2EJ
www.chel-ski.uk
Pour apprendre à skier ou à faire du snowboard sur une piste en salle, en plein Fulham, avec des vrais moniteurs. Tous niveaux. Ouvert tous les jours 8h-22h.
- **Flip Out Wandsworth**
Bendon Valley, Earlsfield, SW1804L
www.flipout.co.uk - 0845 2411 341
120 trampolines et Parkour.
Ouvert tous les jours.

Les clubs anglais

Si vous voulez faire l'expérience du club anglais, essayez de vous inscrire dans l'un de ces clubs et rendez-vous dans les *social events* organisés le week-end.
Voir ➤ *Pages Quartiers*:
The Harbour Club à Chelsea, **The Queen's Club** à Fulham (orientation tennis) et **The Riverside** à Chiswick.

16 Sortir à Londres avec ses enfants

- Relèves de la garde
- Les parcs aux mille ressources
- Destinations animées
- Musées
- Parcs d'attraction

Londres est une ville qui fascine souvent les enfants. Il est facile de les inciter à regarder autour d'eux: écouter le carillon de Big Ben, que les horloges françaises ont longtemps repris, repérer les célèbres cabines téléphoniques et boîtes aux lettres, les *double-deckers*, les *black cabs*, les voitures, les casques des *bobbies*, les multiples uniformes…

En arrivant, n'hésitez pas à parcourir la ville du haut d'un bus à impériale : pour le prix d'un ticket, vous traverserez Londres et verrez les principaux monuments de High Street Kensington à Somerset House avec le *double-decker* n° 9, et de Piccadilly Circus à la Tour de Londres avec le n°15 .

Une fois quelques monuments identifiés, le *London Eye* qui veille sur Londres du haut de ses 135 mètres recueille souvent tous les suffrages. Prendre la grande roue la nuit est magique, car les éclairages polissent le coté bric-à-brac des constructions.

Relèves de la garde

Buckingham Palace

L'incontournable relève de la garde peut s'admirer en deux lieux:

• **A Buckingham, à 11h30 précises** tous les jours sauf mauvais temps et dates spécifiques: "*The Queen's Guard*". Relève réduite quand la Reine n'est pas là. Cherchez le drapeau : si l'"*Union Jack*" flotte sur les toits de Buckingham, la Reine est là.
La garde est composée de 3 officiers et 40 soldats de l'armée britannique. La relève quitte la caserne de Wellington à 11h27. Au son de la fanfare, elle fait le tour de la statue de la Reine Victoria pour remplacer la garde en place au Palais.

• **Derrière Whitehall, 11h du lundi au samedi, 10h le dimanche**: "*The Queen's Life Guard*". Le régiment de la *Household Cavalry Mounted* a deux escadrons: les *Life Guards* (en tunique rouge) et les *Blue and Royals* qui alternent. Les mouvements sont très limités, ce sont d'ailleurs deux gardes de cet escadron dont on admire l'immobilisme sur Whitehall.
A savoir: Les *Foot Guards* sont les gardes à pied. Gardes de la reine, ils portent une casaque rouge et un bonnet noir en poils d'ours. Les ***Life Guards*** sont les gardes à cheval. Ils portent des casaques rouges et des casques à panache blanc.

Hyde Park

Les parcs aux mille ressources

Découvrez l'aire de jeux de **Kensington Gardens** à l'extrémité Nord-Ouest de **Hyde Park**, très bien conçue avec son grand bateau de pirates, son parcours sonore, ses balançoires et son toboggan. Non loin de là, vous pourrez peut-être assister au bruyant atterrissage de l'hélicoptère royal dans les jardins de **Kensington Palace**.
Epiez les écureuils gris (venus d'Amérique, ils ont chassé les écureuils roux mieux connus sur le continent), cela ravit tous les âges. Observez les oies, que l'on découvre parfois en vol en déambulant dans le quartier, vous aurez l'impression d'être à la campagne.
Faites un tour en pédalo sur la **Serpentine**, de l'autre côté du parc.
Allez à la recherche des 5 pélicans dans **St James's Park**, tout en donnant à manger aux nombreux canards.
Suspendez-vous aux araignées de l'aire de jeux de **Holland Park**, après avoir nourri les paons.
Allez repérer et approcher les troupeaux de daims et les biches qui parcourent la lande un peu plus loin à **Richmond Park**, en pleine nature. Les plus petits comme les plus grands apprécieront.

WWT London Wetland Centre
Queen Elizabeth's Walk, Barnes SW13 9WT
020 8409 4400 - www.wwt.org.uk
Situés dans une boucle de la Tamise à Barnes, ces anciens réservoirs ont été réaménagés pour accueillir une réserve naturelle d'oiseaux. Reconversion parfaitement réussie, car non seulement les oiseaux du pays ont apprécié et peuplent maintenant les moindres recoins de la réserve, mais les créateurs du parc ont aussi reconstitué des zones différentes d'habitat naturel en fonction des climats. La visite du parc est un régal, car vous avez l'impression de faire le tour du monde des oiseaux, passant d'une zone arctique à la forêt tropicale. Des observatoires sont aménagés pour ne pas déranger les oiseaux. Visites guidées, animations pour les enfants. A seulement 20mn du centre de Londres, un dépaysement garanti! Restauration sur place.

Syon park
Brentford, Middlesex, TW8 8JF
020 8560 0882 - www.syonpark.co.uk
Dans ce lieu splendide, divers espaces plaisent aux enfants: la Maison des Papillons, celle des

serpents, les démonstrations d'oiseaux de proie. Enchanteur, un seul regret toutefois: devoir repayer à chaque espace. Fermé de novembre à mi-mars.

Destinations animées

Covent Garden

Anciennes halles aux fleurs, c'est un lieu où déambuler plaît aux petits et grands: funambules, clowns, musiciens sont souvent là le week-end tandis que de multiples boutiques ravissent les yeux. A visiter : le Musée des Transports, qui réjouit les plus jeunes.

Les docks St Katherine

Tower Hill

Allez déguster une pizza dans l'une des plus vieilles auberges de Londres, *The Dickens Inn*, au cœur d'un port où sera peut-être amarré un bateau de pirates, pour ensuite apercevoir le Tower Bridge depuis les bords de la Tamise.

Camden Town Market

Camden Town

Attraction touristique importante de Londres, cet immense marché aux puces plaît beaucoup aux adolescents. On y trouve de tout: CD, DVD, vêtements neufs et d'occasion, vintage, punks, gothiques, bijoux fantaisie, accessoires de toutes sortes, objets rétro et même des meubles. Musique et stands de nourriture bon marché complètent le tableau. Spectacle garanti le dimanche, car les punks sont de sortie!

BaySixty6 Skate Park

Bay 65-66 Acklam Road - Portobello W10 5YU

020 8969 4669 - www.baysixty6

Tandis que certains prendront plaisir à chiner, les amateurs de *skate board* profiteront d'un espace fabuleux (sauf du point de vue esthétique car sous l'autoroute) avec des rampes terrifiantes que les adolescents adorent. 11h-20h. Dans le même quartier, premier parc mondial de "*Parkour*" ou Art du déplacement urbain venu de France.

➤ *Quartier Nord Ouest*.

Musées

Les innombrables musées londoniens prévoient souvent des parcours enfants. Certains sont particulièrement intéressants.

Apsley House

Hyde Park Corner, W1J 7NT - 020 7499 5676

www.english-heritage.org.uk

Churchill War Rooms

La maison de Wellington, vainqueur de Napoléon. Ce sera la première fois sans doute que l'on vous présentera Napoléon comme un poltron (*coward)*! Vous passerez un moment très drôle et comprendrez toute la subjectivité du récit historique.

Churchill War Rooms

Clives Steps, King Charles Street, SW1A 2AQ

020 7930 6961

www.iwm.org.uk

Les quartiers généraux de Churchill pendant la seconde guerre mondiale en l'état. Impressionnant.

Imperial War museum

Lambeth Road SE1 6HZ

020 7416 5320 - www.iwm.org.uk

Voici un musée exceptionnel pour revivre la vie dans les tranchées de la guerre de 1914 ou l'expérience du Blitz (les bombardements de Londres par l'aviation allemande). Il permet de comprendre, à travers une reconstitution dont le réalisme peut être oppressant, le déroulement des deux guerres mondiales et de réaliser l'horreur de la guerre.

Royal Observatory Greenwich

Blackheath Avenue, SE10 8XJ - 020 8858 4422

www.rmg.co.uk

Prononcez "*Greenitch*". C'est le plus vieil observatoire anglais (1675). Flamsteed, premier astronome nommé par Charles II, inventa un moyen, pour les marins, de déterminer leur position exacte. Après de nombreux efforts et des appareils plus loufoques les uns que les autres, bien

C.Imbert

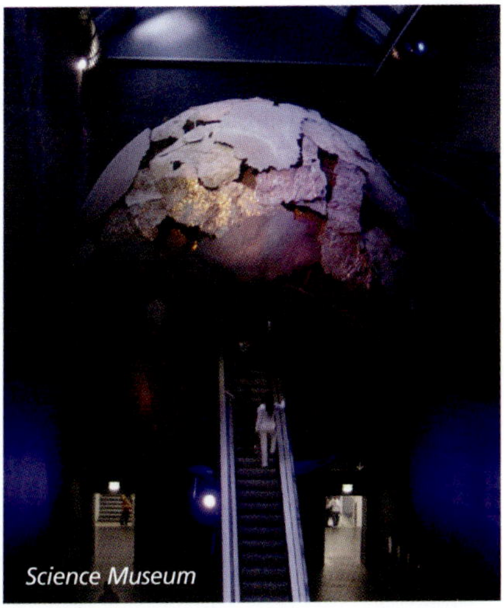

Science Museum

présentés dans l'exposition, John Harrison finit par mettre au point le chronomètre capable de mesurer le temps et d'indiquer la position par rapport au méridien de Greenwich, devenu la référence... Après la visite, les enfants pourront courir dans le parc jusqu'à la Tamise.

National Maritime Museum
Romney Road, Greenwich, SE10 9NF
020 8858 4422 - www.rmg.co.uk
Dans un superbe bâtiment clair et spacieux, le musée de la marine, très visuel et très diversifié, intéressera petits et grands. Magnifiques bateaux, "voyage" au sein d'un paquebot de croisière, nombreuses interactivités et... ne manquez pas les explications du marin sur les multiples objets utilisés lors de la navigation. Allez-y en bateau-mouche!

Science Museum
Exhibition Road, SW7 2DD
020 7942 4000 - www.sciencemuseum.org.uk
Le Musée des Sciences propose des expositions temporaires très courues (réservations obligatoires!). Ne pas manquer les salles de jeux d'eau au sous-sol pour les 3-5 ans, les salles de jeux scientifiques interactifs, la "*Space Gallery*" pour tout savoir sur la conquête de l'espace. La boutique regorge de livres et jeux éducatifs.

Natural History Museum
Cromwell Road, SW7 5BD
020 7942 5000 - www.nhm.ac.uk
Le Musée d'Histoire Naturelle est un *must* pour les enfants avec ses dinosaures, sa baleine bleue, ses magnifiques collections d'animaux empaillés et ses galeries sur l'écologie. Ne pas manquer la *Earth Gallery*, qui vous permet de vous enfoncer dans les entrailles de la Terre et vivre en direct un tremblement de terre. Pour les plus grands, le **Darwin Centre** propose des rencontres thématiques avec des chercheurs scientifiques. Possibilité de passer une nuit au musée en été!

Tate Modern
Bank Side, SE1 9TG
020 7887 8888 - www.tate.org.uk
Le rez-de-chaussée de cette ancienne centrale électrique, transformée en musée d'art moderne, accueille régulièrement une installation artistique éphémère et spectaculaire qui habille le hall de la turbine, l'envahit et fascine parents et enfants. Les *trails* (parcours) proposés par le musée sont bien faits.

Tower of London
0844 482 7777 - www.hrp.org.uk
La Tour de Londres, construite par Guillaume le Conquérant, avec ses corbeaux, ses "*Beefeaters*", ses salles militaires et ses bijoux royaux reste un incontournable.

Victoria & Albert Museum
Cromwell Road, SW7 2RL
020 7942 2000 - www.vam.ac.uk
Les *British Galleries* du **Victoria and Albert Museum** sont superbes et attrayantes pour les enfants car très interactives: essayer un gant de chevalier, construire une chaise, faire son propre blason, découvrir l'utilisation de tel ou tel objet... A ne pas manquer, la galerie des bijoux au niveau 3. Restauration sur place dans le premier restaurant au monde à avoir ouvert au sein d'un musée.

Parcs d'attraction

Chessington World of Adventures
Leatherhead Road, Chessington, Surrey, KT9 2NE
0871 663 4477 - www.chessington.com
A 12 miles de Londres, sur la A 243, sortie 9 ou 10 sur la M25. Grand parc à la campagne avec de nombreuses attractions (surtout pour les plus de 10-12 ans). Bien entretenu à l'anglaise, il a un beau zoo avec des phoques, de nombreuses animations et plutôt moins d'affluence que certains parcs similaires.

Pour d'autres idées de sortie, n'oubliez pas d'aller voir nos → *Pages Quartiers*.

Vie sociale Cultes

Associations
Lieux de culte

Associations

Fédération des Associations Françaises de Grande-Bretagne
www.fafgb.org
Ce site recense plus de 70 associations françaises, y compris les Bretons, Alsaciens, Auvergnats… de Londres, Anciens Elèves des Grandes Ecoles, Anciens Combattants, etc.

Clubs suisses, belges et québécois
Le City Swiss Club facilite le contact entre les businessmen suisses et anglais (*www.cityswissclub.org*).

La Causerie est un club exclusivement féminin, qui propose des rencontres le 2ème mardi de chaque mois, dans l'église suisse à Covent Garden (*www.swisschurchlondon.org.uk*)

The Anglo-Belgium Society organise des événements culturels et sportifs (www.anglobelgiumclub.com).

De même la Délégation générale du Québec publie sur son site (Arts et culture) les actualités artistiques québécoises à Londres. *www.international.gouv.qc.ca.*

Les canadiennes disposent aussi d'un club (*www.canadianwomenlondon.org*).

Union des Français de l'Etranger en Grande-Bretagne
www.grande-bretagne.ufe.org
Association reconnue d'utilité publique représentative des Français de l'Etranger.

Français du monde au Royaume-Uni
www.francaisdumonde.co.uk
Association reconnue d'utilité publique représentative des Français de l'Etranger.

Enfants du Monde UK (EDM UK)
www.enfantsdumondeuk.com
Association dynamique qui organise des marches hebdomadaires sponsorisées le mercredi dans la campagne anglaise autour de Londres. Tous les profits sont versés à divers projets liés à l'éducation dans les pays en voie de développement. S'inscrire sur le site internet pour recevoir le programme (*www.clubrandoedmuk.wordpress.com*).

Franco-British Society
3 Dovedale Studios, 465 Battersea Park Road, SW11 4LR - www.franco-british-society.org
Adhésion £18/an/individuel, £25/couple. Pour rencontrer des Britanniques amoureux de la France autour de conférences, visites et repas.

Les Friends des institutions culturelles
Les nombreux *Friends* des musées et des jardins sont très actifs. Ces associations organisent des visites, parfois des voyages et sont un bon moyen de rencontrer des Anglais. Ainsi, les *Friends* du Victoria & Albert Museum organisent de multiples sorties classiques et insolites, y compris en dehors de Londres. Faire partie des *Friends* de Kew Garden donne droit à des réductions à l'entrée.

Londres Accueil
13 Cromwell Place, salle 17, SW7 2JR
07454 000252 - www.londresaccueil.org.uk

Indispensable pour les nouveaux arrivants, cette association gérée par plus de 100 bénévoles permet de mieux vous intégrer dans votre quartier par des "cafés-rencontres", des groupes *Mums & Kids* et de nombreuses activités: gymnastique, aqua-gym, golf, peinture, bridge, cuisine, anglais... Infos et large choix de conférences et de visites souvent originales et de grande qualité, généralement en français. Permanence le mardi de 9h30 à 11h30 pendant périodes scolaires. Les quartiers ont tous une antenne locale. L'association a plus de 900 membres. Adhésion £30/an.

Scouts
www.scouts.org.uk
Les scouts anglais sont organisés par groupes d'âge: les *Beavers* (6-8 ans), *Cubs* (8-10 ans 1/2), *Scouts* (10 ans 1/2-14 ans), *Explorers* (14-18 ans). Actifs en Grande-Bretagne, ils ont souvent des antennes locales dans vos quartiers. *Baden-Powell House,* au coin de Cromwell Road et de Queen's Gate, est leur résidence internationale.

Dispensaire Français - Société Française de Bienfaisance
184 Hammersmith Road, W6 7DJ
020 8222 8822 - www.df-sfb.org.uk
La plus ancienne association française à Londres. Œuvre caritative s'adressant aux Français démunis, personnes âgées, prisonniers, etc. Possibilité d'y faire du bénévolat.

Regards de femmes
www.regardsdefemmes.info
Propose des petits-déjeuners conférences pour les femmes, sur des sujets variés (adolescence, estime de soi, mondialisation, bonheur, stress, etc.). Ecoute et partage autour d'une question à l'issue de la conférence. Le vendredi de 9h30 à 12h30 à South Kensington. £16. Inscription préalable sur le site internet.

French Walks & Sunday Roasts
www.frenchwalks.org.uk
Groupe de randonneurs francophones qui se retrouvent une fois par mois le week-end pour une randonnée dans la campagne. Transports en train, déjeuner au pub ou pique-nique.

THÉÂTRE AMATEUR

Echange Theatre
www.echangetheatre.wix.com
Compagnie de théatre. Cours de théâtre pour adultes et enfants en anglais et en français.

Tamise en Scène
www.tamiseenscene.com
Compagnie de théatre et de productions de spectacles. Ateliers, stages.

The Art Fabric
www.theartfabric.wordpress.com
Stages et cours d'improvisation pour adultes et enfants.

Lieux de culte

OECUMÉNIQUE

American International Church
79a Tottenham Court Road, W1T 4TD
020 7580 2791 - www.amchurch.co.uk
Protestants et catholiques. Nombreux Français et Canadiens. Instruction religieuse pendant les services, garde d'enfants et crèche. Nombreuses activités, sorties, concerts, associations diverses. Service le dimanche à 11h.

CATHOLIQUE

Notre Dame de France
5 Leicester Place, WC2H 7BX
020 7437 9363
www.ndfchurch.org
Au cœur du *West End*, le lieu de rassemblement pour tous les catholiques français vivant à Londres, servi par des prêtres maristes. La paroisse loue l'église anglicane Christchurch, 8A, Victoria Road (South Kensington, W8 5RK) pour célébrer une messe hebdomadaire, le samedi soir à 18h, hors vacances scolaires. Des messes en français ont également lieu à Holy Cross Church (à Fulham), St Vincent de Paul (Clapham), Church of Holy Family (West Acton) et à Holy Trinity Church à Brook Green) une fois par trimestre.

Aumônerie Francophone
23 Cromwell Mews, SW7 2JY
020 7584 3006
www.ndfchurch.org/aumonerie
L'aumônerie dépend de la paroisse Notre Dame de France et bénéficie de la présence des prêtres maristes et de 150 cathéchistes bénévoles. Elle offre une catéchèse francophone à plus de 900 enfants scolarisés dans les écoles francophones du CE1 jusqu'à la Terminale, y compris à l'école St Nicholas, à Brook Green, Kentish Town, Clapham, Battersea, Ealing et Fuhlam. Horaires concertés avec le Lycée Français. Préparation aux sacrements. Eveil à la foi des 3-7 ans. Les jeunes de la 4ème à la terminale participent au rassemblement du FRAT en France.

Groupe Scouts et Guides de France Première Londres
www.premierelondres.unblog.fr
Le groupe Scouts et Guides de France Première Londres rassemble environ 140 jeunes et une trentaine de chefs et cheftaines. Garçons et filles sont séparés: louveteaux et jeannettes (7-11 ans), scouts et guides (11-14 ans), pionniers et caravelles (14-17 ans), compagnons (17-20 ans). 6 week-ends campés et camp d'été. Inscriptions lors de la messe de la rentrée de Notre Dame de France en septembre.

Roman Catholic Church of St Thomas of Canterbury
60 Rylston Road, SW6 7HW - 020 7385 4040
www.parish.rddow.org.uk
Paroisse catholique sympathique, accueille à Fulham de nombreuses familles françaises.

Westminster Cathedral
42 Francis Street, SW1P 1QW - 020 7798 9055
www.westminstercathedral.org.uk
La magnifique cathédrale catholique de Londres, à ne pas confondre avec sa voisine Westminster Abbey, d'obédience anglicane est réputée pour sa manécanterie: la messe chantée de 10h30 le dimanche offre un temps de recueillement de grande qualité.

PROTESTANT

Eglise protestante française de Londres
8-9 Soho Square, W1V 3QD - 020 7437 5311
www.egliseprotestantelondres.org
Temple protestant de l'Eglise Réformée, confession de foi dite « de la Rochelle ». Lieu d'échanges et de réflexions théologiques très dynamique, nombreuses conférences/débats, groupe biblique œcuménique.
Le catéchisme des collégiens et lycéens a lieu à l'Aumônerie du Lycée Français en semaine deux fois par mois en période scolaire, et des 5-11 ans au temple, le dimanche matin pendant le culte, de 10h30 à 11h30.

Eglise suisse de Londres
79 Endell Street, WC2H 9DY - 020 7836 1418
www.swisschurchlondon.org.uk
Nombreuses activités. Culte protestant le premier et le troisième dimanche de chaque mois (sermon en anglais, liturgie en allemand et français) à 11h, suivi d'un déjeuner.

ORHODOXE

Cathedral of the Dormition and All Saints
67 Ennismore Gardens, Knightsbridge, SW7 1NH
020 7584 0096
www.sourozh.org
Dépend du diocèse de Sourozh de l'Eglise russe orthodoxe. Cérémonies en slavon et en anglais. Pour l'enseignement, se présenter en personne aux permanences de la cathédrale.

Parish of St. Peter and St. Paul
Clapham Manor Street, SW4 6BX
www.orthodoxclapham.org
L'église anglicane St Peter's Church prête ses locaux les deuxième, quatrième et cinquième week-ends de chaque mois pour des vêpres à 18h le samedi et une messe à 11h30 le dimanche. Communauté très active.

ISRAÉLITE

Sans être francophones, certaines synagogues sont fréquentées par des Français.

The Spanish and Portuguese Sephardi Synagogue
8 St James's Gardens, Holland Park, W11 4RB
020 7603 7961
www.hollandparksynagogue.com
Rite séfarade. Nombreuses activités. A partir de 6 ans, les enfants peuvent assister au Talmud Torah tous les dimanches matin. La synagogue prépare aussi au *GCSE Jewish Studies* (4 niveaux).

Chelsea Synagogue
Smith Terrace, Smith Street, SW3 4DL
020 7629 0196 - www.theus.org.uk
Petite synagogue très familiale. Familles françaises de plus en plus nombreuses à la rejoindre.

West London Synagogue
33, Seymour Place, W1H 5AU
020 7723 4404 - www.wls.org.uk
Synagogue très dynamique. Formations pour adultes et enfants.

MUSULMAN

Il n'y a pas de mosquée francophone à Londres.

London Central Mosque
146 Park Road, NW8 7RG
020 7724 3363 - www.iccuk.org
Jumelée avec l'*Islamic Cultural Centre*. Beaucoup de Francophones s'y retrouvent. Nombreuses activités. Enseignement religieux pour arabisants et non-arabisants de 6 à 16 ans, ainsi que la préparation au GCSE d'études religieuses.

East London Mosque
82-92 Whitechapel Road, E1 1JQ
020 7650 3000 - www.eastlondonmosque.org.uk
Saturdays Islamic group et scoutisme.

18 Sortir à Londres

- Infos et réservations
- Spectacles
- Cinéma
- Musées
- Salons de thé
- Pubs
- Restaurants

Infos et Réservations

Le magazine hebdomadaire gratuit *Time Out* est la référence. Il paraît le mercredi. Très complet sur l'actualité des spectacles et la vie quotidienne à Londres, il est entre l'Officiel des Spectacles et Télérama. Citons également les pages culturelles des quotidiens et leurs suppléments du week-end pour le *Guardian* et *The Times*, du jeudi pour l'*Independent* et l'*Evening Standard*.
N'hésitez pas à consulter les sites des salles pour connaître les programmations annuelles.

www.theatremonkey.com
Site indépendant qui reprend toutes les offres promotionnelles en cours sur les spectacles.

www.theatreticketsdirect.co.uk
Site très bien fait qui vend des billets à prix réduit.

www.getintolondontheatre.co.uk
Site qui propose chaque année entre janvier et février des promotions très intéressantes sur les spectacles à l'affiche. Pas de *booking fee*.

The Official London Theatre Ticket Booth
Leicester Square - www.tkts.co.uk
Lundi-samedi 10h-19h et dimanche 11h-16h. Equivalent du kiosque place de la Madeleine à Paris: billets pour le soir même à moitié prix.

Spectacles

L'offre de spectacles à Londres est impressionnante par sa diversité. Le coût est élevé mais le choix immense. Les spectacles commencent généralement à 19h30 et comportent un entracte.

THÉÂTRE

Il appartient à la tradition britannique depuis son développement sous Elisabeth Ière avec Shakespeare (1564-1616). Ce répertoire est d'ailleurs toujours à l'affiche notamment avec la *Royal Shakespeare Company* qui joue aujourd'hui dans divers théâtres londoniens. Il y a également l'été la programmation du **Globe**, théâtre élisabéthain semi-couvert de

F. Pironneau

Skakespeare, reconstitué à proximité de la Tate Modern et le **Regent's Park Open Air Theatre**.

Issus d'excellentes écoles de théâtre, les acteurs ont toujours une remarquable diction et souvent un jeu très complet, qui les rendent accessibles même aux personnes ne maîtrisant pas parfaitement l'anglais.

En Grande-Bretagne, *theatre* englobe le genre très populaire de la comédie musicale. Certaines tiennent l'affiche plus de 20 ans. *Mamma Mia* (Abba), *We Will Rock You* (Queens), *Billy Elliott* ou *The Lion King* sont de très bons spectacles familiaux.

La plus grande concentration de théâtres se trouve dans le *West End* qui multiplie par dix sa population le week-end. Au cœur de celui-ci, **l'opéra de Covent Garden** a su se rénover tout en s'intégrant dans le quartier. Le foyer et la verrière ont été magnifiquement restaurés. Si vous avez la chance d'obtenir une place, n'oubliez pas d'aller sur la Terrasse qui donne une vue sur les toits londoniens. Ne manquez pas aussi d'aller écouter les opéras d'Haendel au **London Coliseum**, où réside l'*English National Opera*. Sa spécificité est de donner tous les opéras en anglais, *british atmosphere* garantie. Certains théâtres sont historiques comme le **Theatre Royal Drury Lane** (établi depuis 1663), l'élégant **Theatre Royal Haymarket** ou le **Palace** avec sa façade en brique (attention pour ceux qui ont le vertige, les places du haut sont vraiment hautes...). Beaucoup sont des théâtres privés, mais il existe des théâtres subventionnés qui sont des centres culturels internationaux et pluridisciplinaires, souvent "décentralisés" comme le **Barbican Centre** (City) ou le **Southbank Centre** le long de la Tamise, avec ses 3 théâtres dont le **National Theatre**. L'*off-theatre* et le *fringe theatre* (*off-off theatre*) prennent plus de risques. **L'Almeida** est un remarquable théâtre dans le quartier très animé d'Islington, où cafés et restaurants se succèdent. Il y a aussi le **Donmar Warehouse** dans le West End et le **BAC Theatre** à Battersea.

Le café-théâtre a lieu dans les *pubs*: le **Gate Theatre** au-dessus du *pub* Prince Albert à Notting Hill, the **King's Head** à Islington, le **Canal Café Theatre** à Little Venice et le **Theatre 503** au *pub* Latchmere, à Battersea. N'oubliez pas de consulter la programmation des théâtres de quartiers, souvent de très bonne qualité. ➤ *Pages Quartiers*

DANSE - MUSIQUE

Covent Garden et le **Barbican Centre** programment fréquemment des ballets, tandis que **Sadler's Wells** et **The Place** sont des salles consacrées à la danse contemporaine. Cette dernière permet toujours de magnifiques découvertes.

Les concerts sont innombrables et présentent les plus grands interprètes. Citons **The Royal Festival Hall** (Southbank), le **Barbican Concert Hall**, où réside le *London Symphonic Orchestra* (notez leurs concerts trimestriels pour les enfants), le **Wigmore Hall** dont l'acoustique est excellente et l'église de **Saint Martin in the Fields** à Trafalgar Square, dont la programmation suit l'année liturgique (vous pourrez y entendre *La Passion de Saint Jean* de Bach à Pâques ou *Le Messie* de Haendel à Noël). De nombreux concerts gratuits ont lieu dans les églises le midi, avec possibilité d'apporter son sandwich!

Le Royal Albert Hall, grande salle toute ronde en bordure d'Hyde Park, offre une programmation très hétéroclite (Cirque du Soleil, Eric Clapton...) et accueille notamment les *Proms*. Cela vaut la peine d'aller au *Spectacular* en mars, grand concert où la salle entonne Rule Britannia en agitant les drapeaux anglais, *very british*! Ne pas manquer également leurs concerts de Noël.

Malgré les incertitudes du temps, les Londoniens multiplient les concerts en plein air entre juin et septembre. A *Kenwood House, Holland Park, Regent's Park, Marble Hill House (Richmond), Hyde Park*, plusieurs concerts ou opéras ont lieu le temps d'un pique-nique. Ambiance sympathique et détendue.

CLUBS DE JAZZ - PIANO BARS

Londres compte aussi d'excellents clubs de jazz, où vous pouvez manger tout en écoutant un groupe live.

Jazz Café
5 Parkway, Camden Town, NW1 7PG
www.thejazzcafelondon.com
Réputé depuis 25 ans pour la qualité de sa musique Jazz, Soul, Funk, World, Dance et Hip Hop et son ambiance décontractée. On dîne dans la Galerie qui domine le *Dance Floor* (adultes uniquement).

Ronnie Scotts
47 Frith Street, Soho, W1D 4HD
020 7439 0747 - www.ronniescotts.co.uk
Excellente qualité des musiciens, mais ambiance un peu contrainte. Nourriture quelconque. *Dance Floor*. Adultes uniquement.

606 Club
90 Lots Road, corner Talema Road, SW10 0QD
020 7352 5953 - www.606club.co.uk
Ambiance décontractée et sympa, assez bonne cuisine. Programmation moins internationale que les deux autres, davantage de groupes anglais. £30/personne dont repas. Réservation conseillée, surtout le week-end.

Pizza Express Jazz Club
10 Dean Street, Soho, W1D 3RW - 0845 6027 017
www.pizzaexpresslive.com/jazzVenue
Cette chaîne populaire de pizzérias propose tous les soirs des concerts de musique *live* dans ce restaurant, ainsi qu'à *The Pheasantery* à Chelsea (*152 Kings Road, SW3 4UT*). Entrée £15 (dîner non compris). Bonne idée de sortie avec les enfants.

Si vous aimez les ambiances piano-bars, n'hésitez pas à vous rendre dans les beaux hôtels comme le **Savoy** (style art déco), The *Blue Bar at the* **Berkeley hotel**, *The Long Bar at the* **Sanderson Hotel**, ou aller prendre un cocktail dans le royaume du "voir et être vu" à **l'Asia de Cuba**, dans le magnifique hotel **St Martin's Lane** (cher).

Cinéma

La sortie des films suit un calendrier différent de celui de la France. On retrouve les chaînes (Odeon, UGC,...) et leur programmation largement américaine, mais certaines salles proposent de l'art et essai (et également du cinéma français).

British Film Institute, BFI
Belvedere Road, Southbank, SE1 8XT
www.bfi.org.uk
Pour les cinéphiles, une programmation très riche dont des rétrospectives. Réservations sur le site internet.

The Electric
191 Portobello Road, W11 2ED - 020 7908 9696
www.electriccinema.co.uk
The experience! Sièges en cuir, canapés, repose-pieds et guéridons. Programmation art et essai. Bar ouvert 1/2 h avant chaque séance. Animations.

The Electric Cinema

A Londres, la pré-réservation est recommandée si vous voulez voir un film récent le samedi soir. Pour les critiques de films, le site du *Guardian* est très complet *www.theguardian.com*. Pour réserver un film ou trouver un cinéma, allez sur: *www.timeout.com/film*, ou *www.findanyfilm.com*

Où voir des films français?

Ciné Lumière
17 Queensberry place, SW7 2DT
020 7871 3515 - www.institut-francais.org.uk
Programmation variée de films étrangers et français, dont avant-premières en présence des artistes. Films en VO, sous-titrés en anglais. Salle confortable de 230 places.

Riverside Studios
1 Crisp Road, Hammersmith W6 9RL
020 8237 1000 - www.riversidestudios.co.uk
Cinéma indépendant. Riche programmation. Egalement salles de spectacles et un bar sur les bords de la Tamise.

Curzon Bloomsbury
The Brunswick, Russel Square, WC1N 1AW
0330 500 1331

Curzon Mayfair
38 Curzon Street, W1J 7TY - 0330 500 1331

Curzon Richmond
3 Water Lane, Richmond, TW9 1TJ - 0330 500 1331

The Gate Cinema
87 Notting Hill, W11 3JZ- 0871 902 5731

Picture House Clapham
76 Venn Street, SW4 OAT - 0871 902 5727

Watermans
40 High Street, Brentford, TW8 0DS
020 8232 1010

Musées

Londres compte d'innombrables musées que vous découvrirez au fur et à mesure de votre séjour. Nous ne ferons qu'évoquer les "incontournables" : **Le British Museum**, avec ses magnifiques collections archéologiques perses, égyptiennes (la pierre de Rosette) et son hall (remarquable verrière de Norman Foster) qui abrite la célèbre bibliothèque ronde. **La National Gallery**, qui contient l'une des plus belles collections de peinture à travers les âges, jouxtée par la **National Portrait Gallery**, où l'on visualise l'histoire généalogique de la royauté britannique. **La Tate Britain** présente l'histoire de la peinture britannique, dont les célèbres Turner, sans oublier la charmante **Wallace Collection**.

➛ *Quartier Westminster Nord*

Nos musées préférés

Victoria & Albert Museum
Cromwell Road, SW7 2RL
020 7942 2000 - www.vam.ac.uk
Créé à la grande époque victorienne, ce musée est l'un des plus *british*. Il se caractérise par son hétéroclisme et la qualité de ses collections: meubles XVIIIe, statuaire médiévale (et les vitraux de Saint Germain des Prés), cartons de Raphaël, bijoux, tissus et papiers peints, sans oublier l'argenterie et l'art d'Extrême Orient. Salon de thé agréable au décor Arts & Craft.

Eltham Palace and Gardens
Court Yard, Eltham, Greenwich, SE9 5QE
0370 333 1181 - www.english-heritage.org.uk
Résidence de la famille **Courtaud**, dont la célèbre collection d'Impressionnistes et d'Art du XXe est visible à la **Somerset House**. Elle offre simultanément une vue sur l'active City et sur la quiétude campagnarde des prés où paissent quelques chevaux. Construite sur les ruines d'un ancien château médiéval royal (dont la salle cathédrale subsiste comme salle de réception), les Courtaud l'ont aménagée dans un style années 30 somptueux (hall et salle à manger). Sans compter un jardin restauré par une paysagiste qui a habilement exploité les douves.

Sir John Soane's Museum
13 Lincoln's Inn Fields, WC2A 3BP
020 7405 2107 - www.soane.org
Un petit musée de charme, dans la maison de l'architecte néo-classique Sir John Soane, telle qu'elle était à sa mort en 1837, avec éclairage à la bougie le 1er mardi de chaque mois entre 18h et 21h. Gratuit.

Geffrye Museum
136 Kingsland Road, E2 8EA
020 7739 9893 - www.geffrye-museum.org.uk
Au nord de Londres, au milieu d'un quartier vietnamien (excellents restos), cet ancien hospice entouré de jardins a été reconverti en vitrine de l'habitat britannique au cours des âges. A chaque pièce son style, élisabéthain, edwardien, géorgien, victorien et son lopin de jardin correspondant. Animations pour les enfants, restaurant et expositions temporaires d'artistes contemporains. En été, concerts de jazz gratuits dans le parc.

The Wallace Collection
Manchester Square, W1U 3BN
020 7563 9500 - www.wallacecollection.org
Ce musée expose dans un cadre chaleureux et familier, magnifiquement restauré, la superbe collection d'art –essentiellement français du XVIIIe siècle–, des marquis de Hertford et de Sir Richard Wallace, grand francophile. La cour intérieure a été couverte et transformée en restaurant. Entrée gratuite. Ce musée propose en outre de nombreuses activités pour adultes et enfants, des conférences et des cours d'histoire de l'art.

Salons de thé

Dans l'esprit des Français, l'Angleterre est souvent associée à l'image de salons de thé. En réalité, ils ne sont pas aussi nombreux qu'on l'imagine. On les trouve plutôt dans les grands hôtels.

Brown's Hotel

30 Albermale Street, W1S 4BP - 020 7518 4155

The English Tea Room est l'endroit idéal pour prendre le thé entre 15h et 18h (de 13h à 18h le week-end), accompagné de scones et de délicieux petits sandwichs au concombre ou saumon fumé. Cette expérience britannique vous coûtera environ £40. Réservez.

Fortnum & Mason → *Chapitre Shopping*

The Orangery à Kensington Palace.

Pubs

Institution britannique, une *public house* (diminutif: *pub*) est traditionnellement le lieu de convivialité où l'on se retrouve pour boire une bière et accessoirement manger. A l'origine, ces auberges étaient un peu l'équivalent des relais de poste français. A la fin du XIXe siècle les Londoniens y trouvaient refuge pour fuir leurs habitations insalubres. Ils gardent souvent une atmosphère très *cosy* avec des boiseries et des chaises de cuir et des cheminées. Le vendredi soir revêt des airs de fête. Dès la sortie des bureaux, les Britanniques se retrouvent autour d'une bière dans une atmosphère décontractée.
L'ambiance est à son comble l'été, quand les pubs débordent et que chacun boit debout sur la terrasse et dans la rue. Ne pas manquer le traditionnel *Sunday Roast* le dimanche à l'heure du déjeuner.
Les heures d'ouverture sont règlementées: 11h-23h. Certains *pubs* sont autorisés à fermer plus tard.

Restaurants

En sus de ceux listés dans vos quartiers, nous vous recommandons:

Square Meal

www.squaremeal.co.uk

Guide annuel très complet sur les restaurants, les hôtels, les traiteurs mais aussi les golfs, les lieux où organiser des fêtes. Une mine d'informations accessibles sur le site

Rules

35 Maiden lane, Covent Garden, WC2E 7LB
020 7836 5314 - www.rules.co.uk

Le plus ancien restaurant de Londres (ouvert en 1798). Cuisine anglaise de très bonne qualité, spécialité de gibier en saison. Boiseries, photos, atmosphère chaleureuse. Réservation indispensable. £50.

The Connaught

16 Carlos Place, Mayfair, W1 2AL
020 7107 8861 - www.the-connaught.co.uk

Cuisine délicieuse du chef Hélène Darrauze, sacrée meilleure femme chef du monde par *The World's 50 Best Resaurants* en 2015. Service d'un grand hôtel très stylé. 2 étoiles Michelin.

Le Manoir aux Quat'Saisons

Church Road, Grat Milton, OX44 7PD
01844 278 881 - www.raymondblanc.com

Restaurant du chef Raymond Blanc, bien connu des Britanniques, dans l'*Oxfordshire*: 2 étoiles Michelin et 19/20 au Gault & Millau. La cuisine est excellente, le service parfait. Nous vous conseillons d'y aller pour le déjeuner; vous aurez ainsi tout le loisir de visiter le jardin japonais, le verger, le jardin potager et le jardin des plantes aromatiques etc... Une vraie merveille. Endroit parfait pour célébrer un anniversaire de mariage ou tout autre fête. Réservation indispensable bien à l'avance.

Le verger du Manoir aux Quat'Saisons

19

Visites et promenades autour de Londres

Stonehenge

- Le Thames Path à pied ou en vélo
- Une balade à Richmond et dans la vallée de la Tamise
- Autour de Windsor
- Brighton ou une journée au bord de la mer
- Sur les falaises d'Eastbourne
- Au pays des gentlemen farmers : Kent, Sussex, Surrey
- Les Chilterns
- Le Peak District et ses paysages grandioses
- Bath et l'abbaye de Harry Potter
- Les Costwolds
- Le Wiltshire
- Un peu plus loin : week-ends de 3 ou 4 jours

Nous avons sélectionné pour vous quelques-unes de nos balades favorites pour la journée, un week-end ou un long week-end autour de Londres...

Commencez par adhérer au **National Trust** *(N.T.)* ou à l'**English Heritage Trust** *(E.H.T.)*. Pour une cotisation annuelle de l'ordre de £100 par famille, vous aurez accès gratuitement à un ensemble de propriétés et de jardins, gérés de façon très dynamique par ces deux *trusts* dépositaires du patrimoine historique britannique. La plupart des propriétés *National Trust* disposent d'un restaurant ou d'un salon de thé.

Pour plus d'informations consultez *www.nationaltrust.org.uk* et *www.english-heritage.org.uk*

Le Thames Path

à pied ou en vélo

La Tamise est le *life blood* de l'Angleterre. Son cours de 210 miles (330 km) traverse Oxford et de nombreux domaines et propriétés royales, dont Windsor et Hampton Court. A l'exception de Londres et de Reading, la vallée de la Tamise n'est absolument pas industrialisée et présente des paysages bucoliques typiquement anglais, qui feront les délices de vos week-ends. Aisément accessible par le train (la *Great Western Line* suit la vallée de la Tamise depuis Paddington), aménagé sur toute sa longueur pour la promenade, le *Thames Path* est une source inépuisable de promenades à pied ou en vélo, de gare en gare, avec pique-nique ou déjeuner au *pub*... Le mieux est de se procurer l'un des nombreux guides du *Thames Path* pour commencer votre exploration. Une sélection est présentée sur le site *www.thames-path.org*.uk.

Malheureusement, il n'existe pas de loueurs de vélos sur le Thames Path, il vous faudra emporter les vôtres.

Une balade à Richmond

et dans la vallée de la Tamise

Se garer au parking de *Pembroke Lodge* proche de *Richmond Gate*. De là, vous pouvez entrer directement dans les très beaux *Pembroke Gardens* (vue superbe sur la vallée de la Tamise en contrebas). Restaurant avec une très agréable terrasse. Puis descendre la colline vers la Tamise. On arrive directement sur un *pub* ancien très typique, *The Dysarts*. Nourriture de bonne qualité et excellent accueil (réserver le week-end). Un petit chemin à droite du pub vous mènera à travers champs vers les bords de Tamise à Richmond. De là, plusieurs possibilités:

• continuer vers le centre de **Richmond** et visiter cette petite ville charmante et son centre historique;

• couper à droite avant d'arriver à Richmond centre par un petit tunnel qui passe sous la route et arrive directement dans les *Terrace Gardens*. Vous pouvez faire une halte au charmant « *Hollyhock Café* » dont la terrasse en rondins domine les jardins et la Tamise (vue superbe et calme assuré). Puis, remonter à travers *Petersham Common* vers la *Royal Star & Garter Home* et Richmond Park;

• vous pouvez aussi tourner à gauche et longer la Tamise vers Kingston. Un peu plus loin, le *pub* « *The Boaters Inn* » vous accueille avec de l'excellent jazz le dimanche soir. Longez - et éventuellement visitez **Ham House** et son extraordinaire labyrinthe sauvage. Un peu plus loin vous pourrez traverser la Tamise pour £1 sur une barque qui fait l'aller-retour le week-end;

• sur l'autre rive, vous pouvez revenir sur Richmond, en visitant au passage le magnifique manoir palladien de **Marble Hill** et ses jardins;

• ou continuer le long de la Tamise vers **Twickenham**, charmant village dont la *High Street* regorge de restaurants sympas. Juste à la sortie de Twickenham, une passerelle vous amène sur l'incroyable **Eel Pie Island**, refuge de musiciens dans les années 70, devenue un havre de paix pour artistes bohèmes.

Autour de Windsor

On revient souvent à Windsor, car outre la demeure royale elle-même, les alentours offrent de multiples points d'intérêt. Sitôt sortis de la M4, après seulement ½ h de route du centre de Londres, plusieurs choix s'offrent à vous.

▸ La jolie ville de **Windsor** et son château sont l'un des grands sites touristiques anglais. Après avoir visité le château, bâti au temps de Guillaume le Conquérant et continuellement habité depuis (la Reine y réside souvent le week-end), flâner dans les ruelles médiévales alentour est très agréable. Restaurants, salons

Savill Garden

de thé, boutiques de souvenirs et même possibilité de se faire photographier avec toute la famille en costume d'époque victorienne (des femmes costumées vous le proposeront dans la rue). L'habillage prend quelques minutes, mais les poses sérieuses de chacun sur la photo d'"époque" vous feront sourire pour toujours.

- Le château est doté d'un immense parc, justement appelé *Great Park*, qui s'étend à perte de vue en devenant plus sauvage au fur et à mesure que l'on s'éloigne. Les courageux qui traverseront le parc à pied finiront par tomber, après avoir longé le terrain de polo de la famille royale, sur un magnifique jardin planté de multiples essences et superbement dessiné, le **Savill Garden**. Possibilité de faire une halte dans le restaurant situé à l'entrée et d'acheter des plantes dans la jardinerie attenante. Pour les moins courageux qui auront repris la voiture, sachez que le parking est gratuit si vous visitez le jardin (demander un *voucher* à l'entrée).

- Depuis le centre de Windsor, en tournant le dos au parc vous pouvez également décider de descendre vers les bords de la Tamise, aménagés pour la promenade et dotés de restaurants avec d'agréables terrasses. Traversez la rivière, et vous voici à **Eton**, emplacement de la plus prestigieuse *public school* britannique, l'école des princes et de l'aristocratie, où l'on est inscrit dès sa naissance. Le collège ne se visite pas, mais l'ambiance de la *High Street* est bien celle d'une ville étudiante chic, avec les Etonians en uniforme omniprésents.

- Si, à la sortie de l'autoroute, vous prenez à droite, vous trouverez au bout de quelques kilomètres **Cliveden**, une propriété du *National Trust* dotée d'une terrasse avec une magnifique vue dégagée sur la vallée de la Tamise. Possibilité de visiter le parc (le château est transformé en hôtel), se restaurer sur place, puis flâner le long de la rivière.

- Enfin, difficile à éviter si vous avez des enfants, **Legoland**, un très grand parc d'attraction, se trouve également sur la route qui mène à Windsor. Legoland enchante même ceux qui redoutent ce genre d'endroit. A taille humaine, il propose diverses attractions classiques (toboggans d'eau, chenilles, grand huit...) dans un cadre agréable. Mais sa particularité est de rendre réel le rêve de tout enfant, par ses constructions en assemblage de milliers de legos: un dinosaure, divers personnages grandeur nature et surtout la reproduction des principales villes d'Europe, Amsterdam et ses canaux avec tout un système d'écluses en marche, Londres avec Big Ben, sa grande roue, la Tour de Londres et la garde de la Reine qui défile. Bref, un ravissement.

Brighton
ou une journée au bord de la mer

www.visitbrighton.com

Brighton est la station balnéaire de Londres, et de ce fait, il est très facile de s'y rendre, de préférence en train, pour une journée. Les trains partent de Victoria Station toutes les demi-heures et le trajet ne dure que 50 mn. Une fois sur place, un quart d'heure de marche vous amène au Pavillon Royal, symbole de la ville, un curieux mélange d'architecture datant de George IV (début XIXème). On peut pique-niquer dans le parc, ce qui est préférable par beau temps car Brighton n'a pas vraiment une réputation de gastronomie, avant de se rendre au bord de la mer. Si les galets sont moins confortables et la température de l'eau définitivement impropre à la baignade, on passe néanmoins un excellent moment à flâner sur le front de mer tout en respirant l'air iodé et en profitant du soleil (l'exposition plein sud permet d'exploiter le moindre rayon). Enfin, finir par le *must*: un tour sur le fameux *pier* qui avance dans la mer, son ambiance de fête foraine avec jeux, machines à sous et *Fish&Chips*. Revenir en flânant par les *lanes*, charmant dédale de ruelles.

Sur les falaises d'Eastbourne

La ville d'Eastbourne n'a rien de remarquable, mais elle est située au pied d'une de ces falaises de craie blanche si typiques de l'Angleterre. Un sentier longe cette falaise et vous amène en 1 h à *Beachy Head*, un cap impressionnant qui domine la mer à pic à près de 200 m de haut. C'est là que Debussy a écrit *La Mer*.
La vue est splendide de tous les côtés et la falaise dénudée se prête aux pique-niques, parties de foot ou de cerfs-volants. Par beau temps, vous serez entourés par des parapentes multicolores qui se lancent depuis la falaise. N'hésitez pas à y aller tôt le matin, les cars de touristes affluent ensuite.
La région alentour, appelée les **South Downs**, est très belle avec ses paysages de collines ondoyantes. A votre retour, vous pouvez faire une halte pour visiter la jolie ville médiévale de **Lewes** (1 h de Victoria Station) et celle de Charleston, qui a abrité le fameux *Bloomsbury Group*, un regroupement anti-conformiste d'artistes et d'écrivains anglais du début du XXe siècle, comprenant notamment Virginia Woolf, T.S. Eliot et John Maynard Keynes.

Au pays des gentlemen farmers...

Nulle part ailleurs que dans ces trois *counties* vous ne pourrez mieux comprendre un certain idéal de *british way of life*: avoir une belle demeure à la campagne et un pied à terre à Londres. Ils sont suffisamment proches de Londres pour avoir attiré de tout temps ces *gentlemen farmers,* aussi à l'aise dans leurs *Wellingtons* (bottes en caoutchouc) qu'en smoking. Leurs douces collines sont parsemées de propriétés (privées) immenses dotées de jardins magnifiques et de prairies où gambadent les pur-sangs. La meilleure façon de découvrir ce mode de vie à l'anglaise est de partir pour le week-end en se fixant pour objectif la visite d'une propriété ou d'un jardin historique et surtout de ne pas hésiter à s'égarer ensuite dans les villages et dans la campagne environnante, sans manquer le traditionnel *Sunday Roast* au *pub* local le dimanche midi.

Nous avons sélectionné ci-dessous quelques jardins qui valent à eux seuls le déplacement. Ils sont tous entourés de vastes espaces propices aux promenades et situés dans de très belles régions, qu'il est agréable de découvrir une fois la visite terminée.

KENT

Sissinghurst *(N.T.)* est la création de l'écrivain Vita Sackville-West (également amante de Virginia Woolf) et de son mari, parlementaire et écrivain, Sir Harold Nicholson. De la combinaison de leurs talents (à lui le dessin classique et rigoureux du jardin, à elle le choix des plantes et des couleurs), est né l'un des jardins les plus célèbres du monde, symbole du jardin anglais. Développé autour des restes d'un ancien manoir élizabéthain, ce jardin anti-conformiste, très représentatif du mouvement *Arts and Crafts*, est organisé en succession de dix "chambres", présentant chacune une atmosphère et des plantes différentes. Ne pas manquer le jardin blanc, l'allée des tilleuls (magnifique au printemps) et le *Cottage Garden*, uniquement planté de couleurs vives rouge-orangé et jaune. Non loin d'Ashford, une excellente idée d'étape sur la route vers la France.

Sissinghurst

MB Camps

Visites et promenades

- **Bodiam Castle** *(N.T.),* superbe ruine médiévale entourée d'eau. Vous pouvez passer la nuit à *Hoath House* (au nord-ouest de Turnbridge Wells). Incroyable demeure à colombages composée de parties médiévales, élizabéthaines et du XVIIIème.
- **Hever Castle**, le château d'enfance d'Anne Boleyn, à 30 *miles* de Londres par la M25.
- **Leeds Castle**, au Sud de Maidstone, superbe château entouré d'eau, construit au XIIème avec un très beau parc.

SUSSEX

- **Nymans Garden** *(N.T.)* : beau jardin, situé au sud de Crawley sur la route de Brighton. De très beaux arbres et une magnifique glycine sur une ruine. Pique-nique agréable avec une très belle vue sur la campagne anglaise. Collection internationale de fleurs.
- **Arundel Castle** : la petite ville d'Arundel, à l'est de Chichester, est blottie au pied d'un imposant château construit par les Normands.
- **Rye (Sussex)** : l'une des plus jolies villes du sud de l'Angleterre, car elle a conservé un aspect médiéval avec ses petites ruelles pavées et ses maisons anciennes.

SURREY

- **RHS Wisley**

www.rhs.org.uk

L'un des fleurons de la *RHS* (*Royal Horticultural Society*), où sont sélectionnées et cultivées les nouvelles plantes et mises en œuvre de nouvelles techniques de jardinage. Mais *Wisley* est beaucoup plus qu'un laboratoire. C'est un magnifique jardin où se côtoient harmonieusement des plantes de toute beauté et d'une diversité inimaginable. Ne manquez pas de faire un tour à la pépinière après votre visite. Possibilité de se restaurer sur place.

Les Chilterns

www.chilternsaonb.org

Au Nord-Ouest de Londres, ces collines verdoyantes et boisées classées « *Area of Outstanding Natural Beauty* » abritent notamment la résidence d'été du Premier Ministre (Checkers). Facilement accessibles en train depuis Marylebone, ou en voiture par la A40, elles représentent une source inépuisable de balades, visites de charmants villages (**Aldbury, West Wycombe, Ambleden**) et déjeuners dans des *pubs* chaleureux. Le *Ridgeway* qui les traverse offre des panoramas magnifiques sur la plaine qui s'étend à l'Ouest. Nombreuses attractions pour les enfants (**Musée de Roald Dahl**, village miniature, musée en plein air…). Utilisez la carte interactive du site Internet pour découvrir toutes les ressources des Chilterns.

Le Peak District
et ses paysages grandioses

www.peakdistrict.gov.uk

A 3h au Nord de Londres, coincé entre les villes industrielles de Manchester, Leeds et Sheffield, l'improbable Peak District, ex-région minière, est depuis toujours une destination touristique et a été le premier parc national en Grande-Bretagne. Il a inspiré de nombreux auteurs, comme Jane Austen (*Pride & Prejudice*) et Charlotte Brontë (*Jane Eyre*).
Il faut dire que les paysages y sont extraordinaires. Au Nord, le **Dark Peak**, collines de grès noir recouvertes de lande et lacérées par des vallées étroites, est essentiellement peuplé de moutons. Le paysage s'adoucit vers le Sud, où le **White Peak**, plus calcaire, concentre l'essentiel de la population dans une campagne plus riante. Au centre, la petite ville d'eau de **Buxton** avec son *circus* se donne un air de Bath miniature, en beaucoup moins touristique. Enfin, les charmants villages de **Bakewell** (goûter la pâtisserie locale du même nom) et **Edale** sont des points
de départ idéaux pour des randonnées sur le Pennine Way ou la visite de **Chatsworth House** et de ses jardins, l'une des demeures historiques les plus réputées d'Angleterre.

Bath
et l'abbaye de Harry Potter

www.visitbath.co.uk

"*Oh, who can ever be tired of Bath?*" soupire l'héroïne de Jane Austen dans Northanger Abbey… A seulement 1h30 – 2h de route de Londres en voiture (1h15 en train depuis *Paddington Station*), la ville de Bath, classée au patrimoine mondial de l'humanité par l'Unesco, est une destination privilégiée de week-end. Connue pour ses fameux bains romains en plein air, c'est aussi un exemple parfait d'architecture géorgienne. Vous plongez dans l'atmosphère de l'Angleterre de Jane Austen, des années 1800, quand la

haute société britannique venait prendre les eaux et se distraire dans cette ville de plaisirs mondains. La ville se parcourt aisément à pied. Visitez les bains romains et l'abbaye, et surtout ne manquez pas le splendide *Circus*, merveilleuse place circulaire entourée d'immeubles géorgiens, et le *Royal Crescent* qui s'ouvre sur la vallée de l'Avon en contrebas. Flânez le long de la rivière qui enserre le cœur de la vieille ville et découvrez les multiples facettes de cette ville-musée.

La région autour de Bath présente des attraits multiples.

Bradford on Avon, situé à quelques kilomètres au sud-est de Bath, en est une reproduction miniature: jolie promenade le long de la rivière, belles constructions dans la pierre jaune caractéristique de cette région, vieille ville médiévale, pubs et restaurants... Un peu plus au nord, du côté de Clippenham, vos enfants seront ravis de découvrir **"l'abbaye de Harry Potter"**, où ont été tournées certaines scènes du film. Cette abbaye médiévale est située à Lacock (*N.T.*), un village classé appartenant entièrement au *National Trust*. Concept intermédiaire entre le vrai village et la reconstitution historique, Lacock est une réussite: de vrais artisans y travaillent à l'ancienne (la boulangerie est un régal du genre, de même que la poterie), les restaurants et pubs sont ouverts et l'activité est bien réelle. Mais en même temps, rien ne semble avoir changé depuis le XVIIIème... Lieu de choix pour les tournages de films, Lacock est un endroit à ne pas manquer, d'autant qu'il est situé dans une très belle campagne.

Une dernière suggestion si vous aimez les arbres ou si vous y allez en octobre, l'arboretum national de Westonbirt et ses collections d'arbres de toutes espèces. Elles sont si spectaculaires en automne que des "sons et lumières" y sont organisés de nuit sous les frondaisons.

Les Cotswolds

Ils forment une sorte de triangle qui passe par Stratford, Cheltenham et Cirencester. Des villages superbes aux maisons couleur miel et aux toits de chaume. Nombreux antiquaires pour les amateurs, mais attention aux prix! Ne pas manquer:

- **Burford**, village médiéval.
- **Cheltenham**, ville thermale.
- **Broadway**, village magifique. Un must!
- **Chipping Camden**, avec son *Market Hall*, bâti en 1627.
- **Stratford upon Avon**, célèbre grâce à Shakespeare à qui toute la ville est consacrée.
- **Bampton**, *Downton Abbey* y a été touné...

Le Wiltshire

www.visitwiltshire.co.uk

Le Wiltshire, comté situé à 2 ou 3 heures de route au sud-est de Londres, concentre dans ses collines calcaires recouvertes d'herbe rase certains des plus beaux sites préhistoriques du monde, une cathédrale remarquable et de magnifiques propriétés et jardins historiques. Observez les *Crop Circles,* ces motifs géométriques complexes qui apparaissent les nuits d'été sur les collines du Wiltshire ? Un phénomène aussi magnifique que mystérieux...

Nous vous proposons un week-end familial d'exploration à travers les âges: la cathédrale de Salisbury, Stonehenge, Stourhead Garden et Longleat.

SALISBURY

Promenez-vous dans ses rues médiévales, contemplez sa cathédrale. C'est l'une des plus remarquables pour son architecture (style *Early English*, XVIIIème). Sa flèche qui pointe à 123m est la plus haute et son cloître le plus grand d'Angleterre. On peut y voir aussi la plus vieille horloge au monde (1386) en état de marche.

STONEHENGE

Le site préhistorique de Stonehenge *(E.H.T.)* a 5 000 ans (quelques siècles avant la Pyramide d'Egypte!). Sur les traces des druides, vous pouvez faire le tour de ses pierres alignées en cercles concentriques. Le site est malheureusement encerclé par deux routes bruyantes, mais l'émotion reste au rendez-vous. Comment ne pas être impressionné par cet ouvrage monumental dont la réalisation s'est étalée sur une période de 1 500 ans? Le véritable objet de cette construction nous échappe encore (était-ce une sépulture, un observatoire astronomique?), mais l'immensité des efforts humains qu'il a fallu produire pour sa construction (certains blocs de pierre ont été traînés sur 30 km par plus de 600 hommes) nous fascine. Malgré l'ambiance touristique qui l'entoure, Stonehenge est, et restera un lieu magique, y compris pour les enfants.

STOURHEAD

Le jardin de Stourhead *(N.T.)* est l'un des plus beaux exemples d'*English Landscape Garden* (XVIIIème). En faisant le tour d'un lac, les vallonnements vous font découvrir ici, un temple, là, une grotte. De cette promenade idyllique, vous ressortez apaisés, comblés par la beauté de cette nature que Turner lui-même a peinte.

LONGLEAT

Au cœur d'une propriété anglaise, un vrai safari vous permet de découvrir lions, tigres girafes, loups... sans compter les nombreux singes qui sautent sur votre voiture. Aménagé dans le parc du château du marquis de Bath, Longleat propose également d'autres attractions, dont la maison de *Postman Pat* et le plus grand labyrinthe du monde avec 2,7km de chemins.

Un peu plus loin

Week-ends de 3-4 jours

JURASSIC COAST

www.worldheritagecoast.net

Classée au patrimoine mondial de l'humanité par l'Unesco, cette partie de la côte sud anglaise est située entre **Weymouth** et **Bournemouth**. Très riche en fossiles préhistoriques du fait de sa constitution géologique particulière, c'est également une côte magnifique entièrement préservée de toute urbanisation.

A ne pas manquer:

- La baie toute ronde de **Lulworth Cove** et les promenades aux alentours sur les falaises découpées par l'érosion.
- La chasse aux fossiles sur la plage de **Charmouth** qui dispose également d'un musée et d'une boutique (au cas où vous n'auriez pas eu de chance). Les animateurs du musée vous donneront des conseils sur les meilleurs endroits pour la "chasse".
- Le charmant port de **Lyme Regis** dont la baie a abrité des générations de marins et a inspiré de célèbres romanciers dont Jane Austen (*Persuasion*) et John Fowles (*La Femme du Lieutenant Français*).

LA CORNOUAILLE

www.visitcornwall.com

Si vous aimez la Bretagne, rendez-vous en Cornouaille (*Cornwall*). Cette région située à l'extrême sud-ouest de l'Angleterre est dotée d'un climat assez doux, grâce à l'influence du *Gulf Stream*. La côte très découpée offre de charmantes criques, où se blottissent des villages de pêcheurs et des falaises offrant d'infinies possibilités de promenades.

Les endroits de villégiature sont très nombreux: **Bude, Falmouth, Penzance, Fowey, St Mawes, Tintagel** (et le chateau du roi Arthur), **Padstow, Constantine Bay, Jamaica Inn** (pour Daphne du Maurier), **Padstow, Polperro, Port Isaac** (pour son usine de chaussures Dr Martens), les jardins de **Lanhyrock** ou de **Heligan**... **Newquay** est la capitale du surf anglais et le village de **St Ives** est réputé pour la beauté de son site, ses galeries d'art et la *Tate St Ives*.

Si vous avez le temps, allez jusqu'aux **Iles Sorlingues** *(Scilly Islands)*, à l'extrême pointe

Lake District

Eden Project

sud-ouest du pays. Plages de sable blanc, jardins tropicaux et lagons turquoise en font le Bora Bora de l'Angleterre. On peut y aller en hélicoptère!
Ne manquez pas l'**Eden Project**, un complexe environnemental construit dans une ancienne mine de kaolin.
Pour louer un cottage :
www.cornishseaviewcottages.co.uk

LE PAYS DE GALLES

www.visitwales.com
Si vous disposez de deux ou trois jours, nous vous conseillons de faire un tour au Pays de Galles. *Wales* pour les Anglais et *Cymru* pour les Gallois, cette fière et belle région située sur la côte ouest du pays est à découvrir absolument. Vous pouvez y alterner visite des plus beaux châteaux médiévaux de Grande-Bretagne (plusieurs sont classés par l'Unesco), découverte de la campagne et de ses très beaux villages préservés et randonnées (à pied, en vélo, en canoë, à cheval…) au sein des magnifiques parcs naturels (**Snowdonia, Pembrokeshire Coast, Brecon Beacons**).
L'idéal est de loger pendant quelques jours dans un *Bed & Breakfast* ou dans une auberge de jeunesse ou mieux encore dans une ferme.

Un exemple d'excursion

A un peu plus de deux heures de route de Londres, promenez-vous dans la vallée historique de la rivière Wye pour découvrir l'**abbaye de Tintern** peinte par le célèbre paysagiste Turner. Puis descendez dans une mine de charbon, guidés par un ancien mineur, à Pwll Mawr (**Big Pit** en anglais). Enfin, baladez-vous parmi les librairies à **Hay on Wye** ou encore visitez les musées de Cardiff, capitale du Pays de Galles. A ne pas manquer non plus, si vous êtes dans les parages avec des enfants, le **St Fagans National History Museum**, un village traditionnel gallois à travers les âges reconstitué dans le parc d'un château. Des artisans y travaillent à l'ancienne et expliquent leurs techniques.

Où loger?

Dans le Nord, près du **Snowdonia National Park,** le Royal Oak Hotel (*www.royaloakhotel.net*) est un ancien arrêt de diligence dans un très joli cadre.
Au Sud, dans les **Brecon Beacons**, un couple de fermiers gallois vous réserve un accueil chaleureux à la ferme. Ty-Cooke Farm (www.tycookefarm.co.uk).
Voir aussi *www.downourlane.co.uk,*

LE LAKE DISTRICT

Région de lacs située au nord de l'Angleterre à la limite de l'Ecosse, chère à Beatrix Potter, qui a beaucoup oeuvré pour sa préservation et qui a légué ses propriétés au *National Trust*.
Endroit idéal pour les amoureux de la nature et des promenades (à pied, à vélo, autour d'un lac ou encore en montagne -qui peut culminer jusqu'à 1 085m).
La meilleure période pour y aller reste certainement l'automne, car les arbres revêtent alors des couleurs extraordinaires. C'est aussi très beau en mai, lorsque fleurissent les rhododendrons et les jonquilles.
Pour le logement sur place, de nombreux *pubs* et auberges de jeunesse offrent des chambres à prix raisonnables.
Locations de cottages:
www.cumbrian-cottages.co.uk.

Ouvrages
et sites recommandés

Time Out Book of week-end breaks, Time Out Country Walks Near London (vol. 1 and 2), en librairie. Le site *www.walkingclub.org.uk* répertorie plus d'une centaine de balades autour de Londres, toutes accessibles en train.
Ressources pour trouver un *Bed & Breakfast* ou un *farmstay*:
Guides *"Special places to stay"* d'Alastair Sawday et *www.sawdays.co.uk*
www.guestaccom.co.uk
www.farmstayuk.co.uk

20 Sources d'infos et chiffres

- Poids et mesures
- Conversions Pounds / Euros
- Météo
- English food
- Magazines, sites Internet et blogs
- Bibliographie, films et séries TV

POIDS ET MESURES

LONGUEURS

1 pouce	*1 inch*	2,5 cm
1 pied	*1 foot (12 inches)*	30 cm
1 yard	*3 feet*	90 cm
1 mile		1,609 km

pour passer des *miles* en Km: x 0,62

SUPERFICIE

1 square foot	929 cm ²
1 acre	0.404 ha
1 square mile	2,589 km ²

VOLUMES

fl.oz	**fluid once**	**ml**
1floz		28,4 ml
1 pint	*20 floz*	570 ml

litres	**fluid once**
100 ml	*3,5 floz*
500 ml	*18 floz*
1 l	*36 floz*

Mesure liquide

5ml	*1 teaspoon*
10 ml	*1 dessert spoon*
240 ml	*1 cup*
470 ml	*1 pint*

TAILLES

Vêtements femmes

France	36	38	40	42	44	46
GB Robe	8	10	12	14	16	18
GB Pulls/corsage	30	32	34	36	38	40

Chemises hommes

France	38	39	40	41	42	43
GB	*14.5*	*15*	*15.5*	*16*	*16.5*	*17*

Chaussures

France	36	37	38	39	40	41	42	43
GB	*3*	*4*	*5*	*6*	*7*	*8*	*9*	*10*

Enfants

En cm	100	125	155
Ages	3-4	7-8	12
Statures in inches	*40*	*50*	*60*

VITESSE

Km/h	***Mph (Miles per hour)***
48	*30*
80	*50*
112	*70*

POIDS

1 ounce	*1 oz*	28,35 g
1 pound (livre)	*1 lb (libra)*	0,454 kg
1 stone		6,348 kg

CONVERSION POUNDS / EUROS

Le site *www.xe.com* est spécifiquement dédié aux conversions monétaires, très pratique. Pour obtenir le dernier taux de change de la journée, cliquer dans devises sur *www.boursorama.com*

Météo

Le meilleur site est celui de la BBC :
www.bbc.co.uk/weather

English food

Pour étonner vos papilles, à découvrir absolument en Grande-Bretagne:
- les ***crumpets***, galettes molles et chaudes à tartiner avec du beurre, du miel ou de la confiture, à savourer avec une tasse de thé;
- les ***buns*** au lait, les ***scones*** aux raisins et les ***muffins*** accompagneront aussi petit-déjeuner ou thé;
- les ***(cream) crakers***, biscuit salés, à découvrir avec un morceau de ***cheddar*** (*extra-mature* seulement);
- le ***lemon curd***, délicieuse crème à tartiner au citron, à déguster avec votre petit-déjeuner ou à l'heure du thé. Essayez aussi la ***marmalade*** (confiture d'orange);
- côté salé, la ***Marmite*** est vraiment étonnante (extrait de levure au goût de viandox, à tartiner).

Du coté des sauces et condiments, un régal de découvertes pour votre palais:
- ***mint sauce***, délicieuse sauce à la menthe qui accompagne très bien l'agneau;
- ***horseradish sauce***, sauce au raifort, délicieuse avec le roastbeef;
- ***salad cream***, mayonnaise un peu sucrée;
- ***chutney***, confiture sucrée/salée à consommer avec de la viande ou du fromage;

- ***piccalilli***, crème aux cornichons, vinaigre, chou-fleur et moutarde, à déguster avec vos viandes froides.

Magazines, sites Internet et blogs

Ici-Londres
Magazine mensuel gratuit et site Internet. Agenda, *news*, interviews, petites annonces et informations pratiques.
www.ici-londres.com

L'ECHO Magazine
Magazine familial bimestriel, sur abonnement uniquement et site Internet. Actualités culturelles (sorties, livres, musique, expos, etc.), éducation, bien-être, informations juridiques et fiscales.
www.lechomagazine.uk

www.femmexpat.com
Site intéressant pour se préparer à un nouveau départ, une nouvelle expatriation ou un retour en France… avec des informations pratiques, des expériences vécues par d'autres femmes expatriées dans de nombreux pays.

www.lepetitjournal.com
Quotidien en ligne. Abonnez-vous gratuitement à la newsletter et recevez tous les matins l'actualité britannique et celle de la communauté française à Londres.

www.londonmacadam.com
Toute l'actualité londonienne, critiques de restaurants et d'expositions.

www.gumtree.com
Site gratuit de petites annonces tous azimuts. Très pratique. En anglais.

Notre sélection de blogs sur Londres :

lostandfoundinlondon.wordpress.com
Conseils, bonnes adresses, coups de gueule et recettes de cuisine d'une expat professionnelle qui n'a pas la langue (ni le clavier) dans la poche, le tout agrémenté de super photos.

londrescalling.canalblog.com
Si vous voulez savoir quel est le mot de l'année, le *bestseller* en librairie ou suivre les infos anglaises en décryptage, ce blog d'une journaliste franco-suisse vous ravira, les photos aussi.

www.voilalondres.com
Les bons plans à Londres, sorties, concerts, coups de cœur culturels et réductions en tous genres.

frenchiesinlondon.over-blog.com
Où trouver la dernière *pop-up shop* de Banksy ou les tags les plus originaux. Deux Français partagent leurs découvertes visuelles sur Londres, entre photos originales et *Street Art*.

www.bealondoner.com
Site d'actualité sur la vie londonienne, bons plans, bonnes adresses.

teatimeinwonderland.co.uk
La magie de Londres par une journaliste très prolifique qui partage ses découvertes tous azimuts, en mots et en photos.

Bibliographie films et séries TV

Quelques ouvrages qui donnent des clés de compréhension sur les Anglais et la Grande-Bretagne:

Watching the English, par Kate Fox, 2005. Une analyse de l'*Englishness* par une anthropologue britannique qui passe à la loupe les comportements, dits et non-dits, de ses concitoyens. On y apprend comment identifier la classe sociale au premier coup d'œil, le phénomène de l'excuse-réflexe (*sorry!*), les règles de la file d'attente (*queuing*), le *weather talk*, la culture du *pub*, etc. Edifiant!

The English, a portrait of a people, par Jeremy Paxman, Penguin Books, 1999. Analyse des Anglais vu par un Anglais, le journaliste des Newsnight.

Lettres philosophiques de Voltaire, **1734**. 1964 GF Flammarion. Ces lettres, écrites en Angleterre, sont d'une actualité étonnante et d'une écriture très contemporaine.

The remains of the day (Vestiges du jour), de Kasuo Ishiguro, 1989, mis en film par James Ivory avec Emma Thompson et Anthony Hopkins. Montre très bien l'intériorisation de la passion chez les Anglais.

L'Anglomanie, une fascination européenne, de Ian Buruma (Bartillat 2001). Ecrit par un "citoyen du monde" londonien d'adoption, ce livre retrace la passion entretenue par de nombreux personnages historiques, dont Voltaire, pour les Anglais et leurs coutumes. Une promenade passionnante, éclectique et drôle dans l'histoire britannique.

Honni soit qui mal y pense, de Henriette Walter (Robert Laffont, 2001). On y apprend que plus des deux tiers du vocabulaire anglais sont d'origine française, alors que les emprunts de notre langue à l'anglais sont de l'ordre de 4%.

Ecrivains anglais à (re)découvrir :

Jane Austen (*Pride & Prejudice, Northanger Abbey, Sense & Sensibility*...) et **Elisabeth Gaskell** (*North & South, Wives & Daughters, Mary Barton*...). La littérature romantique du XIXe siècle dans toute sa splendeur, pour se plonger dans un monde de passion et de sentiments. Facile à lire, même en anglais.

Nick Hornby (*About a boy, How to be good*...). L'un des écrivains contemporains les plus célèbres. Plusieurs de ses livres ont été adaptés au cinéma. Un humour décapant et une très grande justesse de sentiments. Facile à lire.

Jonathan Coe (*La Maison du Sommeil, Testament à l'Anglaise*). Imagination délirante, satyre et humour forment un cocktail réjouissant.

Les films à voir ou à revoir

Culte:
Love Actually, 4 mariages et 1 enterrement, Notting Hill, The Boat that Rocks (les classiques de Richard Curtis), *Billy Elliot, Calendar Girls* (2 comédies sociales avec l'excellente Julie Walters), *Full Monty* (comédie sociale également), *Bridget Jones*.

Historiques:
Shakespeare in Love (Gwynneth Paltrow), *Elizabeth* puis *Elizabeth the Golden Age* (Cate Blanchett, Clive Owen), *The Young Victoria* (avec Rupert Friend), *The Duchess* (Ralph Fiennes, Keira Knightley), *The Queen* (formidable Helen Mirren), *The King's Speech*.

Romantiques:
Emma (avec Gwyneth Paltrow), *A Room with a View, Maurice* (déjà Hugh Grant), *The Remains of the Day* et *Howards End* (les 2 derniers avec Anthony Hopkins et Emma Thompson).

Les séries TV les plus célèbres de la BBC

Blackadder, une série « historicomique » où l'on peut voir les débuts de William Atkinson (Mr Bean), *Faulty Towers* (humour des Monthy Python), *Pride & Prejudice* avec Colin Firth, *The Jewel in the Crown*, *Cranford* (basé sur le roman d'Elisabeth Gaskell), *Downton Abbey*, *Upstairs Downstairs*...

Pour une installation
réussie à Londres
French Touch
Properties
Identifier le Bon quartier
Quelle école pour vos enfar
La recherche de votre Home Sweet Home
Appelez-nous, on s'occupe de tout !
www.frenchtouchproperties.com
info@frenchtouchproperties.com
+44 (0) 2 089 940 447

Londres par quartiers

Une bonne adresse, un bon conseil d'**Expat Guide**

A Activités pour Adultes
E Activités pour Enfants

Les tarifs mentionnés sont indicatifs

Introduction

South Kensington est incontestablement le centre d'attractivité de la communauté française en raison du pôle formé par **le Consulat, le Lycée Français et l'Institut Français**. Avec ses musées, la proximité de **Hyde Park** et son côté international, ce quartier est très prisé mais très cher. C'est là – et aussi à **Chelsea** tout proche et à **Notting Hill**, très branché – que s'installaient traditionnellement les familles les plus aisées. Juste au nord de Hyde Park, **Bayswater-Marylebone** conjuguent proximité du centre-ville et accès facile à de nombreuses activités et transports. L'est et le sud-est de Hyde Park sont très résidentiels (**Mayfair** et **Knightsbridge**), tandis que **Belgravia** et surtout **Pimlico** attirent pour leur emplacement très central et leurs prix plus abordables.

Mais l'effet de rayonnement du Lycée s'est surtout fait sentir au profit du sud-ouest, vers des quartiers moins chers comme **Fulham**, **Putney** ou **Hammersmith**. Ils conservent un côté « village » très apprécié, qui permet de mener une vie familiale tranquille et confortable. Les petits vont dans les écoles primaires françaises du quartier (dont l'annexe du Lycée à Fuhlam) et les grands se rendent facilement à South Kensington.

Le Lycée Français a aussi deux autres annexes pour le Primaire, à **Clapham** au sud et à **Ealing** à l'ouest. On entre là dans la vraie Angleterre, avec ses vastes espaces verts et une ambiance mi-ville mi-campagne. Les maisons sont plus spacieuses et accompagnées de jardins privés, l'atmosphère est conviviale et sportive.

Plus près du centre, sur la même ligne de métro qu'Ealing, on trouve le sympathique quartier de **Chiswick**. Sur la rive opposée de la Tamise, **Kew** et **Richmond** attirent un nombre croissant de familles françaises par leur qualité de vie en bordure de rivière. Enfin, **Wimbledon** plus au sud est une ville à part entière, entourée de verdure et recherchée pour sa réelle qualité de vie non loin du centre.

L'ouverture du **Collège Français Bilingue** à **Kentish Town** et du Lycée International à **Wembley** devraient redistribuer les cartes. Jusque-là peu établie dans le nord, hormis dans le très chic **Hampstead**, la communauté française va maintenant s'étaler le long de la *Northern Line et* de l'*Overground* qui desservent à la fois Kentish Town et le Lycée Français, ainsi que le long de la *Jubilee Line* (à **St John's Wood** ou **West Hampstead**) qui dessert le Lycée International.

L'*Overground* – équivalent du RER, agréable ligne de train en plein air – traverse des quartiers très divers sur un axe est-ouest, mais dans l'ensemble plutôt familiaux et abordables (**Kensal Rise, Maida Vale, West Hampstead, Belsize Park, Islington**). La *Northern Line*, sur un axe nord-sud, part de la campagne (**Barnet, Finchley**), traverse les quartiers chics établis autour du fabuleux espace vert d'Hampstead Heath (**Hampstead, Highgate, Tufnell Park**), pour aller vers les quartiers plus denses du centre (**Kentish Town, Camden Town, Primrose Hill**). On trouve aussi des poches de population francophone dans des quartiers épars comme Brixton au sud ou Blackheath/ Greenwich à l'est, sans oublier ceux qui ont fait le choix de la charmante campagne anglaise bien reliée au centre comme le Surrey.

Bref, il y en a pour tous les goûts et pour toutes les bourses, et cet ouvrage devrait vous aider à bien choisir votre quartier.

Que faire si vos enfants sont scolarisés à Kentish Town et à South Kensington ?

Les familles avec des enfants inscrits au **Collège Francais Bilingue de Londres (CFBL)**, à Kentish Town et au **Lycée Français de South Kensington** sont confrontées au difficile choix d'un logement compatible d'accès avec ces deux sites très éloignés l'un de l'autre. Sachant qu'on peut mettre jusqu'à une heure pour rallier **Kentish Town** à **South Kensington** en métro (*voir le témoignage*➤ *Quartier Kentish Town*), voici nos conseils pour un compromis acceptable dans des quartiers agréables à vivre.

En partant du principe qu'il vaut mieux favoriser les plus jeunes:

- S'installer à **Camden Town** ou **Primrose Hill**, où de nombreux bus desservent **Kentish Town** et d'où le trajet vers **South Kensington** est (un peu) plus facile.
- Au nord-est de **Kentish Town** vers **Highgate** se trouve le charmant quartier de **Crouch End / Hornsey**. De nombreux bus sillonnent ce quartier non desservi par le métro. Il est ainsi possible de rallier en 15 min de bus à la fois le **CFBL** et la station de **Finsbury Park** (*Piccadilly / Victoria Lines*), à 25 min de **South Kensington**.
- Pour les cœurs vaillants, le charmant quartier de **Muswell Hill** encore plus au Nord, une enclave privilégiée au Nord de **Highgate**, qui se trouve entre la *Northern Line* et la *Piccadilly Line*. Non desservi par le métro. Un bus (134) amène au CFBL en 20 mn, un autre (W7) en 20 mn également à la station de Finsbury Park sur la *Piccadilly Line* (25 mn de South Kensington).
- On peut aussi s'installer le long de la ligne de l'*Overground* entre **Kentish Town West** et **Highbury & Islington**. L'*Overground* est une ligne en plein air assez agréable. La fréquence des trains a été récemment augmentée à 7-8 mn aux heures de pointe. De **Highbury**, la *Victoria Line* et la *District Line* amènent à South Kensington en moins d'1/2 heure.
- Toujours sur la ligne de l'*Overground*, mais à l'Ouest à **Kensal Rise / Victoria Park** (les stations intermédiaires sont difficiles d'accès pour South Kensington). Un quartier très sympa, à la fois familial et branché, desservi par un bus direct (le 52) pour Queen's Gate à 10 mn à pied du Lycée (possibilité aussi de changer à Notting Hill Gate pour la *Circle Line* ou de prendre un vélo et traverser le parc aux beaux jours !).
- Enfin, si vous préférez privilégier la proximité avec le Lycée, les stations de l'*Overground* entre **Kensal Green** et **West Brompton** (Sheperd's Bush, Kensington Olympia), permettent un accès facile au Lycée tout en restant relativement accessibles de Kentish Town West. Mais les trains sont moins fréquents à partir de Willesden Junction.

Classement des quartiers

Nous avons regroupé plusieurs quartiers en fonction des zones de vie, mais c'est forcément arbitraire. N'hésitez pas à parcourir les quartiers adjacents pour découvrir leurs bonnes adresses. Pour plus de clarté, les quartiers sont classés par ordre alphabétique.

A l'Est il y a du nouveau

La communauté française du sud-est de Londres, si elle n'est pas aussi développée que dans le sud-ouest du fait du manque d'école française, augmente néanmoins régulièrement. Les quartiers agréables et populaires de **Greenwich** (prononcez "green-ich") et **Blackheath** (SE3) sont très bien reliés à Canary Wharf et à la *City* par le tram aérien (*Docklands Railway*) et il est facile de s'en échapper pour rejoindre le Kent et la France (25 minutes d'Ebbslfeet pour prendre l'Eurostar, 1h de l'Eurotunnel en voiture). Les prix de l'immobilier sont restés raisonnables (surtout à Blackheath) et ils attirent une population jeune, sans enfant ou avec de jeunes enfants scolarisés dans le système anglais. Une école du samedi leur permet d'apprendre leur langue maternelle **(Ecole Grenadine).** Même les tout-petits (0-3 ans) peuvent jouer en français au **Club Diabolo Menthe** tous les jeudis matin.

Blackheath est un village niché dans Londres. A cheval sur **Greenwich** et **Lewisham**, il jouit de sa propre personnalité. Les gens se connaissent et se retrouvent sur le *Heath*, une extraordinaire étendue de verdure qui va jusqu'au parc de Greenwich, parfaite pour les joggers, les enfants et pour promener les chiens. C'est aussi le point de départ du marathon de Londres et fut le lieu du parcours hippique des Jeux Olympiques de 2012.

Un *farmers' market* a lieu le dimanche matin sur le parking de la gare de Blackheath, mais c'est encore sur le marché de Greenwich, du mardi au dimanche, que l'on entend le plus parler français.

On trouve aussi à Blackheath, pêle-mêle, une boulangerie française (Jade), un super restaurant de poisson (Villa Moura), une excellente boucherie, une église catholique dont le prêtre parle français, une boutique indépendante *award winning* (Sisters & Daughters)…

Un projet de nouvelle école publique pour les 3-19 ans est à l'étude à **Newham** (Ecole Bilingue de l'Est de Londres). De type *free school* (financée par le ministere anglais de l'éducation), l'école offrira en 2017 une scolarité gratuite britnannique en développant la maitrise simultanée de l'anglais et du français.

ECOLE FLAM

Ecole Grenadine

16 Coppelia Road, Blackheath, SE3 9DB
020 8318 5927 - grenadine@hotmail.co.uk
14 classes et 185 enfants. Soutien français linguistique pour enfants francophones scolarisés dans le système anglais le samedi 9h45-12h45. A partir de 3 ans.

Fulham

Fulham (W6 et SW6) est situé dans une boucle de la Tamise dans le Sud-Ouest de Londres et fait partie du *borough* de **Hammersmith & Fulham**. Célèbre pour son équipe de foot, même si elle est moins réputée que celle de Chelsea, c'est aussi un quartier très cosmopolite avec plus de 200 000 habitants et 130 langues parlées! La communauté française y est importante (20 000 inscrits au *borough*), car Fulham offre un cadre de vie particulièrement agréable avec ses petites maisons victoriennes aux couleurs pastel et leur jardinet. Elles sont plus nombreuses qu'à South Kensington et les loyers y sont plus abordables.

Très important, la proximité des écoles: **l'Ecole Marie d'Orliac** (école primaire, annexe du Lycée Français), **l'Ecole des Petits**, le **Lycée Français** (South Kensington) et **l'école Jacques Prévert** (Brook Green). Excellentes écoles anglaises publiques et privées également.

Fulham a aussi le privilège de posséder de nombreux parcs et espaces verts (**South Park, Bishops Park, Hurlingham Park, Fulham Palace...**), agréables les beaux jours. Les bords de la Tamise offrent de belles promenades à pied ou à vélo. Ce quartier, de plus en plus à la mode, est aussi réputé pour ses boutiques, *pubs* et restaurants. Il offre à la fois l'agitation et l'effervescence populaire du marché de North End Road et l'élégance des antiquaires et galeries de King's Road.

Deux points noirs: Fulham se trouve sous la trajectoire d'atterrissage des avions à Heathrow (le bruit peut être pénible par moments) et il est très difficile de garer sa voiture et de circuler les jours de matchs organisés au *Chelsea Football Club*.

Petite enfance

Family Information Service
www.lbhf.gov.uk - 020 8748 3020
Liste des playgroups et activités sur le site communautaire *www.fulhamsw6.com*

DAY-NURSERIES

Bishop's Park Nursery School
St Etheldreda's Church Hall, Cloncurry Street, SW6 6DS - 020 7381 8717
www.bishopsparknurseryschool.co.uk
2 ans 1/2-5 ans, de 9h à 12h30. Méthode Montessori.

Bobby's Playhouse Pre-School & Day Nursery
16 Lettice Street, SW6 4EH
020 7384 1190 - www.asquithnurseries.co.uk
3 mois-5 ans. 7h-19h15. Personnel très sympa. Ateliers de danse et de musique. Cour minuscule. L'une des moins chères de Fulham.

Kiddi Caru Earl's Court
2 Buildings, Empress Approach, Empress State, SW6 1TW
020 7386 4505 - www.kiddicaru.com
Cours de français, yoga.

Little People
250a Lillie Road, SW6 7PX
020 7386 0006 - www.littlepeople.co.uk
6 mois-5 ans. 8h-18h. £200/£290 par semaine à plein temps selon l'âge. Accueillante, située dans une grande maison sur 3 étages. Locaux propres, personnel très doux et attentif aux enfants. *OFSTED outstanding.*

Melrose House Fuhlam
55 Finlay Street, SW6 6HF
020 7736 9296 - www.melrose-house.com

2-4 ans. 9h15-12h15, jusqu'à 15h15 les mardi, mercredi et jeudi. Située dans une maison avec jardin. *OFSTED outstanding.*

Ecoles

ECOLES FRANÇAISES

Maternelle & Primaire

Ecole Marie d'Orliac (annexe du Lycée Français)
60 Clancarty Road, SW6 3AA
020 7736 5863 - www.lyceefrancais.org.uk
13 classes de Moyenne section à CM2.Bonne ambiance familiale. Activités périscolaires. Locaux partagés avec l'école *The Fulham Bilingual*.

ECOLES BILINGUES

The Fulham Bilingual
Clancarty Road, SW6 3AA
020 7736 5863 - www.fulhambilingual.org.uk
Partenariat unique entre une école publique anglaise, l'école primaire catholique Holy Cross et une école française, l'école Marie d'Orliac, annexe du Lycée Français Charles de Gaulle. Moyenne section à CE2. Uniforme. Activités périscolaires (Ateliers de Fuhlam). Deux classes (A et B) par niveau. Pendant que la classe A est en semaine française, la classe B est en semaine anglaise. Les élèves travaillent chaque jour toutes les composantes de la lecture et de l'écriture dans les deux langues.

L'Ecole des Petits - Fuhlam
2 Hazlebury Road, SW6 2NB
020 7731 8350 - www.lecoledespetits.co.uk
3-6 ans. 5 classes maternelles de la Petite à la Grande Section, deux classes franco-britanniques et une section britannique.

Enseignement dans les deux langues. Ecole homologuée. £3,500 par trimestre (cours de danse et de musique inclus). Environ 140 élèves. Uniforme. Très prisée car elle jouit d'une excellente réputation, longue liste d'attente. Locaux très agréables, malgré une cour de récréation assez petite. Possibilité d'activités après la classe comme le football, le théâtre.

ECOLES ANGLAISES

Nursery & primary schools

Parsons Green Preparatory School
1 Fulham Park Road, SW6 4LJ
020 7471 4816 - www.eridgehouse.co.uk
2-11 ans, mixte. *Independent*. Ecole fort sympathique à dimension humaine qui possède une vraie cour de récréation ainsi qu'un terrain de sport. Personnel international et bonne ambiance. £4,850/£5,240 par trimestre, réductions si plusieurs enfants. Cantine, uniforme. Nombreuses activités extra scolaires, dont le *French Programme* qui permet aux élèves français de l'école de poursuivre l'apprentissage de leur langue maternelle. (ouvert à tous le samedi matin de 10h à 12h, de la classe de *Reception* à la *Year 5* : une heure de leçon académique et une heure d'enrichissement du vocabulaire www.lefrenchprogramme.co.uk)

Fulham Prep School (sur deux sites)
200 Greyhound Road, W14 9SD - 020 7386 2449
pour les 7-13 ans
et **Fuhlam Pre-Prep School**
47A Fuhlam High Street, SW6 3JJ - 020 7371 9911
pour les 4-7ans
www.fulhamprep.co.uk
Mixte. *Independent*. Non confessionnelle. Uniforme. £5,000/£5,500 par trimestre. Excellente cantine bio. Très bon niveau académique, les enfants sont préparés pour les concours d'admission aux meilleures écoles

britanniques. Grande cour et bâtiments de sport. Bus scolaire. Un bon choix pour les Français qui optent définitivement pour l'enseignement britannique. *OFSTED outstanding.*

Holy Cross Catholic Primary School
Basuto Road, SW6 4BL
020 7736 1447 - www.holycrossfulham.org.uk
3-11 ans. Ecole catholique. Gratuite. Très familiale. Très bonne réputation. Demande une pratique régulière à l'église. Uniforme obligatoire. 8h45-15h30. Activités périscolaires.

Kensington Preparatory School
596 Fulham Road, SW6 5PA
020 7731 9300 - www.kensingtonprep.gdst.net
Independent school laïque de filles, 4-11 ans. Uniforme. £5,071 par an (+ £260 par trimestre pour la cantine). Très bonne réputation, entrée sélective.

New Kings School
New King's Road, SW6 4LY
020 7736 2318 - www.newkings.lbhf.sch.uk
3-11 ans. *Community school*. Gratuite. De beaux bâtiments agréables. Bonne cantine. Uniforme.

Sinclair House School
159 Munster Road, SW6 6DA
020 7736 9182 - www.sinclairhouseschool.co.uk
2-13 ans. *Independent school* Montessori mixte. *Nursery* et *Preparatory School* sur 3 sites (Munster Road et Fuhlam High Street). Catholique. Uniforme. Personnel très compétent. Playground couvert. CNED et prise en charge des enfants étrangers avec cours particuliers d'anglais (payants). Plein temps ou 3 ou 5 matins. £1,386/£4,216 par trimestre.

Thomas's Fulham
Hugon Road, SW6 3ES
020 7751 8200 - www.thomas-s.co.uk
4-13 ans. *Independent school* mixte. Longue liste d'attente. Uniforme. Beaucoup de théâtre et de sport (à South Park, en face), excellent niveau. £5,235/£5,860 par trimestre. Réduction si plusieurs enfants.

Primary & Secondary School

London Oratory School
Seagrave Road, SW6 1RX
020 7385 0102 - www.london-oratory.org
Ecole catholique pour garçons de 7 à 18 ans et pour filles de 16 à 18 ans. 1 330 élèves. Bonne réputation, mais très sélective (catholiques très pratiquants uniquement). Gratuite.

Secondary Schools

Fulham Cross Girls' School
Munster Road, SW6 6BP
020 7381 0861 - www.fulhamcross.net
Filles 11-16 ans. Publique, gratuite. Spécialité langues. *OFSTED outstanding.*

Lady Margaret School
Parsons Green, SW6 4UN
020 7736 7138 - www.ladymargaret.lbhf.sch.uk
Ecole *voluntary aided Church of England* pour filles de 11 à 18 ans. Uniforme. Gratuite, bon niveau donc difficile d'accès.

William Morris Sixth Form
St Dunstan's Road, W6 8RB
020 8748 6969 - www.wma.ac.uk
16-19 ans. Une excellente école pour les enfants non-académiques. Niveau d'entrée peu exigeant. Système anglais *A-Levels* et *Vocational Degrees* correspondant à nos bacs pros. Gratuite.

Chelsea Academy
Lots Road, SW10 0AB
020 7376 3019 - www.chelsea-academy.org
11-18 ans. Nouvelle école secondaire Church of England. Gratuite.

Logement

Alors que Londres devient une ville de plus en plus internationale, **Fulham** n'en reste pas moins un quartier *so british*! Mais, à la différence de ses voisines plus huppées et plus bourgeoises que sont **South Kensington** et **Chelsea**, Fulham offre un charme "villageois" aux familles françaises.
La location varie entre £375 et £750 par semaine pour un appartement de 2 à 3 chambres, entre £700 et £1,400 par semaine pour une maison de 3 chambres et entre £875 et £2,500 pour 4 à 5 chambres.

Le quartier peut se découper en différentes zones :
Le **Peterborough Estate** est le plus connu et le plus recherché. Les prix peuvent être très élevés, mais les maisons sont superbes, grandes avec leurs typiques *loft extension* et *conservatories*. Cependant, les jardins ne sont pas très grands. Elles se distinguent par leur lion en terracotta sur le toit. On les appelle les *Lion Houses*.

Hurlingham et **Fulham High Street** qui se trouvent à proximité d'Hurlingham Park, Bishops Park et South Park, sans oublier les bords de la Tamise. Ici aussi, les maisons sont assez grandes et on trouve quelques

appartements. Les plus belles maisons sont proches du fameux **Hurlingham Club**; elles peuvent avoir jusqu'à 6 chambres avec vue sur le parc du Club. Vous y trouverez aussi des immeubles datant des années 80, ainsi que de nouveaux complexes.

Bishops Park, avec ses rues s'étalant par ordre alphabétique en bordure du parc. Ici, le style de maisons change, puisque l'on trouve des *terraced* ou des *semi-detached houses* construites au XIXe siècle avec de beaux jardins, ce qui n'est pas courant à Fulham. Le **Fulham Football Club** se trouve dans ce quartier.

Parsons Green, coincé entre Fulham Road et New King's Road, est assez vaste avec ses 3 *storey houses* d'un côté, quelques maisons de style géorgien de l'autre ou encore celles datant du XIXe avec vue sur ***Eel Brook Common.***

Fulham Broadway. Ce vieux village résiste tant bien que mal à la modernisation. La station de métro donne dans un *mall* (boutiques, supermarché, club de sport et cinéma de 9 salles). Ne pas oublier le marché populaire de North End Road tous les jours de la semaine sauf le dimanche. Et surtout le fameux stade du Chelsea Football Club.

Sand's End et Riverside, longtemps considérés comme lugubres à cause des usines à gaz. Ce quartier se réhabilite de plus en plus avec le développement du **Chelsea Harbour**, la nouvelle école secondaire **Chelsea Academy** et **St George Imperial Wharf,** un tout nouveau complexe d'immeubles, clubs de sport, 4 hectares de verdure en bordure de la Tamise (toutefois le super *sewer plan*, ce nouveau projet de *Thames Water* afin d'améliorer le traitement des eaux usées de Londres, pourrait remettre cette situation en cause).

Transports

Proche du centre, Fulham dispose de quatre stations de métro: **Putney Bridge, Parsons Green, West Brompton et Fulham Broadway** sur la ***District Line*** qui dessert le centre et d'une station ***Overground*** à **West Brompton.**

Sports

*(**A** Adulte, **E** Enfant)*

La situation de Fulham en fait un paradis des sportifs. Outre les nombreux parcs, la proximité de la Tamise et de ses berges protégées permet de pratiquer des sports, comme l'aviron ou le vélo.

CLUBS DE SPORT

Fuhlam Fitness & Wellbeing Centre A
Stevenage Road, SW6 6PF - 0845 564 3531
www.nuffieldhealth.com/gyms/Fulham
Fitness, spa, piscine. Ouvert tous les jours, *Bank Holidays* compris.

The Chelsea Health Club & Spa A
Stamford Bridge, Fulham Road, SW6 1HS
020 7915 2200 - www.thechelseaclub.com
Fitness, spa. Cours de yoga, Pilates.

David Lloyd Fulham AE
Unit 24, Fulham Broadway Retail Centre, Fuhlam Road, SW6 1BW
0345 129 6792 - www.davidlloyd.co.uk
Piscine. Garderie pour les petits.

Chelsea Harbour Club AE
Watermeadow Lane, SW6 2RR
020 73717700 - www.harbourclub.com
Activités pour enfants de 3 mois à 6 ans. Piscine. Tennis couvert. Le plus chic et le plus prisé de tous, mais aussi le plus cher!

Fulham Pools AE
Normand Park, Lillie Road, SW6 7ST
020 7471 0450 - www.virginactive.co.uk
Grand choix d'activités, prix raisonnable (environ £70 par mois). Superbe piscine (cours de natation). Tennis extérieur. Garderie.

Lillie Road Fitness Centre AE
374-380 Lillie Road, SW6 7PD
020 7381 2183 - www.gll.org
Municipal. Garderie pour les moins de 5 ans. Tarifs très raisonnables.

Hurlingham Club AE
Ranelagh Gardens, SW6 3PR - 020 7610 7467
www.hurlinghamclub.org.uk
LE club privé anglais au milieu de grands espaces verts. Courts de tennis, piscine couverte, dans la plus pure tradition *british*. Mais liste d'attente de plusieurs années pour être membre... Coût très élevé.

The Hurlingham Club

DANSE

Attic Studio E
368 North End Road, SW6 1LY
020 7610 2055 - www.danceattic.com
Grand choix de cours, y compris pour teenagers de 13-16 ans. Paiement *pay as you go*, prix très abordable, tous niveaux.

La Sylvaine School of Dance E
www.lasylvaine.co.uk - 020 8208 5007
→ *Chapitre Activités artistiques et culturelles.* Danses classique, moderne et claquettes à Parsons Green, South Kensington, Hammersmith et Chelsea. Filles et garçons. Préparation aux examens de la *Royal Academy of Dance.*

First Steps School of Dance AE
234 Lillie Road, SW6 7QA
020 7381 5224 - www.firststepsacademy.co.uk
Ecole de danse réputée. Superbes spectacles de fin d'année. Danse, piano, Pilates, théâtre, *street dance*, comédie musicale, kickboxing pour les 2 ans 1/2-18 ans (filles et garçons).

FOOTBALL

Sporting Duet Academy E
www.sportingduetacademy.com
079 8420 4555
Le mercredi après l'école de 12h45 à 15h30 à Hyde Park. Des sessions de foot pour enfants de 5 à 9 ans sont organisées le samedi matin à Wandsworth Park.

TENNIS

Tennis couverts uniquement au **Harbour Club**. Courts découverts dans la plupart des parcs (**South Park, Hurlingham Park et Bishops Park**), accessibles à peu de frais.

Bishop's Park Tennis Academy
www.rockslane.co.uk - 020 7736 3854

Parsons Green Sports and Social Club A
Broomhouse Lane, SW6 3DP
020 7736 1401 - www.parsonsgreenclub.com
Club anglais privé typique, 6 tennis découverts, 2 courts de squash, bowling, croquet. Grande salle avec bar et terrasse.

SKI

Chel-Ski AE
4 Sotheron Place, Michael Road, SW6 2EJ
020 3829 6961 - www.chel-ski.uk
Pour apprendre à faire du ski en salle toute l'année!

RUGBY

Hammersmith & Fulham Rugby & Football Club AE
Hurlingham Park, Hurlingham Road, SW6
www.fulhamrugby.co.uk - 020 7381 5064
Equipe femmes, hommes (mardi et jeudi à 19h30), kids de 5 à 13 ans (filles jusqu'à 12 ans), le dimanche de 10h à 12h.

YOGA

The Apothecary A
33 Greyhound Road, W6 8NH
020 7381 5727 - www.londonapothecary.co.uk
Cours de Tai-chi, Qi Gong, yoga et thérapies alternatives.

The Power Yoga Co A
11-12 Lettice Street, SW6 4EH - 020 7736 4429
www.thepoweryogaco.com
Proche de Parson's Green, centre de yoga dynamique créé par deux Françaises. Cours de formation pour professeurs.

Activités artistiques et culturelles

ADULTES

Hammersmith and Fulham Adult Education
020 8753 3600 - www.hfals.co.uk.
Géré par la municipalité. Divers centres. Très grand choix de cours, depuis l'anglais jusqu'à l'"*upholstery*" (tapisserie). Bon marché.

Heatherley's School of Fine Art
75 Lots Road, SW10 0RN
020 7351 4190 - www.heatherleys.org
Ecole d'art privée qui propose des cours *part time* et *full time* de dessin, peinture, sculpture. Formations très sérieuses et diplômantes. Cours d'été.

London Study Centre
Munster House, 676 Fulham Road, SW6 5SA
020 7731 3549 - www.lscuk.co.uk
Cours d'anglais tous niveaux. Prépare au *First Certificate*, au *Proficiency* et au *IELTS*. Cours d'été possibles de mi-juin à mi-septembre.

ENFANTS

Les ateliers de Fulham
www.lesateliersdefulham.co.uk
Activités en français après l'école, proposées par une équipe de mamans de l'école Marie d'Orliac (ukulele, yoga, escrime, bricolage, etc.).

Pottery Café
735 Fulham Road, SW6 5UL
020 7736 2157 - www.pottery-cafe.com
Pour un goûter d'anniversaire ou simplement pour le plaisir, ce "café", créé par Emma Bridgewater (dont la boutique est au 797 de la rue), propose aux adultes comme aux enfants de peindre une *mug*, une assiette ou tout autre objet en belle faïence anglaise.

Music'all
www.musicall.org.uk - 075 9069 1265
Cours de musique en anglais en semaine et le samedi à *Parsons Green* (*musical awareness*, 3 ensembles de musique de chambre, 5 chorales, orchestre, instruments) pour enfants de 4 à 18 ans et cours et chorales pour adultes. Possibilité de bourses.

Santé

NHS

Charing Cross Hospital
Fulham Palace Road, W6 8RF - 020 3311 1234
www.imperial.nhs.uk/charingcross
Service d'urgences pour accidents vasculaires cérébraux (adultes seulement) – urgences pédiatriques au ***Chelsea & Westminster Hospital***. *Walk in Clinic* (lundi-vendredi 8h-22h, samedi et dimanche 9h-22h). Connu pour son service de traumatologie avec opérations complexes et/ou reconstruction plastique. Excellent service de rhumatologie.

Parsons Green NHS Walk in Centre
5-7 Parsons Green, SW6 4UL - 020 8846 6758
www.clch.nhs.uk
Petites urgences sans rendez-vous. Soins par des infirmières. Ouvert tous les jours.

MÉDECINE PRIVÉE

Christine Julien-Laferrière
11 Fulham Park Gardens, SW6 4JX
020 7228 2141 - battersea@physio4all.com
Kinésithérapeute, visites à domicile.

Dr Danielle M'Baye
The Basuto Medical Centre, 29 Basuto Road, SW6 4BJ - 079 7317 7557
Pédiatre. Déplacements à domicile (consultation en français).

Parsons Green Dental Practice
229 New King's Road, SW6 4XE
020 7736 3220 - www.parsonsgreen.com
Dentistes privés. Gratuit pour les enfants (dans le cadre du *NHS*).

Fulham Osteopaths
769 Fulham Road, SW6 5HA
020 7384 1851 - www.fulhamosteopaths.co.uk
Certains ostéopathes sont français.
Marianne Sirgent
Fuhlam/Hammersmith - 078 9134 0766
www.psychotherapymatters.co.uk
Psychanalyste, psychothérapiste adolescents et adultes.

Achats

Loin d'être une banlieue résidentielle, Fulham est une petite ville très vivante qui combine centres commerciaux et magasins de chaînes (essentiellement à **Fulham Broadway**) et boutiques de charme. Celles-ci se concentrent surtout autour de **Parsons Green**, la partie affluente de Fulham, mais on en trouve ici ou là au hasard des rues. Grand choix en matière d'ameublement et de décoration, que ce soit dans les boutiques classiques de meubles anglais en pin dans **Wandsworth Bridge Road** ou chez les antiquaires-brocanteurs de **Lillie Road** et quelques commerces alimentaires raffinés.

ALIMENTATION

Parsons Green Farmers' Market
New King's School, New King's Road, face à Cristowe Road, SW6 4LY
Marché le dimanche de 10h à 14h.
North End Road Market
Marché de fruits et légumes de saison, poissonnier. Bonne qualité et prix intéressants.
Copes Seafood Company
778 Fulham Road, SW6 5SJ - 020 7371 7300
Excellent poissonnier.
Bayley & Sage
34 New King's Road, SW6 4ST - 020 7736 2826
www.batley-sage.co.uk
Epicerie fine, grand choix de produits méditerranéens, français de qualité.
Chanteroy
154 Wandsworth Bridge Road, SW6 2UH
020 7736 1721 - www.chanteroy.co.uk
Une bonne adresse pour trouver tous les produits français, pain, viennoiseries, compotes, charcuterie, petits pots Blédina etc… Ouvert tous les jours. Livraisons.
Randalls Butcher
113 Wandsworth Bridge Road, SW6 2TE
020 7736 3426
Sûrement l'un des meilleurs bouchers de

Londres. Viande bio d'excellente qualité, mais au tarif londonien ! Beau rayon de fromages.
Whole Foods
2-6 Fulham Broadway, SW6 1AA - 020 7386 4350
www.wholefoodsmarket.co
Fruits, légumes, viandes, produits de beauté bio.

AUTRES

Mary's living & giving shop
206 Fulham Road, SW10 9PJ - 020 7351 4615
Charity Shop chic, branchée et impeccable. Nombreux dons de designers et ambiance de boutique haut de gamme pour des vêtements et accessoires à bas prix. Tous les profits vont à l'association *Save The Children*.
Nomads Books
781 Fuhlam Road, SW6 5HA
020 7736 4000 - www. nomadbooks.co.uk
Librairie indépendante ouverte depuis plus de 25 ans. Rayon enfant bien achalandé. Bons conseils. Soirée littéraires.
Pret A Vivre
160 Wandswoth Bridge Road, SW6 2UH
020 7384 0426 - www.pretavivre.com
Rideaux et stores sur mesure. Seule entreprise de Londres distributrice des tissus Toiles de Mayenne. Service de qualité.

Sortir

PARCS ET AIRES DE JEUX

Bishops Park, Eel Brook Common, Hurlingham Park et **South Park** offrent de grands espaces verts pour jouer au foot ou pique-niquer et des aires de jeux pour les plus petits. Nombreuses pistes cyclables.

The Crabtree

Plan très détaillé sur le site *www.lbhf.gov.uk*, rubrique *cycling.*

MUSÉE

Museum of Fulham Palace
Bishop's Avenue, SW6 6EA
www.fulhampalace.org - 020 7736 3233
Musée retraçant la vie des Tudor. Visites guidées, activités éducatives et promenades dans les jardins. Gratuit.

RESTAURANTS

La Famiglia
7 Langton Street, The World's End, Chelsea, SW10 0JL – 020 7351 0761
www.lafamiglia.co.uk
Restaurant familial italien, ouvert depuis 1966! Cuisine toscane excellente. Terrasse intérieure. Assez cher.

Côte Parsons Green
45-47 Parsons Green Lane, SW6 4HH
020 7736 8444 - cote-restaurants.co.uk
Brasserie. Excellent rapport qualité-prix, surtout le midi.

Tendido Cuatro
108-110 New King's Road, SW6 4LY - 020 7371 5147
www.cambiodetercio.co.uk
Espagnol. Bon bar à tapas, paellas. Assez cher.

The Fulham Wine Rooms
871-873 Fulham Road, SW6 5HP - 020 7042 9440
greatwinesbytheglass.com
Fait aussi resto. Très sympa.

Il Paggliaccio
184 Wandsworth Bridge Road, SW6 2UF
020 7371 5253 - www.paggs.co.uk
Italien. Idéal avec les enfants.

Joe's Brasserie
130 Wandsworth Bridge Road, SW6 2UL
020 7731 7835 - www.brinkleys.com
Sympathique, idéal pour un déjeuner.

Sukho
855 Fulham Road, SW6 5HJ - 020 7371 7600
www.sukhogroups.com
L'un des meilleurs thaïlandais de Londres. Très raffiné. Excellent service. Réservation obligatoire le week-end.

PUBS

Pleins à craquer les jours de match de Chelsea, les pub situés sur le triangle de Parsons Green, les clients s'installent, dès les beaux jours, sur l'herbe leur verre à la main. *Typical*!

The Duke on the Green
235 New King's Road, SW6 4XG
020 7736 2777 - www.dukeonthegreen.co.uk

The White Horse
1-3 Parsons Green, SW6 4UL
020 7736 2115 - www.whitehorsesw6.com

Aragon House
247 New King's Road, SW6 4XG
020 7731 7313 - aragonhouse.net
Grande terrasse très agréable à l'arrière.

The Crabtree
Rainville Road, W6 9HA
020 7385 3929 - thecrabtreew6.co.uk.
Belle terrasse extérieure et bonne cuisine.

Harwood Arms
Walham Grove, SW6 1QP
020 7386 1847 - www.hardwoodarms.com
Gastro pub, 1 étoile Michelin (seul pub étoilé de Londres). Réservation conseillée le soir.

Hammersmith Shepherd's Bush

Proches de la Tamise, juste à l'Ouest de Kensington, **Hammersmith** et **Shepherd's Bush** (W6, W12 et W14, *borough* de Hammersmith & Fulham) sont à la fois résidentiels et proches du centre-ville. Ils continuent d'attirer les artistes aussi bien que les jeunes familles. On y rencontre de nombreuses nationalités et une assez importante communauté française regroupée sur Brook Green, autour de l'école Jacques Prévert. Dotés de bonnes institutions culturelles, de restaurants et de zones commerçantes animées, ce sont des quartiers vivants, bien reliés au centre, tout en restant relativement abordables.

Petite enfance

Family Information Service (Hammersmith & Fuhlam)
www.lbhf.gov.uk
020 8748 3020 (lundi à vendredi de 8h à 20h)

Masbro Centre
87 Masbro Road, W14 0LR
020 7605 0800 - www.upg.org.uk
Centre municipal situé au Nord de Brook Green, qui propose de nombreuses activités pour enfants de tous âges (Kumon, Kung Fu, cours de danse, ...) et pour adultes (cours de sculpture, peinture...). Salle de sport de 350 m2. Prix bas.
Playgroup jusqu'à 5 ans (lundi et jeudi de 10h à 12h, £3). Garderie pour les parents qui prennent des cours sur place (du lundi au vendredi de 10h à 12h et de 13h à 15h).

Des **playgroups** ont lieu dans les églises ***St Mary (2 Edith Road, W14 9BA)***, le jeudi de 10h à 12h (£1.50) et ***Holy Trinity Church (41 Brook Green, W6 7BL***).

DAY-NURSERIES

Grâce à la communauté française de Hammersmith, votre enfant retrouvera probablement d'autres petits Français dans la plupart des structures ci-dessous, ce qui peut faciliter son adaptation.

James Lee Nursery School
Gliddon Road, W14 9BH
020 8741 8877 - www.bjlfed.org
3-5 ans. Nombreux enfants français. Gratuite. *OFSTED outstanding.*

The Jordans Nursery
Holy Innocents Church, Paddenswick Road, W6 0UB
020 8741 3230 www.thejordansnursery.co.uk
2 ans ½- 5 ans. Privée. Méthode Montessori. Espace extérieur. Club pendant les vacances scolaires. *OFSTED outstanding.*

One World Montessori Nursery
69 - 71 Brook Green, W6 7BE
020 7603 6065 - www.oneworldschools.info
2-4 ans. Locaux modernes et agréables adjacents à l'église chinoise de Brook Green. £3,150 / trimestre (à plein temps). Uniforme. Excellent niveau. Prépare bien les enfants à la rentrée en *Reception. OFSTED outstanding.*

Mace Montessori
30-40 Dalling Road, W6 0JD
020 8741 5382 - www.macemontessori.com
6 semaines à 5 ans. Entre Hammersmith et Ravenscourt Park. Possibilité de temps partiel matin, après-midi ou 3 jours par semaine. Nombreux enfants français. Personnel très sympa et pédagogue.

Vanessa Nursery School
Cathnor Road, W12 9JA
020 8743 8196 - www.vanessanursery.org.uk
3-4 ans. Quartier Shepherd's Bush. Excellente *nursery* qui dispose d'un jardin et d'une piscine chauffée! Gratuite. Très demandée, mi-temps obligatoire au début. *OFSTED outstanding.*

Little People of Willow Vale
9 Willow Vale, Shepherds Bush, W12 0PA
020 8749 2877 - www.littlepeople.co.uk
0-5 ans. 8h-18h. *OFSTED outstanding.*

NANNIES

Ideal Nannies
Britannia Housem 11 Glenthorne Road, Hammersmith, W6 0LH
020 8994 5888 - www.idealnannies.com
Personnel avec références, bon rapport qualité/prix.

Ecoles

ECOLES FRANÇAISES

Maternelle

Le Hérisson
Rivercourt Methodist Churdh, Ravenscourt Road, W6 9JT - 020 8563 7664
www.leherissonschool.co.uk
2-6 ans. 76 élèves, 4 classes. Ecole homologuée. Programmes français, mais place importante accordée à l'anglais : professeurs d'anglais à tous les niveaux. Les enfants font le choix de parler la langue dans laquelle ils sont le plus à l'aise. S'inspire de l'éducation anglaise : importance accordée à l'individu. £2,900 par trimestre. *OFSTED outstanding.*

Ecole Jacques Prévert

Maternelle & Primaire

Ecole française Jacques Prévert
59 Brook Green, W6 7BE
020 7602 6871 - www.ecoleprevert.org.uk
4-11 ans. Située dans un endroit calme et résidentiel à Brook Green, la présence de cette école homologuée et conventionnée attire les familles françaises. Dans une grande maison, ambiance familiale et chaleureuse. Longue liste d'attente pour la maternelle, mais variable pour les autres classes. 260 enfants, 11 classes. Nombreuses activités extra-scolaires. Association de parents d'élèves très active. Cours d'anglais dès la maternelle, cours d'histoire et géographie en anglais dès le cycle 2. Frais de scolarité £1,445-£1,680/trimestre. Fournitures, sports, demi-pension en plus. *OFSTED outstanding.*

ECOLES ANGLAISES

Nursery & Primary schools

Addison Primary School
Addison Gardens, W14 0DT
020 7603 5333 www.addisonprimary.org
3-11ans. *State school* de quartier d'un bon niveau. Gratuite.

Avonmore Primary School
Avonmore Road, W14 8SH
020 7603 9750 - www.avonmore.lbhf.sch.uk
3-11ans. *State school* mixte et gratuite. Bon niveau.

Brackenbury Primary School
Dalling Road, W6 0BA
020 8743 3074 - www.brackenbury.lbhf.sch.uk
State school mixte 3-11 ans. Possibilité de garderie le soir et activités pendant les vacances scolaires. Bon niveau.

Bute House
Luxemburg Gardens, Hammersmith, W6 7EA
020 7603 7381 - www.butehouse.org
4-11 ans. *Independent school* pour filles. Située à Brook Green, pratiquement face à l'école Jacques Prévert. Prépare aux examens d'entrée à St Paul's Girl's School pour le secondaire. Locaux agréables, jardin. Dynamique et bien tenue, soutien individuel. £4,439 / trimestre.

John Betts School
Paddenswick Road, W6 OUA
020 8748 2465 - www.johnbetts.lbhf.sch.uk
4-11 ans. *State school.* Bons résultats, recherchée, liste d'attente.

Larmenier & Sacred Heart Catholic Primary School
41a Brook Green, W6 7BL
020 8748 9444 - www.larshrc.lbhf.sch.uk
3-11 ans. Mixte. Catholique et gratuite. N'accepte que les enfants qui habitent dans un rayon de 2 km, catholiques pratiquants (certificat de baptême à l'appui et confirmation de présence régulière à l'église). Cours du CNED organisé au sein de l'école.

Ravenscourt Park Preparatory School
16 Ravenscourt Avenue, W6 OSL
020 8846 9153 - www.rpps.co.uk
4-11 ans. *Independant school* mixte. £4,997/ trimestre. Non compétitive, mais liste d'attente.

St Mary's Catholic Primary School
Masbro Road, W14 0LT
020 7603 7717 - www.stmarysrc.lbhf.sch.uk
3-11 ans. Ecole catholique mixte gratuite. Située non loin de l'école Jacques Prévert, quelques parents se sont organisés pour donner des cours du CNED après la classe.

Primary schools

Latymer Prep School
36 Upper Mall, W6 9TA
0845 638 5700 - www.latymerprep.org
7-11 ans. *Independent selective school.* Mixte. 160 élèves. Admission sur examen. Uniforme complet (blazer). L'une des meilleures *preparatory schools* du quartier. £5,072/ trimestre.

Secondary schools

Latymer Upper School
237 King Street, W6 9LR
020 8629 2024 - www.latymer-upper.org
11-18 ans. *Independent school* mixte. 1 285 élèves (75% de garçons). Sélective, mais accessible aux bons élèves d'écoles publiques et aux étrangers (quelques Français). Excellent niveau. £5,770/ trimestre. Possibilité d'obtention de bourses.

St Paul's Girls' School
Brook Green, W6 7BS
020 7603 2288 - www.sps.org
11-18 ans. *Independent school.* La meilleure école secondaire de Londres pour filles. L'admission est sur examen, très sélectif et très difficile pour les étrangers. £7,306-£7,854 déjeuner et assurance compris.

Godolphin & Latymer School
Iffley Road, W6 0PG
020 8741 1936 - www.godolphinandlatymer.com
11-18 ans. L'une des 10 meilleures *Independent schools* de filles de Londres. Située dans un beau bâtiment victorien. Très bon département d'art et de théâtre. Examen d'entrée. £6,060 / trimestre. Prépare au Baccalauréat International (*IB*).

Hammersmith Academy
25 Cathnor Road, W12 9JD
020 8222 6000 - www.hammersmithacademy.org
Ecole secondaire dans un magnifique bâtiment flambant neuf sur le modèle des *Academies* (➤ *Chapitre Education*). Non confessionnelle, mixte et gratuite. Admission sur critère de proximité. Spécialité Création et Arts Numériques. Uniforme.

Sacred Heart High School
212 Hammersmith Road, W6 7DG - 020 7748 7600
www.sacredhearthighschoolhammersmith.org.uk
11-16 ans. Collège catholique pour filles. Gratuit. Admission sur examen en *Year 7*, selon places disponibles pour les années suivantes. Très bon niveau.

St James Senior Girls' School
Earsby Street, W14 8SH
020 7348 1777 - www.stjamesschools.co.uk
10-18 ans. *Independent school* de filles située près d'Olympia. Très bon niveau. Approche originale de l'éducation des filles (cours obligatoires de sanscrit, philosophie, cuisine). Très nombreuses activités artistiques et sportives. Excellents résultats, malgré un programme très dense. Pour élèves travailleuses. Admission sur entretien et dossier. £5,770 / trimestre.

West London Free School
Bridge Avenue, W6 9JP - 020 8600 0670
www.westlondonfreeschool.co.uk
Cette nouvelle *Free School* est la première *Academy* en Grande-Bretagne à avoir été fondée par un groupe de parents et de professeurs en septembre 2011. Objectifs très ambitieux, similaires à ceux d'une école privée (orientée musique, latin obligatoire, excellence académique, large offre de sport,...). Non confessionnelle, mixte et gratuite. Classes limitées à 24 élèves, 120 places par niveau, admission sur critères de proximité. Indépendante, elle est gérée par un *board of governors*. Spécialité musique (12 places réservées chaque année pour élèves musiciens). Très demandée.

Ce quartier compte aussi deux *Independent schools* très réputées, classées parmi les meilleures d'Angleterre: **St Paul's School**, à Barnes (pour les garçons) et **St Paul's Girls' School** à Brook Green (pour les filles). L'admission, sur examen, est très sélectif et très difficile pour les étrangers.

Logement

Compter environ £2,600/mois pour une maison à **Shepherd's Bush**, et £4,000-£5,000 à **Barnes** et **Hammersmith**. Pour un appartement, de £1,800 à £3,000 / mois.

Barons Court / West Kensington: appartements dans de grandes maisons datant de la fin du XIXe siècle, dans les environs particulièrement prisés de **Barons Court Road**, près du célèbre **Queen's Club**. Maisons colorées adorables autour d'un *communal garden* sur la rue en sortant du métro.

Brackenbury Village: les agences immobilières ont rajouté le mot "village" pour vendre le côté cosy de l'endroit. Très familial. Quartier qui monte. Maisons en terrasse avec un petit jardin. Divers cafés, resto, pubs, magasins et le boucher Stenton (55 Aldensley Road), très renommé. La proximité de **Ravenscourt Park** en fait un quartier de plus en plus recherché.

Brook Green: ici tout se passe autour d'un charmant petit parc, **le Green**, avec une aire de jeux, des courts de tennis et un terrain réservé aux chiens. Très convoité par les familles françaises: proximité de **l'école Jacques Prévert**, du métro Hammersmith

(*District Line*) - direct pour le Lycée Français à South Kensington- et du métro Sheperd's Bush (*Central Line*). Grandes maisons sur le Green et dans les rues alentour. Un peu en retrait, **Blythe Road**, avec ses magasins et restaurants et son charme villageois.

Ravenscourt Park: à proximité d'un grand parc, **entre Chiswick et Hammersmith,** belles maisons de 4 / 5 chambres et cottages victoriens. **Proximité de la Tamise** appréciable. Très demandé. Prix élevés.

Riverside: l'endroit le plus typique de Hammersmith, de par **sa situation sur la Tamise**. Superbes maisons géorgiennes, mais l'autoroute M4 passe juste derrière. Nombreux *pubs* charmants, quelques petits commerces blottis entre les maisons. Balade au bord de la Tamise très agréable en toute saison avec la fameuse course d'aviron Oxford-Cambridge le dernier weekend de mars. *Pubs* avec vue à couper le souffle sur la Tamise et le pont d'Hammersmith.

Shepherd's Bush: ce quartier en plein essor a toujours un côté un peu inquiétant, même si des investissements importants ont été faits ces dernières années. Son ambiance internationale avec son marché afro-cubain et ses restaurants cosmopolites attirent les jeunes. Le tout Londres se presse à Westfield, le plus grand centre commercial d'Europe et surtout le plus agréable avec son toit en verrière. Un quartier connu également pour ses salles de concert hip-hop et ses soirées trépidantes.

Transports

Hammersmith est situé en zone 2 et très bien desservi. Le plus grand avantage est la **proximité de Heathrow** (à 20 mn en voiture par la M4) et de la pleine campagne à 45 mn. Gatwick est à 1 h, Luton à 45 mn et Stansted à environ 1 heure et demie.

MÉTRO

Hammersmith a deux stations du même nom situées au *Hammersmith Broadway Shopping Centre*. L'une est desservie par la ***Hammersmith City Line***, l'autre par les ***Piccadilly et District Lines***, 4 stations (10mn) pour le Lycée Français de South Kensington. Shepherd's Bush a deux stations différentes du même nom à 300 m l'une de l'autre. L'une est sur la ***Hammersmith City Line***, l'autre sur la ***Central Line***. Pratique, la station Shepherd's Bush de ***l'Overground*** est aux pieds de Westfield.

BUS

A Hammersmith, nombreuses lignes en direction du centre-ville. Les **9** et **10** longent Kensington High Street, le **211** dessert Chelsea et le **237**, Chiswick.
A Shepherd's Bush, les **72** et **220** vont à Hammersmith, le **148** à Westminster en passant par Hyde Park, le **207** à Ealing centre, le **237** à Chiswick et le **283** à Barnes (pratique pour aller visiter le Wetland Centre).

Sports

(A Adulte, E Enfant)

Voir aussi les quartiers adjacents de Barnes, Fulham et Chiswick.

CLUBS DE SPORT

Hammersmith Fitness and Squash Centre AE
1 Chalk Hill Road, W6 8DW
020 8741 8028 - www.better.org.uk
Centre sportif municipal. Terrains de squash, gymnase, garderie.

Phoenix Fitness Centre and Janet Adegoke Swimming Pool AE
Bloemfontein Road, W12 7DB
020 8735 4900 - www.better.org.uk
Complexe sportif municipal près de White City. Piscine 25 m, studios et salles de musculation. Parking.

Virgin Active Hammersmith A
Shortlands, 181 Hammersmith Road, W6 8BT
020 8741 0487 - www.virginactive.co.uk
Piscine.

AVIRON

Auriol Kensington Rowing Club A
14 Lower Mall, Hammersmith, W6 9DJ
www.akrowing.com
Club pour adultes tous niveaux, informel et ouvert. Sessions pour débutants. Possibilité de louer des salles avec vue sur la Tamise.

Sons of the Thames Rowing Club AE
60 Upper Mall, Hammersmith, W6 9TA
www.sonsrowing.com
Dès 10 ans. Stage pour débutants en juillet.
Voir aussi Barnes Elms ➤ *Quartier Richmond*.

TENNIS

Tennis municipaux de Ravenscourt Park, W6 0TZ (7 courts), Brook Green, W6 7PB (4 courts), Eel Brook Common, SW6 2TJ, Hurlingham Park, SW6 3ER et South Park, SW6 3ER AE

020 8753 4103 (réservations) - www.lbhf.gov.uk

Courts disponibles tous les jours de 9h au crépuscule. £9.70 (£7.10 si membre).

The Queen's Club AE

Palliser Road, West Kensington, W14 9EQ

020 7386 3400 - www.queensclub.co.uk

Le top du top du chic du tennis, depuis 1886. 28 courts extérieurs en gazon, dont 12 "*arguably the finest grass courts in the world*", 8 courts intérieurs en gazon, squash, gymnase... Il faut être recommandé par deux membres du club pour pouvoir s'inscrire sur la (longue) liste d'attente. Droit d'entrée astronomique, mais cours de tennis pour les jeunes abordables.

VOILE

London Corinthian Sailing Club AE

Linden House, Upper Mall, Hammersmith, W6 9TA - 020 8748 3280 - www.lcsc.org.uk

Fondé en 1894 par des passionnés de voile, ce club de *dinghy sailing* fut réquisitionné pendant la deuxième guerre mondiale pour enseigner à des pilotes de la RAF comment utiliser ses bateaux. Un des premiers clubs à accepter les femmes. Cours tous niveaux.

YOGA - TAI CHI

Hammersmith Body and Brain Holistic Fitness Centre

107 Hammersmith Grove, W6 0NQ

020 8222 8542 - www.rbkc.gov.uk

Cours qui combinent yoga, tai chi et méditation.

Activités artistiques et culturelles

ANGLAIS

The London School of English A

65 West Croft Square, W6 0TA

020 7605 4123 - www.londonschool.com

Cours intensifs, plein temps ou mi-temps à Chiswick. 10 à 12 personnes maximum par groupe. Rencontres organisées en soirée pour pratiquer. Assez cher.

ARTS DU CIRQUE

Albert & Friends Instant Circus AE

65 Aspenlea Road, W6 8LH - 020 8237 1170

www.albertandfriendsinstantcircus.co.uk

La plus grande troupe de cirque de Grande-Bretagne. Dès 3 ans, cours d'échasses, monocycle, jonglage. Egalement cours de funambulisme et de trapèze. Les sessions ont lieu le soir après la classe et le samedi dans des écoles d'Hammersmith. Cours spécial pour les + 13 ans. Prix très raisonnables. Stages pendant les vacances scolaires anglaises.

MUSIQUE

The Music House E

306 Uxbridge Road, W12 7LJ

020 8932 2652 - www.musichouseforchildren.co.uk

Cours de musique pour bébés et enfants jusqu'à 15 ans. Ateliers pendant les vacances scolaires. Prix raisonnables (*non-profit*).

SCOUTISME

28th Hammersmith Scout Group

St Stephens (RC) Church Hall,
St Stephens Social Club, Gayford Road, W12 9BY
Brookgreen Catholic Church
www.glmwscouts.org.uk

Le vendredi à 18h et 19h30. Pour filles et garçons de 6 à 10 ans. Gratuit.

Santé

NHS

Hôpitaux

Charing Cross Hospital
Fulham Palace Road, W6 8RF
020 3311 1005 (Emergency Department Reception) - www.imperial.nhs.uk/charingcross
→ *Quartier Fulham*

Hammersmith Hospital
Du Cane Road, W12 OHS
020 3313 1000 - www.imperial.nhs.uk
Spécialisé dans le traitement du cancer, transplantation du rein et maladies cardiaques. Consultations externes, mais pas d'urgences.

Maternité

Queen Charlotte's and Chelsea Hospital
Du Cane Road, W12 0HS
020 3313 1111 - www.imperial.nhs.uk/qcch
La plus ancienne maternité de Grande-Bretagne (1739), locaux neufs adjacents au Hammersmith Hospital. Centre néonatal. Accouchement naturel favorisé. Certaines sages-femmes sont formées pour pratiquer l'accouchement dans l'eau. Gynécologie et fertilité. Cet hôpital fut l'un des premiers, après la seconde guerre mondiale, à ouvrir un service FIV (In Vitro Fertilisation). Toujours expert et pionnier dans ce domaine.

MÉDECINE PRIVÉE

Dr Jean-François Charles
079 5218 8522
Généraliste. Visites à domicile. Adultes et enfants.

Le Dispensaire Français
184 Hammersmith Road, W6 7DJ
020 8222 8822 - www.df-sfb.org.uk
Association à but non lucratif. Consultations par des médecins généralistes et spécialistes français bénévoles. Adhésion £10 et consultation £10. Uniquement pour personnes en difficulté financière.

Sophrologue (Caycédienne)

Annik Glasgow
annik.glasgow@gmail.com
020 8743 0648 / 079 1965 8178

Psychothérapeute

Catherine Daga-Jeanperrin
34 Studland Street, W6 0JS
cdj.therapy@gmail.com - 079 1010 4672
Approche psychodynamique pour adultes.

Achats

ALIMENTATION

Marchés

Hammersmith Farmers Market
Lyric Square, King Street, W6 0ED
Le jeudi 10h-15h, petit marché de produits bio régionaux.

Shepherd's Bush Market *SW12 7JA*
Entre Goldhawk Road et Uxbridge Road. Marché très international, produits des Caraïbes et d'Afrique. Il y a un peu de tout avec une concentration de magasins vendant valises et sacs, articles pour la maison, aliments variés. Des stands de fruits et légumes offrent un choix de produits locaux et africains. Deux bons poissonniers. Prix imbattables et dépaysement assuré. La plupart des stands sont ouverts du lundi au samedi, de 9h à 18h.

Autres commerces

Hammersmith:

Stenton Family Butchers
55 Aldensley Road, W6 0DH - 020 8748 6121
Boucher très connu des gastronomes professionnels et amateurs. Bio, gibier frais en saison. Très bonne qualité.

HG Walter
51 Pallister Road, W14 9EB - 020 7385 6466
Très bon boucher avec service très agréable. Il peut vous préparer la viande comme en France ! Prix raisonnables.

Shepherd's Bush:

Damas Gate
81-85 Uxbridge Road, W12 8NR - 020 8743 5166
Supermarché moyen-oriental. Grand choix de produits méditerranéens (olives, pain, viandes et délicieux falafels faits maison). Tous les jours de 9h à 22h.

GRANDS MAGASINS

Westfield London
Ariel Way, Sheperd's Bush, W12 7SL
Immense – centre commercial desservi par le métro et l'*Overground* Sheperd's Bush. 320 boutiques. Toutes les enseignes ou presque. Mode, décoration, beauté, etc. Section haut de gamme « *The Village* ». Restaurants, cinéma, animations diverses. *Playground*, parking. Ouvert tous les jours.

Dans **King Street (W6)**, on trouve les grandes enseignes Primark et TK Maxx et un centre commercial, le King's Mall.

AUTRES

Classic Textiles

44 Goldhawk Road, W12 8DH
020 8743 3516
Ce magasin est l'une des nombreuses surprises de ce coin de Shepherd's Bush. On y trouve beaucoup de tissus africains et indiens, comme le batik. Coupons de tissu *Liberty* à des prix intéressants.

FLEURS / PLANTES

Ginkgo Garden Centre

Ravenscourt Avenue, W6 0SL - 020 8563 7112
Proche de Ravenscourt Park, bonne sélection de plantes. Petit café sympa à l'extérieur.

Sortir

PARCS ET AIRES DE JEUX

Brook Green Park

Le rendez-vous des Français du quartier le week-end. Beaucoup de jeux en bois et de balançoires. Aire de jeux fréquentée par les élèves de l'école Jacques Prévert. Courts de tennis publics, possibilité de prendre des cours.

Ravenscourt Park

Le plus grand parc du quartier. Aires de jeux pour enfants, terrains de basket-ball et de tennis, bowling sur herbe, rampes de skateboard et petit café. Petite piscine peu profonde l'été pour les enfants, qui se font une joie de s'éclabousser pour se rafraichir.

Thames Path National Trail

www.nationaltrail.co.uk
Balade à pied: départ du pont de Hammersmith, direction Ouest sur la rive Nord de la Tamise, longer les *cottages* XVIIIe, puis le *Lower Mall* et continuer vers le *Upper Mall,* où se trouvent de belles maisons de la même époque. Aller ensuite sur *Hammersmith Terrace* (1750) pour finir à Chiswick –traverser *Barnes Bridge* et revenir vers Hammersmith par le Sud de la Tamise en longeant des bois, puis la fameuse école privée de garçons *St Paul's School.*
Balade à vélo: traverser le pont d'Hammersmith pour aller sur la rive Sud, puis direction Ouest en passant par un joli chemin dans la verdure. Plusieurs options possibles: s'arrêter dans les *pubs* en bordure de rivière, aller aux jardins de Kew ou continuer jusqu'à Hampton Court.

THÉÂTRES

Lyric Theatre

Lyric Square, King Street, W6 0QL
020 8741 5965 - www.lyric.co.uk
Nombreuses productions théâtrales de qualité. Le week-end et pendant les vacances scolaires, spectacles pour les enfants de tous âges.

Riverside Studios

1 Crisp Road, W6 9RL
020 8237 1111 - www.riversidestudios.co.uk
Centre culturel avec cinéma d'art et essai, productions théâtrales innovantes et de qualité, concerts divers. Café sur la Tamise.

Bush Theatre

7 Uxbridge Road, W12 8LJ - 020 8743 5050
www.bushtheatre.co.uk
L'un de ces *pubs* / théâtres typiques de Londres où se mélangent les ambiances.

Barons Court Theatre

28a Comeragh Road, W14 9RH - 020 8932 4747
Un autre *pub*/théâtre bien *cosy*.

CONCERTS

Eventim Apollo

45 Queen Caroline Street, W6 9QH
0844 249 4300 - www.eventim.co.uk
Depuis les années 70, cette salle de de concerts a vu défiler sur ses planches des groupes de rock connus (Rolling Stones, The Who et Bob Dylan), mais aussi des artistes français.

O2 Shepherd's Bush Empire

Shepherd's Bush Green, W12 8TT - 0844 477 2000
www.o2shepherdsbushempire.co.uk
Salle de musique plutôt rock. Retransmission des matchs de rugby importants: ambiance assurée!

CURIOSITÉS

BBC Television Centre

Wood Lane, Shepherd's Bush, W12 TRJ
0370 901 1227 - www.bbc.co.uk
Visite des studios à partir de 10 ans (payant).

RESTAURANTS

Adams Café

77 Askew Road, Shepherd's Bush, W12 9AH
020 8743 0572 - www.adamscafe.co.uk
Marocain/tunisien de quartier. Couscous et tagines de rêve à prix plancher (le soir seulement de 18h à 23h, fermé le dimanche).

The Anglesea Arms

35 Wingate Road, W6 0UR - 020 8749 1291
Un *gastro-pub* très connu pour sa bonne cuisine anglaise moderne. Attente due à sa popularité. Heureusement, les stars de cinéma sont souvent là pour vous distraire.

Best Mangal

104 North End Road, W14 9EP - 020 7602 1050
www.bestmangal.com
Cuisine turque simple et sympa.

Betty Blythe

73 Blythe Road, Brook Green, W14 0HP
020 7602 1177 - www.bettyblythe.co.uk
Petit café tout droit sorti des années 50, où il fait bon s'arrêter prendre un *tea* et un *muffin* fait maison. Rendez-vous des mères de familles françaises le matin, après avoir déposé leurs enfants à l'école.

The Grove Bar & Restaurant

83 Hammersmith Grove, W6 0NQ
020 8748 2966 - www.groverestaurants.co.uk
Super ambiance d'ancien *pub* avec ses hauts plafonds, bonne cuisine méditerranéenne moderne.

The Havelock Tavern

57 Masbro Road, Brook Green, W14 0LS
020 7603 5374 - www.havelocktavern.com
Très bon *gastro-pub*. Réserver.

Polanka

258 King Street, W6 0SP - 020 8741 8268
Situé derrière le *delicatessen*, bonne cuisine polonaise, grandes portions et prix très raisonnables.

River Cafe

Thames Wharf, Rainville Road, W6 9HA
020 7386 4200 - www.rivercafe.co.uk
Restaurant très connu pour son excellente cuisine italienne toujours préparée à partir de produits très frais. Réservation à l'avance recommandée. Cher.

PUBS

The Blue Anchor

13 Lower Mall, Hammersmith, W6 9DJ
020 8748 5774 - www.blueanchorlondon.com
Sur les bords de la Tamise juste à côté du beau pont de Hammersmith, *pub* décoré dans la pure tradition, très *cosy* en hiver. Quand les températures sont plus clémentes on prend sa pinte de bière dehors pour observer à loisir l'activité sur le fleuve.

The Dove

19 Upper Mall, W6 9TA
020 8748 9474
Mentionné dans le *Guiness World Book of Records* comme le plus petit *pub* d'Angleterre, ce pub charmant du XVIIe a vu défiler des personnages importants, comme Ernest Hemingway ou l'artiste William Morris. Pied de vigne à l'intérieur et ambiance familiale. N'accepte pas les enfants.

The Old Ship W6

25 Upper Mall, W6 9TD
020 8748 2593 - www.oldshipw6.com
Pub au bord de la Tamise avec jardin, balcon et vue panoramique sur le pont d'Hammersmith. Idéalement placé pour assister à la course d'aviron Oxford – Cambridge. Ambiance sympathique avec une décoration soignée sur le thème de l'aviron. Spacieux, c'est le rendez-vous idéal pour le *brunch* du dimanche entre amis, au coin du feu l'hiver ou en terrasse l'été.

The Queen's Head

13 Brook Green, W6 7BL
020 2148 2673
Très grand *pub*. Idéal pour réserver une soirée ou un dîner entre amis. Décoration soignée, personnel sympathique. Immense jardin à l'arrière très agréable aux beaux jours, pour boire un verre de Pimm's.

The Havelock Tavern

57 Masbro Road, Brook Green, W6 9TD
020 7603 5374
www.havelocktvern.com
Gastro pub, simple et bien sympathique.

Hampstead et Alentours

Belsize Park
Hampstead
Primrose Hill
Swiss Cottage

Situé sur une colline au nord-ouest de Londres, dans le *borough* de **Camden** (NW3), **Hampstead** a gardé une atmosphère de village avec sa multitude de petites églises, côtoyant de très belles maisons géorgiennes en briques brunes ou blondes. Au XVIIIe siècle, les Londoniens fortunés, les artistes, les écrivains et les peintres y installaient leur résidence d'été. Depuis trois siècles, Hampstead a toujours été un endroit à la mode. Le village est réputé pour ses cafés animés et ses boutiques chics, mais surtout pour son ***Heath*** où, traditionnellement, a lieu la promenade dominicale.

La population d'Hampstead est aujourd'hui constituée d'un mélange d'intellectuels, d'artistes, de sportifs professionnels et de responsables d'entreprises internationales aisés qui s'y installent avec leur famille.

Il faut dire que malgré les prix élevés du marché immobilier, les familles sont attirées par la proximité de ce fantastique espace vert qu'est **Hampstead Heath** et par le grand nombre d'écoles publiques et privées. On en compte trente-deux dans le seul village. La circulation y est d'ailleurs très difficile aux heures des écoles, vers 9h et 15h. Il est généralement possible d'obtenir un *resident parking permit* de 15 mn pour déposer ou reprendre les enfants à l'école.

Le *Heath*, les commerces élégants, les bons restaurants et l'offre d'activités rendent Hampstead et les quartiers attenants particulièrement agréables à vivre.

Les quartiers qui bordent Hampstead:

Belsize Park est bien desservi. Son *resident parking permit* permet de profiter facilement d'**Hampstead village** et de l'avenue très commerçante **Finchley Road**.

L'ouest du village est très résidentiel, mais un peu plus éloigné du métro.

South-Hampstead est un quartier agréable, limitrophe de **St John's Wood**, qui permet de se rapprocher du Lycée Français de South-Kensington en évitant la circulation du centre du village. C'est également très bien desservi. Il est aussi proche de **Kilburn High Street**, très intéressante pour ses commerces et ses marchés. ➤ *Quartier Nord-Ouest*.

Le quartier de **Parliament Hill** est attenant au Heath, proche d'un grand terrain de jeux aménagé pour les petits et non loin à pied du **Collège Français Bilingue de Londres (CFBL)**. Bien desservi.

Maison victorienne à Hampstead village

Swiss Cottage (NW3 et 6) et **Primrose Hill** (NW1) sont plus centraux et donc plus chers, mais aussi très agréables pour les familles qui souhaitent s'installer dans un endroit cosmopolite. **Swiss Cottage** bénéficie d'excellents transports avec les stations de métro **Swiss Cottage** et **Finchley Road**, et d'un vaste centre de loisirs. **Primrose Hill** est un charmant village coincé entre le Nord de Regent's Park et le « *buzz* » de **Camden**. On peut ainsi se rendre à pied au centre-ville à travers le parc, ou au coeur de Camden (*Roundhouse, Camden lock*) en traversant la passerelle sur la voie ferrée. **Regent's Park Road** en est l'artère principale, avec ses boutiques chics et restaurants sympas. La colline de Primrose Hill offre l'un des meilleurs points de vue sur Londres et même la possibilité de faire de la luge les (rares) jours de neige! C'est un endroit très prisé de la jet-set et les prix s'en ressentent. L'immobilier y est aussi cher, voire plus cher qu'à Hampstead.
Le site *www.primrosehill.com* recense les commerces, services et restaurants du quartier. Très utile.

Petite enfance

Que ce soit pour les écoles privées ou publiques, les listes d'attente peuvent être longues et il est préférable de demander une inscription dans plusieurs écoles (il vous en coûtera, dans le privé, autour de £100 par dossier).

DAY-NURSERIES

Auden Place Community Nursery
1 Auden Place, NW1 8LT
020 7586 0098 - www.audenplace.co.uk
A **Primrose Hill**. 6 mois-5 ans. *Nursery* communautaire avec des prix raisonnables. Ouverte 51 semaines/an de 7h30 à 18h30.

Chaston Nursery
Chaston Place, off Grafton Terrace, Kentish Town, NW5 4JH
020 7482 0701
3 mois à 5 ans, minimum de 2 jours par semaine requis. Grande souplesse dans les horaires. 8-18h, Ouverte 49 semaines/an. Le cadre autour de la *nursery* n'est pas des plus agréables, mais la *nursery* est un véritable havre de paix pour les enfants. Equipe pédagogique dévouée, équipe administrative très professionnelle, propriétaire très sérieuse. Organisation par classe d'âge. 5 niveaux. Excellente jusqu'à 2/3 ans, un peu moins après, car l'organisation et la taille des salles se prêtent moins bien aux enfants les plus grands.

Church Row Nursery
Crypt Room, Hampstead Parish Church, Church Row, NW3 6UP
020 7431 2603
2-5 ans. *Nursery* privée mixte accueillant les enfants tous les matins en période scolaire. Inscription possible quelques après-midis par semaine. Sérieux, place garantie à *Hampstead Hill School* dans la suite logique du parcours pédagogique.

The Hampstead Activity Nursery
Christ Church, Hampstead Square, NW3 1AB
020 7435 0054
1-5 ans, 8h-18h. Grande souplesse dans le choix des jours et horaires. Située au cœur du village, dans le hall d'une église, elle ne ferme qu'une semaine par an. Equipe pédagogique dévouée et sympathique, le cadre est un peu rustique, mais les enfants s'y plaisent bien. Dernier rapport de l'*OFSTED* moyen. N'avoir aucune position créditrice vis-à-vis de la *nursery* au risque de ne jamais revoir son argent. A considérer quand on n'a pas d'autres solutions.

NANNIES

Des petites annonces de jeunes filles désirant travailler comme *nanny* ou femme de ménage sont affichées dans les petits commerces type marchands de journaux (*newsagents*), notamment à côté de la station de métro de *Finchley Road*, au n° 233 de l'avenue.

MOTHER & TODDLER GROUPS, PLAYGROUPS

Dans ces quartiers peuplés de jeunes familles, il y en a pour tous les âges et tous les goûts, de la musique au sport, art, travaux manuels, etc. Notre sélection :

▸ **Caroline's and Neal's singing**
www.greenmeansgo.co.uk

▸ Les groupes du **Swiss Cottage Leisure Centre** (➤ *Activités*): Toddler's World, Rascals, Aquatots.

▸ **Gymboree** dans le centre commercial O2, bien pratique pour faire ses courses pendant que bébé s'amuse.

▸ **Rhyme time**
Keats Community Library, 10 Keats Grove, Hampstead, NW3 2RR - 020 7431 1266
www.keatscommunitylibrary.org.uk
Comptes et comptines pour les tout-petits le mardi à 10h30 et le vendredi à 10h15 (£3 par enfant).

▸ **St Mary's Hall Playgroup**
134a Abbey Road, NW6 4SN
Lundi matin, 10h-12h. Hall très bien équipé en jouets. Lieu adapté pour rencontrer d'autres mamans et discuter. Présence indispensable d'un adulte responsable de l'enfant. Il est possible de louer ce très beau hall pour les anniversaires d'enfants.

Ecoles

La densité d'écoles est très importante dans ce quartier; l'accès aux « meilleures » y est aussi très compétitif. Il y a de la place pour tout le monde, mais ce n'est pas facile de s'y retrouver. On vous dira partout que la meilleure école est celle qui correspond à la personnalité de l'enfant et au profil de la famille, mais elle n'est pas forcément évidente à trouver, ni accessible en termes de prix ou de places disponibles. Dans certaines *prep-schools* privées, les enfants apprennent à lire entre 3 et 4 ans et ont parfois déjà des devoirs à faire à la maison en prévision des concours d'entrée qu'ils passeront à 7 ou 11 ans! Les écoles publiques accueillent tous les enfants sans sélection et sont ouvertes à la mixité sociale. Les meilleures s'efforcent de donner à ceux qui en ont besoin une attention individualisée et des cours d'anglais seconde langue (*ESL*).

ECOLES FRANÇAISES

Maternelle

▸ **Pomme d'Api**
86 Wildwood Road, NW11 6UJ - 020 8455 1417
1-4 ans, 8h-18h. £1,100 / trimestre pour 5 matinées / sem.

▸ **Ma Petite Ecole**
The Rosary Primary School, 238 Haverstock Hill, NW3 - 079 4196 4609 - www.mapetiteecole.co.uk
Ecole FLAM (Français Langue Maternelle). Enseignement du français pour francophones scolarisés dans l'enseignement anglais. Ne suit pas le CNED volontairement, mais l'ensemble du programme scolaire français. Organisme privé. Samedi de 10h à 12h ou de 12h à 13h . 15 classes pour 102 élèves.

Maternelle, primaire, secondaire bilingue français/anglais

▸ **Collège Français Bilingue de Londres (CFBL)**
Tout proche (➤ *Chapitre Kentish Town*). Deux bus le desservent de Hampstead, ou Belsize Park :
– le **bus 46** depuis Fitzjohn's Avenue via Rosslyn Hill, la rue principale de Hampstead, Pond Street, Constantine Road, Agincourt Road, Southampton Road et Malden Road
– le **bus 24** depuis Constantine Road, Agincourt Road, Southampton Road et Malden Road.
L'*Overground* (le métro aérien) est également une bonne option, depuis Frognal, Finchley &Frognal et Hampstead Heath.
Le **CFBL** ne commençant qu'à partir de la GS, une petite école maternelle s'est installée à Tufnell Park pour les enfants de 2 à 5 ans.
Elle est à environ ¼ d'heure en voiture de Hampstead et Belsize Park (pas très facile

d'accès en transport en commun). Voir Les Petites Etoiles, ➤ *Chapitre Kentish Town*.

◗ **Le Lycée Français de Londres** est à 30 min par la *Northern Line.*
Un minibus privé conduit les enfants d'Hampstead, West Hampstead et South-Hampstead au Lycée Français de South Kensington. Si le transport scolaire vers le Lycée Français de South Kensington intervient dans le choix de votre habitation, il est recommandé de les contacter afin de vérifier que l'endroit où vous souhaitez vous installer est bien desservi. Ce service revient assez cher (£50/semaine).
Eebuses: 020 3740 6365

ECOLE BILINGUE

◗ **Chalcot Montessori School AMI**
9 Chalcot Gardens, NW3 4YB
020 7722 1386 - www.cmsami.co.uk
2 ans 1/2 à 6 ans. Petite école mixte bilingue Montessori d'environ 24 enfants. Après une adaptation progressive, les enfants sont scolarisés de 9h à midi pour les petits et de 9h à 13h pour les plus grands, tous les jours de la semaine. La fondatrice et responsable, Johana Morfey, ainsi que son équipe pédagogique offrent un cadre et une qualité exceptionnels aux enfants en termes d'apprentissage. Les enfants en ressortent avec un bon bagage. Environ £1,160 - £2,420/trimestre le matin.

ECOLE INTERNATIONALE

◗ **South Bank International School**
16 Netherhall Garden, NW3 5TH
020 7243 3803 - www.southbank.org
Ecole privée mixte 3-11 ans. £5,000 à £8,000/trimestre. Suit le programme du *Baccalauréat International* (*Primary Years, PYP*). La scolarité continue à l'établissement secondaire de Westminster (➤ *Chapitre 2 Education*). Petites classes, importance des langues, *ESL*. Très bon équipement informatique. Nombreuses activités extrascolaires.

ECOLES ANGLAISES

La population d'Hampstead étant très cosmopolite et constituée de nombreux expatriés de passage, bien que les listes d'attente soient souvent longues, des places se libèrent souvent en cours d'année ou entre avril et juin. De nombreuses écoles privées et *prep-schools* s'adressent à cette population aisée, internationale et mobile.

Ecoles gratuites

Nursery & Primary schools

L'entrée dans les écoles publiques gratuites est assurée en fonction de la carte scolaire. Très difficile pour les bonnes écoles, à moins de n'habiter qu'à quelques centaines de mètres de l'école.

◗ **Christ Church School**
Christchurch Hill, Hampstead, NW3 1JH
020 7435 1361 - www.christchurchschool.co.uk
Ecole mixte anglicane. 4-11 ans (*Reception - Year 6).* Très bonne réputation. Le niveau est excellent. L'uniforme est obligatoire. Il vaut mieux être de confession anglicane pour avoir des chances d'y entrer.

◗ **Fitzjohn's Primary School**
86A Fitzjohn's Avenue, NW3 6NP - 020 74359797
Ecole publique mixte 3-11 ans. Située en plein *Hampstead* village, cette école, à l'atmosphère familiale et conviviale, est très réputée. Mais les places sont rares, mieux vaut habiter en face pour avoir des chances d'être pris.

◗ **Fleet Primary School**
Fleet Road, NW3 2QT - 020 74852028
Petite école publique mixte 3-11 ans. Située près de logements sociaux, mais excellente réputation. *OFSTED outstanding.*

◗ **Gospel Oak Primary & Nursery School**
Mansfield Road, NW3 2JB - 020 7485 7435
Ecole publique mixte 3-11 ans. Bonne école de quartier. *OFSTED outstanding.*

◗ **Hampstead Parochial School CofE Primary School**
Holly Bush Vale, NW3 6TX - 020 7435 4135
Ecole anglicane mixte 4-11 ans. Située dans le village de Hampstead, voisine du cinéma *Everyman*, au fond de l'impasse. L'uniforme est obligatoire. Petite école conviviale à l'ambiance familiale avec une population très diversifiée. L'admission est ouverte aux enfants de confession catholique. Beaucoup d'activités extrascolaires, soutien *ESL*.

◗ **New End Primary School**
Streatley Place, NW3 1HU - 020 7431 0961
Ecole publique mixte 3-11 ans. Bien située au cœur du village de Hampstead. *OFSTED Good.*

◗ **St Luke's Church of England School,**
12 Kidderpore Avenue, NW3 7SU
020 7435 5604 - www.stlukesschool.org.uk
"*Free School*" anglicane très demandée.

Les deux écoles ci-dessous sont jugées «*outstanding*» par l'*OFSTED,* car elles réussissent, alors qu'elles reçoivent une majorité d'enfants immigrés ou demandeurs d'asile, à les amener au-dessus de la moyenne nationale en fin de cursus primaire. A considérer si vous habitez dans le quartier:

Primrose Hill Primary School
Princess Road, NW1 8JL - 020 7722 8500

Rosary Roman Catholic Primary School
238 Haverstock Hill, Hampstead, NW3 2AE
020 7794 6292

Ecoles payantes

Nursery & Primary schools

Hampstead Hill School
St Stephens Hall, Pond Street, NW3 2PP
020 7435 6262 - www.hampsteadhillschool.co.uk
Ecole privée mixte dirigée par une équipe familiale. 2-8 ans. Grande souplesse. 7h45-17h30. Atmosphère chaleureuse. Curriculum très académique et excellente préparation aux meilleures écoles anglaises. Activités extrascolaires. Inscription sur la base du premier arrivé, premier servi.

Heathside Preparatory School
16 New End, NW3 1JA et 84A Heath Street, NW3 1DN - 020 7794 5857
www.heathprep.co.uk
Prep-school mixte primaire 3-11 ans. Ecole chaleureuse et familiale d'environ 120 enfants. Petits effectifs, classes limitées à 12/14 enfants. Nombreuses activités dans le cadre de l'école: leçons de piano, échecs, ballet, théâtre… Pour la *nursery,* option 5 matinées ou temps plein, 9h-15h30. £5,000-8,000/an.

Maria Montessori School
26 Lyndhurst Gardens, NW3 5NW - 020 7435 3646
www.mariamontessorischools.co
2 ans 1/2-1 ans. Réseau du *Maria Montessori Institute* réparti sur 6 sites (*Hampstead, West Hampstead, Notting Hill, Bayswater, Holland Park à Crouch Hill*). Située dans un hall d'église très spacieux.

St Mark's Square Nursery School
St Mark's Church, NW1 7TN - 020 7486 8383
www.stmarkssquarenurseryschool.org.uk
A Primrose Hill. 2-6 ans. 9h-15h30. Bonne réputation. *OFSTED outstanding.*

St Mary's School, Hampstead
47 Fitzjohns Avenue, NW3 6PG - 020 7435 1868
www.stmh.co.uk
2-11 ans. *Prep-school* catholique de filles avec quelques garçons (jusqu'à 7 ans). 270 élèves. Ouverte aux non-catholiques (beaucoup d'Américains). Bons résultats. £2,235-£4,140/trimestre.

St Christopher's School
32 Belsize Lane, Hampstead, NW3 5AE
020 7435 1521
www.st-christopher.hampstead.sch.uk
Prep-school de filles 4-11 ans. £4,325/trimestre. 230 élèves. Bonne réputation.

Sarum Hall School
15 Eton Avenue, Hampstead, NW3 3EL
020 7794 2261 - www.sarumhallschool.co.uk
Ecole privée de filles 3-11 ans. £7,000 à £12,000/an. 170 élèves. Superbes locaux modernes et lumineux. Ecole à caractère familial assez traditionnelle. Non sélective, donc entrée possible en cours de scolarité si des places se libèrent.

Primary & Secondary schools

St Anthony's School
90 Fitzjohn's Avenue, NW3 6NP - 020 7435 3597
www.stanthonysprep.org.uk
Prep-school privée garçons 4-13 ans. Catholique. Piscine et cour. £5,320-£5,430/trimestre.

The Academy School
3 Pilgrims Place, Rosslyn Hill, NW3 1NG
020 7435 6621
www.academyschoolhamptead.com
Prep-school privée mixte 6-13 ans. 70 élèves. £15,000/an. Petits effectifs, respect des rythmes de chacun. Matières académiques le matin et sport, musique et art l'après-midi.

Trevor-Roberts School
55-57 Eton Avenue, NW3 3ET
020 7586 1444
Prep-school privée anglicane mixte, 5-13 ans. £11,000-£12,500/an. Ecole familiale qui met l'accent sur l'épanouissement des enfants plutôt que les résultats scolaires.

Secondary Schools

Fine Arts College
14 England's Lane, NW3 4YD - 020 7586 0312
www.hampsteadfinearts.com
Etablissement privé mixte 14-19 ans. 160 élèves. £6,110/trimestre. Spécialisé dans les arts, mais propose aussi d'autres sujets. Enseignement assez flexible pouvant convenir à des enfants créatifs qui ont du mal à s'adapter dans des écoles plus conventionnelles.

Nursery, primary & secondary schools

Devonshire House Preparatory School
2 Arkwright Road, NW3 6AE - 020 7435 1916
www.devonshirehouseschool.co.uk

2 ans 1/2-13 ans, mixte. Très bonne école répartie sur 3 sites séparés, dans des bâtiments victoriens magnifiques au coeur d'Hamsptead. £4,500-£5,360/trimestre. Equipe dirigeante et administrative très professionnelle. Cadre très formel. Inscription sur la base d'un concours d'entrée à 2 ans / 2 ans ½. Solvabilité des parents étudiée de près.

Hereward House School
14 Strathay Gardens, Hampstead, NW3 4NY
020 7794 4820 - www.herewardhouse.co.uk
Prep-school de garçons 4-13 ans. 175 élèves. £4,700-£4,965/trimestre. Bonne réputation.

North Bridge House School
1 Gloucester Avenue, NW1 7AB - 020 7267 6266
www.northbridgehouse.com
2-16 ans. Ecole privée mixte et non confessionnelle de 900 élèves. £4,205-£5,520. Bonne réputation. Cette école est répartie sur 3 sites à Hampstead (*nursery, junior school, senior school*). Pas trop académique, mais bons résultats.

St Margaret's School
18 Kidderpore Gardens, NW3 7SR
020 7435 2439 - www.st-margarets.co.uk
Ecole privée de filles 4-16 ans. 155 élèves. £3,470-£4,020/trimestre. Ecole à caractère familial, l'attention particulière portée aux élèves. Bons résultats.

South Hampstead High School
Junior school:
Netherhall Gardens, NW3 5RN - 020 7794 7198
Senior School :
3 Maresfield Gardens NW3 5SS - 020 7435 2899
www.shhs.gdst.net
Ecole privée très réputée pour filles 4-18 ans. L'une des 20 meilleures écoles secondaires de Londres. £4,023-££5,074/trimestre. Locaux assez exigus.

The Hall School
23 Crossfield Road, NW3 4NU
020 7722 1700 - www.hallschool.co.uk
Prep-school pour garçons 4-13 ans. £4,820-£5,480/trimestre. 450 élèves. Bonne école très académique.

University College School
Ensemble composé de 3 écoles :
The Phoenix School (3-7 ans): *36 College Crescent, Hampstead, NW3 5LF - 020 7722 4433*
Junior Branch (7-11 ans): *11 Holly Hill, Hampstead, NW3 6QN - 020 7435 3068*
Senior School (11-18 ans): *Frognal, Hampstead, NW3 6XH - 020 7435 2215*
www.ucs.org.uk
Ecole privée mixte 3-18 ans sur trois sites. Mixte de 3-7 ans, puis garçons seulement de 7-16 ans, puis mixte 16-18 ans. L'une des 20 meilleures écoles secondaires de Londres. Population internationale. Ecole assez libérale, mais qui obtient de bons résultats.

Logement

Petit village, **Hampstead** est traversé par deux rues principales: **Hampstead High Street** et **Heath Street**. L'idéal est de pouvoir habiter dans les petites ruelles bordant ces deux axes et sur la colline afin de de pouvoir bénéficier de l'atmosphère de village et de pouvoir conduire ses enfants à l'école à pied.

Dans **Hampstead village**-même, les maisons sont souvent étroites sur 3 niveaux, un peu sombres et une terrasse sera tout ce que vous pouvez espérer de verdure pour des prix à l'achat ou à la location assez élevés (un budget de £1,700 à £2,000/semaine pour une *townhouse* de 3 chambres avec terrasse, plus de £2M à l'achat). On peut trouver des appartements de 3 chambres à partir de £1,500 par semaine et des maisons de 5 chambres autour de £2,500 par semaine. A noter, les prix sont inférieurs de près de 30% l'hiver et repartent à la hausse l'été quand toutes les familles arrivent. Cette différence n'a pas lieu dans les autres quartiers de Londres. Pour des prix similaires, vous pourrez avoir des surfaces plus grandes et de vrais jardins si vous êtes en rez-de-chaussée ou en *garden flat* un

peu à l'ouest du village d'Hampstead, mais il vous faudra probablement une voiture.

Les prix vont décroissant quand on descend vers **Belsize Park** (quartier qui présente un niveau de commodités similaires à celui d'Hampstead, boutiques chics en moins). Les prix sont encore plus abordables si l'on s'éloigne de l'axe Nord/Sud vers **Golders Green, Chalk Farm** et **Camden**, à l'ouest vers **Finchley Road, Swiss Cottage, West Hampstead** et à l'Est vers **Kentish Town, Tufnell Park, Dartmouth Park**.

Dans ces micro-quartiers, compter entre £500 et plus de £900/semaine pour un appartement de 3 chambres et entre £800 et plus de £1,500 par semaine pour une maison de 3/4 chambres.

Transports

MÉTRO

Le village de Hampstead est desservi par la *Northern Line* (stations: **Hampstead** et **Belsize Park**) pour se rendre à la *City* ou dans le *West End*.
Les autres quartiers sont proches de la *Jubilee Line,* dont les stations **Finchley Road** et **Swiss-Cottage** sont situées entre Belsize Park et South-Hampstead sur l'avenue Finchley Road, où l'on trouve les grandes surfaces Waitrose, Sainsbury's, Habitat et de nombreux petits commerces. Il y a également la station **West-Hampstead**.

BUS

Les lignes de bus ne sont pas très nombreuses, mais elles sont très bien étudiées pour aller (presque) partout.
C11 Archway –Brent Cross dessert le sud d'Hampstead/Belsize Park en passant par Swiss Cottage, West Hampstead et Brent Cross (« *the* » centre commercial du Nord de Londres).
La ligne 46 permet d'aller de Hampstead/Belsize Park vers Paddington d'un côté (accès direct à Heathrow) ou Holborn de l'autre côté, en passant par St Pancras.
La ligne 168 permet de rejoindre les berges sud de la Tamise à hauteur de Waterloo.
La ligne 24 est la ligne parfaite pour sortir le soir (route vers Tottenham Court Road et Leicester Square) ou pour faire du tourisme (Victoria station, Buckingham Palace, Trafalgar Square, Horse Guards parade, White Hall, Westminster Abbey).

TRAIN

La ***Silverlink*** passe par West-Hampstead, Hampstead Heath et Finchley Road & Frognal. Très pratique pour rejoindre St Pancras et la *City*. ***L'Overground***, métro aérien, est pratique pour rejoindre Kentish Town Ouest, tout proche du CFBL.

VÉLO

Attention, ça monte ! Il faut compter 30 mn à vélo pour aller dans la *City* (aller) et 45 mn pour le retour.

Sports

(A Adulte, E Enfant)

CLUBS MULTISPORTS

Cumberland Lawn Tennis Club and Hampstead Cricket Club AE
25 Alvanley Gardens, NW6 1JD - 020 7435 6022
www.cltc-hcc.com
Club typiquement anglais avec *entrance fee* (£540) et membership annuel (£795) donnant droit à de multiples activités: tennis, cricket, squash, hockey, etc. Cours et compétitions pour les enfants. Nombreuses activités sociales (tournoi, club nights, social tennis...). Une bonne façon de s'intégrer.

Marriott Regents Park Leisure Club A
128 King Henry's Road, NW3 3ST
020 7449 4411 - www.marriottleisure.co.uk
Piscine, sauna, spa, parking gratuit.

SpringHealth Leisure Club A
81 Belsize Park Gardens, NW3 4NJ
020 7483 6800 - www.springhealth.net
Athlétisme, cricket, course à pied, vélo, pêche, football, practice de golf, hockey, cheval, pétanque, natation (dans les 3 étangs), tennis, volleyball. Garderie.

Swiss Cottage Sports Centre
Adelaide Road, Camden, NW3 3NF
020 7974 2012
Deux piscines, mur d'escalade, salles de sport, terrains de basket, badminton... Programme de cours divers (gymnastique, yoga, etc.). Garderie. Spa (traitements et massages). Sauna. Club de natation.

The Armoury - Jubilee Hall Clubs Hampstead AE
25 Pond Street, NW3 2PN- 020 7431 2263
www.jubileehalltrust.org
Gym + studio avec divers cours. *Pay as you go*: £10/jour ou /cours. Egalement un lieu d'activités pour les enfants: ballet et gymnastique.

Parliament Hill Lido

UCS Active E
Frognal, Hampstead, NW3 6XH
020 7433 2121 - www.ucsactive.org.uk
Club sportif affilié à l'école du même nom (*cf. ci-dessus*). Activités pour les enfants.

Virgin Active Swiss Cottage AE
Unit 2 Level 1, 02 Centre, 255 Finchley Road, NW3 6LU - 020 7644 2400 - www.virginactive.co.uk
Une garderie est à la disposition des membres. Organisation d'anniversaires d'enfants.

ARTS MARTIAUX

The Pantha Karate Club E
Hall School, 23 Crossfield Road, NW3 4NU
www.panthakarateclub.co.uk - 030 8445 2588
5-14 ans. Cours le lundi et le jeudi soir.

DANSE

Chantraine School of Dance E
020 7435 4247 ➤ *Chapitre Activités*

Rona Hart School of Dance E
Rosslyn Hill, Willoughby Road, NW3 1SB
020 7435 7073
Ecole de jazz, ballet et claquettes.

Swiss Cottage Dance E
Swiss Cottage Community Centre, 19 Winchester Road, NW3 3NR - Miss Angelina: 079 7468 2123
www.swisscottagedance.com
Leçons de ballet pour enfants le samedi matin.

FOOTBALL

League One Football Academy E
www.leagueone.co.uk
Sessions de foot après la classe et le samedi matin dans plusieurs écoles du quartier. Possibilité d'organiser un match pour un anniversaire. Stages pendant les vacances scolaires.

ESCRIME

Haverstock Fencing Club E
Haverstock Fencing Club
Haverstock School, Haverstock Hill, Chalk Farm, NW3 2BQ - www.haverstockfencing.net
Club très professionnel, prix sympas et maîtres d'armes très professionnels. Prêt de l'équipement complet. 6-9 ans, le mercredi de 18h à 18h45 (£60/trim); 9-13 ans, le mardi et jeudi de 18h à 19h30 (£105/trim).

NATATION

Parliament Hill Lido
Près de l'entrée Gospel Oak.
Piscine en plein air, bassin de 60mx28m non chauffé. Lundi-vendredi 10h30-coucher du soleil, le week-end à partir de 10h.

TENNIS

Hampstead et son immense *Heath*, un vrai paradis pour les joueurs de tennis!

Globe Tennis Club E
190 Haverstock Hill, NW3 2AL (à côté du métro Belsize Park) - Gaddo Guidotti : 078 3772 0736
www.londontennisacademy.com
Cours l'année et stages pendant les vacances.

West Heath Lawn Tennis Club AE
Croftway, Ferncroft Av, NW3 7PQ
www.westheathltc.co.uk - 020 8452 1455
Club sympathique pour jouer sur gazon. Pas de débutants.

YOGA

Triyoga Primrose Hill
6 Erskine Road, Primrose Hill, NW3 3AJ
020 7483 3344 - www.triyoga.co.uk
Cours de yoga et pilates réputés ; Autres

activités : acuponcture, aromathérapie, différents types de massages, homéopathie, hypnothérapie, nutrition, kinésithérapie... Calme, ambiance un peu *New Age*, café agréable, smoothies et nourriture bio. Garderie (4 mois-2 ans).

Activités
artistiques et culturelles

(A Adulte, E Enfant)

COURS POUR ADULTES

The Hampstead School of English A
553 Finchley Road, NW3 - 020 7794 3533
Grande flexibilité de cours. Pratique pour les jeunes filles au pair si on habite West-Hampstead, South-Hampstead ou Swiss-Cottage.

COURS DE LANGUES

Club Petit Pierrot E
www.clubpetitpierrot.uk.com
Huggle, 8-10 Winchester Road, NW3,
le mardi matin
St Mark's Church Hall, Abercorn Place (corner of Hamilton Terrace), NW8,
les jeudi, vendredi, samedi suivant les âges. Club de français pour enfants anglophones 8 mois-8 ans. C'est un excellent moyen pour les enfants des couples mixtes qui sont dans le système anglais d'entretenir leur français dans un cadre ludique. Classe structurée, cours animés par des professeurs français. Pour les plus petits un mélange de chansons, d'art et de travaux manuels.

MUSIQUE

Fleet singers
Gospel Oak Methodist Church, Agincourt Road, NW3 2NT
Chorale de quartier non religieuse et récréative. Répertoire classique. Concert de *Christmas Carols* à Noël. Population cosmopolite. Répétitions lundi soir 19h30-21h30.

Proms at St Jude's
Central Square, Hampstead Garden Suburb, NW11 7AH
www.promsatstjudes.org.uk - 020 3322 8123
Festival de musique en juin. Bon programme de Proms.

THÉÂTRE

Allsorts Drama for Children
South Hampstead High School, 3 Maresfield Gardens NW3 - 020 8969 3249 ou 020 8767 5298
www.allsortsdrama.com
Cours de théâtre le samedi à 10h pour les 4-6 ans.

Central School of Speech & Drama
62-64 Eton Avenue, NW3 3HY
020 7722 8183 - www.cssd.ac.uk
L'une des plus célèbres écoles de théâtre du Royaume-Uni. Cours pour les enfants (6-17 ans) le samedi matin de 11-13h. £180/trimestre. Egalement des cours du soir pour adultes.

Razzamataz Theatre Schools
NW3 et NW5
www.razzamataz.co.uk
Cours de théâtre, chant et danse pour les enfants (4-18 ans).

Creative Movements
www.creativemovements.co.uk
Ginny: 020 7435 8217
Cours de théâtre, comédie musicale, chant, danse, etc. dans plusieurs sites dans le quartier. Cours de "*Drama Therapy*" pour enfants *SEN*.

Vie sociale

Belsize French Club A
Hampstead Town Hall, 213 Haverstock Hill, NW3 4QP - Marion Hill : 020 7722 2965
belfrclub@gmail.com
Groupe de personnes majoritairement anglaises qui se retrouvent une fois par mois le mercredi pour échanger en français sur des thèmes culturels. Excellent moyen de rencontrer des Anglais, mémoires du quartier, dans sa langue maternelle.

Santé

NHS

Pour trouver un *GP* proche de chez vous, consultez le site *www.nhs.uk*.

Hôpital

Royal Free Hampstead Hospital
Pond Street, NW3 2QG - 020 7794 0500
Hôpital généraliste, service d'urgence, cardiologie, département psychiatrique. Spécialisé dans les maladies du foie et des reins, les cancers et le virus Ebola.

Pédiatrie

Les *Children Centres* organisent des *baby clinics* en semaine. Vous pouvez peser votre nouveau-né, faire vacciner les moins de 5 ans et rencontrer un *health visitor* sans rendez-vous. Pas de *GP* disponible dans ces centres mais « *referral* » possible à des équipes d'orthophonistes anglais ou à des médecins spécialistes dans le cadre de difficultés d'allaitement. Expat Guide en a testé deux, mais vous trouverez une liste sur le site de votre *borough*.

Gospel Oak Children Centre
Lismore Circus, London, NW5 4RA
020 7974 3484
Baby clinic deux jours par semaine. Visites possibles de consultants en lactation.

Harmood Children Centre
1 Forge Place, London, NW1 8DQ
(off Ferdinand Street) - 020 7974 5207
« *Drop-In* » gratuit sponsorisé par le *Camden Council* dans le quartier, essentiellement tourné vers les problèmes d'allaitement (les biberons sont aussi les bienvenus). Cours de massage pour les nouveaux-nés. Opportunités d'échanges et de rencontres avec d'autres jeunes mamans sous l'œil d'une *health visitor* consultante en lactation et d'une équipe de bénévoles. Thé et petits gâteaux offerts. Premier tremplin pour lutter contre la dépression *post-partum*!

MÉDECINE PRIVÉE

Gynécologue, obstétricien
CRM London, Park Lorne,
111 Park Road, NW8 7JL - 020 7616 6767
www.ivfcliniclondon.com
Centre de procréation assistée privé.

Kinésithérapeute

The Hampstead Physiotherapy Practice
12 Church Row (près de l'église), NW3 6UT
020 7794 9078 - www.hampsteadphysio.com

Achats

La vie commerçante s'organise essentiellement sur un axe nord/sud **Hampstead station/Chalk Farm station** le long d'**Hampstead High Street** qui devient Rosslyn Hill puis Haverstock Hill et finit par rejoindre le célèbre **Camden Market** plus au sud.

Au sud d'Hampstead, sur la grande avenue commerçante **Finchley Road,** entre les stations de métro Finchley Road et Swiss Cottage se trouvent les supermarchés, grands magasins et la galerie commerciale **O2 Centre,** tandis que le village compte de nombreuses petites boutiques de charme. Sans oublier la principale attraction touristique du quartier, Camden Market, un concentré bariolé de stands de vêtements et gadgets pour adolescents, brocante, disques, artisanat, et quelques marchands de meubles. A éviter le dimanche si vous vivez dans le quartier!

Camden Market 7/7j, 9h-17h30
Camden High Street, NW1 Camden Town
020 7284 2084 - www.camdenlock.net

ALIMENTATION

Marchés

Farmers' Market Swiss Cottage
Eton Avenue, Swiss Cottage, London NW3 3EU
Tous les mercredis de 10h à 15h.
A **Primrose Hill**, des stands s'installent dans la rue le week-end dont un bon fromager/charcutier français.

Autres commerces

Sur **Hamsptead High Street**, on trouve les boulangeries **Maison Blanc** et **Paul**.
A **Primrose Hill**, les commerces alimentaires se trouvent presque tous sur **Regent's Park Road**.

Fresh & Wild
49 Parkway Camden Town, NW1 7PN
020 7428 7575
Très grande variété de produits naturels ou biologiques, et produits sans blé ou sans gluten par exemple pour les personnes allergiques. Epicerie, vente de légumes frais et plats cuisinés.

Giacobazzi's Delicatessen
150 Fleet Road, NW3 2QX- 020 7267 7222
Très bon traiteur italien. Réputé pour les pâtes fraîches fourrées. Tout y est bon, vous pouvez y aller les yeux fermés pour des prix presque raisonnables.

Hampstead Seafoods
78 Hampstead High Street, NW3 - 020 7435 3966
Le poisson y est toujours très frais (poissonnier du *Hampstead community market*).

The Hampstead Butcher & Providore
56 Rosslyn Hill, Hampstead, NW3 1ND
020 7794 9210 - www.hampsteadbutcher.com
Traiteur, très bon rayon fromages à l'arrière.

Budgens
199-205 Haverstock Hill, Belsize Park, NW3 4QG
020 7794 0163
Petit supermarché qui tente de se fournir localement et de prendre soin de l'environnement. Soutient divers projets dans la communauté. Grand nombre de produits francais (fromages, gateaux...).

MUSIQUE

Hampstead Pianos
131-133 Abbey Road, NW6 4SL - 020 7624 8895
www.hampsteadpianos.co.uk
Vente et location de pianos neufs ou d'occasions. Réparation/rénovation.

GRANDS MAGASINS/CENTRES COMMERCIAUX

Brent Cross
Prince Charles Drive Barnet, NW4 3FP
020 8202 8095 - www.brentcross-london.com
Centre commercial situé à 15 mn d'Hampstead en voiture, non loin de la *North Circular Road*. Accessible par le bus **C-11**. Ouvert lundi-vendredi 10h-20h, samedi 9h-19h et dimanche 11h-17h. Nombreux magasins dont des grandes surfaces comme Fenwick, John Lewis et Marks & Spencer.
En face de Brent Cross, Tesco, Toys R Us, Currys, PC World.

Costco Wholesale Watford
Hartspring Lane, Watfords, Herts - 01923 699 805
Centrale d'achat, style Metro.

AUTRES

A noter d'autres pôles commerçants à **South End Green** à côté de la station d'*Overground* Hampstead Heath, autour de **England's Lane** dans **Belsize Park** et la charmante **Regent's Park Road** à Primrose Hill.

Beauté

Lost in Beauty
117 Regents Park Road, Primrose Hill, NW1 8UR
Boudoir / salon de beauté, beaucoup de charme, très féminin et agréable.

Le marché de Primrose Hill

Témoignage d'une gastronome installée à Hampstead

Le **Farmers' Market** *le mieux achalandé de la région est celui de* **Parliament Hill Fields,** *tous les samedis 10h-14h (les horaires peuvent varier en fonction des saisons). C'est là qu'il faut acheter ses légumes et ses fruits de saison et son pain (pour la semaine), le poissonnier y est tout à fait respectable.*

Le **community market** *d'Hampstead qui se cache dans une allée minuscule non loin de la poste (78 High Street) est ouvert tous les jours sauf les dimanche et lundi. La poissonnerie et le boucher (***Naturally Meat***) y sont d'excellente qualité. Boucher qui est d'ailleurs le meilleur à la ronde (meilleur que Hampstead Butchers plus en vue un peu plus bas sur la High Street et Barrett's & Son sur England's Lane). Le week-end il y a des stands supplémentaires dans le Community Centre d'à côté: un stand de nourriture française (fromage, charcuterie), un très bon boulanger et un pâtissier français mais il a oublié sa langue maternelle après trop de temps passé en Angleterre! Dans la salle commune à coté, vous pouvez prendre un sandwich ou une soupe, à la bonne franquette (et pourquoi pas croiser Jude Law) ! Les bénéfices contribuent à la vie du centre communautaire de Hampstead qui propose des activités de 7 à 77 ans.*

Couture

Manuela
20B Oriel Court (derrière TK International), NW3 6TE - 020 7431 9283
Petite allée à laquelle on accède depuis la deuxième rue principale de Hampstead, *Heath Street*. Le travail est de qualité et les prix à l'avenant, mais on y est plus à l'aise pour faire des essayages que derrière le comptoir d'un teinturier.

Céramiques

Well Walk Pottery Shop
49 Willow Road, NW3 1TS - 020 7435 1046
Boutique connue de céramique. Organise des cours de poterie.

Sortir

PARCS ET AIRES DE JEUX

Hampstead Heath
Information centre 020 7433 1917 / 020 7482 7073
www.cityoflondon.gov.uk
Cet immense parc est le lieu des promenades mais aussi celui de multiples animations. Deux belles aires de jeux à Golders Hill et Parliament Hill.

A **Parliament Hill**, en bordure du Heath, nombreux **jeux pour les enfants**, grand bac à sable, pataugeoire ouverte l'été 11h30-18h. Animations pour enfants: marches, événements autour de la vie sauvage, spectacles (clowns, acrobates,...) de juin à fin août.

Marches organisées toute l'année dans le *Heath* d'avril à septembre. Certaines ont lieu à 18h30 ou 20h30, d'autres l'après-midi, pour les chiens par exemple.

Les rues étroites et sinueuses de Hampstead ne favorisent pas le **vélo**, tandis qu'il est très règlementé dans le Heath où les promeneurs et les enfants sont privilégiés.

Nombreux **concerts gratuits** l'été, notamment de jazz le dimanche 15h-17h. Voir également Kenwood House et *www.picnicconcerts.com*

Golders Hill Park est une extension du Heath. Mini-zoo et très beau *playground*.

Bathing Ponds
020 8348 1677
www.cityoflondon.gov.uk/hampstead
Trois étangs naturels surveillés et aménagés où l'on peut nager toute l'année. Un pour les femmes, un pour les hommes et un mixte. Vestiaires et pelouse pour bronzer l'été.

Hampstead Heath

Interdits au moins de 8 ans, les 8-16 ans doivent être accompagnés par un adulte.

Primrose Hill
Très grande aire de jeux bien équipée.

MUSÉES

Burgh House
New End Square, Hampstead, NW3 1LT
020 7431 0144 - www.burghhouse.org.uk
A la fois musée, salle de concerts, lieu de réunion (cours de yoga), avec un café en terrasse et sous-sol.

Camden Arts Centre
Arkwright Road, NW3 6DG - 020 7472 5500
www.camdenartscentre.org
La galerie d'art est gérée par le *borough* de Camden. Célèbre pour ses expositions d'avant-garde, ses événements et ses cours, adultes ou enfants (peinture, poterie...).

Freud Museum
20 Maresfield Gardens, NW3 5SX
www.freud.org.uk - 020 7435 2002
En 1938, Sigmund Freud arriva à Hampstead. Il y vécut peu de temps, mais son bureau et sa collection de statuettes sont toujours là.

Keats House
10 Keats Grove, NW3 2RR
www.keatshouse.cityoflondon.gov.uk
020 7332 3868

Freud Museum

Primrose Hill

Musée consacré à la vie et au travail du poète John Keats. De 1818 à 1820 il y écrivit ses principaux poèmes. Fermé le lundi. £5.50, gratuit pour les enfants.

THÉÂTRES

Hampstead Theatre
Eton Avenue, NW3 3EU - 020 7722 9301
Depuis 43 ans ce théâtre programme des pièces originales ou des reprises.

New End Theatre
27 New End, NW3 - 020 7794 0022

Pentameters Theatre
Above Three Horse Shoes
28 Heath Street, NW3 6TE - 020 7435 3648

CINÉMAS

Everyman Cinema
Hampstead et Belsize Park
www.everymancinema.com
Excellente sélection de films. Salles cosy et bar sympathique. Fauteuils et canapés (oui!) grand confort. Séances *baby-club* l'après-midi pour vous et votre bébé, boisson chaude et pâtisserie incluses dans le prix du ticket.

JW3
London Jewish Cultural Centre, 341-351 Finchley Road, NW3 6ET - 020 7433 8988 - www.jw3.org.uk
Bonne programmation de films, festival du film juif, films français. Egalement cours d'hébreu, français et arabe et activités pour les enfants de 5 à 14 ans, y compris l'été.

RESTAURANTS

Beetroot Deli
92 Fleet Road, Hampstead Heath, NW3 2QX
020 7424 8544 - www.beetrootdeli.co.uk
Epicerie polonaise. Le patron est charmant. Large choix de plats de jour. Les sandwichs sont excellents et leur *cheesecake* n'a rien à envier à ceux de New York.

Brew House Café
Kenwood House ,Hampstead Lane, NW3 7JR
020 8341 5384
Charmant café dans un cadre superbe.

La Cage Imaginaire
16 Flask Walk, NW3 1HE
020 7794 6674 - www.la-cage-imaginaire.co.uk
Cuisine française, très abordable, accueil chaleureux, les enfants sont les bienvenus, réserver absolument en soirée (petite salle), on y parle un peu le français.

Le Cellier du Midi
28 Church Row, NW3 6UP
020 7435 9998 - www.lecellierdumidi.com
Décor rustique, accueil sympa, cuisine française familiale.

La Cocotte
85b Fleet Road, NW3 2QY
020 7433 3317 - www.la-cocotte.co.uk
South End Green. Le chef est français, la cuisine aussi. L'équipe est charmante, et le rapport qualité prix imbattable. La carte est limitée mais elle change régulièrement. Les produits sont frais.

Café Noir
South End Green, juste à côté du terminus du bus 24. Meilleur café expresso du quartier. Najib, le patron marocain fait son café lui-même. Il est charmant et connait tout sur le quartier qu'il pratique depuis plus de 10 ans. Il prépare aussi des sandwichs à la demande.

Goldfish
82Hampstead High Street, NW3 1RE
020 7794 6238 - www.restaurantprivilege.com
Cuisine chinoise de qualité. Le restaurant est plaisant avec sa fontaine à l'entrée remplie de poissons. Les enfants sont les bienvenus. Le menu est très varié. Nous avons gouté et aimé la salade de soft shell crab, les crevettes aux fruits de la passion, le plateau de *dim sum*, leurs desserts à base d'avocat ou de mangue.

Jin Kichi
73 Heath Street, NW3 6UG- 020 7794 6158
www.jinkichi.com
Restaurant japonais installé depuis longtemps. Excellent. Il présente un choix de plats japonais qui va bien au-delà des sushis/sashimis. Réservation vivement conseillée deux à trois jours à l'avance.

Rosmarino
1 Blenheim Terrace, NW8 OEH- 020 7328 5014
Très bon restaurant italien. Cadre agréable.

Safir
116 Heath Street, NW3 1DR- 020 7431 9888
Spécialités nord-africaines.

Villa Maria
1 Perrins Court, NW3 1QS
020 7435 3131 - www.villabiancacanw3.com
Restaurant italien haut de gamme, prix élevés, cadre agréable avec une salle en étage (et pianiste les week-ends).

Trojka
101 Regents Park Road, Primrose Hill, NW1 8UR
020 7483 3765 - www.trojka.co.uk
Notre préféré parmi les nombreux restaurants de la rue. Spécialités russes et d'Europe Centrale, excellentes patisseries (strudel), cadre sympa et chaleureux et prix très raisonnables, surtout à déjeuner.
83 Hampstead High Street, NW3 1RE - 020 7794 7863

PUBS

The Spaniards Inn
Spaniards Road, NW3 7JJ - 020 8731 6571

L'un des plus vieux *pubs* d'Hampstead, XVIIIe, ancienne résidence de l'ambassadeur d'Espagne où les poètes Keats, Shelley et le peintre Reynolds se rendaient. L'intérieur est resté comme à l'époque tout en bois avec des plafonds très bas. Il y a une terrasse fort agréable l'été, les enfants sont les bienvenus.

The Freemasons Arms
32 Downshire Hil, Hampstead Heath, NW3 1NT
0207 433 6811 - www.freemasonsarms.co.uk
Cuisine inventive, décor moderne, salles spacieuses, avec un grand jardin en saison. Réservation vivement recommandée le week-end.

The Garden Gate
14 South End Road, Hampstead, NW3 2QE
020 7435 4938
www.thegardengatehampstead.co.uk
Pub très agréable avec une terrasse. Barbecue en saison. Excellent rapport qualité/prix. Les enfants ne sont pas acceptés après 19h. Cuisine anglaise de qualité.

The Wells
30 Well Walk, NW3 1BX- 020 7794 3785
Dans le vieux Hampstead. Cadre agréable et cuisine très correcte de type *gastro pub*. Pris d'assaut les week-ends, réservations vivement conseillées.

Céder à la tentation de la campagne anglaise

Témoignage

Arrivant des Etats-Unis où nos filles, âgées de 7 et 8 ans, avaient été scolarisées dans une école franco-américaine, nous voulions profiter de notre séjour en Angleterre pour consolider leur bilinguisme. N'ayant pas trouvé d'établissement bilingue qui nous convienne, nous avons fait le choix de l'enseignement anglais, avec cours de français par correspondance en parallèle.

Par ailleurs, ayant goûté aux charmes de la *suburban life* aux Etats-Unis et constatant le prix très élevé des loyers dans Londres, nous avons orienté nos recherches vers le Surrey, la ceinture verte au sud-ouest de Londres. Nous avons d'abord choisi une école: sur recommandation d'amis américains arrivés peu avant nous et après avoir visité quelques établissements, nous avons jeté notre dévolu sur une grande *prep school* (4 à 13 ans) à Oxshott. Ensuite, ne restait plus qu'à trouver un logement: c'est ainsi que nous avons atterri dans la petite ville voisine, **Esher,** dans une maison très spacieuse avec un grand jardin, pour un loyer équivalent à celui d'une petite maison dans South Kensington.

Nous étions aussi attirés par la perspective d'essayer de nous intégrer complètement dans un environnement britannique, sans céder à la facilité, pourtant si agréable, du microcosme français.

Le *commuting*, pour mon mari qui travaille dans la *City*, est certes long (une heure), mais les liaisons en train sont bonnes (avec une arrivée à la **gare de Waterloo**) et, même en vivant dans Londres, il n'est pas rare d'avoir un trajet de plus d'une demi-heure.

Au bout de trois ans, le bilan est positif : nous apprécions l'espace, le calme et la verdure, ainsi que l'immense offre de sports ou d'activités diverses à immédiate proximité de chez nous. Nos filles ont choisi le tennis, le football, la danse moderne, les claquettes, le théâtre… mais une multitude d'autres choix auraient été possibles, par exemple le ski (à **Sandown Ski Park**) ou le patinage sur glace dans l'immense centre de loisirs de Guildford…Tout ceci s'ajoute aux activités sportives ou artistiques offertes dans le cursus scolaire ou en *after school clubs* sur le campus de l'école.

Pour les week-ends, entre les balades en vélo ou à pieds dans les sentiers forestiers, le golf dans les nombreux parcours des environs, les visites de jardins ou de propriétés du ***National Trust***, les loisirs ne manquent pas.

Nos filles sont scolarisées dans des conditions particulièrement agréables, dans une école qui accorde une place importante à tous les aspects du développement de l'enfant ; leur anglais est bien sûr parfaitement consolidé, tandis que les **Cours Legendre**, que nous avons choisis pour le français par correspondance, se font sans trop de difficultés à raison de 2 à 3 heures par semaine (un peu plus pendant les vacances). Nos filles étant maintenant à l'âge de l'entrée au collège, nous n'avons pas encore décidé si le choix du système anglais est définitif. Pour l'instant, elles passent les pré-tests pour l'entrée (à 13 ans) dans les *senior schools* anglaises, mais nous n'excluons pas la possibilité d'un retour vers un enseignement secondaire français ou bilingue, puisque celui-ci semble maintenant se développer davantage.

Nous nous sommes liés avec de nombreuses familles britanniques ou internationales, rencontrées par le biais de l'école ou des clubs de sport et avec qui les activités sont variées.

Bien sûr, le ***Surrey*** n'offre pas l'animation de Londres, loin s'en faut, mais Londres reste très proche, et je m'y rends souvent, pour les virées culturelles, pour le shopping ou pour retrouver mes amies françaises. Parce que les *mince pies* et le *mulled wine* c'est bien, mais une bonne galette des rois entre copines, c'est pas mal non plus! **Caroline**

Pour toute question: contact@expatguide.co.uk

Kensington Chelsea

Ce chapitre couvre le sud du grand *borough* de Kensington & Chelsea, de Kensington High Street à la Tamise. Pour la partie nord, voir "Notting Hill-Holland Park".

South Kensington (South Ken) est le cœur du quartier français, historiquement regroupé autour du pôle d'attraction que constituent le **Lycée Français, le Consulat et l'Institut Français**. Chic, agréable à vivre et facile d'accès, c'est aussi un quartier excessivement cher. L'habiter est donc un grand privilège; on est au cœur de la ville tout en bénéficiant de la verdure, de la proximité de **Hyde Park** bien sûr, mais aussi des multiples jardins privés sur lesquels donnent de nombreux appartements. Sans oublier les charmantes ruelles fleuries des *mews* réaménagées (**Kynance Mews, Ennismore Gardens...**). Ses larges artères donnent un sentiment d'espace tandis que les nombreuses façades blanches lumineuses égaient les jours les plus gris. Quartier très international aussi, tellement fréquenté par la communauté française qu'il est difficile de partager le quotidien des Anglais. Mais **les musées des Sciences et d'Histoire Naturelle** sont parmi les plus appréciés des enfants, de même que le **Victoria & Albert Museum** par leurs parents.

Tous les commerçants sont à proximité, notamment autour de South Kensington (nombreuses boutiques françaises). Les grands magasins sont sur **Kensington High Street**, tandis que les boutiques de mode et de décoration se trouvent plutôt du côté de Chelsea. Dans les années 60, **Chelsea** était le quartier bohème de Londres, où vivaient de nombreux artistes. Les modes s'y créaient et les jeunes les adoptaient avec enthousiasme. Aujourd'hui, les grandes chaines internationales ont remplacé les marques indépendantes et on est bien loin de l'ambiance *punk* des débuts de **Vivienne Westwood** et des **Sex Pistols**. **King's Road**, la rue commerçante la plus chic de Londres, est autant connue pour ses magasins que pour les *people* qui font leur *shopping* et que l'on peut observer à la terrasse d'un café.

Cependant, Chelsea a su conserver un charme de village avec ses maisons multicolores, ses petits jardins et ses rues bordées d'arbres. On y dispose de tous les commerces et services, de nombreuses lignes de bus et de deux lignes de métro qui relient rapidement le centre de Londres. Les artistes des années 60 ont laissé la place à une population internationale, souvent employée dans la finance. Chelsea attire les familles en raison de ses écoles de qualité. Ce quartier agréable et animé a pourtant un revers: les loyers sont parmi les plus élevés de Londres et les cambriolages fréquents.

Vers **West Brompton** et **Earl's Court,** l'animation est plus intense et le quartier se fait plus populaire, tout en restant résidentiel. Ces quartiers comptent également de nombreux *pubs* et restaurants qui valent le détour.

Petite enfance

Pour toute information rendez-vous au *Children's Centre* dont vous dépendez. La liste est sur le site du *Royal borough of Kensington and Chelsea*: *www.rbkc.gov.uk*

GARDERIE

Kensington Crèche
120 Ifield Road, SW10 9AF
079 0840 0827 - www.kensingtoncreche.co.uk
3 mois - 5 ans, 9h à 13h, lundi à vendredi. £10 de l'heure (minimum 3h, maximum 4h). Bonne garderie. Cour extérieure avec balançoire.

AUTRES

Gambado Chelsea
7 Station Court, Townmead Road, SW6 2PY
020 7384 1635 - www.gambado.com
Playground intérieur avec mur d'escalade, jeux, etc. Jusqu'à 12 ans (gratuit pour les moins d'un an). Ouvert le week-end. Présence des parents obligatoire mais café, wi-fi… Tout près de l'*Overground Imperial Wharf*.

DAY-NURSERIES

Chelsea Open Air Nursery School and Children's Centre
51 Glebe Place, SW3 5JE - 020 7352 8374
www.chelseaopenairnursery.co.uk
3-4 ans. 60 places. Bonne réputation, gratuite. Pour obtenir une place, critère de proximité et inscription dès l'âge de 2 ans. Liste d'attente, mais le délai peut être court (désistement). Demi-journée pour les plus jeunes, 9h-11h30 ou 13h-15h30. Holiday Club pour les 3 à 7 ans. Les plus grands restent la journée complète. *OFSTED oustanding*.

Chelsea Pre-prep & Nursery
St Andrews Church, Park Walk, SW10 0AU
020 7352 4856
www.chelseapreprepandnursery.co.uk
2-5 ans, lundi-vendredi 8h30-16h. £1,800-£2,420/trimestre. *OFSTED oustanding*.

The French Nursery School Les Chatons
Baden-Powell House, Queen's Gate, SW7 2ST
020 7259 2151
1-5 ans. Près du Lycée. Mode de garde très souple. 9h-12h et 13h-15h. Sans exigence de durée. Equipe bilingue qualifiée encadrée par une puéricultrice française. Yoga.

Iverna Gardens Montessori
Armenian Church Hall, Iverna Gardens, W8 6TP
020 7565 0850 - www.iverna.com
2 ans 1/2-5 ans. 9h-12h et 13h-15h30. £2,300/trimestre à mi-temps l'après-midi, £2,430 le matin. Cours de français une fois par semaine en supplément.

Ladybird Nursery School
Crypt St Jude's Church, 24 Collingham Road, SW5 OLX - 020 7244 7771
www.ladybirdschool.com
2 ans 1/2-5 ans. Tous les jours 9h30-12h30, 12h30-15h45. Holiday Club. Locaux en sous-sol mais accès direct au jardin (*common*). Très bonne équipe pédagogique. Idéal pour acquérir l'anglais dans une atmosphère détendue. £2,300/trimestre.

Queensberry Nursery
24 Queensberry Place, SW7 2DR
020 7581 0200 - www.queensberrynursery.com
1-5 ans. £380/semaine pour les bébés jusqu'à 18 mois ; £3,000-£4,000/ trimestre matinées ou journées.

Pooh Corner Kindergarten
St Stephen's Church Hall, 48 Emperor Gate, SW7 4HJ - 020 7373 6111
www.thekindergartens.com
2-5 ans. 9h-12h15 ou 13h30-15h45. Méthode Montessori. Assez haut de gamme.

Tadpoles Nursery School
Park Walk Play Centre, SW10 0AY - 020 7352 9757
2 ans 1/2-5 ans. 9h30-12h30 et 13h-15h. £2,200/trimestre le matin, £2,000 l'après-midi. Jardin, piscine, locaux agréables. Méthode Montessori, *OFSTED outstanding*.

Violet Melchett Children's Centre
30 Flood Street, SW3 5RR - 020 7352 1512
3 mois-5 ans, lundi-vendredi, 8h-17h45. £50/jour (£46 pour les plus de 3 ans). Gratuit pour les personnes à faible revenu. *OFSTED outstanding*.

Ecoles

ÉCOLES FRANÇAISES

Lycée Français Charles de Gaulle de Londres
35 Cromwell Road, SW7 2DG
www.lyceefrancais.org.uk - 020 7584 6322
4-18 ans. Ecole française homologuée. Très grand établissement géré par l'Agence pour l'Enseignement Français à l'Etranger. Ecole primaire, collège, lycée et *British section* (*Year 10 to Year 13*).

Une seule association de parents d'élèves (APL), mais très active. L'adhésion, minime, se fait sur *www.apl-cdg.org.uk* et vous permet

Hall du Lycée Français, 35 Cromwell Road

de recevoir le magazine ***L'Echo*** tous les deux mois (*www.lecho.org.uk*).

Maternelle et primaire

Grande Section de Maternelle - CM2
22 classes. 28 à 30 élèves par classe.
Tarifs : £1,628-£2,124/ trimestre. Des ateliers sont proposés le mercredi après-midi.
Chorale ouverte à toute la communauté du Lycée le mercredi. Ascenseur et cantine spécifiques pour les maternelles.
Cour séparée pour le primaire.

Collège et lycée

42 classes de collège, 33 de lycée. Bac général L, ES, S. Classe européenne à partir de la 4e. Section britannique à partir de la 3e, filière séparée pour des élèves bilingues qui souhaitent suivre le cursus britannique (8 classes). Les résultats aux *A Levels* en font l'une des meilleures écoles anglaises au classement de l'*OFSTED*.
Anglais première langue obligatoire, enseigné dès le CP (plusieurs groupes de niveaux).
Seconde langue: allemand, espagnol, russe, arabe, italien.
Frais de scolarité : £1,987/trimestre au collège-lycée, £3,408/trimestre en *British Section*.
Des bourses scolaires sont possibles.

Admission

Les pré-inscriptions se font en mars.
Le site de South Kensington étant saturé, les candidatures sont acceptées dans la limite des places disponibles et selon un ordre de priorité publié sur le site internet du Lycée. Pour le secondaire, il est fortement conseillé d'effectuer des demandes d'affectation dans les deux autres établissements de Londres, CFBL et LIL.

ECOLES ANGLAISES

Vous trouverez une liste exhaustive des écoles publiques du quartier à la mairie de Kensington et Chelsea ou à la bibliothèque. En voici quelques-unes recommandées par des parents français.

Nursery & Primary schools

***State school* et écoles confessionnelles (gratuites)**

Ashburnham Primary School
17 Blantyre Street, SW10 0DT
020 7352 5740 - www.ash.rbkc.sch.uk
3-11 ans. Mixte. 190 élèves.

Bousfield Nursery and Primary School
South Bolton Gardens, SW5 0DJ - 020 7373 6544
www.bousfieldprimaryschool.co.uk
3-11 ans. 9h-15h30. Bonne école de quartier, réputée pour son ouverture (plus de 40 nationalités et une cinquantaine de familles françaises). Les enfants sont pris en compte et responsabilisés. Equipe pédagogique de grande qualité. Inscription directement auprès du *Borough*, admission sur critère de proximité (difficile en *nursery*). Belle bibliothèque. Activités extra-scolaires.

Marlborough Primary School
Draycott Avenue (entrée Sloane Avenue), SW3 3AP - 020 7589 8553
www.mpschool.co.uk
3-11 ans. Mixte. 180 élèves. Bon niveau. *Special Needs.*

Park Walk Primary School
Park Walk, King's Road, SW10 0AY - 020 7352 8700
www.parkwalk.rbkc.sch.uk
3-11 ans. Mixte. 168 élèves.

Our Lady of Victories Catholic Primary School
Clareville Street, SW7 5AQ - 020 7373 4491
www.olov.rbkc.sch.uk
3-10 ans. Nombreux Français. Références catholiques nécessaires pour l'admission. 2 cours de français par semaine. Très bon niveau. *OFSTED outstanding.*

St Barnabas and St Philips' CE Primary School
Pembroke Mews, 58 Earls Court Road, W8 6EJ
020 7937 9599 - www.sbsp.rbkc.sch.uk
5-11 ans. Ecole confessionnelle *Church of England (CE)*. Admission sur critères religieux, mais ouverte aux non-croyants habitants localement. Excellente réputation.

Servite RC Primary School
252 Fulham Road, SW10 9NA
020 7352 2588 - www.serviteprimaryschool.co.uk

Ecole catholique mixte. 3-11 ans. 235 élèves. Bonne école de quartier, réservée aux familles catholiques pratiquantes.

Privées (payantes)

Cameron House School
4 The Vale, SW3 6AH - 020 7352 4040
www.cameronhouseschool.org
110 élèves, mixte, 4-11 ans. £5,625/trimestre. Petite école intimiste avec de bons résultats.

Eaton House The Vale
2 Elvaston Place, SW7 5QH - 020 7584 9515
www.eatonhouseschools.com
4-11 ans. *Independent school* mixte et très accueillante. Pas de cour, les enfants sont emmenés à *Kensington Gardens* tous les jours pour le sport. Activités extrascolaires. £4,710/trimestre.

Falkner House
19 Brechin Place, SW7 4QB - 020 7373 4501
www.falknerhouse.co.uk
4-11 ans. *Independent school* pour filles (mixte pour les 3-4 ans). 150 élèves. Bons professeurs, niveau élevé, pour élèves travailleuses. Admission selon places disponibles en liste d'attente. £5,350/trimestre (£2,675 pour la *nursery*).

Garden House School
Turks Row, Chelsea, SW3 4TW
020 7730 1652 (Girls' School) / 020 7730 6652 (Boys' School) - www.gardenhouseschool.co.uk
3-11 ans, avec un *kindergarten* mixte (matin ou après-midi) et deux écoles séparées pour filles et garçons (récréations mixtes). 455 élèves. Petites classes, bon esprit, sport quotidien. Jardin agréable. £6,600-£6,800/trimestre (£4,240 pour le *kindergarten* à mi-temps). La plupart des garçons partent vers 8 ans et libèrent des places. Nombreux Français. Liste d'attente.

Glendower Preparatory School
86/87 Queen's Gate, SW7 5JX
020 7370 1927 - www.glendowerprep.org
4-11 ans. *Independent school* de filles. Uniforme. Ecole académique et traditionnelle, beaucoup de travail, mais de bons résultats. Nombreuses élèves françaises. Cours de français langue maternelle 3 fois par semaine, cours de danse avec *The Chelsea Ballet School*. Admission selon places disponibles en liste d'attente. £5,665/trimestre (fournitures et déjeuner compris).

The Hampshire School, Chelsea
15 Manresa Road, SW3 6NB
020 7352 7077 - www.ths.westminster.sch.uk
3-13 ans. *Independent school* mixte. £4,900 à £5,320/trimestre. Bon niveau général.

Hill House International Junior School
Hans Place, SW1X 0EP
020 7584 1331
www.hillhouseschool.co.uk
Independent school. 4-13 ans. Mixte. Grande école de 1 000 élèves, très internationale et de très bonne réputation. Annexe en Suisse, à Glion. Nombreux Français. Petites classes. Excellente éducation musicale (l'école possède 300 instruments). Sport 1 h/jour. Uniforme (très laid, mais pratique car on n'a pas besoin de se changer pour le sport). Admission sur dossier. £10,350-£14,100/an.

St Nicholas Preparatory School
23 Princes Gate, SW7 1PT
020 7225 1277
www.stnicholasprep.co.uk
3-13 ans. Beaucoup de Français. *Nursery* et *Reception* Montessori. £3,975 à £5,350/trimestre (repas en sus).
CNED du CP au CM2 français-maths à raison de 5 heures/semaine (£1,070/trimestre).

Ravenstone Preparatory School
24 Elvaston Place, SW7 5NL
020 7225 3131
www.ravenstoneschools.com
1-11 ans. Petite école anglaise située à proximité du Lycée Français. Personnel compétent. Bon accueil. Beaucoup de Français (1/4 des effectifs). Programme du CNED intégré. £4,865 à £5,625/trimestre, *lunch* inclus.

Redcliffe School
47 Redcliffe Gardens, SW10 9JH
020 7352 9247
www.redcliffeschool.com
Independent school. 3-8 ans (garçons), 3-11 ans (filles). Uniforme. 145 élèves. Bonne école familiale. £4,375-£4,640/trimestre.

Thomas's Kensington
Deux sites quasi-adjacents dans des rues tranquilles au cœur de Kensington :
Preparatory School (4-7 ans): 17-19 Cottesmore Gardens, W8 5PR - 020 7361 6500
Lower School (7-11 ans): 39/41 Victoria Road, W8 5RJ - www.thomas-s.co.uk
4-11 ans. *Independent school* mixte. Longue liste d'attente. La plupart des élèves continuent à Thomas's Battersea jusqu'à 13 ans. Beaucoup de théâtre, sport, excellent niveau mais chère : £6,000- £6,300/trimestre (réductions si plusieurs enfants).
OFSTED outstanding.

Primary Schools

State school et écoles confessionnelles (gratuites)

Christ Church Primary School
1 Robinson Street, Chelsea, SW3 4AA
020 7352 5708 - www.chchchelsea.rbkc.sch.uk
Ecole anglicane. 4-11 ans. 210 élèves. Très bonne réputation. *OFSTED outstanding*.

The Oratory RC Primary School
Bury Walk, Cale Street, SW3 6QH
020 7589 5900 - www.oratory.rbkc.sch.uk
Ecole catholique. 5-11 ans. 207 élèves. Uniforme. Très bonne réputation, réservée aux familles catholiques très pratiquantes.

St Mary Abbott CE Primary School
2 Kensington Church Court, W8 4SP
020 7937 0740
5-11 ans. Mixte. Ecole anglicane qui recrute sur critères religieux, mais quelques places sont réservées aux non-pratiquants. Charmants locaux attenants à une église, avec un air d'école de village en plein Kensington. *OFSTED outstanding*.

Privée (payante)

Sussex House School
68 Cadogan Square, SW1 0EA - 020 7584 1741
www.sussexhouseschool.co.uk
Independent school de garçons, 8-13 ans. 180 élèves. £5,610/trimestre. Très anglaise (Daniel Radcliffe est un ancien élève) et très académique, mais attire de nombreux Français.

Nursery, Primary & Secondary

Queen's Gate School
131-133 Queen's Gate, SW7 5LE
020 7589 3587 - www.queensgate.org.uk
4-18 ans. *Independent school* de filles. 450 élèves. Beaucoup de travail, mais un bon niveau. £5,250 à £6,100/trimestre. Admission sur examen à 11 ans, selon les places disponibles dans les autres classes. Très anglaise, très urbaine et très chic. Quelques Françaises.

Secondary schools

A savoir: comme de très nombreuses familles anglaises du quartier scolarisent leurs enfants dans le secondaire privé, les étrangers sont sur-représentés dans le public.

Chelsea Academy
Lots Road, SW10 0AB - 020 7376 3019
www.chelsea-academy.org
Ecole secondaire anglicane mixte installée dans des bâtiments tout neufs au Sud du *borough*. 11-18 ans. La moitié des places est prise par des élèves d'autres religions. 10% sont réservées à des élèves musiciens. Spécialité sciences (laboratoires très bien équipés). *OFSTED outstanding*.

Mander Portman Woodward
90-92 Queen's Gate, SW7 5AB
020 7835 1355 - www.mpw.cac.uk
14-19 ans. *College* (lycée) privé mixte. 525 élèves. Cours quasi à la carte en fonction du choix d'orientation des élèves. Choix immense. Bons professeurs, excellente orientation et bons résultats (plusieurs admissions à Oxbridge chaque année). Test d'aptitude en anglais à l'entrée. Une bonne solution de dépannage, bien que très chère : £8,247-£8,928/trimestre. Propose aussi du *tutoring* le soir ou pendant les vacances.

St Thomas More Language College
Cadogan Street, SW3 2QS
020 7589 9734 - www.stlmc.co.uk
Ecole catholique mixte gratuite. 11-16 ans. 637 élèves. Longue liste d'attente. *OFSTED outstanding*.

More House School
22-24 Pont Street, SW1X 0AA
020 7235 2855 - www.morehouse.org.uk
Ecole privée de filles, 11-18 ans, catholique mais acceptant des élèves de toute religion. 230 élèves. Petite école assez internationale, très forte en art, donc bien adaptée aux élèves non scolaires mais créatives. Entrée sur examen et sur dossier au *6th Form*. £5,500/trimestre (*lunch* inclus).

Logement

South Kensington et alentours

Le parc immobilier est le reflet du quartier: chic et cher. A **South Kensington**, on peut louer une maison de trois chambres entre £1,300 et £2,500/semaine. Plus proche du Lycée Français et des musées, les grandes maisons sont souvent divisées en appartements, l'endroit est colonisé par les Français (on appelle de quartier la "Froggy Valley"!). Compter £1,500 à £3,200/semaine pour la location d'un 4 chambres.

Autour d'**Earl's Court**, les prix baissent légèrement. Nombreuses familles françaises et internationales. Une ambiance de village règne autour des *mews*, squares et jardins privés dès que l'on quitte **Earl's Court Road** et sa forte circulation (axe Nord-Sud). On y

Maison à South Kensington

trouve de grandes maisons familiales avec jardin entre £1,500 et £2,500 / semaine.

Plus au Sud dans **West Brompton**, autour des **Boltons**, une quarantaine de magnifiques demeures très recherchées, car elles ont de grands jardins. Quartier chic très résidentiel: maison £3,000-£5,000/semaine, appartement de 3 chambres £700-£1,500 / semaine.

Plus haut, **entre Kensington High Street et Cromwell Road**, à l'ouest de **Gloucester Road**, des rues paisibles abritent de jolies maisons victoriennes. Nombreuses *mews* fleuries. Quartier très agréable, s'articulant autour de l'adorable petite rue commerçante de **Stratford Road**, maisons de 3 chambres à partir de £1,200 / semaine et de 4 chambres à £1,600-£2,500.

A l'Est, vers **Knightsbridge**, grands hôtels et grands magasins font de ce quartier très luxueux un lieu recherché par de nombreux étrangers, mais pollué par le traffic intense. Autour de **Brompton Square**, une maison standard se loue environ £3,000/semaine et un appartement £1,800-£2,800.

Chelsea

Chelsea est un quartier chic plein de charme qui présente des aspects variés. On y trouve de nombreuses et jolies maisons du XVIIIe et XIXe, parfois agrémentées de petits jardins, des rangées de façades peintes de couleur pastel, des rues bordées d'arbres, de superbes maisons géorgiennes, mais aussi des groupes d'habitations en briques rouges à loyer modéré et des immeubles de grand standing.

King's Road traverse Chelsea dans sa longueur. On y trouve tout: mode, restaurants, cinémas, mobilier design, mairie, supermarchés... C'est l'axe le mieux desservi par les transports en commun. Cette artère animée est parfois bruyante. Par contre, les petites rues latérales sont incroyablement calmes tout en restant proches des magasins et services de King's Road. Ce quartier particulièrement agréable à vivre a été la cible d'un engouement spectaculaire au cours de la dernière décade. Le loyer pour un appartement de 2 ou 3 chambres est de £900-£2,000 / semaine et pour une maison de 3 ou 4 chambres, de £1,500 à £2,800. On constate de grosses disparités de loyers au sein d'une même rue, souvent dûes à la qualité de la décoration et à la rénovation plus ou moins récente du logement.

En partant du secteur le plus Nord-Est et en tournant dans le sens des aiguilles d'une montre, on distingue 6 micro-quartiers:

Sloane Square, Cadogans et Pont Street: secteur commercial animé, où se situent la station de métro du même nom et le grand magasin **Peter Jones**. Alignements de belles maisons de style et de nombreuses constructions de briques rouges, dont beaucoup ont été divisées en appartements. Derrière ces immeubles se cachent de charmantes petites rues.

Royal Hospital: aux alentours de Royal Hospital Road se trouve un mélange de constructions anciennes et modernes. Attention à la circulation intense le long de la Tamise aux heures de pointe.

Old Chelsea: en se dirigeant vers l'Ouest, on rejoint le "vieux Chelsea" qui abrite les habitations les plus chères du quartier. A **Paultons Square**, admirer les maisons aux balcons en fer forgé (1840) édifiées autour d'un jardin central. Le long de la Tamise s'allonge **Cheyne Walk**, l'une des adresses les plus recherchées de Londres, avec ses jolies maisons XVIIIe. Dans les petites rues aux alentours, les maisonnettes se mêlent aux splendides demeures sur lesquelles les plaques bleues signalent leurs anciens habitants célèbres.

West Chelsea: à l'extrémité Ouest, le développement de **Chelsea Harbour** avec ses immeubles ultra modernes avec vue imprenable sur le Tamise, bénéficiant de garages, concierges et salles de gym, a permis de pousser les prix dans cette partie négligée du quartier. Maisons de styles variés, dont quelques maisons victoriennes et immeubles de standing variable.

Elm Park / Chelsea Square: quartier très résidentiel entre **Fulham Road et King's Road**. Les rues ont beaucoup de charme avec leurs maisons initialement destinées à des artistes, écrivains ou musiciens.

Chelsea Green / St Luke's: secteur proche du Lycée Français. Grands ensembles d'appartements récents et luxueux, souvent avec services (portier, parfois même piscine et gymnase) et multiples immeubles rouges populaires. Mais le charme de cet endroit tient à l'existence d'une petite place de village, **Chelsea Green**, avec ses magasins "à l'ancienne": boulanger, primeur, boucher, poissonnier..., boutiques de mode et restaurants. Enfin, les jardins de **l'église St Luke** et son immense aire de jeux sont très appréciables pour les familles.

Transports

Très bonne desserte de tout le quartier autour de **South Kensington** par le métro (*District et Picadilly Lines*), ainsi que par des bus, le **14** vers Fulham, le **49** vers Sheperd's Bush, le **70** vers Notting Hill, le **74** vers Earl's Court Road, Fulham et Putney.

Chelsea est plutôt mal desservie par le métro (en dehors de la station Sloane Square), mais sillonnée par les bus.

19: ligne des amateurs de shopping, elle dessert Knightsbridge (Harrods, Harvey Nichols), Piccadilly (Fortnum & Mason) et la Royal Academy of Arts, Piccadilly Circus (départ de Regent Street) et va jusqu'à Islington (Camden Market).

49: de Chelsea à Kensington High Street en passant par South Kensington, très utile pour aller au Lycée Français.

328: dessert la partie moins centrale de Chelsea et conduit à Earl's Court, Kensington High Street et Notting Hill Gate.

C1: de Sloane Square à South Kensington, Earl's Court et Kensington High Street.

MB Camps

Sports

(A Adulte, E Enfant)

CLUBS MULTISPORTS

Municipaux

Chelsea Sports Centre AE
Chelsea Manor Street, SW3 5PL
020 7352 6985 - www.gll.org
Nombreuses possibilités pour un coût modique, £5 la séance. L'abonnement n'étant pas obligatoire, c'est une formule avantageuse pour les personnes qui ne se rendent au club qu'une ou deux fois par semaine. Diversité des cours: yoga, aérobic, Pilates, gym... Salle équipée de machines. Piscine de 25m et un petit bassin. Leçons de natation individuelles ou collectives. Cours collectifs pour les enfants.

Privés

David Lloyd AE
Point West, 116 Cromwell Road, SW7 4XR
0345 129 6709
www.davidlloyd.co.uk/home/clubs/kensington
Assez cher, mais bien équipé. Piscine.

Ethos - Sport Imperial AE
7 Prince's Gardens, SW7 1NA - 020 7594 0910
www3.imperial.ac.uk/sports/facilities/ethos
Club de sport d'*Imperial College*. Accueil des extérieurs en journée et le week-end. Piscine 25 mètres, mur d'escalade, squash, badminton. Cours de natation pour enfants de 4-17 ans avec **Fast Fins** *(www.fastfins.co.uk, 079 6766 0050).*

Kensington Health Club
3rd Floor, 17A Old Court Place, W8 4PL
0845 270 9128 - www.virginactive.co.uk
L'un des plus chics (et chers) de la chaîne. Nombreuses classes de tous sports.

LAX South Kensington A
63/81 Pelham Street, SW7 2NJ
020 7838 0500 - www.lafitness.co.uk
Club tout près du métro South Kensington, piscine.

Anytime Fitness A
Royal Garden Hotel, 2-24 Kensington High Street, W8 4PT - 020 7361 1995
www.anytimefitness.co.uk
Centre qui propose des soins de beauté et des cours de gym, yoga, Pilates, etc., à la carte (£13 le cours). Intéressant si vous êtes de passage et ne souhaitez pas prendre d'abonnement.

Soho Gyms A
254 Earls Court Road, SW5 9AD
020 7370 1402 - www.sohogyms.com
£49/mois *off-peak* (tous les jours jusqu'à 17h et samedi et dimanche). *Day-pass* à £13 si vous n'êtes pas membre. Très bonne ambiance.

Aquilla Health & Fitness A
The Rembrandt Hotel, Thurloe Placem SW7 2RS
020 7225 0225 - www.aqillqhealthclub.com
Piscine utilisée pour les cours d'aqua-gym organisés par Londres Accueil.

NATATION

Fastfins AE
Ethos, Sport Imperial, Imperial College London, 7 Prince's Gardens, SW7 2AZ - 079 6766 0050
www.fastfins.co.uk
Leçons de natatation.

ARTS MARTIAUX

The Budokwai AE
4 Gilston Road, SW10 9SL
020 7370 1000 - www.budokwai.co.uk
Spécialisé dans les arts martiaux: judo, karaté, aikido, tai-chi, ju-jitsu et self-defence. Mini-judo pour les 4-7 ans, cours quotidiens pour les 6-13 ans. Professeurs qualifiés et sympas. Cours du soir et samedi matin pour adultes. Pour les petits de 18 mois à 3 ans, Babys and Toddlers, tous les matins, activités sportives et classes de peinture.

Sasori Karate Club AE
Chelsea Sports Centre, Chelsea Manor Street, SW3 5PL - 077 1006 6416 - www.sasori.co.uk
Cours de karaté mixtes, les lundi 16h30-20h et samedi 11h30-13h30. A partir de 8 ans.

DANSE

La Sylvaine School of Dance E
020 8208 5007 - www.lasylvaine.co.uk
➤ *Chapitre 15 Activités*
Cours dans plusieurs sites dont:
Bousfield School et Chelsea Centre.

ESCRIME

Escrime Academy AE
Baden-Powell House, 65-67 Queen's Gate, SW7 5JS - 079 7964 4596 (Annaick Dulac)
Cours de fleuret, épée et sabre. Matériel prêté par le club. Championnats.

FOOTBALL

Sporting Duet Academy E
www.sportingduetacademy.com
079 8420 4555 - Cyrille Allain

Le mercredi 12h45-15h30 (6-10 ans). Les enfants sont pris en charge devant le Lycée Français le matin, emmenés à Hyde Park et ramenés l'après-midi. Très pratique! Fonctionne également pendant les vacances comme un centre aéré.

KAYAK

Cremorne Riverside Centre AE
Cremorne Gardens, SW10 0QH
020 7349 9591
Club de Kayak sur la Tamise. Plusieurs sessions en drop-in à partir d'avril. Cotisation de £10/an pour les jeunes résidents du *borough* (£20 pour les autres), £15/session pour les adultes.

TENNIS

Hyde Park Tennis Centre AE
South Carriage Drive, W2 - 020 7262 3474
www.willtowin.co.uk
6 courts dans un cadre idyllique. Proximité d'un minigolf de 12 trous, que les enfants peuvent parcourir seuls. Cours individuels et collectifs. Stages pendant les vacances scolaires anglaises.

YOGA

Shanti Yoga Centre A
27a Warwick Gardens, W14 8PH
075 7094 5968
Charmant centre installé dans un magnifique et lumineux atelier d'artiste dans un jardin. Peu fréquenté.

Activités artistiques et culturelles

(A Adulte, E Enfant)

ART

Le quartier de South Kensington est connu comme le "*culture square mile*" du pays. Dans le même lieu sont en effet concentrées des institutions culturelles de tout premier ordre, comme les trois grands musées nationaux (***Natural History Museum, Science Museum, Victoria & Albert Museum***), des universités d'élite, comme le ***Royal College of Music, Royal College of Arts, Imperial College*** et enfin la ***Royal Geographical Society***, sans oublier la salle de spectacles et de concerts du ***Royal Albert Hall***. Certaines de ces institutions sont fermées au public, d'autres proposent cours, ateliers, concerts et séminaires tout au long de l'année.

Victoria & Albert Museum

CENTRE CULTUREL

Institut Français AE
17 Queensberry Place, SW7 2DT
020 7871 3545 - www.institut-francais.org.uk
Plutôt tourné vers les Britanniques (la mission de l'Institut est de faire rayonner la culture française), l'Institut organise des débats, rencontres avec des écrivains, cinéastes, artistes, etc. Le Ciné-Lumière propose une programmation variée de films français et étrangers en VO (sous-titres anglais), rétrospectives et débat-rencontres.
Grande bibliothèque adultes à l'étage. Emprunt (pour 3 semaines, 20 livres, DVD, CD et magazines) et consultation sur place de journaux et DVD en français. Cotisation annuelle. Fermée dimanche et lundi. Culturethèque (bibliothèque en ligne gratuite).
La bibliothèque pour enfants est au *32 Harrington Road, SW7 2DT.*
Films français et étrangers.

Le Bistrot
Situé au cœur de l'Institut Français et donnant sur la cour de l'école primaire du Lycée Français. Lieu de rencontre privilégié. On peut y prendre un café le matin après avoir déposé les enfants à l'école, y déjeuner sur le pouce, ou encore y goûter après l'école. Journaux et magazines français en consultation libre. Ouvert tous les jours jusqu'à 20h30.

COURS POUR ADULTES

Educa Tutors AE
3A Harrington Road, SW7 3ES
020 7584 5692 - www.educa-tutors.co.uk
Cours d'anglais. Egalement soutien scolaire en français.

Fast Languages AE
88 Peterborough Road, SW6 3HH
020 7736 9992 - www.fastlanguages.com
Cours d'anglais à domicile.

Kensington and Chelsea College A
Hortensia Road, SW10 0QS - 020 7573 3600
www.kcc.ac.uk
Nombreux cours pour adultes dans tous les domaines dans 3 centres différents. Très large choix de cours d'anglais. Pas cher.

MUSIQUE

Royal College of Music AE
Prince Consort Road, SW7 2BS
020 7591 4300 - www.rcm.ac.uk
Pour trouver des professeurs particuliers de musique parmi les étudiants. Se rendre sur place et laisser vos coordonnées. Il est possible aussi d'assister à des concerts gratuits sur place (programme sur le site).

Santé

HÔPITAL

Chelsea and Westminster Hospital
369 Fulham Road, SW10 9NH
020 3315 8000 - www.chelwest.nhs.uk
Service d'urgences pédiatriques. Bonne qualité, délais d'attente variables, moins de 3 heures, express en pédiatrie. Nombreuses spécialités (cardiologie, cancérologie, diabète, dermatologie, chirurgie, gynécologie), ainsi qu'un centre mères-enfants et une unité spécialisée dans la pédiatrie où l'on peut rencontrer des sages-femmes ou des infirmières pour enfants. Centre de FIV, plusieurs médecins français.
Vous pouvez également consulter au **Lister Hospital** (privé) à Pimlico ou au **Cromwell Hospital** à South Kensington (également privé).

MÉDECINE PRIVÉE EN FRANCAIS

Nombreux généralistes et spécialistes privés dans ce quartier qui concentre l'essentiel de l'offre médicale en français.

Dentistes et orthodontistes

Dr Nozha Khader
The Bryer Wallace Dental Practice,
53 Sloane Street, SW1X 9SW - 020 7235 668
Orthodontiste enfants et adultes. Orthodontie linguale-Invisalign™.

Queen's Gate Dental Practice
71 Queen's Gate, SW7 5JT
020 7373 6899 - www.queensgatedental.co.uk
Dentisterie générale, implants, orthodontie adultes / enfants en français.

Généralistes et spécialistes

Wilbraham Place Practice
9A Wilbraham Place, SW1X 9AE
020 7730 7928
Dr Laurence Jouinot (généraliste)
Dr Alexandre Nairi (généraliste)

BUPA Cromwell Hospital
162-174 Cromwell Road, SW5 0TU
020 7460 5700
Dr Chantal Dewast (gynécologue)
Dr Odile Lhopittalier (généraliste - médecine tropicale)

La Maison Médicale
10 Cromwell Place, SW7 2JN - 020 7589 9321
www.lamaisonmedicale.co.uk
Généralistes et spécialistes (ORL, angiologie-phlébologie, gynécologie, pédiatrie, rhumatologie, nutrition, échographie....).

Medicare Français
3 Harrington Gardens, SW7 4JJ - 020 7370 4999
www.medicare-francais.com
Généralistes et nombreuses spécialités. Dentistes et orthodontistes, analyses médicales, pédicure médicale. Pharmacie sur place.

The Health Partnership
12a Thurloe Street, SW7 2ST - 020 7589 6414
Dr Olivier Reymond (généraliste)

The Medical Chambers
10 Knaresborough Place, SW5 0TG
020 7244 4200 - www.themedicalchambers.com
Médecins généraliste et spécialistes anglais francophones et français.
Dr Catherine Fortin (généraliste, psychothérapeute)
Dr Isabelle Bénard (généraliste)
Dr Jérome Paris (ORL)
Dr Stéphanie Vergnaud (pédopsychiatre)
Dr Etienne Horner (gynécologue obstétricien)

Kinésithérapie / Ostéopathie

Physio For All
222 Old Brompton Road, SW5 0BZ
020 7373 0050 - www.physio4all.com
Equipe de 12 spécialistes pluridisciplinaires passionnée et experte en: douleurs de dos, blessures du sport, orthopédie, traumatologie, pédiatrie, kiné respiratoire, rééducation périnée-abdominale, sophrologie, massage et gym. Les réceptionnistes sont françaises.

Orthophoniste

Ileana Giesen
Gloucester Road - 077 0215 7979
igiesen@me.com
Orthophoniste française. Rééducation des troubles du langage écrit, de l'acquisition de la lecture et de l'orthographe.

Conseillère conjuguale et familiale

Violaine-Patricia Galbert
129 Gloucester Road, SW7 4TH
074 6977 4448
www.galbert-counselling.com
Consultations individuelles, de couple ou familiales.

Sophrologie

Joélya Maréchau
33 Thurloe Place, SW7 2HQ - 074 2875 4464

Vie sociale

Londres Accueil
13 Cromwell Place, salle 177, SW7 2JR
074 5400 0252 - www.londresaccueil.org.uk
L'association des Françaises à Londres.
Un must! Nombreuses sorties et activités.

Club de Bridge des Français de Grande-Bretagne *(The French Club)*
Young Chelsea, 32 Barkston Gardens, SW5 0EN
020 7373 1665
www.westminstercommunityinfi.org
Le lundi à 10h30, le mardi à 12h, le samedi à 19h.

Kensington and Chelsea Women Club
28 Old Brompton Road, SW7 3SS
020 7863 7562 - www.kcwc.org.uk
Cette association américaine regroupe environ 1 500 membres de diverses nationalités, afin de favoriser les contacts sociaux et culturels entre les expatriées et les Anglaises. Activités variées: cafés-rencontres, tennis, promenades dans Londres, conférences, bridge.

Achats

Ce quartier se trouve entre trois grandes zones commerçantes, Knighstbridge / Brompton Road, Kensington High Street et Chelsea. Le shopping y est donc roi et le site *www.streetsensation.co.uk* permet de visualiser toutes les boutiques de ces rues, avec leurs coordonnées.
Sur King's Road et High Street Kensington, nombreuses enseignes de mode, sport et chausseurs, ainsi que plusieurs magasins de meubles et décoration.
Sloane Street est réservée aux boutiques de luxe: Cartier, Chanel, Dior, Ferragamo, Hermès, Vuitton... Fulham Road aligne les boutiques de mode, mais aussi de nombreux magasins de meubles et antiquités. D'autres rues commerçantes chic, Walton Street, Beauchamp Place, mélangent les genres.

ALIMENTATION

Marchés

Bute Street
Tous les samedis matins jusqu'à 13/14h. Excellent poissonnier peu cher et des fruits et légumes en direct de la ferme. Prix abordables.

Startisans Market sur l'esplanade de Duke of York Square à Chelsea, tous les jours de 9h à 19h. Produits de qualité, plats cuisinés.

Autres

Frys of Chelsea
14 Cale Street, SW3 3QU - 020 7589 0342
Ce petit marchand de fruits et légumes approvisionne de nombreux restaurants. Qualité irréprochable. Prix raisonnables. Produits de saison rares: mâche nantaise, pommes de terre de Noirmoutier, girolles,...

Jago's of Chelsea
9 Elystan Street, SW3 3NT - 020 7589 5531
Boucherie de qualité, grand choix de viande, du gibier en saison: faisans, perdrix…

Le Pascalou
355 Fulham Road, SW10 9TW - 020 7352 1717
www.lepascalou.co.uk
Un vrai magasin français: bons produits d'origine, fromages, viande, poulet fermier (avec les abats!) et poissons, etc.

Tray Gourmet
240 Fulham Road, SW10 9NA - 020 7376 3350
www.traygourmet.co.uk
Traiteur français. Livre à domicile.

Whole Foods Market
63-97 Kensington High Street, W8 5SE
020 7368 4550 - www.wholefoodsmarket.com
Premier magasin anglais de cette chaîne américaine d'alimentation bio. Vente en vrac intéressante (*muesli bar* pour faire son propre muesli). *Food court* au 2e étage.

Manila Supermarket
11-12 Hogarth Place, SW5 0QT
Magasin asiatique dans une petite rue charmante. Arrivage de produits frais, citronnelle, herbes, choux chinois, feuilles de bananiers, piments et mille et une sauces asiatiques.

Rococo Chocolates
321 Kings Road, SW3 5EP
020 7352 5857
www.rococochocolates.com
Excellent chocolatier britannique primé au *International Chocolate Awards.*

Central Car Care
13-14 Osten Mews, SW7 4HW
020 7444 9000 - www.centralcarcare.co.uk
Garage: révisions, contrôles techniques, réparations, plaques d'immatriculation.

FLEURS - PLANTES

The Chelsea Gardener
125 Sydney Street, SW3 6NR - 020 7352 5656
Grand choix de plantes en pot, bulbes et graines, ainsi que des fleurs coupées et des branchages. Sapins et décoration de Noël en décembre. Cher. Très bel endroit.

Rassells of Kensington
The Lodge Nursery, 78-80 Earls Court Road, Pembroke Square, W8 6EQ - 202 7937 0481
Un pépiniériste installé dans un grand square depuis 1897. Nombreuses plantes et arbres. Prix élevés. Vente de sapins de Noël.

MUSIQUE

Kensington Chimes
9 Harrington Road, SW7 3ES - 020 7589 9054
Tous instruments et partitions.
Tableau d'affichage utile pour trouver un professeur particulier.

LIBRAIRIES

Bookthrift
22 Thurloe Street, SW7 2LT - 020 7589 2916
Livres neufs à prix réduits. Parfait pour les "beaux livres" d'art ou de spécialité.

Daunt Books
158-164 Fulham Road, SW10 9PR - 020 7373 4997
Libraire indépendant de qualité.

Librairie La Page
7 Harrington Road, SW7 3ES
020 7589 5991 - www.librairielapage.com
Librairie française très active, qui organise des événements et des signatures d'auteur.

Rayon papeterie, fournitures scolaires françaises, presse. Littérature enfantine. Elue Librairie Francophone de Référence 2012 par le Centre National du Livre. Inscrivez-vous à sa *Newsletter*.

The European Bookshop
123 Gloucester Road, SW7 4TE
020 7734 5259
www.europeanbookshop.com
Littératures française et européenne pour tous.

Sortir

PARCS

Hyde Park
LE gros avantage de ce quartier: habiter en plein centre-ville et pouvoir s'échapper dans cette grande et magnifique étendue de verdure (142 hectares). Promenades, pique-nique, détente, seul, en famille ou entre amis, vous oubliez la ville, le bruit, le stress... A chaque saison le parc est magnifique et même si vous croisez beaucoup de promeneurs le samedi après-midi, la sensation d'espace et de grand air vous oxygène.
Au centre, le lac artificiel **The Serpentine** avec une plage où il est possible de se baigner l'été! Cafés, location de canoës et pédalos. Equitation, tennis, boules. Quelques *playgrounds* pour enfants, au Nord et au Sud. Belle roseraie. A l'intérieur de Hyde Park, certaines allées sont dédiées aux vélos, rollers, pistes en terre pour les promenades à cheval.

Kensington Gardens
A l'ouest de Hyde Park, séparé de celui-ci par une route, une piste cyclable et une allée cavalière. En face de **Kensington Palace** (résidence du prince William et de la Princesse Kate), un très beau lac avec ses cygnes et ses canards. Les enfants sont enchantés de leur donner un peu de pain... Autour, une grande pelouse avec des transats en été, idéale pour un bain de soleil et profiter de la douceur de vivre. Au Nord de Kensington Gardens, on trouve *Peter Pan's playground*, la plus belle aire de jeux du pays, dédiée à la princesse Diana. Magnifique bateau pirate (un rêve grandeur nature pour les enfants), des structures d'escalade en bois, un parcours musical, des tentes et totems... Le tout dans un espace magnifiquement paysagé. Café à l'extérieur (propose un menu enfant).

Redcliffe Square
En face de l'église St Lukes, SW10
L'un des très rares jardins publics du *borough*, pour ceux qui ne bénéficient pas de jardins privés.

St Luke's Playground
Cale Street, SW3
Aire de jeux bien équipée pour les enfants jusqu'à 7/8 ans, située dans les jardins de l'église St Luke.

Brompton Cemetery
South Gate sur Fulham Road, North Gate sur Old Brompton Road
Parc royal de 16 hectares, ouvert de 8h jusqu'à la tombée de la nuit. Paisible cimetière du XIXe siècle avec ses tombes en ruine, ses fleurs sauvages et ses grands arbres aux corbeaux. Très agréable pour une promenade introspective. Possibilité de le traverser à vélo. Des visites guidées sont organisées sur les personnages célèbres et les essences d'arbres rares.

FESTIVAL

RHS Chelsea Flower Show
Fin mai, dans les jardins du *Royal Hospital* à Chelsea. L'événement annuel du jardin anglais organisé par la *Royal Horticultural Society*. Sa Majesté *The Queen* ne le manque pour rien au monde ! Réservez votre place dès décembre sur *www.rhs.org.uk/shows-events/chelsea*
Hyde Park accueille de nombreuses manifestations toute l'année: concerts, expositions, etc., et les célèbres *BBC Proms*.

MUSÉES

Victoria & Albert Museum
Cromwell Road, SW7 2RL
020 7942 2000 - www.vam.ac.uk
Musée d'art et de design, photographies, mode, meubles, bijoux, textiles...

Science Museum
Exhibition Road, SW7 2DD
0870 870 4868 - www.sciencemuseum.org.uk
Très intéressant pour toute la famille, avec des activités, des conférences, un cinéma Imax et des ateliers pour enfants, dès 3 ans. Tous les domaines de la science pure et appliquée.

Natural History Museum
Cromwell Road, SW7 5BD
020 7942 5000 - www.nhm.ac.uk
Très beau bâtiment néo-roman qui regroupe toutes les formes de vie de notre planète.

Kensington Gardens

Intéressant à tout âge. Ne pas manquer la *Earth Gallery*: vous entrez au centre de la Terre et assistez à un tremblement de terre et une éruption volcanique. Sans oublier la célèbre galerie des dinosaures.

Kensington Palace
Kensington Gardens, W8 4PX - 0844 482 7777
www.hrp.org.uk/ KensingtonPalace
Ancienne demeure de la Reine Victoria et résidence de William et Kate. Musée payant.

Serpentine Galleries
Kensington Gardens, W2 3XA
0207 402 6075 - www.serpentinegallery.org
Galerie d'art située au cœur de Kensington Gardens dans deux bâtiments. Choix éclectique d'artistes contemporains, souvent ludiques. Accès libre.

Saatchi Gallery
Duke of York's HQ, Kings' Road, SW3 4RY
020 7811 3070 - www.saatchi-gallery.co.uk
Immense galerie d'art contemporain du collectionneur Charles Saatchi. Nombreuses expositions. Accès libre.

Linley Sambourne House *(N.T.)*
18 Stafford Terrace, W8 7BH
020 7602 3316 - www.rbkc.gov.uk
Visites guidées les mercredi, samedi et dimanche. Demeure victorienne du caricaturiste Linley Sambourne, restaurée avec son décor original.

THÉÂTRE

Royal Court Theatre
Sloane Square, SW1W 8AS
020 7565 5000 - www.royalcourttheatre.com
Théâtre très renommé. Créations d'auteurs contemporains. Restaurant sympathique au sous-sol.

CONCERTS

Cadogan Hall
5 Sloane Terrasse, SW1X 9DQ - 020 7730 4500
www.cadoganhall.com
Derrière Sloane Square. Un genre de salle Pleyel avec une programmation de concerts classiques.

Royal Albert Hall
Kensington Gore, SW7 2AP - 020 7589 8212
www.royalalberthall.com
Célèbre salle ronde face à Hyde Park. Concerts en tous genres toute l'année. Ne manquez pas les concerts de Noël (*Christmas Carols*).
Johnny Halllyday, Charles Aznavour et Gad Elmaleh y sont passés.

Royal College of Music
Prince Consort Road, SW7 2BS - 020 7591 4300
www.rcm.ac.uk
Situé derrière le *Royal Albert Hall*, c'est l'un des meilleurs conservatoires de musique anglais. De nombreux concerts y sont donnés gratuitement toute l'année par les étudiants. *Masterclasses* avec des musiciens invités.

St Mary Abbots Parish Church
Angle de Kensington High Street et Kensington Church Street, W8 4HN
Concerts gratuits le vendredi à 13h par les étudiants du *Royal College of Music*. Apportez votre sandwich !

RESTAURANTS

Cambio De Tercio
163 Old Brompton Road, SW5 0LJ
020 7244 8970 - www.cambiodetercio.co.uk
Cuisine espagnole de qualité, raffinée et inventive qui rappelle un peu *El Bulli*...
En face, *Tendido Cero* est un bar à tapas excellent qui appartient aux mêmes propriétaires.

Launceston Place
1a, Launceston Place, W8 5RL - 020 7937 6912
www.launcestonplace-restaurant.co.uk
Excellente cuisine anglaise dans un cadre très calme. Une valeur sûre.

L'Etranger
36 Gloucester Road, SW7 4QT
020 7584 1118 - www.etranger.co.uk
Cuisine française d'influence orientale très réussie servie dans un cadre épuré. Très longue carte des vins. Bar au sous-sol.

The Gore
190 Queen's Gate, SW7 5EX
020 7584 6601 - www.gorehotel.com
Dans le cadre d'un hôtel très *british*, décor chaleureux, boiseries et gravures. Salle-bistrot

très plaisante. Bonne cuisine. Excellents cocktails à prix raisonnables.

The Orangery

Kensington Palace, Kensington Gardens, W8 4PX
020 3166 6112 (pas de réservations)
Une orangerie du XVIIIe convertie en restaurant. Décor soigné, endroit spacieux et lumineux où il fait bon se réchauffer après une bonne balade dans *Hyde Park* et prendre un thé accompagné d'un scone ou autre délicieuse pâtisserie. Restaurant également.

The Orangery

The Roof Gardens

99 Kensington High Street, W8 5SA
020 7368 3993
Accès par Derry Street. Jardin tropical à la fois surprenant et magnifique au dernier étage d'un immeuble d'High Street Kensington. Vous prendrez un cocktail au bord d'une petite rivière, où vivent des flamants roses ! Restaurant très chic et club/boite de nuit.

The Troubadour

263-267 Old Brompton Road, SW5 9JA
020 7370 1434
www.troubadour.co.uk
Superbe bar à vin tout en bois, où l'on peut jouer aux échecs ou écouter de la poésie. Magasin de vin reconnu dans tout le quartier. Soirées jazz également très sympas. (Pour vos amis de passage, possibilité de louer un appartement *Arts & Craft* ravissant à l'étage).

Garnier

114 Earls Court Road, SW5 9BQ
020 7370 4536 www.garnier-restaurant-london.co.uk
Restaurant français. Genre brasserie.Très bon rapport qualité/prix. Belle carte de vins français.

Bibendum Oyster Bar

Michelin Housem, 81 Fulham Road, SW3 6RD
020 7589 1480
Situé dans les locaux des anciens bureaux de Michelin, bonne ambiance et salade de crabe délicieuse.

Medlar

438 King's Road, SW10 0LQ - 020 7349 1900
Cuisine française inventive, excellent rapport qualité/prix.

PUBS

Devonshire Arms

37 Marloes Road, W8 6LA
020 7937 0710
www.thedevonshirearmskensington.co.uk
Vieux *pub*, fréquenté par les bobos du quartier. Terrasse agréable dès les premiers rayons de soleil, où sont servis des hamburgers au barbecue.

The Duke of Clarence

148 Old Brompton Road, SW5 0BE
020 7373 1285
www.geronimo-inns.co.uk
Gastro pub. Salle privée.

The Scarsdale Tavern

23A Edwardes Square, W8 6HE
020 7937 1811
www.fullers.co.uk
Charmant *pub* avec terrasse fleurie, dans un coin très tranquille au sud de High Street Kensington.

Kentish Town et Alentours

Camden
Islington
Highbury
Tufnell Park

Cette section **Kentish Town et Alentours** est délimitée:
- au nord par **Highgate Cemetery**. Au-delà, voir ➤ ***Quartier Hamsptead Heath Nord***.
- A l'ouest par **Malden Road**. Au-delà, voir ➤ ***Hampstead***.

(Bien sûr n'hésitez pas à vous reporter à ces quartiers qui contiennent des informations utiles aussi pour **Kentish Town**).

Nous regroupons dans ce chapitre, de manière forcément un peu arbitraire, les quartiers autour de Kentish Town et du Collège Français Bilingue de Londres : **Camden Town** et des parties d'**Islington (Tufnell Park et Highbury, Barnsbury, Canonbury)**. Ces quartiers, avec **Belsize Park** et **Hampstead** plus à l'Ouest, sont appelés à devenir le deuxième pôle de la communauté française de Londres.

Kentish Town (*borough* de Camden, NW5) est un quartier populaire parsemé de logements sociaux, mais il est idéalement placé entre le *Heath* et le centre de Londres et abrite des micro-quartiers très agréables à vivre. C'est aussi devenu, depuis quelques années, un refuge assez branché pour des artistes contemporains chassés par les prix élevés de Camden, qui y ont installé ateliers et galeries d'art. Les boutiques de produits bio commencent à disputer la place aux *£1 shops* et quelques *gastro-pubs* sympas témoignent d'un embourgeoisement progressif du quartier. Retrouvez l'actualité du quartiers et des informations pratiques utiles sur www.kentishtowner.co.uk.

Plus proche du centre, **Camden** (NW1) est encore plus urbain, branché et hétéroclite, mais c'est aussi un quartier vibrant d'énergie avec son marché aux puces incroyable autour de la pittoresque écluse de **Camden Lock**. C'est la première attraction touristique de Londres, pensez hordes de touristes le week-end. Les amateurs de musique apprécieront, Camden est LA scène musicale branchée de Londres. Dotée d'un incroyable nombre de salles de concerts de toute taille, certaines mondialement connues, d'autres juste des arrière-fonds de *pubs*, tous les plus grands s'y lancent ou y passent un jour ou l'autre. Le jazz, le classique et toutes les formes de musique y sont également représentées.

Cette vie diurne et nocturne intense attire évidemment une population assez remuante, et **Camden Town** n'est pas l'endroit le plus tranquille à vivre en famille. Mais des enclaves résidentielles de petites maisons victoriennes alignées le long de rues arborées se cachent entre les quartiers HLM, les bars et boutiques *grunge*. Site utile: *www.lovecamden.org.*

Islington est un quartier qui a beaucoup changé ces dernières années; très bien desservi par les transports et proche de la *City*, c'est maintenant un quartier à la mode, favorisé par les jeunes couples et familles qui travaillent dans le centre. Assez contrasté, à la fois calme et résidentiel par endroits, branché et remuant à d'autres, nous n'en couvrons ici que quelques sous-quartiers qui nous ont semblé intéressants pour les Français londoniens.

Tufnell Park (*borough* d'Islington, N7, N19) est situé juste au Nord de Kentish Town et très facile d'accès pour les familles avec des enfants au **Collège Français Bilingue de Londres (CFBL)**. Il est nettement plus aéré et ses petites maisons victoriennes, associées à la proximité de bonnes écoles publiques anglaises, le rendent populaire auprès des jeunes familles. Plus près du *Heath*, **Dartmouth Park** (*borough* de Camden, NW5) est très prisé par l'intelligentsia libérale britannique. Les prix de l'immobilier s'en ressentent.

Il est préférable d'éviter les secteurs d'Holloway et sa prison, Caledonian Road et ses HLM, pour se rendre plus au Sud, du côté de **Barnsbury**, quartier résidentiel et calme, et **Highbury**, jolie enclave bien aérée grâce au parc **Highbury Fields**. Elle est aussi très bien desservie par la ***Victoria Line*** qui amène bien plus vite que la ***Northern Line*** vers le Lycée Français.

Si vous en avez les (très gros) moyens, c'est à **Canonbury** que vous habiterez, dans l'un des merveilleux manoirs edwardiens qui longent la rivière. Ce cadre idyllique et tranquille fait douter d'être au cœur d'une immense mégalopole.

Plus branché que Kentish Town, moins *posh* et isolé qu'Hampstead, **Islington** est un quartier urbain et éclectique qui garde les pieds sur terre.

En emménageant à Londres avec une enfant de douze ans, on avait un impératif: habiter près de l'école, pour que notre fille puisse rentrer seule à pied. Certaines personnes nous ont dit que Camden et Kentish Town n'étaient pas de "bons" quartiers: mieux valait habiter Belsize Park, Primrose Hill ou Hampstead. On ne les a pas écoutées ; on ne le regrette pas.

Kentish et Camden ne sont sans doute pas aussi chics que d'autres quartiers de Londres. Mais derrière les artères commerciales et animées se cachent des rues arborées bordées de maisonnettes, souvent peintes de couleurs pastel. Nous habitons une petite maison de trois étages dans une allée piétonne à dix minutes à pied du CFBL: le chemin jusqu'à l'école se fait par de jolies rues. Nous sommes proches de tout: des métros souterrains et aériens, des bus, de la piscine et du gymnase, de bons restaurants, de plusieurs supermarchés, d'une bibliothèque, d'une très bonne librairie, d'une poste, d'une ferme, et à vingt minutes à pied de la gare internationale Saint-Pancras...

Le plus appréciable, c'est la localisation entre plusieurs parcs: en cinq minutes à pied nous atteignons le charmant Regent's Canal qui traverse le marché de Camden avant de s'enfoncer dans Regent's Park; en dix minutes nous arrivons à Regent's Park par Parkway; en quinze minutes, à Primrose Hill par Chalk Farm, ou Hampstead Heath par Grafton Street et Gospel Oak. La proximité des parcs et l'absence de boutiques élégantes incitant à la dépense rendent la vie très agréable. Et si l'on veut faire du shopping, en dix minutes de métro on est sur Oxford Street...

J'aime mon quartier. Il est plein de paradoxes: on y entend parler français à tous les coins de rue et on y côtoie des femmes en burkas; on peut y traverser le marché de Camden bondé le week-end et, en cinq minutes, se retrouver au vert. Et le matin, inutile de se presser!

Catherine Cusset,
écrivain arrivant de New-York

Petite enfance

DAY-NURSERIES

Vous trouverez une liste complète sur les sites des *boroughs* de Camden, *www.camden.gov.uk* et d'Islington *www.islington.gov.uk* à croiser avec celle de l'*OFTED (www.ofsted.gov.uk)* pour sélectionner les mieux notées.

Kate Greenaway Nursery School and Children's Centre
Yorkway Court, Copenhagen Street, N1 0UH
020 7527 4850
6 mois-5 ans. Ouverte de 8h à 18h, 48 semaines par an. Gratuite. Bons équipements, grand jardin. Bonne organisation et bonne réputation.

New Park Nursery and Montessori School
67 Highbury New Park, N5 2EU
020 7226 1109 - www.newparkchildcare.co.uk
4 mois-5 ans. Ouverte de 7h30 à 18h30 du lundi au vendredi, 50 semaines par an. De £1,468 à £1,793/trimestre à temps plein. *OFSTED outstanding.*

Rainbow Nursery
St Benets Church Hall, Lupton Street, NW5 2HY - 020 7485 3861
2 ans 1/2. Tous les jours 9h30-13h30. £30/jour. *OFSTED outstanding.*

Ready Steady Go Camden
123 St Pancras Way, NW1 0SY
020 7586 5862 - www.readysteadygo.org
2 ans et 3 mois-4 ans. 9h15-14h15. £3,500/trimestre. *OFSTED outstanding.*

MOTHER & TODDLER GROUPS

Le *borough* de Camdem encourage les mamans à sortir de chez elles le plus possible avec de nombreux *children centers* et des rendez-vous en anglais et souvent en français (lecture, comptines chants...) dans les bibliothèques.

Baby Bounce
Kentish Town Library, 262-266 Kentish Town Road, NW5 2AA - 020 7974 4001
www.camden.gov.uk/kentishtownlibrary
De 0 à 2 ans. Le mardi, 10h30-11h.

One o'Clock Club
The Peggy Jay Centre, Hampsted Heath, NW3
020 7485 6907
Situé en plein Hampstead Heath, à côté du Parliament Hill Lido, ouvert aux mamans et enfants 1-4 ans de 10h à 12h. Les enfants ont à disposition quantité de jouets (d'intérieur ou de plein air) et peuvent s'amuser en toute tranquillité pendant que les mamans lient connaissance. Parking au *Lido*.

Tufnell Park Parents Support group
www.tppsg.org
Une manière de sympathiser avec les familles des quartiers de Tufnell Park et Kentish Town. Groupe très actif qui publie un journal d'informations pour les parents.

Ecoles

ECOLES FRANÇAISES ET BILINGUES

Maternelle

La Petite Ruche
49 Willes Road, NW5 3DN - 020 7485 9741
www.lapetiteruche.co.uk
Maternelle bilingue, petite et moyenne section, 3-5 ans de 10 enfants. Idéalement placée à côté du CFBL. Ambiance dynamique, conviviale et créative. £2,850 par trimestre. Cantine bio incluse.

Les Petites Etoiles
Crayford Road, N7 0ND - 020 7697 8110
www.lespetitesetoiles.co.uk
Maternelle bilingue située dans le quartier de Tufnell Park proche du CFBL. 50 enfants de 1 à 5 ans. Deux équipes d'enseignants, l'une francophone et l'autre anglophone, prennent en charge les classes en alternance par demi-journée. Ouverte 47 semaines par an, de 8h à 18h. La présence n'est pas obligatoire pendant les vacances scolaires, mais les frais de scolarité sont exigés par « *term* » (période de 4 mois).

Mars Montessori
4 Collins Yard, Angel, N1 2XU
020 7099 0452
*www.marsmontessori.co*m
Maternelle bilingue sur le *Green* d'Islington. 24 enfants de 2 à 5 ans, ouverte de 8h à 18h, 47 semaines par an. *OFSTED outstanding*. Mi-temps possible.

Maternelle & Primaire

La Petite Ecole Bilingue
22 Vicar's Road, NW5 4NL - 020 7284 2620
www.petiteecolebilingue.free.fr
Petite Section de maternelle jusqu'au CM2 (3 à 11 ans) en petit effectif. Les élèves suivent

Le Collège Français Bilingue de Londres

un enseignement laïc bilingue, français et anglais. De de 9h à 16h pour les classes de maternelle, 8h30 à 16h pour les classes du CP au CM2 (jusqu'à 12h le mercredi). Les parents ayant des enfants en primaire, peuvent déposer leurs enfants inscrits en maternelle aux mêmes horaires que leurs aînés, sans frais supplémentaire. Garderie de 16h30 à 18h20. Ateliers le mercredi, de 12h à 16h, le soir, de 16h30 à 18h, le samedi, de 10h à 12h et de 12h à 14h et pendant les vacances.

Primaire & Secondaire

Collège Français Bilingue de Londres (CFBL)

87 Holmes Road, NW5 3AX - 020 7993 7400
www.cfbl.org.uk

700 élèves. Situé en plein coeur de Kentish Town, l'établissement privé homologué accueille les enfants francophones de la grande section de maternelle jusqu'à la troisième. Le primaire, constitué de deux classes par niveau, offre un enseignement bilingue (enseignement de l'éducation nationale prodigué dans les deux langues). Deux professeurs par niveau, l'un anglais, l'autre français, se partagent les deux classes à parité horaire, un jour sur deux. Au niveau du collège (3 classes par niveau), enseignement dès la 6ème d'une heure d'histoire en anglais. Les cours de musique, d'art et de sport sont eux aussi en anglais. Trois langues sont actuellement enseignées au collège dès la 6ème : anglais en première langue, allemand ou espagnol en seconde langue. Latin et grec ancien peuvent être pris en option, respectivement en 5ème et 3ème. Le CFBL bénéficie d'une équipe pédagogique jeune et dynamique et de parents d'élèves tout aussi dynamiques, impliqués et motivés. Les locaux sont tout neufs, clairs et peints de couleurs gaies, les classes ont de petits effectifs. Activités extra-scolaires le matin et le mercredi après-midi, garderie en primaire de 8h à 8h45 et de 17h à 18h.

Orientation automatique vers le Lycée International de Wembley en fin de 3e. Vu la forte proportion de Français, le bilinguisme n'est que relatif, et si vous souhaitez vraiment que vos enfants apprennent l'anglais, mieux vaut les mettre dans une école de quartier. £8,041/an en maternelle, £7,265/an en primaire et secondaire. Possibilités de bourses.

TÉMOIGNAGE

« Mon fils part de **Belsize Park** ou **Kentish Town**, direction Morden par Bank, change à **Euston** (changement méga-rapide) et prend la *Victoria Southbound*. Puis 2 changements possibles :
1) **Green Park** pour récupérer la *Picadilly Line*, il reste 3 stations jusqu'à South Ken ou
2) **Victoria** pour récupérer la *Circle Line* ou la *District Line*, il reste 2 stations jusqu'à South Ken.
Il met 30 mn en moyenne (de station à station). Ce trajet à deux changements n'est absolument pas celui préconisé par *Tube Map* et autres applications, pourtant c'est le plus rapide.
Si je l'emmène en voiture à Caledonian Road, il en a pour 22-23 mn de métro direct par la *Picadilly Line*. »

Une maman de Kentish Town

eebuses
020 3740 6365
Cette compagnie privée de transport scolaire dessert plusieurs quartiers dans Londres. Elle conduit les enfants au CFBL et au Lycée Français de South Kensington. Si le transport scolaire vers le Lycée intervient dans le choix de votre habitation, il est recommandé de la contacter afin de vérifier que l'endroit où vous souhaitez vous installer est bien desservi.

ECOLES ANGLAISES

Les écoles primaires publiques de Kentish Town et Camden Town accueillent en majorité les enfants des HLM environnants. Les élèves sont (plutôt) anglophones et quelques écoles primaires publiques réussissent, par le dynamisme de leur direction et de leur corps enseignant, à leur donner un bon niveau en sortie de primaire. N'hésitez donc pas à vous rendre dans l'école publique dont vous dépendez pour vous rendre compte par vous-même.
Sinon reste bien évidemment la solution du privé, moins mixte socialement et qui est devenu hors de prix ces dernières années.

Nursery & primary schools

Les écoles publiques (3-11 ans) ci-dessous ont été jugées « *good* » ou « *outstanding* » par l'*OFSTED*. Vous pouvez donc y scolariser vos enfants non anglophones en vous attendant à une bonne prise en charge *English as a Second Langage (ESL)* dans le cadre d'une école de quartier de niveau moyen.

Carlton Primary School
Grafton Road, NW5 4AX - 020 7485 1947

Christ Church CE School
Redhill Street, Camden, NW1 4BD - 020 7387 7881
OFSTED outstanding.

Drayton Park Primary School
Arvon Road, Highbury, N5 1PJ - 020 7607 4142

Edith Neville Primary School
174 Ossulston Street, NW1 1DN - 020 7387 7158

Eleanor Palmer Primary School
Lupton Street, NW5 2JA
020 7485 2155

Holy Trinity & St Silas CofE Primary School
Harland Road, NW1 8DE - 020 7267 0771
www.holytrinitynw1.camden.sch.uk
Ecole publique anglicane mixte, 4-11 ans. 210 élèves. Ecole exceptionnelle compte tenu de l'absence de sélection à l'entrée (priorité aux anglicans, mais beaucoup d'étrangers). Des instituteurs enthousiastes et compétents remontent le niveau d'anglais des enfants au top 1% national. Un choix excellent pour vos enfants si vous avez la chance d'y entrer, l'école est tout près du CFBL. *OFSTED outstanding.*

Kentish Town CofE Primary School
Islip Street, NW5 2TU - 020 7485 1279

St Andrew's (Barnsbury) CofE Primary School
Matilda Street, N1 0LB - 020 7837 4049
Ecole publique anglicane 4-11 ans, mixte. Très bonne réputation en EFL. Bien tenue.

St John Evangelist RC Primary School
Duncan Street, Islington High Street, N1 8BL
020 72261314
Ecole publique catholique mixte 3-11 ans. Excellente école de quartier. Corps enseignant dévoué. *OFSTED outstanding.*

Torriano Infant & Junior Schools
Torriano Avenue, Kentish Town , NW5 2SJ
020 7424 0202
Ecoles publiques mixtes jumelées, 3-7 ans et 7-11 ans. Réussissent à bien faire progresser des élèves en majorité immigrés. *OFSTED outstanding.*

William Tyndale Primary School
Upper Street, N1 2GG - 020 7226 6803
Ecole publique mixte 3-11 ans. A adopté récemment le statut d'Academy et fait de gros progrès. *OFSTED outstanding.* Projet d'ouverture de classes secondaires en 2016.

Yerbury Primary School
Foxham Road, Yerbury Road, N19 4RR
020 7272 6580
Ecole publique mixte 3-11 ans. Assez grande école avec une population mixte, très bons résultats.

Secondary schools

Curieusement, le quartier dispose d'une offre publique secondaire diverse et de qualité, avec des établissements très recherchés par les classes moyennes qui n'hésitent pas à déménager et à surpayer leur logement pour que leurs enfants y soient admis. De nombreuses *prep-school* privées y envoient aussi leurs élèves.

Acland Burhley School
93 Burghley Road, NW5 1UJ - 020 7485 8515
www.aclandburghley.camden.sch.uk
Etablissement public mixte de 1 300 élèves, 11-18 ans. 2/3 de garçons. Situé dans des locaux un peu tristes à Tufnell Park, mais une bonne ambiance et de bons résultats compte tenu de son côté très international.

The Camden School for Girls
Sandall Road, NW5 2DB - 020 7485 3414
www.camdengirls.camden.sch.uk
Etablissement public gratuit pour filles 11-19 ans (ouvert aux garçons en *Sixth form*). Excellente réputation, mais très difficile d'y entrer, il faut vivre à moins d'1/2 *mile* de l'école.

William Ellis School
Highgate Road, NW5 1RN - 020 7267 9346
www.williamellis.camden.sch.uk

Etablissement public pour garçons 11-18 ans. 870 élèves. Gratuit. Spécialité langues. Non sélectif à l'entrée, admission sur critères de proximité. Bonne réputation.

La Sainte Union Catholic School
Highgate Road, NW5 1RP - 020 7428 4600
www.lsu.camden.sch.uk
Etablissement catholique pour filles 11-18 ans. Gratuit. Bonne réputation mais il faut être catholique.

La SWAP Sixth Form
William Ellis School, Highgate Road, NW5 1RN
020 7692 4157 - www.laswap.camden.sch.uk
Sixth Form (lycée) public pour les 16-19 ans, mixte et gratuit. 1 300 élèves. C'est un consortium qui regroupe les *Sixth Forms* de plusieurs écoles secondaires du quartier : **La Sainte Union, William Ellis, Acland Burhley, Parliament Hill**. Ce regroupement permet de proposer une grande variété de sujets aux *A Levels*, enseignés par 300 professeurs. C'est aussi une formule intermédiaire entre le lycée classique et le « *college* » à l'anglaise, où les élèves suivent les cours qu'ils ont choisis sans être organisés en classes (un peu comme à l'université). Des activités extrascolaires sont proposées. Bons résultats aux examens.

Parliament Hill School
Highgate Road, NW5 1RL - 020 7485 7077
www.parliamenthill.camden.sch.uk
Etablissement public gratuit pour filles 11-19 ans. 900 élèves. Très beau site au bord du *Heath*. Population diverse ethniquement, très bon soutien ESL, et un assez bon niveau général.

Nursery, Primary & Secondary School

St Mary Magdalene Academy
Liverpool Road, N7 8PG - 020 7697 0123
Etablissement public mixte ouvert sous forme d'*Academy*. 6 mois-18 ans. Gratuit. *Nursery* avec une cinquantaine de places, école primaire (210 élèves) et secondaire (900 élèves). Préparation au Bac International possible dès le primaire (avec un bon score moyen de 32/40 en 2010). Recrute localement dans un rayon de 0.88 km jusqu'en *6th form*.

Logement

Le quartier de **Kentish Town** est populaire avec de nombreux logements sociaux entre Mansfield Road au nord et la High Street (quartier dans lequel se trouve le CFBL).
On trouve des appartements de 3 chambres en-dessous de £1,000 par semaine, mais pas de 4 chambres +. Il devient beaucoup plus résidentiel en montant la colline vers **Highgate**, avec des enclaves comme **Dartmouth Park** et ses belles maisons en styles victorien et géorgien sur des rues arborées.

Les alentours de **Tufnell Park** sont relativement plaisants, et de plus en plus recherchés par les classes moyennes attirées par des prix immobiliers encore raisonnables et la proximité de bonnes écoles. La location varie entre £300 et £700/semaine pour un appartement de 2 à 3 chambres, de £500 à £800 pour une maison de 3 chambres et de £800 à £2,000 pour une maison de 4/5 chambres.

A **Islington,** plus proche du centre et mieux connecté, les prix remontent : £1,000/semaine pour une maison de 3 chambres du côté de Highbury Fields.

Les familles choisissent plutot d'habiter les quartiers de **Hampstead NW3** (appartements de 3 chambres à £675/semaine, maisons de 4 chambres à £1,000+), **West Hampstead** et **South Hampstead NW6** (appartements de 4 chambres à moins de £1,000/semaine), Swiss Cottage et Chalk Farm (maisons de 4 chambres entre £900 et £1,100/semaine) ou Golder's Green (maisons de 4 chambres à partir de £850/semaine).

Transports

Kentish Town est très bien desservi par une station de métro (**Kentish Town** sur la *Northern Line*), une gare (**Kentish Town Rail**, accès St Pancras en 5 minutes) et deux stations d'*Overground* (**Gospel Oak** et **Kentish Town West**).

De plus, de nombreux bus la sillonnent, principalement dans une direction Nord-Sud entre Archway et Camden Town (Bus **214, 134, 390, C2, C11, 393**).

Sports

(A Adulte, E Enfant)

CLUBS MULTISPORTS

Highbury Pool and Gym
Highbury Crescent, N5 1RR - 020 7704 2312
Centre municipal. Piscine, sauna, deux studios, gymnase.

Kentish Town Sports Centre

Grafton Road, NW5 3DU - 020 7974 7000

Tout proche du CFBL, un centre de sport municipal refait à neuf avec 3 piscines, studio de danse, zone de jeux interactifs et tout un programme de cours quotidiens.

LA Fitness Highgate

Highgate Studios, 53-79 Highgate Road, NW5 1TL - 020 7482 4487

Succursale de cette chaîne privée de clubs de sport. Piscine.

Soho Gym

193-199 Camden High Street, Camden, NW1 7PJ - 020 7482 4524

Au coeur de Camden, un club qui offre une prestation complète (salle de musculation, studio pour cours de yoga, pilates, etc.). Formule de paiement flexible.

ARTS DU CIRQUE

The Jackson Lane Theatre AE

269A Archway Road, N6 5AA

020 8340 5226 - www.jacksonslane.org.uk

Cours pour les 10-16 ans pour les adultes (trapèze). Sreet danse, claquettes etc.

ARTS MARTIAUX

Shaolin Temple UK

207a Junction Road, N19 5QA

020 7687 8333 - www.shaolintempleuk.org

Proche de Tufnell Park, centre créé par un véritable moine Shaolin envoyé de Chine. Kung Fu, Tai Chi, Chi Kung, etc. Donne aussi des cours de calligraphie et de mandarin.

BOWLING

Parliament Hill Fields Bowling Green

Parliament Hill Fields Office, Highgate Road, NW5 1QR - 020 7332 3773

Si vous voulez faire un sport bien anglais… de fin avril à septembre.

CANOË-KAYAK

The Pirate Castle AE

Oval Road, NW1 7EA

020 7267 6605 - www.thepiratecastle.org

Association basée dans un château sur le canal à côté de Camden Lock. Propose aussi d'autres activités, yoga, danse, etc. Possibilité de louer des canoës. Location du château pour des anniversaires.
8-17 ans: £2/séance de 2h.

ESCRIME

Fighting Fit Fencing Club AE

2 Cottage Road, N7 - 020 8368 7834

www.fightingfitfencing.com

Ecole d'escrime familiale. Cours toute la semaine pour tous les niveaux.

KICKBOXING

Springhealth Kickboxing & Tabata AE

400-404 York Way, N7 9LR - 020 7700 3633

www.springhealth.co.uk

Pour faire vraiment de l'exercice, ce club propose *kickboxing* et séances de « *Insanity workout* » et de Tabata gym.

NATATION

Cours, clubs et activités diverses au centre de sport de Kentish Town (*ci-dessus*). Natation possible toute l'année dans les étangs du *Heath*. (→ ***Nord de Hampstead Heath***).

TENNIS

Islington Tennis Centre AE

Market Road, N7 9PL

020 3793 6880

Club municipal de tennis (cours adultes, enfants, compétitions), également cours de gym et de danse sur place.

Kenlyn Lawn Tennis Club AE

Croftdown Road, NW5 1EP

020 7272 4579

Club avec 2 courts en terre-battue ouverts d'avril à octobre. *Membership* £90/an (£30 enfants). Cours et équipes.

Parliament Hill Fields Tennis Courts

Highgate Road, NW5 1QR - 020 7332 3773

10 courts de tennis municipaux au coeur du *Heath*. Prendre une carte de membre auprès du gardien pour pouvoir réserver 3 jours à l'avance. Sinon, vous pouvez tenter votre chance sans réservation, les courts sont généralement libres en semaine.

YOGA

Active Birth Centre

25 Bickerton Road, N19 5JT - 020 7281 6760

www.activebirthcentre.com

Cours de *pregnancy yoga*, Pilates, massages, l'un des meilleurs dans le nord de Londres.

Expressions Studios AE

39 - 51 Highgate Road, NW5 1RT

020 7813 1580 - www.expressionsstudios.com

Cours de danse pour enfants; cours de hatha yoga, Pilates et salsa pour adultes.

Yoga Therapy Centre
90-92 Pentonville Road, N1 9HS - 020 7689 3040
Près d'Angel à Islington, centre axé sur la thérapie par le yoga. Cours spécifiquement axés sur la grossesse, le mal de dos, l'arthrose, la dépression, etc. Egalement sessions individuelles.

Activités artistiques et culturelles

(A Adulte, E Enfant)

Hampstead Garden Institute
020 8829 4229 - www.hgsi.ac.uk
Cours divers pour adultes dont cours d'anglais. Sur 3 sites à East Finchley et Kingsbury.

The Academy North London Music AE
15 Pratt Mews, NW1 0AD - 020 7388 9090
www.northlondonmusicacademy.com
Important conservatoire avec cours individuels, collectifs, solfège, composition, orchestres, chorale, etc.

Islington Arts Factory AE
2 Parkhurst Road, N7 0SF
020 7607 0561 - www.islingtonartsfactory.org
Atelier d'art associatif qui offre de nombreux cours: dessin, peinture, danse, musique, etc.

Santé

NHS

Hopitaux – maternités

Royal Free Hospital
Pond Street, NW3 2QG - 020 7794 0500
Hôpital généraliste, service d'urgence, département psychiatrique. Spécialisé dans les maladies du foie et des reins et les cancers.

Wittington Hospital
Magdala Avenue, Highgate, N19 5NF
020 7272 3070 - www.nhs.uk
A Waterloo Park, hôpital public du NHS. Urgences.

Achats

Contrairement à beaucoup de quartiers de Londres où la High Street s'est standardisée et présente les mêmes magasins de chaînes, on trouve encore des boutiques indépendantes à Kentish Town et alentours.

Hampstead Garden Institute

ALIMENTATION

Earth Natural Foods
200-202 Kentish Town Road, NW5 2AE
020 7482 2211 - www.earthnaturalfoods.co.uk
Tout est bio dans cette épicerie qui vend aussi des aliments sans gluten, céréales, graines, etc.

Forks & Corks
9-11, Swains Lane, N6 6QX - 020 8340 1695
Bonne sélection de fromages français.

Phoenicia Food Hall, Mediterranean Food Hall
186-192 Kentish Town Road, NW5 2AE
020 7267 1267 - www.phoeniciafoodhall.co.uk
Ce supermarché libanais vous étonnera pour la vaste sélection de produits méditerranéens, italiens et français.

Truffles Delicatessen
33 York Rise, Kentish Town, NW5 1SP
Produits italiens. Café.

Whole Foods Market Camden
49 Parkway, NW1 7PN
020 7428 7575 - www.wholefoodsmarket.com
Succursale de la célèbre chaîne américaine de produits bios. Café.

Moxon's Fishmongers
110 Islington High Street, N1 8EG
020 7704 1120
Excellent poissonnier. Fermé le lundi.

Marchés

Queens Crescent Market, NW5 4HH. Jeudi et samedi de 9h à 15h.

Parliament Hill Farmers' Market, le Samedi de 10h à 14h à William Ellis School, off Highgate Road.

Chapel Market, entre Penton Street et Baron Street, Islington N1 9PZ. Fruits et légumes, vêtements, ustensiles de cuisine, etc. Du mardi au samedi de 9h à 18h, le dimanche de 8h30 à 16h.

Camden

Autres

▸ Camden Passage
www.camdenpassageislington.co.uk
Marché aux puces dans une allée couverte entre Angel et Islington Green. Ouvert toute la semaine. Un marché aux livres d'occasion se tient le jeudi sur Charlton Place en face d'Islington Green. Le « Georgian Village » est un marché couvert spécialisé en art, antiquités et tissus.

▸ Camden Garden Centre
2 Barker Drive, St Pancras Way, NW1 0JW
0207 387 7080
www.camdengardencentre.co.uk
Offre un très large choix de plantes, et, en plus, a le mérite d'être une oeuvre caritative. Se promener au milieu des allées est un vrai plaisir, et le personnel est très accueillant. *Coffee shop*. Possibilité de se garer dans leur parking. Ouvert tous les jours.

▸ Hellenic Book Service
89 Fortess Road, NW5 1AD
020 7267 9499 - www.hellenicbookservice.com
Librairie indépendante spécialisée en ouvrages en grec ancien ou moderne, latin, littérature et histoire de l'antiquité.

▸ Melrose & Morgan
42 Gloucester Avenue, NW1 8JD - 020 7722 0011
www.melroseandmorgan.com
Traiteur, épicerie, restaurant. Produits de saison et de qualité faits sur place derrière le comptoir. Ouvert du petit-déjeuner (délicieux) au dîner. Assez cher.

▸ Morgans Stationery
231 Kentish Town Road, NW5 2JT - 0207485 4472
Papeterie qui vend du matériel français (feuilles grands carreaux). Offre 10% aux élèves du CFBL.

▸ Owl Bookshop
209 Kentish Town Road, NW5 2JU
020 7485 7793
Librairie indépendante ouverte depuis 30 ans, un paradis pour les amoureux des livres.

▸ Sports Direct
115-119 Camden High Street, NW1 7JS
0844 332 5435 - www.sportsdirect.com
Tenues et matériel de sport à prix discount.

▸ Pret A Vivre
69 Cross Street, Islington, N1 2BB
020 7704 6594 - www.pretavivre.com
Rideaux et stores sur mesure. Seule entreprise de Londres distributrice des tissus Toiles de Mayenne. Service de qualité.

Sortir

ATTRACTIONS

▸ London Zoo
ZSL London Zoo, Regent's Park, NW1 4RY
020 7449 6200 - www.zsl.org
Situé tout au Nord de Regent's Park, le zoo est un but d'excursion idéal pour les habitants de Kentish Town. Vous pouvez même adopter un animal et venir le voir régulièrement en devenant membre du zoo à l'année.

PARCS ET AIRES DE JEUX

▸ Cantelowes Gardens Skate Park
Camden Road, NW1 9BY
www.cantelowesskatepark.co.uk
Grand parc. *Skate Park* ultra-moderne ouvert tous les jours. Terrain multisports, deux *playgrounds*, espaces paysagés.

▸ Kentish Town City Farm
1 Cressfield Close, London NW5 4BN
www.ktcityfarm.org.uk
Un très bel espace où adultes et enfants sont invités à participer et s'occuper du jardin potager ainsi que des animaux de la ferme.

PROMENADE

Croisière sur le canal
Walkers Quay, 250 Camden High Street, NW1 8QS - 020 7485 6210
www.walkersquay.com
A ne pas manquer, croisière sur une péniche le long de Regent's Canal. Départ de Walkers Quay, près de Camden Lock. Vous longez le zoo de Londres (on aperçoit des animaux dans la volière) et Regent's Park et allez jusqu'à *Little Venice*. Environ 1h30 A/R.

THÉÂTRES

Almeida Theatre
Almeida Street, Islington, N1 1TA
020 7359 4404 - www.almeida.co.uk
Théâtre local qui a acquis une réputation nationale grâce à sa programmation d'excellente qualité.

Jacksons Lane
269a Archway Road, N6 5AA
020 8341 4421 - www.jacksonslane.org.uk
Spectacles adultes et enfants ainsi que cours de théâtre, street dance, cirque, etc.

The Lion and Unicorn Theatre
42-44 Gaisford Street, NW5 2ED - 08444 771 000
www.lionandunicorntheatre.com
Petit théâtre intime avec sa propre compagnie résidente, « *Giant Olive* ».

Sadler's Wells Theatre
Rosebery Avenue, EC1R 4TN
0844 412 4300 - www.sadlerswells.com
La référence en matière de danse contemporaine. La programmation est éclectique et présente aussi bien de l'avant-garde que du flamenco.

CONCERTS

Les meilleurs groupes et artistes mondiaux de jazz et de pop se produisent dans des salles à taille humaine, y compris dans l'arrière-salle de nombreux *pubs*.

Dublin Castle
94 Parkway, NW1 7AN
www.thedublincastle.com - 079 4957 5149
Pub très connu des Londoniens, programme des groupes débutants et a lancé des groupes aujourd'hui célèbres comme *The Artic Monkeys* ou *Madness*.

Green Note
106 Parkway, NW1 7AN
020 7485 9899 - www.greennote.co.uk
Restaurant-café végétarien avec musique *live* tous les soirs de la semaine.

The Forum
9-17 Highgate Road, NW5 1JY
020 7428 4080 - www.theforumlondon.com
A commencé comme cinéma Art-Déco. S'y produisent artistes renommés ou débutants.

Jazz Café
5 Parkway, NW1 7PG - 020 7485 6834
www.venues.meanfiddler.com
L'un des grands clubs de jazz de Londres (avec *Ronnie Scott's,* dans le West End).

MB Camps

Programmation de tous types de musique, les meilleurs artistes internationaux y passent. Possibilité de diner dans une galerie en hauteur ou juste prendre un verre en bas devant les artistes.

Koko
1a Camden High Street, NW1 7JE
020 7388 3222 - www.koko.uk.com
Salle mythique de concerts pop mythique. Les meilleurs s'y produisent (Madonna, Sting, Coldplay, Stromae…)

Electric Ballroom
184 Camden High Street, NW1 8QP
020 7485 9006 - www.electricballroom.co.uk
Enorme complexe qui existe depuis 70 ans: salle de concert, deux *dance floors* et quatre bars. Des festivals s'y tiennent comme *Electric Proms* et le *iTunes summer festival*. Le week-end, marché aux puces dans la salle du bas.

The Forge
3-7 Delancey Street, Camden, NW1 7NL
020 7383 7808 - www.forgevenue.org
Petit club de jazz sympa, qui programme aussi du classique, du folk, de la world music. Restaurant sur place.

The Roundhouse Studios
Chalk Farm Road, NW1 8EH
0300 6789 222 - www.roundhouse.org.uk
L'icône culturelle du quartier. A deux pas de Camden Market, ce théâtre est hébergé dans un immeuble circulaire classé. Programmation originale et de qualité. Concerts live, cirque, spectacles. Café-restaurant sur place.

O2 Forum Kentish Town
9-17 Highgate Road, NW5 1JY
020 3362 4110 - www.o2forumkentishtown.co.uk
Ancien cinéma art-déco. Programmation variée.

MUSÉES

London Jewish Museum
Raymond Burton House, 129-131 Albert Street, Camden, NW1 7NB
020 7284 7384 - www.jewishmuseum.org.uk
Présente un programme varié d'activités, conférences, débats, etc. sur l'histoire et la culture juives en Grande-Bretagne.

CAFÉS-RESTAURANTS

Map Studio Café
46 Grafton Road, NW5 3DU - 020 7916 0545
LE rendez-vous des mamans après la dépose des enfants au CFBL. Ouvert tous les jours de 8h (dimanche 9h) à 18h. Ambiance très sympa. Organise des concerts et vend aussi de jolies poteries.

Map Studio Café

Kentish Canteen
300, Kentish Town Road, NW5 2TG
0207 485 7331 - www.kentishcanteen.co.uk
L'un des bons plans du quartier. Tout y est bon et pas cher. Excellents petits-déjeuners et *brunches*. Ouvert tous les jours.

Kalendar
15 Swain's Lane, N6 6QX - 020 8348 8300
Recommandé surtout pour ses *brunches* du week-end, très belle terrasse. Ouvert tous les jours de 10h30 à 23h.

PUBS

The Bull and Gate
389 Kentish Town Road, NW5 2TJ
020 3437 0905 - www.bullandgatenw5.co.uk
Pub qui a l'air traditionnel, mais qui présente un groupe de musique différent tous les soirs dans son arrière-salle. Programmation éclectique. *Coldplay* s'y est produit avant d'être connu, vous y découvrirez peut-être de futures rock stars.

The Junction Tavern
101 Fortess Road, Kentish Town, NW5 1AG
020 7485 9400 - www.junctiontavern.co.uk
Gastro-pub avec un grand jardin à l'arrière. Cuisine simple mais bonne. L'une des meilleures options dans le quartier pour un déjeuner dominical (réservez).

The Lord Palmerston
33 Dartmouth Park Hill, NW5 1HU
020 7485 1578 - www.geronimo-inns.co.uk
Excellent *gastro-pub*.

The Oxford
256 Kentish Town Road, NW5 2AA
020 7485 3521 - www.theoxfordnw5.co.uk
Parfait pour un *Sunday Lunch*.

The Pineapple
51 Leverton Street, NW5 2NX - 020 7284 4631
Très bonne cuisine thaï et bonne ambiance.

Nord de Hampstead Heath

Barnet
Crouch End
Finchley
Highgate
Muswell Hill

Highgate (N6) est un ancien village médiéval. Isolé du reste de Londres jusqu'à l'époque victorienne, il s'étale aujourd'hui sur trois *boroughs* (**Camden, Haringey** et **Islington**). C'est un endroit charmant, où l'on peut rencontrer des célébrités des arts et des médias comme Sting, Pierce Bosnan, Ewan Mac Gregor ou Jude Law. Un peu à l'écart des transports, il bénéficie du calme procuré par sa situation en bordure du *Heath* et des forêts médiévales de **Highgate Wood** et **Queen's Wood.** Son architecture a été jalousement conservée par la *Highgate Conservation Society* et c'est un peu comme si le temps n'avait pas eu d'emprise. Le cimetière, magnifique (« *atmospheric* » comme disent les Anglais), abrite les tombes de nombreuses personnalités dont celle de Karl Marx.

Crouch End (N8) est le quartier bobo de **Haringey**. De nombreuses stars de la télévision (Tamzin Outhwaite) et du cinéma (Simon Pegg, James McAvoy, David Tennant) côtoient des acteurs plus anonymes, des gens des « médias », des férus de médecine douce ou alternative, de yoga, des mères au foyer. Le métro n'arrivant pas à **Crouch End**, le quartier semble un peu préservé des trépidations du centre. Il est parfait pour les familles avec de jeunes enfants. Entouré de parcs (**Priory Park** et **Stationers Park** au centre, **Finsbury Park** au sud et **Alexandra Park** au nord), il dispose de très bonnes écoles. Le logement reste abordable, même si les prix augmentent à proximité des bonnes écoles (Coleridge notamment)… De nombreux *playgroups, mother and toddler, mother and baby groups* permettent aux jeunes mamans de se rencontrer tout en occupant les petits.

Muswell Hill (N10, **Haringey**) est légèrement plus cossu et bourgeois que **Crouch End**. Ces deux quartiers se touchent et sont jumeaux. Beaucoup de *playgroups*, groupes pour mamans et bébés, de très bonnes écoles aussi.

Finchley (N3) est un district tranquille de **Barnet** où il fait bon vivre. Eclectique (on y trouve une forte communauté japonaise), des allées huppées y côtoient des rues plus modestes. À **Finchley Central**, le **Victoria Park** rassemble parents et enfants de tout âge (grâce aux différents terrains de jeux adaptés aux plus petits comme aux grands), mais les romantiques se retrouvent plutôt dans les magnifiques jardins de l'***Avenue House Estate***. Le quartier est généralement très agréable, animé et l'on s'y sent en sécurité.

Alexandra Park

Muswell Hill

East Finchley est légèrement plus huppé, car il profite de la proximité et de l'influence d'**Hampstead** et de **Muswell Hill**. Sa station de métro Art Déco, son cinéma rétro et ses commerces indépendants attirent une population bobo qui trouve refuge dans ses jolies maisons victoriennes et edwardiennes.

A l'Est de Finchley, un quartier résidentiel très prisé et discret, **Mill Hill** (NW7, **Barnet**) recèle de nombreux atouts. Le vieux village historique est situé le long du *Ridgeway*, une ancienne route de crête médiévale (beaux points de vue vers le nord), qui semble s'être fait une spécialité d'accueillir d'excellentes écoles, tant publiques que privées (*Mill Hill Schools*). Mill Hill est une « *conservation area* » encerclée par la *Green Belt,* cette coulée verte qui a été aménagée autour de Londres dans les années 30: fermes, centres équestres, forêts tout autour, on se croirait à des lieues de Londres. Assez mal desservi, le village de Mill Hill dispose tout de même d'une gare (**Mill Hill Broadway**) et d'une station de métro (**Mill Hill East**) un peu excentrées.

Encore plus au Nord, **Woodside Park** est un coin tranquille doté de parcs avec une zone résidentielle assez prisée autour du métro (beaucoup de familles japonaises). **Totteridge Village** (N20, Barnet) abrite les magnifiques maisons cossues des millionnaires du foot ou des médias en bordure de terrains de golf prestigieux… Tout au bout de la *Northern Line*, **Barnet** (EN5), bien protégé par la *Green Belt* de l'appétit des promoteurs, prend des airs de campagne avec champs et fermes à perte de vue. Ce quartier peut être attractif pour des familles à la recherche d'une vie tranquille, de maisons abordables et de bonnes écoles anglaises. L'atmosphère y est complètement anglaise.

Ces quartiers du nord attirent aussi les familles en raison de leurs écoles secondaires publiques de qualité, ce qui est plus rare dans le centre. A noter aussi, la présence d'une école internationale qui prépare au Bac International, *North London International School.*

La communauté juive de Londres, la plus importante d'Europe occidentale, a élu domicile dans ces quartiers. Golders Green, au Nord-Est de Hampstead Heath, en est le cœur. Dans ce quartier et alentours, commerces kasher, nombreuses écoles juives (Akiva à Finchley, Independent Jewish Day School à Hendon JFS à Harrow, JCoSS à Barnet) et de centres communautaires, et évidemment les meilleurs bagels de tout Londres.

Petite enfance

Barnet : liste des *children's centres* sur *www.barnet.gov.uk/children-centres*. Ces centres fournissent conseils et assistance pour tout ce qui concerne les 0-5 ans. On y trouve aussi souvent une garderie et des services médicaux.

Pour trouver un *children's centre* ou une *nursery* à **Camden**, voir le site *www.camden.gov.uk*, rubrique éducation.

A **Haringey**, voir le *Family Information Service* du site du *borough: www.fisd.haringey.gov.uk*.

Mill Hill School, The Ridgeway

DAY-NURSERIES

Voici une sélection de *nurseries* notées *outstanding* par l'*OFSTED*:

- **Konstam Children Centre**
75 Chester Road N19 5DH - 020 7272 3594
Accueille les enfants de 3 mois à 5 ans toute la journée (8-18h). £213.40/sem.

- **Little Acorns Pre-School**
55 Leicester Road, Barnet, EN5 5EL - 079 3166 8499

- **Mini Minors Holiday Group**
Brookland Infant Primary School
Hill Top, NW11 6EJ - 020 8922 9739

- **North London Montessori**
48 Flower Lane, Mill Hill, NW7 2JL - 020 8959 1905

Recommandées par des parents dans le quartier de **Muswell Hill/Crouch End**

- **Holly Park Montessori**
Holly Park Methodist Church Hall, N4 4BY
020 7263 6563
2 ans 1/2-6 ans.

- **Margaret McMillan Nursery School**
Hornsey Rise, N19 3SF - 020 7281 2745
0-5 ans. Publique, gratuite. Bonne réputation.

- **The Holly Bush Nursery**
5 Redston Road, N8 7HL - 020 8348 8537
Au pied de *Muswell Hill*. Très bonne réputation, le personnel est très compétent.

- **Rainbow Montessori Nursery School**
Highgate United Reformed Church,
Pond Square, N6 6BA - 020 8348 2434
2-5 ans. 9h-15h15. £2,745/trimestre. Fait partie d'une chaîne de nurseries bien gérées.

MOTHER & TODDLER GROUPS

Les *playgroups* sont innombrables dans ces quartiers peuplés de jeunes familles. Rendez-vous à la bibliothèque de votre quartier ou dans les églises locales pour les connaître.

Témoignage d'une maman habitant le secteur Crouch End/Muswell Hill

A ***North Bank House****, à l'église Méthodiste de Muswell Hill, sur Pages Lane, il y a des playgroups différents presque tous les jours. Le lundi, mardi, mercredi, vendredi matin, de 10h30 à 11h, Jeremy chante à Priory Park. Soit dans le café, en hiver, soit dans le 'philosopher's garden' l'été. Toutes les chansons enfantines anglaises classiques, mais avec un petit plus! A voir et à entendre. Le jeudi matin à la bibliothèque de Crouch End (Haringey Park), jouets et chansons. Différentes activités presque tous les jours.*

En tant que nouvelle maman, il y a un Playgroup *que j'aime beaucoup et que je conseille. Il s'appelle* ***Babes and Bumps*** *et a lieu tous les mercredis de 13h30 à 15h à St James Church (la grande église sur le rond-point central de Muswell Hill). Il s'adresse aux futures mamans ainsi qu'à celles avec un bébé de moins d'un an. C'est* un playgroup *particulièrement ouvert. Tout d'abord il est à taille "humaine" (une dizaine de mamans par session). Ensuite, les deux animatrices sont particulièrement attentives à ce que chacune se sente bien. Enfin toutes les mamans sont ouvertes et désireuses de socialiser.*

L'ambiance est cosy avec de grands canapés. Thé et biscuits (le tout gratuit). Et cerise sur le gâteau, le supermarché Sainsbury's de Muswell Hill (qui est situé à quelques dizaines de mètres) offre souvent des petits cadeaux: fleurs, magazines, etc.

Autres clubs

- **Club des bouts de chou**
Centre CUFOS - Top of The Avenue, N10 2QE
078 5840 1476 - www.boutsdechou.blogspot.com
Pour mamans et *nannies* francophones. Tous les jeudis de 13h à 15h. Activités et goûter, participation de £2. Une manière de recréer une petite communauté française expatriée au nord de Londres... On parle, on échange, on s'entraide, des amitiés se créent. Pour bébés et enfants jusqu'à 4 ans.

- Une française, **Claire Murat**, organise tous les jeudis matin au ***pub 'Old Dairy'*** sur Stroud Green un groupe de chansons françaises pour mamans et bébés.

PLAYGROUPS

St James' Pre-school
171 Fortis Green Road, Muswell Hill, N10 3BG
020 8444 4033
Lu-Ve 9-12h et Ma, Me Je 13-16h. 24 places. £12.30/session.

Ecoles

ECOLES FRANÇAISES

Maternelle

Pomme d'Api
86 Wildwood Road, NW11 6UJ - 020 84 58 56 73
Au nord du *Heath*. 1-4 ans, 9h30-15h.
£2,200/trimestre pour 5 matinées/sem.

Petite Ecole FLAM (Français Langue Maternelle)

Ecole des Petits Loups
North Bank House, 28 Pages Lane, Muswell Hill, N10 1PP - 079 4780 4902
www.ecoledespetitsloups.blogspot.com
Pour enfants francophones entre 3 et 15 ans scolarisés dans le système anglais. Deux classes le vendredi de 16h15 à 17h15. Les enfants approfondissent leur connaissance du français, sont encouragés à s'exprimer, lire, écrire et jouer en français.
12 cours par trimestre.

Ecole internationale

Dwight School London
6 Friern Barnet Lane, N11 3LX
020 8920 0635 - www.dwightlondon.org
2-18 ans. 350 élèves. 3 sites. Une des rares écoles à offrir le programme complet du **Bac International**. Les enfants sont admis dès 2 ans au *Kindergarten* qui suit le curriculum anglais, puis le *Primary Years Program* du *IB* est introduit en parallèle dès 3 ans et continue jusqu'au bac. Partenariats pour des échanges et séjours linguistiques avec des écoles à New York, Vancouver et en Chine. Cours d'*ESL*. Les facilités sportives et l'offre de sport sont incroyables : golf, rugby, tennis, équitation, cricket, netball, badminton, escalade…Voyage de ski annuel. Activités artistiques et musicales très développées également. Une excellente solution pour des familles expatriées dont l'entreprise peut payer les frais de scolarité. Très bonne prise en charge *SEN*.
£2,900-£6,130/trimestre.

ECOLES ANGLAISES

Nursery Schools

Kate Greenaway Nursery School and Children's Centre
York Way Court, Copenhagen Street, N1 0UH
020 7527 4850
3-5 ans. Gratuite.

Moss Hall Nursery School
189 Nether Street, Finchley, N3 1NR
020 8445 2518
Publique. 3-5 ans. *OFSTED outstanding.*

North Islington Nursery School
110 Tollington Park, N4 3RB - 020 7527 4844
3 mois-5 ans. *SEN*.

Nursery & Primary schools

Brookfield Primary School
Chester Road, N19 5DH - 020 7272 9627
Ecole publique mixte 3-11 ans. Bonne école en progrès constants. Bon soutien *ESL*.

Coleridge Primary School
Crouch End Hill, N8 8DN
020 8340 3173 - www.coleridgeprimary.net
Ecole publique mixte 3-11 ans. De taille assez importante (près de 600 élèves), cette école réussit à amener ses élèves à un niveau supérieur à la moyenne nationale à la sortie grâce à une équipe dirigeante compétente et un corps professoral dévoué. Nombreuses activités extrascolaires. Très bon soutien *ESL*. L'une des meilleures du quartier.

Campsbourne School
Nightingale Lane, N8 7AF - 020 8340 2064
www.campsbourne.haringey.sch.uk
Deux *Children's Centres* - dont un avec *Nursery* (Stonecroft), et une école primaire sur des sites proches les uns des autres au sud d'*Alexandra Palace*.

Frith Manor Primary School
Lullington Garth, Woodside Park, N12 7BN
020 8346 2388
Ecole publique mixte 3-11 ans. 720 élèves. Excellente école de quartier située dans un cadre aéré et spacieux. Soutien *ESL*.
OFSTED outstanding.

Holy Trinity C of E Primary School
Eagans Close, East Finchley, N2 8GA
020 8883 1824
Ecole anglicane mixte 3-11 ans.
Excellents résultats.

Moss Hall Infant School
Moss Hall Grove, Finchley, N12 8PE - 020 8445 9735
Ecole publique mixte 4-7ans. Bonne réputation.

Northside Primary School
2 Albert Street, North Finchley, N12 8JP
020 8445 4730
Ecole publique mixte 3-11 ans. Très bonne école qui obtient d'excellents résultats avec une population très mixte. A reçu de nombreuses récompenses. Beaucoup d'activités extra-scolaires.

Our Lady of Lourdes Barnet
Bow Lane, Finchley, N12 0JP - 020 8346 1681
Ecole catholique mixte 3-11 ans. Très bonne école, nombreuses récompenses.

Rhodes Avenue Primary School
Rhodes Avenue, N22 7UT
020 8888 2859 - www.rhodes.haringey.sch.uk
Ecole publique gratuite 3-11 ans, mixte. 500 élèves. Locaux rénovés entièrement en 2011. Admission sur critères de proximité. Excellente réputation. Envoie ses élèves à *Alexandra Park* (*cf. ci-dessous*), l'un des meilleurs établissements secondaires publics du *borough*.

Rokesly Junior Schools
Rokesly Av, Crouch End, N8 8NH
020 8348 0290
www.rokesly-jun.haringey.sch.uk
Ecole publique sur deux sites : *Nursery & Infants* 3-7 ans, *Junior School* 7-11 ans. 300 élèves. Bonne réputation.

St James' C of E Primary School
Woodside Avenue, Muswell Hill, N10 3JA
020 8883 6540
Ecole anglicane mixte 3-11 ans. *OFSTED outstanding.*

St Joseph's Catholic Primary School
Highgate Hill, Highgate, N19 5NE
020 7272 1270
Ecole publique catholique 3-11 ans, 430 élèves. Bonne réputation et liste d'attente. *OFSTED outstanding.*

St Mary's CE Primary School
Dollis Park, Finchley, N3 1BT - 020 8343 0866
Ecole publique mixte anglicane 3-11 ans. Très bonne école ouverte à tous avec une population d'élèves plus homogène que la moyenne des écoles publiques du quartier.

Tetherdown Primary School
Grand Avenue, N10 3BP - 020 8883 3412
Ecole publique mixte 4-11 ans. 300 élèves. Cette école bien fréquentée compte parmi les meilleures de Londres. Envoie ses élèves à l'excellent collège **Fortismere** tout proche (*cf. ci-dessous*). Recrute localement sur carte scolaire (les prix des maisons du quartier s'en ressentent). Longues listes d'attente.

Weston Park Primary School
Denton Road, Hornsey, N8 9WP - 020 8347 5000
Ecole publique 3-11 ans. Petite école avec de très bons résultats. Impossible d'y entrer si on n'habite pas sur l'une des rues adjacentes.

Les écoles publiques de Mill Hill sont toutes recommandables: Courtland School, Deansbrook Infant & Junior Schools, Dollis Junior School, Fairway Primary School and Children's Centre, St Paul's CofE Primary School, St Vincent's Catholic Primary School, et aussi Mathilda Marks-Kennedy Jewish Primary School.

Secondary schools

Ces quartiers comptent d'excellents établissements secondaires publics et donc gratuits, notamment 3 ***grammar schools*** (collèges non sélectifs) et un ***college*** pour les +16 ans.

Alexandra Park School
Bidwell Gardens, NW11 2AZ
020 8826 4880 - www.apsch.org.uk
Etablissement public non-sélectif, *grammar school*, mixte et gratuit, 11-18 ans. 1 400 élèves. Très bonne école compte tenu de la non-sélectivité et de la mixité sociale qui en résulte. Spécialité maths et sciences mais très bonne en art également.

Copthall School
Pursley Road, Mill Hill, NW7 2EP
020 8959 1937 - www.copthallschool.org.uk
Etablissement public de filles 11-18 ans, 1 100 élèves. Très bonne école de quartier dans un cadre verdoyant de cette banlieue résidentielle. Bonne mixité sociale. Spécialité langues.

The Compton School
Summers Lane, N12 0QG
020 8368 1783 - www.thecompton.org.uk
Etablissement public mixte 11-16 ans. 900 élèves. Très bien tenu, sérieux. *OFSTED outstanding*. Spécialité Technologie. Résultats en progression constante. A adopté le statut d'*Academy* qui lui confère plus d'indépendance.

Fortismere School
South Wing, Tetherdown, Muswell Hill, N10 1NE
020 8365 4400 - www.fortismere.haringey.sch.uk
Etablissement public mixte, gratuit, 11-19 ans. 1 660 élèves. L'un des meilleurs du nord de Londres. Admission en fonction de critères de proximité.

St Michael's Catholic Grammar School
Nether Street, North Finchley, N12 7NJ
020 8446 2256 - www.st-michaels.barnet.sch.uk

Etablissement secondaire catholique pour filles 11-18 ans (mixte en *6th form*). Gratuit, mais réservé aux catholiques pratiquants (sauf en *6th form*). Excellents résultats académiques.

The Henrietta Barnett School
Central Square, Hampstead Garden Suburb, NW11 7BN - 020 8458 8999
www.hbschool.org.uk
Etablissement secondaire public pour filles 11-18 ans. *State Grammar school* très réputée, l'une des 20 meilleures écoles secondaires de Londres. Bons résultats -sans trop de pression. Très bon niveau en musique.

The Totteridge Academy
Barnet Lane, N20 8AZ - 020 8445 9205
www.thetotteridgeacademy.co.uk
Etablissement public mixte 11-18 ans. 900 élèves (majorité de garçons). Spécialité Technologie et *applied learning*. Niveau académique moyen, mais bon soutien *ESL* du fait du grand nombre d'étrangers et bon accompagnement des enfants. Une solution pour des enfants peu anglophones qui ne pourraient pas suivre le niveau du Lycée de South Kensington, par ailleurs très éloigné.

Woodhouse College
Woodhouse Road, North Finchley, N12 9EY
020 8445 1210 - www.woodhouse.ac.uk
Etablissement public mixte et gratuit 16-19 ans. 1 100 élèves. Dans un manoir du XVIIIe entouré d'espaces verts. Très bons résultats aux *A-Levels*. Offre une belle palette d'activités extrascolaires. Population assez diversifiée.

Nursery, Primary & Secondary Schools

Channing School
Highgate, N6 5HF
020 8340 2328 - www.channing.co.uk
Etablissement privé pour filles 4-18 ans. 360 élèves. £14,000/an. Situation idyllique dans des bâtiments victoriens répartis dans un parc sur Highgate Hill. Un très bon enseignement dans des classes à petits effectifs garantit d'excellents résultats sans trop de pression.

Highgate School
North Road, N6 4AY
020 8340 1524 - www.highgateschool.org.uk
Etablissement privé mixte 3-18 ans. £5,400-£6,200/trimestre. L'éducation à l'anglaise typique: locaux somptueux, accès à tous les équipements sportifs (piscine, gymnase, terrains de sport, etc.), bâtiment dédié à l'art.

King Alfred School
Manor Wood, 149 North End Road, Golders Green, NW11 7HY - 020 8457 5200
www.kingalfred.org.uk
Ecole privée mixte 4-18 ans. 615 élèves. £4,700-£5,700/trimestre. Ecole progressiste et humaine, avec une grande importance accordée au développement personnel, à travers les arts et les activités extra-scolaires. Très nombreuses options. Bien équipée (forge, four à pain, atelier de poterie). Grands espaces pour le sport.

Mill Hill School
The Ridgeway, Mill Hill, NW7 1QS
020 8959 1176 - www.millhill.org.uk
Groupe d'écoles privées sur la colline de Mill Hill. De la *nursery* au *6th form*. Pour une véritable expérience de l'enseignement privé anglais dans un cadre à la Harry Potter. Pensionnat sur place (1/4 des élèves sont pensionnaires).

Logement

Highgate est top of the list dans ce quartier. La Bishops Avenue et la Compton Avenue, dotées de manoirs avec très grand jardin et piscine, ont été surnommées le «*billionaire's row*». Courtenay Avenue, entre le golf et le Heath, est l'une des rues les plus chères de Londres. Comptez de £700/semaine pour un appartement avec 4 chambres situé à l'est du village à £2,000+ pour une maison bordant le *Heath*.

Crouch End et **Muswell Hill** sont beaucoup plus abordables : environ £500/semaine pour un appartement de 3 chambres, et +£900/semaine pour une maison familiale.

Maison à Woodside Park

C'est au nord du *Heath* que se fait la vraie différence. A **East Finchley**, on trouve de grandes maisons familiales de 4-5 chambres pour £600-700/semaine. A **Finchley** et à **Woodside Park / Barnet**, les prix baissent encore. Une maison *semi-detached* de 3 chambres, jardin, *double living* est à environ £1,600/mois, £1,300 à Barnet.

Transports

MÉTRO

Ces quartiers s'égrennent le long de la ***Northern Line*, branche Barnet** avec arrêt à Kentish Town. La *Northern Line* a une extension vers **Mill Hill East**. Trains directs toutes les 12 minutes (comptez 17 minutes pour le CFBL de Kentish Town).

BUS

Crouch End / Muswell Hill

Pas de métro pour **Crouch End**, il faut prendre le bus depuis **Finsbury Park**, **Archway** ou **Highgate** *tube station*. Les ***Victoria*** ou ***Piccadilly Line*** depuis Finsbury Park mettent Oxford Circus et le West End à moins de 20 minutes.

Idem à **Muswell Hill,** des bus rejoignent la station de métro **East Finchley** le long de Fortis Green. Le bus **134** descend à Kentish Town en 30 minutes. Le bus **W3** amène à la gare d'Alexandra Palace en une douzaine de minutes.

Le bus **240** amène de Mill Hill Village à Mill Hill East en ¼ d'heure.

TRAIN

De **Crouch Hill,** possibilité de rejoindre Kentish Town West et le CFBL en une vingtaine de minutes d'***Overground*** (changement à Gospel Oak).

D'**Alexandra Palace**, vous êtes à 20 minutes de la City (Moorgate) en train.

Mill Hill Broadway amène à Kentish Town en 15 mn, St Pancras en 17 mn et dans la City en 30 mn (4 trains /heure).

Sports

A Barnet : on peut pratiquer tous les sports dans cette lointaine banlieue, y compris les plus locaux (badminton, cricket, équitation, golf, hockey, rugby, etc.). Une liste complète des clubs et associations se trouve sur le site municipal ***www.barnet.gov.uk***.

CLUBS MULTISPORTS

- **Barnet Copthall Leisure Centre**

Champions Way, Hendon, NW4 1PX
020 8457 9900
Piscine, cours de fitness, activités petite enfance.

- **Finchley Lido Leisure Centre**

Chaplin House, Great North Leisure Park, Chaplin Square, North Finchley, N12 0GL - 020 8343 9830
Gymnase, cours de fitness, piscine intérieure et extérieure.

- **The Factory Gym and Dance**

407 Hornsey Road, N19 4DX
020 7272 1122 - www.factorylondon.com
A Muswell Hill, un centre de danse et de fitness très réputé.

- **The Laboratory**

The Avenue, N10 2QE - 020 8482 3000
www.labspa.co.uk
Superbe centre de fitness proche d'Alexandra Palace. Piscine en sous-sol, studios de danse et yoga, gym, spa.

- **Park Road Leisure Centre**

Park Road, Hornsey, N8 8JN - 020 8341 3567
A Crouch End. Cours d'aérobic, de zumba, de yoga, de natation, salle de musculation, plusieurs piscines... Pas toujours très propre, mais très bon marché (appartient au *Council* de Haringey).

- **The Manor Health & Leisure Club**

140 Fortis Green, Muswell Hill, N10 3EF
020 8883 0500 - www.themanorhealthandleisure.co.uk
Petite salle de gym très familiale avec nombreux cours, salle de gym uniquement pour les femmes, piscine. Staff très sympa.

- **North London YMCA**

184 Tottenham Lane, Crouch End, N8 8SG
020 8340 6088 - www.ymcahornsey.org
Propose plein d'activités pour les enfants à des prix très raisonnables (ballet, yoga, gymnastique...).

DANSE

Highgate Ballet School
United Reformed Church and Hall
South Grove, Highgate, N6 6BA
Julie Cronshaw 020 8432 2995
www.highgateballetschool.com
Ecole de danse classique, tap, jazz… Cours tous les jours. Stages pendant les vacances.

The Highstone Dance Academy
29 Hadley Highstone, Barnet EN5 4PU
020 8449 9305
www.highstonedanceacademy.wordpress.com
A partir de 3 ans. Cours adultes. Préparation aux examens ISTD.

Sandra Pepper School of Dance
Alexandra Palace Way, N22 7AY
020 8888 2955 - www.alexandrapalace.com
Ecole de danse classique et moderne. Cours tous les jours à Alexandra Palace à Muswell Hill.

EQUITATION

Avec sa *Green Belt*, le nord de Londres est un paradis pour les cavaliers, qui peuvent même avoir leur propre cheval en pension…

Quelques clubs :

The Frith Manor Equestrian Centre
Lullington Garth, Woodside Park, Finchley, N12 7BP - 020 8346 6703 - www.fmec.co.uk
Centre familial et peu cher à vocation de *livery* (pension). Cours particuliers, petites fêtes organisées autour du cheval. Très *british*.

The London Equestrian Centre
Lullington Garth, Woodside Park, Finchley, N12 7BP - 020 8349 1345
www.londonridingschool.com
Chic et très bien entretenu. Cours en groupe et particuliers.

Trent Park
East Pole Farmhouse Bramley Road, Oakwood, N14 4UW - 020 8363 8630 - www.trentpark.com
Leçon individuelle assez chère, mais cadre super ! Ce centre équestre est situé à la lisière d'un des plus vastes parcs du nord de Londres. C'est aussi un bon endroit pour marcher en forêt. Joli café avec vue sur le manège pour les parents qui doivent attendre. Ambiance *totally british*.

FOOTBALL

Danny Grant Soccer School
www.dgsoccer.co.uk
Organise des sessions de foot après la classe et le samedi matin dans plusieurs écoles du quartier. Sessions pendant les vacances

Equitation à Woodside Park

scolaires. Possibilité d'organiser un match pour un anniversaire. Consulter leur site pour les endroits et les dates.

GOLF

Le quartier comprend probablement la plus forte concentration de terrains de golf de tout Londres. Tous proposent des abonnements pour devenir membre, pour les adultes comme pour les jeunes, mais sont généralement ouverts au public.

Finchley Golf Club
Nether Court, Frith Lane, Mill Hill, NW7 1PU
020 8346 2436 - www.finchleygolfclub.com
Parcours de 18 trous dans un parc paysagé, considéré comme le plus difficile du nord de Londres. Ouvert aux non-membres mais cher. Un magnifique manoir abrite le *clubhouse*. Restaurant ouvert au public (pas de T-shirts).

Muswell Hill Golf Club
Rhodes Avenue, N22 7UT - 020 8888 1764
Ouvert au public et abordable.

South Herts Golf Club
Links Drive, Totteridge, N20 8QU - 020 8445 2035
Très beau club centenaire. Un 18 trous dessiné par Henry Vardon et un 6 trous. Ouvert aux non-membres avec certificat de handicap pour le Vardon.

NATATION

Si vous n'êtes pas frileux, vous avez la possibilité unique de nager toute l'année dans les *Ponds* de Hamsptead Heath. Vous y trouverez un « *Ladies' Pond* », un « *Men's Pond* », un « *Mixed Pond* », dotés de vestiaires et de jardins pour prendre le soleil. Baignade surveillée. Il y a aussi un ***Lido***, une piscine extérieure de 60x28m sur *Parliament Hill*.

Finchley Lido
Chaplin House, Great North Leisure Park, Chaplin Square, Finchley, N12 0GL - 020 8343 9830

Grande piscine à vague située dans un complexe de loisirs qui comprend aussi restaurants, cinémas, etc. Très prisé des enfants et adolescents.

PATINOIRE

Alexandra Palace Way, Muswell Hill, N22 7AY
020 8365 4386 - www.alexandrapalace.com
Patinoire intérieure.

TENNIS

Finchley Manor Lawn Tennis Squash & Health Club
Lyndhurst Gardens, N3 1TD - 020 8346 1327
Club très ancien (1881). *Social tennis*, cours et *leagues* adultes/enfants. Organisation d'évènements type BBQ, « *CurryOke* » ...

Golders Hill Park Tennis Courts
Golders Hill Park Office, West Heath Avenue, off Finchley Road, NW11 7QP - 020 7332 3511
4 courts en dur et 2 courts en gazon (week-ends avril-septembre). Une carte annuelle permet de réserver par téléphone 3 jours à l'avance. Rencontres de *social tennis* en double mixte pour adultes.
Contact: 020 7332 3774.

The Woodside Park Club
Southover, N12 7JG
020 8445 3510 - www.woodsideparkclub.org
Club à l'anglaise situé au milieu de la verdure, avec bar, *social events* et salle à louer.

West Heath Lawn Tennis Club
Croftway, Ferncroft Avenue, Hampstead NW3 7PQ - 020 8452 1455 - www.westheathltc.co.uk
Petit club avec courts en gazon. Pas de débutants.

YOGA

Yoga Junction
93A Weston Park, N8 9PR
020 8347 0000 - www.yogajunction.co.uk
Seul centre de yoga de Londres approuvé par la très sérieuse *British Wheel of Yoga*.

Activités artistiques et culturelles

*(**A** Adulte, **E** Enfant)*

CENTRES CULTURELS

All Saints Arts Centre AE
122 Oakleigh Road North, Whetstone, N20 9EZ
020 8445 8388 - www.allsaints.uk.com
Programme de spectacles et ateliers divers: sculpture, dessin, danse, chant, etc.
Egalement un *playgroup* le mercredi.

Arts Depot AE
5 Nether Street, North Finchley, N12 OGA
020 8369 5454 - www.artsdepot.co.uk
Principal centre culturel de Barnet. Deux théâtres, expositions, festivals et cours divers (*street dance*, théâtre...). Immeuble très moderne, imposant et froid de l'extérieur, mais convivial à l'intérieur avec un café-bar

CUFOS
Top of The Avenue, Muswell Hill, N10 2QE
www.cufos.org.uk
Nombreux clubs qui se réunissent dans ces locaux de l'ancienne gare d'Alexandra Palace. Cours de dessin, *public speaking*, groupe de femmes, groupes de musique, *Perform, Monkey Music*, etc.

The Institute
The Hamilton Road, East Finchley, N2 8LL
020 8829 4229 - www.hgsi.ac.uk
Cours pour adultes à temps partiel (peinture, encadrement, photographie, jardinage, cuisine), et notamment d'Anglais. Cours trimestriels, y compris l'été. De 3 à 15h /semaine. Environnement de verdure magnifique, très résidentiel, dans une zone sans *resident parking permit*.

Hornsey Vale Community Centre
60 Mayfield Road, N8 9LP - 020 8348 4612
www.hornseyvale.org
Nombreuses activités sportives et manuelles adultes et enfants. Location de salle pour les anniversaires.

London Jewish Cultural Centre - JW3
341-351 Finchley Road, NW3 6ET
020 7433 8988 - www.ljcc.org.uk
Activités en français et en anglais pour adultes et enfants. Cinéma.

MUSIQUE

Finchley Music Centre E
Moss Hall Junior School, Nether Street, Finchley N3 1NR - 020 8359 4111
www.barnet.gov.uk/finchley-music-centre
Conservatoire proposant tous types d'instruments, orchestres, chorale le samedi matin.

Finchley Music School
The Scout Centre, Finchley, N3 2HX
Multicultural Community Centre, Algernon Road, Hendon, NW4 3TA
0845 638 0767 - www.finchleymusicschool.co.uk
Cours de piano, guitare pour tous les âges.

Mill Hill Music Complex
Bunns Lane Works, Bunns Lane, Mill Hill, NW7 2AJ - 020 8906 9991
www.millhillmusic.co.uk
17 studios d'enregistrement (les moins chers

de Londres). Plusieurs organismes louent des salles pour des répétitions d'orchestre, cours de danse, théâtre, piano, guitare, batterie, chant, cirque, yoga. +11 ans.

THÉÂTRE

The Bull Theatre
68 High Street, Barnet, EN5 5SJ
020 8441 5010 - www.thebulltheatre.com
Cours de théâtre, street dance, acting, etc., et ateliers pendant les vacances scolaires.

Stomp! The School for Performing Arts
Millbrook Park School, School House Lane, Mill Hill, NW7 2RX - 020 8446 9898
www.stompschool.com
Ecole de théâtre indépendante pour les 5-19 ans. Cours de *Street dance*, théâtre et chant. Enfants à partir de 6 ans, adultes. Tarifs très raisonnables.

Services

RECYCLAGE

Civic Amenity and Recycling Centre
Summers Lane, North Finchley, N12 0RF
020 8362 0752
Pour les ordures extra-ménagères. Ouvert lundi-samedi 8h-16h et dimanche et JF 9h-16h. Pour connaître la politique de recyclage de votre *borough*, consultez son site. Possibilité de faire enlever les « monstres » sur rendez-vous (payant).

Barnet Furniture Centre
4 Queens Parade Close, Friern Barnett, N11 3FY
020 3361 6802 - www.barnetfurniturecentre.org
Lundi-samedi, 9h-17h. *Charity* qui récupère vos meubles pour les revendre. Possibilité de collecte à domicile. Récupère aussi les appareils électriques et les canapés et lits, s'ils ont l'étiquette « *fire safety* ».

Santé

NHS

Hopital (ux) – maternités

Barnet Hospital
Wellhouse Lane, Barnet, EN5 3DJ - 0845 111 4000
Bonne réputation pour les urgences et la maternité.

Whittington Hospital
Magdala Avenue, Highgate, N19 5NF
020 7272 3070 - www.nhs.uk
A Waterloo Park, hôpital public du NHS. Urgences.

Ophtalmologistes

Moorfields Eye Unit
St Ann's Road, Tottenham, N15 3TH
020 7566 2841
Centre hospitalier spécialisé dans *St Ann's Hospital* en ophtalmologie. Nécessité d'être référé par son GP pour obtenir un rendez-vous.

MÉDECINE PRIVÉE

Highgate Private Hospital
17-19 View Road, Highgate, N6 4DJ
020 8341 4182 - www.highgatehospital.co.uk
Hôpital privé offrant toutes les spécialités médicales.

Médecines douces

Aromathérapeute
25 Cissbury Ring North, N12 7AL
020 8445 2059
Française installée à Londres, Marlène Stobbart propose des massages thérapeutiques aux huiles essentielles. Première consultation gratuite.

Sophrologue caycédienne
Catherine-Fatou Lefeuvre
078 7748 1856 / 020 8808 4354
www.thesophrologiynetwork.co.uk
Sophrologie, Yoga, sessions privées et en groupe.

Vie sociale

Cercle Français de Highgate
020 8340 5446 - www.highgatesociety.com
Association d'une centaine de membres qui se retrouve une fois par mois le mercredi pour échanger en français. De septembre à mai le mercredi soir. Gratuit.

Le groupe de femmes **WI Finchley** se retrouve une fois par mois et organise diverses activités. 40 membres. Elles publient un blog : *wifinchley.blogspot.co.uk*.

Achats

ALIMENTATION

A Crouch End

Dunn's Bakery
6 The Broadway, Crouch End, N8 9SN
www.dunns-bakery.co.uk
Boulangerie très ancienne. Leur pain est délicieux même si ce n'est pas la baguette traditionnelle française.

Budgens Stores
21-23 The Broadway, Crouch End, N8 8DU
020 8340 9636
Petit supermarché qui appartient à une franchise. Très bons produits, essaye de se fournir localement. Le patron fait beaucoup pour l'environnement et la communauté.

A Muswell Hill

Planet Organic
111-117 Muswell Hill Road, N10 3HS
020 8442 2910 - www.planetorganic.com
Tout y est bio, y compris le vin, la bière et les médicaments!

W Martyn
135 Muswell Hill Broadway, N10 3RS
020 8883 5642
Très ancienne confiserie (1897). Epicerie fine, thé, café torréfié sur place.

A Finchley/Barnet

Chorac
122 High Road, East Finchley, N2 9ED
020 8365 3330
Bon pain et bonne pâtisserie.

Grahams
134-136 East End Road, East Finchley, N2 0RZ
020 8883 6187
Boucherie bio, épicerie fine, traiteur, pain frais. Produits chers mais de qualité.

Marchés

Archway Market
Holloway Road - www.archwaymarket.org
A 500 m de la station de métro Archway. Le samedi, 10h-17h. Plusieurs stands de fruits et légumes bio, boulangerie bio. De l'autre côté, marché d'antiquités type « Portobello ».

Barnet Market
Chipping Close, EN5 4LP
Ce marché se tient depuis le XIIe siècle. Les mercredis et samedis de 7h à 15h. Prix intéressants.

East Finchley French Market
High Road, N2 0GA
Marché français qui se tient une fois par mois le week-end de 9h à 18h.

Nag's Head Market
22 Seven Sisters Road, N7 6AG
020 7607 3527 - www.nagsheadmarket.co.uk
Marché couvert installé dans une ancienne halle. Ouvert tous les jours de 7h à 18h. Vente de fruits et légumes et bric à brac. Le mercredi et le vendredi, vente de vêtements, chaussures, et accessoires neufs et d'occasion…

Centres commerciaux

Brent Cross Shopping Centre
Prince Charles Drive, Hendon, NW4 3FP
020 8202 8095 - www.brentcross.co.uk
On trouve tout dans cet immense centre commercial qui dessert toute la région nord de Londres.

The Spires Shopping Centre
111 High Street, Barnet, EN5 5XY - 020 8449 7505
Petit centre commercial situé dans le centre de Barnet près de l'église (d'où son nom). Plutôt original avec ses deux placettes et terrasses en plein air. On y trouve une jolie boulangerie typiquement anglaise, une confiserie à l'ancienne, des boutiques de mode, un Waitrose et un cordonnier. Plongée dans une ambiance de *Market Town* anglaise garantie, à contraster avec North Finchley et son côté cosmopolite.

Autres commerces

A Highgate, les commerces se concentrent sur la *High Street* dans le village. Quelques commerces alimentaires et cafés sur Swain's Lane, en bas de Highgate West Hill.
De nombreux commerces indépendants font le charme de Crouch End et Muswell Hill, même si malheureusement on voit apparaitre de plus en plus de chaînes.

Finchley Nurseries
Burtonhole Lane, Mill Hill, NW7 1AS
020 8959 2124 - www.finchleynurseries.net
C'est un plaisir d'acheter ses plantes dans cette pépinière située en plein milieu de la campagne. Petit café. Possibilité de cueillette sur place.

Little Paris
39 Park Road, Crouch End, N8 8TE
020 8340 9008 - www.littleparis.co.uk
Magasin superbe. On y trouve des meubles, des écharpes, des bijoux, des bougies, de la vaisselle ancienne. Une vraie mine !

Highgate Cemetery

Kenwood House

Rubber Dub Dub
15 Park Road, Crouch End, N8 8TE
Magasin de jouets pour enfants. On y trouve aussi des couches bio, du savon, des crayons, quelques livres, des poussettes. C'est une vraie caverne d'Ali Baba.

A **Mill Hill**, on trouve de nombreuses boutiques indépendantes, des cafés, restaurants, etc., sur *The Broadway*, jolie avenue qui a conservé son architecture victorienne. Dans le triangle qu'elle forme avec Fortis Green Road, on trouve de très beaux magasins de chaussures *design* (Kate Kuba, Ethos, Jan Jansen) et des boutiques de vêtements de créateur (Cha Cha Cha, Charli, Leila London) ou de marques (Aziza, Frocks Away…).

Sortir

MUSÉES ET CURIOSITÉS

Kenwood House (English Heritage)
Hampstead Lane, NW3 7JR - 020 8348 1286
Dans une belle maison XVIIIe, collection intéressante de peintures dont un Rembrandt, un Vermeer,… et Gainsborough. Ne pas oublier la galerie de portraits et les collections pittoresques. Beau jardin, cadre idéal pour les concerts d'été de musique classique.

Highgate Cemetery
Swain's Lane, N6 6PJ - 020 8340 1834
Immense cimetière victorien très envoûtant avec chapelles, catacombes, statues et curiosités architecturales diverses, disséminées dans une abondante végétation. Le cimetière Ouest ne se visite qu'avec un guide, celui de l'Est est accessible librement tous les jours.

PARCS ET AIRES DE JEUX

Alexandra Palace
Alexandra Palace Way, N22 7AY
020 8365 2121 - www.alexandrapalace.com
Enorme parc à Muswell Hill où trône Alexandra Palace, le « palais du peuple », un palais d'expositions victorien avec une très belle vue sur la *City* (patinoire, café et organisation de divers évènements). Dans le parc, lac avec bateaux à louer, golf 10 trous, skate parc, enclos à daims…

Stephens House & Gardens
17 East End Road Finchley N3 3QE - 020 8346 7812
Imposant manoir victorien. Entrée gratuite pour le jardin. *Playground*, café, étang.

Highgate

Highgate Wood est une magnifique forêt ancienne de chênes sur 28 hectares. Petit café et terrains de jeux au centre.

Waterlow Park est plus paysagé, et très agréable avec ses étangs, son café et ses belles vues sur Londres.

Mill Hill

Mill Hill Park: très grand parc avec réserve naturelle, terrains de sport (tennis, cricket, basket, bowling…), des jardins, un pavillon, un café et des jeux pour enfants

Scratchwood: une forêt ancienne de 57 hectares, qui héberge aussi le golf club.

The Cherry Tree Wood Park
Morceau d'une ancienne forêt d'arbres centenaires. Le rendez-vous des enfants et parents du quartier qui bénéficie, entre autres, de deux courts de tennis et d'un terrain de basket-ball à accès libre. Un café, le *Lazy Sally Kiosk* sert d'excellents gâteaux, plats et boissons bio.

Alexandra Palace

Phoenix Cinema

▸ **Victoria Park**
Ancien parc victorien doté de jardins, espaces verts, terrains de sport et de tennis.

PROMENADE

▸ **Au départ de Gordon Road**, longeant le Finchley Golf Club, une marche de quelques kilomètres bien sympathique dans un bois bordé de jardins potagers privés et traversant plusieurs petits parcs, menant à Totteridge Village.

▸ **Parkland Walk**, le long de l'ancienne ligne de chemin de fer. De Finsbury Park à la station de Highgate (environ 3 km) et jusqu'à Muswell Hill en passant par Crouch End. Une promenade agréable quand ce n'est pas trop boueux. Les petits peuvent même y faire du vélo.

FÊTES ET FESTIVALS

▸ De mi-juin à mi-juillet, festival de concerts en plein air dans le parc de **Kenwood House** (*cf. ci-dessus*). Apportez votre pique-nique pour une soirée inoubliable.

▸ En juin, festival de musique à plusieurs endroits dans **Mill Hill** (*www.millhillmusicfest.co.uk*).

▸ Sur un week-end de juillet, **East Barnet Festival** à Oak Hill Park : musique, danse, stands et activités pour enfants (*www.eastbarnetfestival.org.uk*).

CINÉMAS

▸ **Odeon Barnet**
Great North Road, Barnet, EN5 1AB
0871 2244 007 - www.odeon.co.uk

▸ **Phoenix Cinema**
52 High Road, East Finchley, N2 9PJ
020 8444 6789 - www.phoenixcinema.co.uk
Cinéma indépendant des années 1930 magnifiquement restauré, qui offre une programmation traditionnelle, des sessions dédiées aux enfants le samedi matin et des films étrangers en V.O.

▸ **Vue Cinema North Finchley**
Great North Leisure Park, Chaplin Square, North Finchley, N12 0GL
0871 2240 240 - www.myvue.com

THÉÂTRES

▸ **The Bull Theatre**
68 High Street, Barnet, EN5 5SJ
020 8441 5010 - www.thebulltheatre.com
Programme varié dans ce petit théâtre de quartier. Pour vous initier aux *comedy nites*.

The Red Hedgehog
255-257 Archway Road, N6 5BS
020 8348 5050 - www.theredhedgehog.co.uk
Petit théâtre d'une centaine de places à Highgate. Atmosphère intime.

Upstairs at the Gatehouse
The Gatehouse, Highgate Village, N6 4BD
020 8340 3488
www.upstairsatthegatehouse.com
Pub-théâtre familial apprécié des locaux même si un peu défraîchi.

RESTAURANTS - CAFÉS

500 Restaurant
782 Holloway Road, N19 3JH
020 7272 3406 - www.500restaurant.co.uk
Sympathique trattoria sicilienne.

Arocaria
48C The Broadway, N8 9TP - 020 8340 0580
Incroyable restaurant grec noyé dans la verdure. Excellente cuisine. Bon rapport qualité-prix.

Bistrot Aix
54 Topsfield Parade, Tottenhamlane, Crouch End, N8 8PT - 020 8340 6346 - www.bistroaix.co.uk
Restaurant français réputé.

Coffee Circus
136 Crouch Hill, Crouch End, N8 9DX
020 8340 8221
Pour prendre son café le matin ou un déjeuner sur le pouce au coin du feu en hiver. Hyper *cosy* et délicieux.

Dan & DeCarlo
20 High Road, East Finchley, N2 9PJ
020 8444 3800
Café accueillant et très "*child friendly*". Sert des petits déjeuners délicieux, mais être matinal, surtout le week-end, car il est bien connu des locaux.

Juniper Dining
100 Highbury Park, N5 2XE - 020 7288 8716
Bon restaurant anglais.

Le Péché Mignon
6 Ronalds Road, Highbury, N5 1XH
020 7607 1826
Adorable petit café et boutique français non loin du stade d'Arsenal. Croissants et pains au chocolat frais.

St John's Tavern
91 Junction Road, Archway, N19 5QU - 020 7272 1587
Excellente cuisine modern *british.*

Toff's of Muswell Hill
38 Muswell Hill Broadway, N10 3RT
020 8883 8656 - www.toffsfish.co.uk
Excellent *fish&chips.*

Two Brothers Fish Restaurant
297/303 Regent's Park Road, Finchley, N3 1DP
020 8346 0469
Excellent resto de poisson. L'une des bonnes adresses du nord de Londres.

PUBS

Victoria Stakes
1 Muswell Hill, N10 3TH - 020 8815 1793
www.victoriastakes.co.uk
Gastro-pub. L'une des meilleures options dans le quartier.

Villier's Terrace
120 Park Road, Crouch End, N8 8JP - 020 8245 6827
Bar, *pub,* restaurant, terrasse très agréable en été.

The Adam & Eve
The Ridgeway, Mill Hill, NW7 1RL
0208 9591553 - www.adamandevemillhill.co.uk
Gastro-pub très sympa (accepte les chiens), magnifique *beer garden* à l'arrière, restaurant d'été. Parfait pour un dimanche en famille.

Catcher in the Rye
317 Regents Park Road, N3 1DP - 020 8343 4369
Pub traditionnel.

The Maid of Muswell
121 Alexandra Park Road, Muswell Hill, N10 2DP
020 8883 4971
Un vrai petit bijou de *pub*, très sympa.

The Elephant Inn
283 Ballards Lane, North Finchley, N12 8NR
020 8343 6110
Pub familial très prisé des Anglais car bonne bière et jolie décoration boisée. Bonne ambiance.

The Flask
77 Highgate West Hill, N6 6BU - 020 8348 7346
L'un des *gastro-pubs* les plus populaires de Highgate avec son *beer garden* très couru l'été. Réserver.

The King's Head
2 Crouch End Hill, N8 8AA - 020 8340 1028
Propose 24 sortes de bières. *Comedy club* avec de très bons comédiens, ou des jeunes débutants les jeudis et dimanches. Sessions de Jazz le dimanche après-midi.

The Orange Tree
7 Totteridge Village, N20 8NX - 020 8343 7031
Atmosphère aussi opulente que relaxée.

Clissold Arms
105 Fortis Green, N2 9HR - 020 8444 4224
www.clissoldarms.co.uk
Gastro pub, véritable musée dédié aux Kinks qui y jouaient à leurs débuts.

Nord Ouest

Kensal Rise
Kilburn
Maida Vale
St John's Wood
South Hampstead
West Hampstead

Little Venice

Situés juste au Nord de l'A40 qui arrive de l'Ouest et délimite techniquement le centre de Londres, ces quartiers sont à la fois plus abordables et populaires que les quartiers plus centraux, tout en étant aussi très bien desservis, à l'exception de **St John's Wood,** tout proche de **Regent's Park,** avec des prix équivalents à ceux du centre.

Kensal Rise – qu'on appelle aussi **Kensal Green** (NW10, *borough* de Brent), **Queenspark** (NW6, Brent) et **Kilburn** (NW6, Camden) prolongent en quelque sorte Notting Hill et attirent des jeunes et des familles en quête de maisons victoriennes avec jardin à des prix abordables. L'*Overground* les traverse d'est en ouest, ce qui est particulièrement pratique pour se rendre au Collège Français Bilingue de Londres (CFBL). La Jubilee Line dessert Kilburn et West Hampstead, pratique pour le Lycée International Winston Churchill. De plus en plus de restaurants, de cafés, de centres de yoga et d'activités pour enfants s'installent dans ces quartiers résidentiels parsemés de parcs et de terrains de sport et habités par une population internationale, jeune et urbaine. **Kilburn** est plus hétérogène et cultive une réputation pour les concerts *underground* découvreurs de talents, dans des arrière-salles de *pubs* peu connus. Le côté très diversifié du quartier est reflété par l'offre de cuisine internationale de ses nombreux restaurants.

Maida Vale (W9, Westminster) est une enclave résidentielle tranquille et un peu plus chic, surtout autour de ***Little Venice*** et de son charmant bord de canal.

De l'autre côté de Kilburn High Road, **St John's Wood** (NW8, Westminster) attire les expatriés américains. Les prix des logements sont nettement plus élevés, les boutiques plus chics et les restaurants plus haut de gamme. La proximité de **Regent's Park** est un indéniable atout.

West & South Hampstead (NW6, Camden) forment des quartiers à part entière, distincts d'Hampstead, dont ils sont séparés par la grande artère **Finchley Road**. Très bien desservis par plusieurs stations de métro et d'*Overground*, ces quartiers sont appréciés des jeunes actifs et des familles pour leurs prix moins élevés que ceux de St John's Wood ou Hampstead Village.

Références

Le site *www.lovecamden.org* fourmille d'informations sur Kilburn et West Hampstead.

Le blog *www.westhampsteadlife.com* est tenu par un habitant de West Hampstead et reprend des infos locales. Il fonctionne aussi comme un club de rencontre pour les habitants du quartier lors de diners organisés dans des restaurants locaux.

Pour Kensal Rise, consultez *www.kensalgreendirectory.com*, qui contient beaucoup de bonnes adresses dans le quartier.

Petite enfance

Le site www.maidavalemums.com contient des tas d'informations intéressantes pour les jeunes mamans du quartier, dont notamment une liste des playgroups "Drop-in".

DAY-NURSERIES

Carlton Hill Community Nursery
86 Carlton Hill, Maida Vale, NW8 0ER
020 7624 3814
Ouverte de 8h à 18h, 51 semaines par an. Dans une bâtisse victorienne de 3 étages avec cour extérieure. *OFSTED outstanding.*

Church Street Nursery
21 Boldero Place, NW8 8EQ - 020 7724 2410
2-5 ans. Ouverte de 9 à 17h toute l'année. Située dans un sous-sol mais avec accès à une cour extérieure. *OFSTED outstanding.*

Dorothy Gardner Centre
289-293 Shirland Road, St John's Wood, W9 3JY
020 8969 5835
3-5 ans. 9h15-16h30. *OFSTED outstanding.*

Granville Plus Children's Centre
80 Granville Road, Kilburn, NW6 5RA
020 7604 4620
Nursery pour les 6 mois-4 ans. Mixte. Gratuite.

Fortune Green Nursery
47 -51 Fortune Green Road NW6 1DR
020 8819 5358.
1-5 ans. 7h30-18h30. Horaires flexibles. Petite structure dans un bâtiment neuf. Sessions de yoga, cuisine, musique.

Fordwych Nursery School
107 Fordwych Road NW2 3TL - 020 8208 2591
2-5 ans. 9h-15h30. Liste d'attente. *OFSTED outstanding.*

Little Sweethearts Montessori School
St Saviour's Church Hall, Warwick Avenue, W9 2PT - 020 7266 1616
Nursery privée 3-5 ans. 8h45-15h30. Assez cher. Dans le sous-sol d'une église, pas de cour mais les enfants sont sortis régulièrement pour jouer dans une école voisine. Staff bien formé aux méthodes Montessori.

Mary Paterson Nursery School
13 Riverton Close, Off Ashmore Road, W9 3DS
020 7641 5804
Très bonne *nursery* gratuite, *Drop-in* au premier étage. *OFSTED outstanding.*

Middle Row School Playcentre
Middle Row School, Kensal Road, W10 5DB
020 8964 0948
8h-17h.

Queen's Park Children's Centre
88 Bravington Road, W9 3AL - 020 7641 5838
Garderie de 9h à 17h et *playgroup* tous les après-midis.

Windmill Montessori Nursery School
62 Shirland Road, W9 2EH - 020 7289 3410
2-6 ans. Dans le sous-sol de la bibliothèque de Maida Vale. 9h-16h.

MOTHER & TODDLER GROUPS

St Marks' Drop In
St Marks' Church Hall, All Souls Avenue, Harlesden, NW10 5AL - 020 8960 3929
Mardi 14h-16h, mercredi 10h-12h.

Under 5's Drop In
Kingsgate Community Centre, Kingsgate Road, Kilburn, NW6 2JH - 020 7328 9480
Lundi 10h-12h, Mardi, Mercredi et Jeudi 13h30-15h30.

Ecoles

ECOLES FRANÇAISES ET BILINGUES

L'école maternelle bilingue **Les Trois Oursons** et l'**Ecole Bilingue** (➤ *Quartier Westminster Nord*) sont très proches de Maida Vale.

La ligne d'*Overground* dessert facilement le CFBL depuis Kensal Rise, Brondesbury Park et West Hampstead.

Pour le Lycée de South Kensington, prendre le bus 52 ou le 452 depuis Kensal Rise (direct, 40 minutes), le 14 ou le 414 depuis Maida Vale, et la Jubilee Line depuis Kilburn et St John's Wood.

ECOLE INTERNATIONALE

The American School in London
1 Waverley Place, St John's Wood, NW8 0NP
020 7449 1200 - www.asl.org
Mixte 4-18 ans. 1 350 élèves, 50% d'Américains. Cursus américain uniquement. £23,000 -£26,800/an. Liste d'attente à tous les niveaux. *OFSTED outstanding.*

ECOLES ANGLAISES

Nursery Schools

Maintained Nursery School
161 College Road, Kensal Rise, NW10 3PH
020 8969 2179 - www.cgnss.brent.sch.uk
Ecole maternelle mixte 3-4 ans. Publique et gratuite. Très bons résultats. Elle est liée à un *Children's Centre* qui propose des services liés à l'enfance: conseils sur les modes de garde, *playgroups*. *Day-nursery* de proximité pour les 0-3 ans. *OFSTED outstanding*.

Nursery & primary schools

Ark Atwood Primary Academy
15 Third Avenue, W10 4RS - 020 8962 4700
www.arkatwoodprimary.org
Ecole publique mixte gratuite. 4-11 ans. Gérée par la *Charity Ark*, spécialisée dans l'éducation. Admission sur critères de proximité.

Beckford Primary School
Dornfell Street, NW6 1QL - 020 7435 8646
Ecole publique mixte 3-11 ans. Excellents résultats.

Carlton Place Vale Infants School
Malvern Place, Kilburn, NW6 5PX - 020 7624 0348
Mixte 3-7 ans. 219 élèves. Bonne école.

Emmanuel Church of England Primary School
152-158 Mill Lane, Camden, NW6 1TF
020 7431 7984 - www.emmanuel.camden.sch.uk
Mixte 4-11 ans. 106 élèves.

Gateway Primary School
Capland Street, NW8 8LN - 020 7641 4160
www.gatewayprimary.co.uk
Ecole publique mixte 3-11 ans.

Malorees Infant School
Christchurch Avenue, NW6 7PB - 020 8459 3038
Ecole maternelle et primaire mixte 3-7 ans. Publique. Bons résultats *OFSTED*. 216 élèves.

Princess Frederica Church of England Primary School
College Road, NW10 5TP - 020 8969 7756
www.princessfrederica.com
Ecole anglicane mixte 3-11 ans.

Rainbow Montessori School
13 Woodchurch Road, NW6 3PL - 020 7328 8986
www.rainbowmontessori.co.uk
Ecole privée avec *Nursery* 0-3 ans, *Junior School* 5–12 ans. 60 élèves dans la *Junior School*, 30 dans la *Nursery*. Les classes sont formées en fonction du degré de développement des élèves plutôt que par groupe d'âge.

Robinsfield Infant School
Ordnance Hill, St John's Wood, NW8 6PX
020 7641 5019
Ecole publique mixte 3-7 ans. Population mixte. Bons résultats.

St Eugene de Mazenod Roman Catholic Primary School
Mazenod Avenue, West Hampstead, NW6 4LS
020 7624 4837
Ecole mixte catholique 4-11 ans. Située dans un quartier défavorisé, mais obtient d'excellents résultats grâce à sa directrice et son corps enseignant très compétents. *OFSTED outstanding*.

St. John's Wood Pre-Preparatory School
Lord's Roundabout, St John's Hall, NW8 7NE
020 7722 7149 - www.sjwpre-prep.org.uk
Privée, mixte 3-7 ans dans un beau manoir classé avec jardin.

St Joseph's Catholic Primary School
Lanark Road, Sutherland Avenue, W9 1DF
020 7286 3518
Mixte 3-11 ans. 333 élèves, 40 élèves par classe avec deux instituteurs. *OFSTED outstanding*. Pour catholiques pratiquants. Liste d'attente.

St Saviour's C of E Primary School
Shirland Road, W9 2JD
020 7641 6414 - www.stsavioursprimary.co.uk
Ecole anglicane mixte 3-11 ans. 233 élèves. *OFSTED outstanding*.

PRIMARY SCHOOLS

Barrow Hill Junior School
Bridgeman Street, St John's Wood, NW8 7AL
020 7641 5005
Ecole primaire publique 7-11 ans. Bons résultats.

Mapple Walk School
62A Crownhill Road, NW10 4EB - 020 8963 3890
Ecole publique mixte. 4-11 ans.

PRIMARY & SECONDARY SCHOOLS

Arnold House School
1 Loudoun Road, St John's Wood, NW8 OLH
020 7266 6982 / 020 7266 4840
www.arnoldhouse.co.uk
Ecole privée pour garçons 5-13 ans. 250 élèves. *Prep-school* qui dispose de ses propres terrains de sport. Admission possible en cours d'année sur test et entretien. Soutien ESL possible.

SECONDARY SCHOOLS

Hampstead School
Westbere Road, NW2 3RT - 020 7794 8133
www.hampsteadschool.org.uk

11-19 ans, publique, mixte et gratuite.
1 310 élèves. Bon lycée avec une attitude très positive envers les élèves. Résultats en progrès constants. Nombreuses activités extra-scolaires.

Paddington Academy

50 Marylands Road, W9 2DT - 020 7479 3900

Ecole secondaire publique mixte 11-18 ans. Obtient de bons résultats avec une population très diverse (50 nationalités). Bon soutien *ESL*. Résultats aux examens supérieurs à la moyenne nationale.

St George RC School

Maida Vale, W9 1RB - 020 7328 0904

Etablissement secondaire public mixte catholique 11-16 ans. De taille assez modeste, assez bons résultats.

NURSERY, PRIMARY & SECONDARY SCHOOL

Abercorn School

28 Abercorn Place, NW8 9XP - 020 7286 4785
www.abercornschool.com

Etablissement privé mixte. 2ans ½- 13ans. 400 élèves sur 3 sites. Très internationale. ESL.

Kensal Rise

Logement

Kensal Rise / Kensal Green: la zone la plus résidentielle se trouve autour de la station de **Kensal Rise**, dans le triangle formé par All Soul's Road, la voie ferrée et Chamberlayne Road. Les maisons victoriennes et edwardiennes assez modestes, se louent pour +£700 / semaine. Plus on se rapproche du canal et de Harrow Road, plus les immeubles et les *council estates* se multiplient, la zone entre le canal et la voie ferrée n'étant pas très engageante.

Queen's Park / Brondesbury Park est plus cher, surtout autour du parc, classé « *conservation area* ». Les prix peuvent atteindre £1,200/semaine pour de grandes maisons avec jardin. Mais on peut aussi y trouver pour moins cher des appartements dans de grandes villas reconverties.

Le quartier le plus agréable de **Kilburn** se situe entre Kilburn High Road et Paddington Old Cemetery. C'est la *Waterloo conservation area* qui combine de vastes maisons en brique rouge de style victorien tardif, les commerces sur Willesden Lane et est très bien desservie par le métro (Kilburn) et l'*Overground* (Brondesbury Rail). A noter également, la zone autour de Kilburn Grange Park avec des *terraced houses* victoriennes bien adaptées à de jeunes familles (et aussi des logements sociaux). Sinon, le quartier de part et d'autre de la High Road offre un panorama contrasté entre maisons accolées et appartements et reste très abordable, avec un prix moyen de location de +£700 par semaine.

A noter un peu plus au Nord, le *Mapesbury Estate* dans le quartier de **Crickelwood** (Brent, NW2), un quartier de vastes et belles maisons victoriennes, bien desservi par la gare du même nom (direct Kentish Town en 8 minutes).

West Hampstead est généralement plus urbain, avec de larges *mansions* divisés en appartements, mais on y trouve aussi des maisons, dont certaines assez vastes avec jardin, notamment près du club de tennis Cumberland.

South Hamptead est dans un carré formé par Belsize Road, West End Lane, Broadhurst Gardens et Finchley Road. On y trouve tous les types de logement, mais assez facilement des maisons familiales avec jardin. La proximité des transports explique que les prix y soient assez élevés, jusqu'à £1,700/semaine pour une belle maison.

Blomfield Road, Maida Vale

Descendons la fameuse Abbey Road des Beatles et c'est tout de suite **St John's Wood**, où les prix sont encore plus élevés. Les maisons à +£2,000 / semaine n'y sont pas rares, mais on peut s'y loger à tous les prix car l'offre immobilière est assez diversifiée.

Maida Vale est très cotée autour de *Little Venice* et le long du canal, où l'on trouve des maisons fabuleuses. Un peu en retrait, l'essentiel de l'offre immobilière est sous forme d'appartements, dont certains très vastes, dans des très grands et beaux immeubles en brique rouge (*red brick mansions*) souvent construits sur un grand jardin communal. Ces *mansions* appartenaient à l'Eglise – qui les louait – et Maida Vale n'a pas connu le développement de *terraced-housing* à l'époque victorienne. L'ambiance s'en trouve plus calme (certains diraient morne) que dans les quartiers qui l'entourent... Compter +£800 par semaine pour un appartement de 3 chambres dans un des *mansions* autour de « *Pad Rec* ».
On trouve quelques jolies maisons du côté de Clifton Road (+£2,000 / semaine), mais celles qui sont un peu plus excentrées se trouvent à £900-£1,200 / semaine.

L'Overground à Kensal Rise

Transports

MÉTRO

West Hampstead est un noeud ferroviaire avec la ***Jubilee Line*** et l'***Overground.*** Cela permet aux familles avec des enfants scolarisés à Wembley et au CFBL de Kentish Town (station Kentish Town West), d'utiliser les transports en commun sans changement.

BUS

De nombreuses lignes de bus sillonnent ces quartiers vers le West End et Oxford Street: **98, 16, 6** et **414**. Le 46 va vers King's Cross via Hampstead en traversant Maida Vale et St John's Wood.
Le **414** dessert directement South Kensington depuis Maida Vale en passant par Knightsbridge.
Le **328** relie sur un axe nord-sud West Hamsptead, Kilburn, Maida Vale puis Notting Hill, High Street Kensington et Earl's Court.

TRAIN

Le ***Thameslink*** est une liaison ferroviaire qui descend en quelques minutes vers King's Cross depuis Cricklewood et West Hampstead. Très pratique pour le CFBL et les allées-venues vers la France via St Pancras International.

Sports

(A Adulte, E Enfant)

CLUBS MULTISPORTS

Ces quartiers relativement populaires sont particulièrement bien équipés en centres de sport municipaux très abordables, notamment ceux qui dépendent du riche *borough* de Westminster.

Jubilee Sports Centre
Caird Street, W10 4RR - 020 8960 9629
www.gll.org
Deux salles, piscine, gymnase, cours de fitness, garderie, squash et ping-pong. Municipal.

Little Venice Sports Centre
10 Crompton Street, W2 1ND – 020 7641 5111
Très beau centre de sports. 4 courts de badminton, courts de Netball, Basketball, Volleyball, grand gymnase, salles de sport et de musculation, bibliothèque avec wi-fi gratuit... Programme d'activité pour les enfants pendant l'année et les vacances scolaires : danse, théâtre, arts martiaux, etc.

Moberly Sports and Education Centre
The Quadrant, 101 Kilburn Lane, W10 4AH
020 7641 4807

Paddington Recreation Ground

Grand gymnase municipal (terrains de basket, badminton, football, volleyball, ping-pong, gymnastique). Salles de danse, yoga, arts martiaux.

Paddington Recreation Ground
Randolph Avenue, Maida Vale, W9 1PD
020 7641 3642
Immense centre municipal avec salle de musculation, cours de fitness, 12 courts de tennis, piste d'athlétisme, terrains de foot et de cricket, café. Sessions de foot et de tennis sur 6 semaines pour les enfants.

Westway Sports & Fitness Centre
1 Crowthorne Road, North Kensington, W10 6RP
020 8969 0992
Centre de sport municipal situé sous le Westway. Mur d'escalade, courts de tennis, piscine.

Willesden Sports Centre
Donnington Road, Willesden, NW10 3QX
020 8955 1120
Centre de sport municipal. 2 piscines, piste d'athlétisme intérieure, dojo, plusieurs salles et un gymnase.

ART DU DÉPLACEMENT / PARKOUR

Academy Sport, Westminster Academy
The Naim Dangon Centre, 255 Harrow Road, W2 5E2 - www.westminsteracademy.net
Premier centre dans le monde consacré à ce sport urbain venu de France qui consiste à franchir des obstacles de toute sorte.

ARTS MARTIAUX

Shentie Martial Arts Academy AE
www.shentie-martialarts.com
Le samedi matin 10h-11h au *Little Venice Sports Centre* de Maida Vale pour les 4-16 ans.

ATHLÉTISME

Paddington Recreation Ground Track
Randolph Avenue, W9 1PD - 020 7641 3642
Piste de course. 7h-21h en semaine, 7h-tombée de la nuit le week-end.

CRICKET

Crickskills Coaching Academy E
St John's Wood, NW8 8QN
www.smallbeginningsuk.com
Le samedi après-midi de mai à juillet pour les 4-12 ans au Lord's Cricket Ground..

DANSE

West Hampstead School of Dance AE
4 Ravenshaw Street, NW6 1NN - 020 7435 2382
www.westhampsteadschoolofdance.co.uk
Ecole de danse originale orientée vers la préparation de spectacles de qualité professionnelle. Pas de préparation aux examens. Plusieurs centres.

EQUITATION

West London Stables AE
20 West Way, N18 1NQ - 020 8964 2140
www.westlondonstables.co.uk
Centre équestre basé sous le Westway, au pied de la BBC ! Un manège couvert permet aux enfants des villes de pratiquer l'équitation. Possibilité de sortie dans Wormwood Scrubs Park.

FOOTBALL

Aslan Football Club AE
www.aslanfootball.org
Club dont les entrainements ont lieu à *Paddington Recreation Ground* le samedi 11h-13h. 11-13 ans. £1. Participe aux tournois de ligue.

Kiddikicks E
www.kiddikicks.co.uk
18 mois-8 ans. Le dimanche 10h-12h à St Mark's Church Hall, Hamilton Terrace, NW8.

JUDO

Willesden Judo Club AE
Willesden Sports Centre, Donnington Road, Willesden, NW10 3QX
Contact: 079 1436 0714
Lundi, mercredi et vendredi soirs, samedi matin.

PILATES

NY Pilates Studio A
Top floor, 43-47 Lonsdale Road, Queenspark, NW6 6R - 020 7372 3490
www.nypilates.co.uk
Au sud de Queenspark, centre qui suit entièrement la technique classique développée par Joseph Pilates.

RUGBY

UCS Old Boys Rugby Football Club A
UCS Playing Fields, Ranulf Road, NW2 2BH
Entrainements les mardi à 19h et matchs le samedi après-midi. 4 niveaux d'équipes. Bar sur place. Un excellent moyen de rencontrer des Anglais.

TENNIS

Cumberland Lawn Tennis Club
25 Alvanley Gardens, West Hampstead, NW6 1JD
020 7435 6022
www.cltc-hcc.com

Vrai "*club*" traditionnel anglais. Droit d'entrée et cotisation annuelle assez élevés, mais possibilité de jouer sur gazon et de participer aux divers « évènements sociaux »…

Elmwood Lawn Tennis Club
Holland Road, Kensal Green, NW10 5AJ
079 5645 2011 - www.elmwoodltc.co.uk
Petit club situé sur un vaste green. 6 courts éclairés, en quick et terre battue. Cours, *social tennis*, matchs par équipes et tournoi interne. Ambiance sympathique.

YOGA

Iyengar Yoga Institute
223A Randolph Avenue, W9 1NL - 020 7624 3080
Situé à Maida Vale, cette école de yoga traditionnelle propose cours, formation de professeurs, stages… Enseignement très sérieux et cadre très agréable.

Jivamukti Yoga London
300 Kensal Road, W10 5BE - 020 8960 3999
www.jivamuktiyoga.co.uk
Style de yoga très dynamique mêlant asanas, pranayama et chants développé à New York. Excellents profs, mais classes surchargées.

Activités artistiques et culturelles

(A Adulte, E Enfant)

ART

Art 4 Fun AE
172 West End Lane, West Hampstead, NW6 1SD
020 7794 0800 - www.art4fun.co.uk
Pour s'initier à la peinture sur céramique, verre, bois. Réalisations en une ou plusieurs sessions. Organisation de goûters d'anniversaires.

Mini Picassos E
8 Station Terrace, Kensal Green, NW10 5RT
079 0363 8817 - www.minipicassos.co.uk
Ecole d'art et de dessin 15 mois à 13 ans. Beaucoup d'activités et de formules différentes, y compris la préparation aux examens d'art. Cours de dessin pour adultes.

COURS POUR ADULTES

College of North West London
Willesden Centre, Dudden Hill Lane, NW10 2XD
020 8208 5000 - www.cnwl.ac.uk
Centre municipal qui propose des cours pour adultes, à plein temps ou à mi-temps, dans tous les domaines.

Westminster Adult Education Service
219 Lisson Grove, NW8 8LW - 020 7297 7297
www.waes.ac.uk
Nombreuses activités (anglais, photo, couture, informatique, musique...) réparties sur plusieurs centres à Westminster. Certains proposent une garderie pendant les cours.

Gracelands Yard AE
102 Liddell Gardens, Kensal Green, NW10 3QE
020 8960 7450 - www.gracelandsyard.com
Centre qui propose cours de Yoga, Pilates, avec ou sans bébés le matin, activités pour les enfants l'après-midi et cours du soir pour adultes (dessin, espagnol, écriture…). Des ateliers sont organisés le week-end pour adultes (méditation, tai chi, etc.) et enfants (ateliers manuels). Possibilité de location pour un anniversaire. Propose aussi des thérapies douces.

MUSIQUE

The Institute for Contemporary Music A
Foundation House, 1A Dyne Road, NW6 7XG
020 7328 0222 - www.icmp.co.uk
Ecole de musique professionnelle qui propose des programmes diplômants à plein-temps, mais aussi des cours à mi-temps et des cours d'été.

THÉÂTRE

Drama Queens E
020 8968 4192 / 079 0649 2860
www.dramaqueens.org
Ecole de théâtre fondée par une ancienne actrice qui intervient dans plusieurs écoles du quartier. Cours pour les tout-petits le samedi 10h30-12h30, *Malorees Infant School, Christchurch Avenue, NW6 7BL.*

SCOUTISME

Brownies
Guirlguiding 12th Harlesden Brownie Pack
St Mark's Church Hall, All Souls Avenue, NW10 5AL
020 7328 5426 - www.girlguiding.org.uk
Filles uniquement.

The 28th Willesden Scout Group (6-14 ans) et **The Willesden District Pioneer Explorer Scouts Unit** (14-18 ans)
Stember Hall, Leighton Gardens, NW10 3PR
www.scouts-willesden.org.uk
Mixte.

SPORT

Sherriff centre AE
St James Church, Sherriff Road, NW6 2AP
020 7625 1184 - www.gthesherriffcentre.co.uk

Situé dans une église. Propose de nombreux *After School*. Cours de Pilates, yoga, musique…

VIE SOCIALE

Pour tout savoir sur West Hampstead, suivez *@WHampstead* sur Twitter. Le compte est tenu par un habitant de West Hampstead, mais couvre aussi Kilburn, South Hampstead et Swiss Cottage. Des rencontres sont organisées, suivre *#whampgather* sur Twitter.

St John's Wood Women's Club
www.sjwwc.org
Association dynamique de 450 femmes, dont beaucoup d'Américaines et autres expatriées. Une vingtaine d'activités sont proposées chaque semaine, sportives, culturelles, sociales. Parfait pour rencontrer des femmes dans le quartier.

Santé

NHS

Hopitaux - maternités

Central Middlesex Hospital
Acton Lane, Park Royal, NW10 7NS
020 8965 5733 - www.nwlh.nhs.uk
Service d'urgences.

Hospital of St John and Elizabeth
60 Grove End Road, NW8 9NH
020 7806 4000 - www.hje.org.uk
Hopital privé. Urgences mineures et consultations toutes spécialités.

The Wellington Hospital
Wellington Place, NW8 9LE
020 7586 5959 - thewellingtonhospital.com
Très grand hôpital privé. Bons médecins et spécialistes britanniques.

Achats

Principales rues commerçantes par quartier :
Kensal Rise : Nord de **College Road** (restaurants, traiteur italien, poste) et **Chamberlayne Road**, de plus en plus branchée avec boucher bio, salon de beauté ayurveda, cafés, etc.
Queen's Park : **Salusbury Road** (jolie rue commerçante assez huppée avec des boutiques indépendantes, cafés, restaurants, épiceries fines, caviste, etc.).
Brondesbury Park : **Willesden Lane** avec café-épicier bio The Olive Tree, pharmacie,…
Kilburn : **Kilburn High Road**, très bien achalandée, magasins halal.
West Hampstead : **Finchley Road** et **West End Lane**.
South Hampstead : **Finchley Road** et **Abbey Road**.
St John's Wood : **St John's Wood High Street**. Nombreux commerces indépendants et boutiques haut de gamme, dont un boucher qui vend du lapin! Voir la carte détaillée sur le site *www.streetsensation.co.uk*.
Maida Vale : **Elgin Road** et **Clifton Road** (quelques commerces alimentaires de qualité, boucher et épicier bio).

ALIMENTATION

Marchés

Church Street Market
Church Street, NW8 - www.churchstreetmarket.org
Du lundi au samedi de 8h à 18h. Grand marché très coloré avec plus de 200 stands.

Queen's Park Farmers' market
Salusbury Primary School, Salusbury Road, Queens Park, NW6 6RR
Tous les dimanches matins de 10h à 14h, excellents produits, légumes frais, viande.

Nord Ouest

Salusbury Road

Commerces sur Chamberlayne Road

Swiss Cottage Farmers' Market
Eton Avenue, NW3 3EP
Tous les mercredis de 10h à 15h.

West Hampstead Farmers' Market
Iverson Road, NW6 1PF
Le samedi de 10h à 14h.

AUTRES

Alfie's Antique Market
13-25 Church Street, Marylebone, NW8 8DT
020 7723 6066 - www.alfiesantiques.com
Marché couvert d'antiquités et de brocante situé, au bout de Church Street. Fermé le lundi. Café sur les toits. Vaut le détour.

Clifton Nurseries
5A Clifton Villas, Maida Vale, W9 2PH
020 7289 6851 - www.clifton.co.uk
Très belle pépinière située dans un grand square tranquille. Café extérieur et intérieur. Très agréable.

Folkies Music
358 Kilburn High Road, NW6 2QH
020 7372 6448
Vente et réparation d'instruments de musique et de partitions.

St Mary's Car Boot Sale
St Mary's Church of England Primary School, Quex Road, NW6 4PG
www.thelondoncarbootco.com
Marché aux puces tous les samedis de 10h à 15h. On y trouve de tout, notamment des disques vinyles et des accessoires de décoration rétro. Entrée £3 avant 10h.

GRANDS MAGASINS

Le grand centre commercial Brent Cross est tout proche et draine une grande partie de l'activité commerciale des quartiers adjacents et notamment de Wembley.

Brent Cross Shopping Centre
Hendon Way, Prince Charles Drive Barnet, NW4 3FP - www.brentcross.co.uk
Ouvert lundi-vendredi 10h-20h, samedi 9h-20h et dimanche 12h-18h. Nombreux magasins dont des grandes surfaces comme Fenwick, John Lewis et Marks & Spencer. En face de Brent Cross, Tesco, Toys R Us, Currys, PC World.

Sortir

PARCS ET AIRES DE JEUX

Bramley's Big Adventure
13 Bramley Road, W10 6SR
020 8960 1515 - www.bramleysbig.co.uk
Immense *indoor playground* pour les enfants jusqu'à 11 ans. Café. Situé sous le Westway. Idéal par jour de pluie.

Kilburn Grange Park
Kilburn High Road / Messina Avenue
Ce parc de 3 hectares permet de s'échapper un moment de la circulation de Kilburn High Road. *Playground* tout en bois, terrains de sport, 3 courts de tennis à louer et un *outdoor gym* très utilisé par les habitants.

Paddington Recreation Ground
Randolph Avenue, Maida Vale, W9 1PD
Parc plutôt consacré aux sports mais qui propose aussi des jardins, un *playground* et un café.

Queen's Park
Harvist Road, Kilburn, NW6 6SG - 020 7606 3030
Parc géré par la commune de Londres (fait rare), très apprécié des grands et des petits. Jardin, *playground* avec pataugeoire, *Pet's Corner*. 6 terrains de tennis (possibilité de *coaching*), terrain de pétanque et café.

Roundwood Park
Harlseden Road, NW10 3UN - 020 8838 1414
Très joli parc victorien *Grade II listed* (site classé). Beau *playground* et café où aiment se retrouver les jeunes mamans.

CINÉMAS

The Lexi Cinema
194b Chamberlayne Road, Kensal Green, NW10 3JU - 0871 704 2069
Cinéma indien de quartier partiellement animé par des bénévoles qui a la particularité d'appartenir à une *charity*: 100% des profits sont affectés au développement d'un village en Afrique du Sud. Bonne programmation. *Kids club* le samedi matin.

CONCERTS

Kilburn est réputé pour sa scène musicale émergente, avec des pubs et bars qui programment des groupes débutants.

Power's Bar
332 Kilburn High Road, NW6 2QN
020 7264 6026 - www.powersbar.co.uk
Cadre intimiste. Groupes différents tous les soirs.

The Good Ship
289 Kilburn High Road, NW6 7JR
079 4900 8253 - www.thegoodship.co.uk
Un incontournable. Dans un pub. Programmation éclectique et "*Pothole Comedy Club*" le lundi soir. Pour s'initier à l'humour anglais...

Croisière sur le canal

Minkies Deli

PROMENADES

Croisière le long de Regent's Canal

London Waterbus Company
58 Camden Lock Place, NW1 8AF - 020 7482 2550
www.londonwaterbus.com
Tous les jours entre *Little Venice* et *Camden Lock*, de 10h à 17h. £8.30 / adulte et £6.80 / enfant. Très jolie croisière d'1h sur une barge. Prévoir un retour le long du canal, en bateau, en vélo ou à pied suivant le temps.

THÉÂTRE

Puppet Barge Theatre
35 Blomfield Barge, W9 2PF - 020 7249 6876
www.puppetbarge.com
Théâtre de marionnettes sur une péniche à *Little Venice*. Réputé pour sa créativité.

Tricycle Theatre
269 Kilburn High Road, NW6 7JR
020 7328 1000 - www.tricycle.co.uk
Théâtre, cinéma, galerie et café/bar, c'est le centre culturel de Kilburn. Les spectacles montés ici partent souvent vers les théâtres du West End.

RESTAURANTS - CAFÉS

L'Aventure
3 Blenheim Terrace, NW8 0EH
020 7624 6232 - www.laventure.co.uk
Très bon restaurant français. Pour le samedi soir, il est préférable de réserver dès le lundi!

Bake-a-Boo
86 Mill Lane, NW6 1NL - 020 7435 1666
www.bake-a-boo.com
Salon de thé dynamique et sympa ouvert le week-end uniquement pour le *high-tea*. Cupcakes. Cours de pâtisserie, *creative workshops*, pendant la semaine.

Le Cochonnet
1 Lauderdale Parade, Lauderdale Road, W9 1LU
020 7289 0393 - www.cochonnet.co.uk
Réputé pour sa pizza.

The Diner
64-66 Chamberlayne Road, Kensal Rise, NW10 3JJ
020 8968 9033 - www.goodlifediner.com
Un vrai « *diner* » à l'américaine avec délicieux hamburgers, pancakes, etc. Enormes portions.

Gracelands Cafe
118 College Road, NW10 5HD - 020 8964 9161
Café-restaurant prisé des familles du quartier. Cuisine simple et bio. Terrasse. Organise des ateliers divers et des anniversaires.

Hidden Treasure
311 West End Lane, West Hampstead, NW6 1RD
020 7435 5040 - www.hiddentreasure.it
Restaurant italien spécialité fruits de mer. Très bonne réputation locale.

Hugos restaurant
25 Lonsdale Road, NW6 6RA - 020 7372 1232
L'un des meilleurs brunchs du quartier. Jazz le dimanche soir.

Minkies Deli
Chamberlayne Road, NW10 5RQ
0208 969 2182 - www.minkiesdeli.co.uk
Petit café-deli très sympa à la sortie de l'Overground de Kensal Rise. Terrasse. Délicieux *brunch* le week-end.

Paradise by Way of Kensal Green

Poem Bar & Grill
94 Boundary Road, St. John's Wood, NW8 0RH
020 7372 3897
L'un des bons plans du quartier. Décor moderne, cuisine de qualité, prix étudiés. Menu enfant. Galerie d'art.

Sarracino Restaurant
186 Broadhurst Gardens, West Hampstead, NW6 3AY - 020 7372 5889
La meilleure pizza du quartier.

The Summerhouse
Blomfield Road, W9 2PA - 020 7286 6752
www.thesummerhouse.co.uk
Restaurant de poisson sur le canal.

Toresano
130 Boundary Road, NW8 0RH
020 7624 3217 - www.toresano.co.uk
Restaurant espagnol. Bon rapport qualité-prix.

Thai Rice
239 Elgin Avenue, Mews North, W9 1NJ
020 7328 8883 - www.thairicew9.co.uk
Très bon thaï.

The Wet Fish Café
242 West End Lane, NW6 1LG - 020 7443 9222
www.thewetfishcafe.co.uk
Bon restaurant de poisson. Déco des années 30.

PUBS

Paradise by Way of Kensal Green
19 Kilburn Lane, Kensal Green, W10 4AE
020 8969 0098 - www.theparadise.co.uk
Magnifique pub "quintessentially *british*" avec bibliothèque, discothèque, salle de karaoké, jardin et terrasse. Cuisine inventive.

The Alice House
283-285 West End Lane, West Hampstead, NW6 1RD - 020 7431 6888 et
53-55 Salusbury Road, Queen's Park, NW6 6NJ
020 7624 0008 - www.thealicehouse.co.uk
Deux adresses. Agréable terrasse à West Hamsptead.

The Black Lion
295-297 West End Lane, NW6 2BY
020 7435 4389
Bonne option pour un *Sunday Lunch.*

The North London Tavern
375 Kilburn High Road, NW6 7QB
020 7625 6634
Parfait pour un *Sunday Lunch*.

The William IV
786 Harrow Road, Kensal Rise, NW10 5JX
020 8969 5955 - www.williamivlondon.com
Joli *pub* très sympa. Cuisine fusion inventive et déco rétro-chic. Agréable terrasse. Loue aussi des chambres.

Notting Hill Holland Park

S'il est un quartier dont la transformation a été pour le moins spectaculaire, c'est bien celui de **Notting Hill** dans le *royal borough* de **Kensington & Chelsea** (W11/W10). Populaire, coloré et jamaïcain dans les années 70 (le seul souvenir en reste la célébration du Carnaval annuel, le dernier week-end d'août), aujourd'hui bourgeois et branché, ce petit îlot qui s'élève au nord-ouest de Kensington Gardens ne se prive pas de jouer à la star depuis qu'il a abrité les amours de Hugh Grant et Julia Roberts dans le film *Coup de foudre à Notting Hill*. Partie intégrante et active du Londres cosmopolite, cultivant un côté à la fois audacieux et artiste-bohême, Notting Hill n'en reste pas moins une terre de contrastes. Les maisons pimpantes aux jardinets proprets des top models, des acteurs ou des *designers* se mêlent sans détour aux HLM (*council houses*); les boutiques ultra-chics de **Ledbury Road** et de **Westbourne Grove** se disputent la clientèle des stands bariolés du marché aux puces de **Portobello Road** et les épiceries arabes, portugaises ou chinoises mélangent leurs effluves à celles des gourmets italiens ou français.

Bordant **Notting Hill** sur son flanc ouest, superbement situé entre Portobello au nord et Kensington au sud, le quartier de **Holland Park** (W14) joue dans un tout autre registre. Tout n'est pas luxe et volupté, mais presque... Ici, quand on est riche, on l'est vraiment. On y trouve la concentration de grandes maisons victoriennes la plus forte du *Royal Borough of Kensington & Chelsea*, à des prix pouvant atteindre £70M... Les *mews* fleuris complètent l'image d'une élégance très britannique tandis que les beaux immeubles entourés d'espaces verts font une concession à la modernité. Au final, **Holland Park** ressemble à un joli petit village qui n'est pas sans rappeler Neuilly-sur-Seine, d'autant plus agréable à vivre que très vert et très commerçant, avec une rue principale bordée de petits commerces, de cafés et de restaurants.

Ajoutons à cela la présence de nombreuses écoles françaises et bilingues et la proximité du Lycée Français et tous les ingrédients sont réunis pour en faire l'un des quartiers préférés des Français de tous âges et de tous bords.

Petite enfance

Pour toute information sur les structures d'accueil, les places disponibles, nourrices, etc., voir le site du *borough* de Kensington & Chelsea (*www.rbkc.gov.uk*) ou contacter le *Family Information Service* : 020 7361 3302 au 49 Pembridge Villas, W11 3ES.

CHILDREN'S CENTRES

Le quartier en regorge. Ces centres accueillent les parents avec leurs enfants pour des *playgroups*,

sessions de yoga, massage, *baby clinic*, conseils en sevrage, etc. Pas de garderie. Voir le site du *borough www.rbkc.gov.uk*
Et voici une sélection:

Clare Gardens Children's Centre
349 Westbourne Park Road, W11 1EG
020 7727 2725
3 mois-5 ans. 8h-17h45. Jardin.
OFSTED outstanding.

Ilys Booker Drop in Centre
Clarendon Road, W11 1SL - 020 7221 9031
0-5 ans. Playgroup.

Stay and Play at St Mark's
St Mark's Road, W10 66Z - 020 8968 4339
Ouvert de 12h30-16h. 0-5 ans.

St Quintin Centre for Disabled Children and Young People
2A Wallingford Avenue, W10 6QB - 020 8968 2570
Ouvert 7 jours/7. 0-18 ans.

DAY-NURSERIES

Acorn Nursery School
2 Lansdowne Crescent, W11 2NH - 020 7727 2122
2 ans ½ -5 ½ ans, 56 places. 9h-16h. Demi-journée ou journée.

Colville Nursery Centre
4/5 Colville Square, W11 2BQ - 020 7229 1001
www.colvillenursery.org.uk
3-5 ans, 34 places. Admission sur critères de proximité. Inscription possible dès la naissance. 8h-17h45. Fonctionne en tant que *charity*. £47/jour, £215/semaine.

Golborne Children's Centre
2A Bevington Road, W10 5TN - 020 8968 5622
Nursery 2-5 ans. *OFSTED outstanding.*

Holland Park Day Nursery
5 Holland Road, W14 8HJ - 020 7602 9066
www.hpps.co.uk
3 mois-4 ans. 8h30-18h30. Privée.

Kids Unlimited Ladbroke Grove Nursery
34 Ladbroke Grove, W11 3BQ - 020 3393 7838
www.kidsunlimited.co.uk
3 mois-5 ans, 91 places, 7h30-18h30.

Ladbroke Square Montessori School
43 Ladbroke Square, W11 3ND - 020 7229 0125
www.ladbrokesquarenursery.com
9h à 15h15. 2 ans 1/2-5 ans. *OFSTED outstanding.*

The Lloyd Williamson Pre-School
12 Telford Road, W10 5SH - 020 8962 0345
www.lws.org.uk
6 mois- 5 ans. 7h30-18h. Grande flexibilité des horaires. Cours extérieures par niveau.
OFSTED outstanding.

Montessori Children's House
All Saints Church, 28 Powis Gardens, Notting Hill, W11 1JG - 020 7221 4141
www.mariamontessorischools.co.uk
2 ans 1/2-6 ans, 30 places dont 16 à plein temps. 8h45-15h30.

Miss Delaney's Nursery School
St James's Church, St James's Gardens, W11 4RB
020 7603 6095
Miss Delaney's Too Nursery School,
St Clement's Church, 95 Sirdar Road, W11 4EQ
020 7727 0010 - www.missdelaneys.co.uk
2-5 ans, 20 places dans chaque site,
9h-12h / 13h-16h.

New Studio Pre-School
Kelfield Mews, W10 6LS
020 8969 5805 - www.newstudiopreschool.co.uk
2 ans ½ - 5 ans. Installée dans des locaux aérés et calmes avec grand jardin.
Lundi-vendredi 9h-15h. 30 places.
OFSTED outstanding.

St. Anne's Nursery School
Latimer Building, 194 Freston Road, W10 6TT
020 8969 1024 - www.st-annes-school.org
Mixte 3-5 ans. 75 places. 9h15-15h15.
Excellente école. *OFSTED outstanding.*

St Peter's Nursery School
59a Portobello Road, W11 3DB - 020 7922 8227
2 ½-5 ans, 52 places, demi-journée.
9h-12h30 et 13h30-16h. Prix variable selon revenus.

Strawberry Fields Nursery School
Notting Hill Community Church, Kensington Park Road, W11 2ES – 020 7727 8363
2 ans ½ - 5 ans. 9h-15h45. Bien équipée, jardin. *OFSTED outstanding.* Liste d'attente.

The Minors Nursery School
10 Pembridge Square, W2 4ED
020 7727 7253 - www.minorsnurseryschool.co.uk
2 ans ½ - 5 ans. 9-12h/13-16h.
OFSTED outstanding.

MOTHER & TODDLER GROUPS

Rendez-vous dans la bibliothèque de votre quartier pour une liste à jour de tous les *play-groups « drop-in »*.

Bumps & Babies
St Peter's Church, Kensington Park Road, W11 2PN (face à Stanley Gardens)
nctkensington@yahoo.co.uk
Le jeudi 15h-17h.

Meanwhile Gardens Playhut Stay and Play
31 Elkstone Road, W10 5NT - 020 8960 7894
www.mgca.f2s.com

0-6 ans. Espaces de jeux pour enfants intérieur et extérieur avec pataugeoire. Ouvert lundi-vendredi de 14h à 17h et pendant les vacances scolaires. Café. Possibilité de louer la salle pour un anniversaire. Abonnement £5/an.

Baby Rhyme Time
North Kensington Library, 108 Ladbroke Grove, W11 1PZ - 020 7361 3010
Lundi 10h30-11h30. 0-2 ans. Gratuit.

Ecoles

ECOLES FRANÇAISES

Maternelle & Primaire

La Petite Ecole Bilingue
90 Oxford Gardens, W10 5UW - 020 8964 4356
petiteecolebilingue.free.fr
18 mois-11 ans. Sur 3 sites. Garderie le matin et le soir. Ateliers le mercredi après-midi. Possibilité d'apprendre le russe. Jardin d'enfants de 18 mois à 3 ans au *137a, St Mark's Road, W10 6BV, 9h-12h,* £1,900 par trimestre. Grand jardin, cours d'anglais deux matinées par semaine. Etablissement frère à Paris XVIIe (école privée hors contrat, anglais-français-russe, 2 ans au CM2).

La Petite Ecole Française
73 Saint Charles Square, W10 6EJ - 020 8960 1278
www.lapetiteecolefrancaise.co.uk
CP au CM2. 100 places. Ecole française homologuée.

ECOLE INTERNATIONALE

Southbank International School
36-38 Kensington Park Road, W11 3BU
020 7243 3803 - www.southbank.org
Ecole privée mixte 3-11 ans. £5,000 à 8,000/trimestre. Suit le programme du *Baccalauréat International* (*Primary Years, PYP*). Petites classes, importance des langues, *ESL*. Très bon équipement informatique. Nombreuses activités extrascolaires.

ECOLES ANGLAISES

Nursery & primary schools

Bassett House School
60 Bassett Road, W10 6JP - 020 8969 0313
www.bassetths.org.uk
Filles 3-11 ans. *Prep School* dotée d'une bonne ambiance, familles de milieux divers. Admission sur entretien à 3 et 4 ans, sur examen selon places disponibles ensuite.

Bevington Primary School
Bevington Road, Ladbroke Grove, W10 5TW
020 8969 0629 - www.bevington.rbkc.sch.uk
State school. 3-11 ans, 295 élèves, bonne réputation. *OFSTED outstanding.*

Colville Primary School
Lonsdale Road, W11 2DF - 020 7229 6540
www.colville.rbkc.sch.uk
State school. 3-12 ans, 331 élèves. Très pratique si l'on travaille: les enfants inscrits peuvent bénéficier de la *day-nursery* de Colville Square de 15h30 à 18h en période scolaire et de 8h30 à 17h30 pendant les vacances.

Fox Primary School
Kensington Place, Off Kensington Church Street, W8 7PP - 020 772 7637 - www.fox.rbkc.sch.uk
State school mixte. 4-11 ans. 300 élèves. Bons résultats.

Oxford Gardens Primary School
Oxford Gardens, W10 6NF - 020 8969 1997
State school. 3-11 ans. 392 élèves.

St Clement & St James CE Primary School
Penzance Place, W11 4PG - 020 7603 9225
3-11 ans. 230 élèves. *Church of England.* Gratuite. Très bonne réputation.

Thomas Jones
St. Mark's Road, W11 1RQ - 020 7727 1423
www.thomasjonesschool.org
State school. 3-11 ans, 219 élèves. *OFSTED outstanding.*

Norland Place School
162-166 Holland Park Avenue, W11 4UH
020 7603 9103 - www.norlandplace.com
Independent school, mixte, 150 filles 4-11 ans, 90 garçons 4-8 ans. £4,530-£5,463/trimestre, bonne réputation.

Notting Hill Preparatory School
95 Lancaster Road, W11 1QQ - 020 7221 0727
www.nottinghillprep.com
Independent school. 5-13 ans. Salles aérées et très agréables. Bonne ambiance, pas trop académique. £5,510 par trimestre.

Pembridge Hall Preparatory School for Girls
18 Pembridge Square, W2 4EH - 020 7229 0121
www.pembridgehall.co.uk
Independent school de filles 4 -11 ans, cours de français quotidiens.

Wetherby Pre-Preparatory School
11 Pembridge Square, W2 4ED - 020 7227 9581
www.wetherbyschool.co.uk
Independent school de garçons, 4-8 ans. Le pendant de Pembridge Hall. Très traditionnelle, prépare aux meilleures écoles de Londres. On

inscrit l'enfant à sa naissance, mais de temps en temps des places deviennent disponibles.

Secondary schools

The Cardinal Vaughan Memorial School
89 Addison Road, W14 8BZ
020 7603 8478 - www.cvms.co.uk
Independent school de garçons 11-18 ans. Catholique. Très bons résultats.

Holland Park School
Airlie Gardens, Campden Hill Road, W8 7AF
020 7908 1000 - www.hollandparkschool.co.uk
11-18 ans. *State school gratuite.* Cadre idyllique au milieu de Holland Park. Piscine. Résultats supérieurs à la moyenne nationale malgré une population d'élèves très mixte. *OFSTED outstanding.* Admission en fonction des places disponibles, sur dossier et entretien. Pas de place en *Year 7* (6e). A considérer si vous arrivez en cours d'année ou avec des collégiens qui n'ont pas de place au Lycée Français, car ils auront l'occasion d'y apprendre l'anglais.

Sion-Manning RC Girls School
75 St Charles Square, W10 6 EL - 020 8969 7111
www.sion-manning.com
11-16 ans. Collège catholique de filles. 600 élèves. Bons résultats.

Logement

Notting Hill offre des possibilités de logements pour tous les goûts et toutes les bourses, à condition qu'elles soient tout de même bien garnies au départ!

Au sommet de la colline (partie la plus riche), jolies maisons victoriennes de 3 ou 4 étages, converties ou non en appartements, entourant de très prisés *communal gardens*, jardins privatifs dont l'accès est exclusivement réservé aux résidents. Certains ont même un court de tennis et un comité des fêtes qui organise différents événements au cours de l'année. Les maisons ou appartements ayant le privilège d'entourer ces jardins voient leur prix flamber.

En remontant vers North Kensington (moins cher), rues bordées de petites maisons en brique ou stucco, le plus souvent converties en appartements, avec
ici ou là, des *council estates* ou des *mews*. Location: appartement £500-£2,000 par semaine, maison £900-£5,000 par semaine.

Autour de **Holland Park**, les vastes villas d'une blancheur immaculée et les imposantes demeures victoriennes en brique rouge se mêlent aux maisons et immeubles modernes. Les rues sont vertes et bien entretenues, la proximité du parc attire les familles. A la location, compter +£1,000-£2,000/semaine pour 3 chambres. Contrairement à Notting Hill, vous pouvez trouver des appartements de 4, voire 5 chambres, pour +£1,500-£3,000 par semaine. Et si vous optez pour une maison, comptez +£1,500/semaine.

Pembridge Road/Westbourne Grove (W2), délimité à l'Ouest par Kensington Park Road et à l'Est par Chepstow Place et Ossington Street. Larges rues bordées d'arbres, proximité de Kensington Park Gardens et de toutes les facilités offertes d'un côté par Notting Hill Gate (cinémas, restaurants, cafés et pubs), de l'autre par Bayswater (Queensway et le centre commercial Whiteleys), avec en prime Portobello Road au milieu! Mais c'est aussi un quartier touristique à la mode, où les prix sont élevés et les restaurants bondés.

The Crescents/Ladbroke Road est la partie la plus élégante et la plus prospère, avec ses *communal gardens* à faire pâlir d'envie! Attention à la circulation sur Ladbroke Grove.

Notting Dale/Avondale, très pratique pour

Portobello Road Market

la vie de tous les jours, mélange d'habitations, écoles et établissements administratifs, avec à proximité le centre de sports et de loisirs. Pour vous aider à trouver votre *home sweet home*, Boulle International, 1 Norland Place, W11 4QG - 020 7221 5429 (vente, location).

Transports

Quartier très bien desservi par les transports en commun.

MÉTRO

Notting Hill Gate, Ladbroke Grove, Holland Park. Zone 2. Accès direct City et West End par la ***Central Line***. La ***Circle Line*** dessert le Lycée Français (South Kensington), la ***District Line*** l'école primaire Jacques Prévert (Brook Green).

BUS

De Ladbroke Grove, le **7** et le **70** desservent South Kensington, le **7** ou le **94** progressant jusqu'à Oxford Circus, Marble Arch, Tottenham Court Road (Covent Garden). Le **23** dessert Paddington (très pratique pour attraper le Heathrow Express), Piccadilly Circus et Trafalguar Square, de même que la City et Liverpool Street. Le **52** va vers la gare de Victoria.

Sports

(A Adulte, E Enfant)

CLUBS DE SPORTS MUNICIPAUX

Westway Sports & Fitness Centre AE
1 Crowthorne Road, W10 6RP - 020 8969 0992
www.sports.westway.org
Club de multisport municipal avec le plus grand mur d'escalade à l'intérieur du pays (possibilité de cours). Autres sports proposés : basket-ball, football, handball, équitation, tennis, gymnastique... 7/7j, 8h-22h.

Kensington Leisure Centre AE
Silchester Road, W10 6EX - 020 3798 8210
www.better.org
Natation (3 piscines, cours à partir de 3 ans), gym et aerobic, football, danse, arts martiaux, mini-tennis, basket-ball, trampoline, ping-pong.

CLUBS PRIVÉS

BodyWorksWest A
11 Lambton Place, Notting Hill, W11 2SH
020 7229 2291 - www.bodyworkswest.co.uk
Club de gym, Pilates, reiki, piscine, salon de beauté, clinique spécialisée en réflexologie et aromathérapie.

Virgin Active Notting Hill A
119-131 Lancaster Road, W11 1QT
0845 270 2102 - www.virginactive.co.uk
Piscine, garderie.

DANSE

Portobello Dance School
The Tabernacle, 34-35 Powis Square, W11 2AY
079 4748 4021 - www.portobellodance.org.uk
Danse classique, claquettes, *street dance*.
Le samedi, £10/h.

TENNIS

Tennis Holland Park
020 7602 2226 (pour les réservations)
Inscription à l'année. Permet de jouer sur différents courts du *borough*. Prix modiques. Cours collectifs et privés.

YOGA

The Life Centre A
15 Edge Street, W8 7PN - 020 7221 4602
www.thelifecentre.com
Ouvert tous les jours. Centre dédié au yoga sous toutes ses formes. Très professionnel. Excellents enseignants, mais classes un peu chargées. Egalement centre de thérapies alternatives.

Activités
artistiques et culturelles

(A Adulte, E Enfant)

The Tabernacle AE
34-35 Powis Square, W11 2AY - 020 7221 9700
www.tabernaclew11.com
Cours de danse, gymnastique, capoeira, flamenco, théâtre, etc. Expositions. Café, restaurant.

Cours pour adultes

Le *Kensington and Chelsea College* dispense des cours pour les adultes sur plus d'une centaine de sujets. Programme sur le site www.kcc.ac.uk. Les sessions semestrielles, débutent en septembre et mars. Centre spécialisé dans l'enseignement de l'anglais.

Santé

NHS

Hôpitaux

St Charles Centre for Health and Wellbeing
Exmoor Street, W10 6DZ - 020 8968 5500
www.nhs.uk
7/7j, 8h-21h. Pas de service d'urgence, mais une clinique ouverte sans rendez-vous pour le traitement des blessures mineures.

St Mary's Hospital
Praed Street, W2 1NY - 020 3312 6666
www.imperial.nhs.uk/stmarys
Service d'urgences, 24/24h.
Service pédiatrique.

Achats

ALIMENTATION

A noter, un très grand **Sainsbury's**, proche du canal au nord de Ladbroke Grove, *2 Canal Way, Ladbroke Grove, W10 5AA*. Et les marches :
Portobello Road Market : Fruits et légumes, poissonniers, fromagers, fleuristes... Un marché à la française de 8h à 18h, lundi-mercredi. Antiquaires, vendredi-dimanche (en haut de la rue, vers Notting Hill) et stands de bijoux, vêtements ou de bric à brac (sur la partie basse, à Ladbroke Grove) le vendredi.
Golborne Road Market : Fruits et légumes, poissonnier, épiceries (portugaise et marocaine)... Prix moins élevés que sur Portobello Road et atmosphère plus

Tennis à Holland Park

authentique (ou moins touristique). Mérite vraiment le détour.
Sans oublier une curiosité : la fameuse Trellick Tower (tour d'habitation) au bout de Golborne Road, œuvre controversée (car vraiment laide!) de l'architecte hongrois Erno Goldger, construite en 1968... et classée en 1997.

Autres commerces alimentaires

Clarke's
122-124 Kensington Church Street, W8 4BH
020 7221 9225 - www.sallyclarke.com
Restaurant, boutique. Excellentes pâtisseries, confitures maison délicieuses. Décor anglais très posh.

Golborne Fisheries
77 Golborne, North Kensington, W10 5NL
020 8960 3100
Excellent poissonnier.

Jeroboams
96 Holland Park Avenue, W11 3RB
020 7727 9359 - www.jeroboams.co.uk
Delicatessen italien avec une excellente sélection de fromages (plus de 150).
Pain Poilâne, soupes, toute l'épicerie fine, vins, champagnes. Prix en conformité avec le quartier.

Le Maroc
94 Golborne Road, Notting Hill, W10 5PS
020 8968 9783
Boucher halal. Tout pour faire le couscous.

Westbourne Grove

C. Lidagte
110 Holland Park Avenue, W11 4UA
020 7727 8243 - www.lidgates.com
L'un des meilleurs bouchers de Londres, depuis 5 générations! Viande bio. Très bon comptoir traiteur (excellents *meat-pies*). Fermé dimanche.

Michanicou Brothers
2 Clarendon Road, W11 3AA - 020 7727 5191
Le meilleur maraîcher du quartier. Fruits et légumes de saison à prix "normaux"! Grand choix de fruits exotiques, mais prix plus élevés. Qualité garantie, livraison à domicile.

Negozio Classica
283 Westbourne Grove, Notting Hill, W11 2QA
020 7034 0005 - www.negozioclassica.co.uk
Traiteur italien. Bar. Bon vin et bonnes pâtes fraîches.

Ottolenghi
63 Ledbury Road, W11 2AD - 020 7727 1121
www.ottolenghi.co.uk
Décor minimaliste pour ce pâtissier-traiteur de bonne qualité, prix élevés. Restaurant, table commune dans le fond de la salle. 8h-20h lundi-vendredi, 8h-19h samedi et dimanche.

R. Garcia & Sons
246 Portobello Road, W11 1LL - 020 7221 6119
www.rgarciandsons.com
Supermarché espagnol. Large sélection de produits espagnols de bonne qualité et service accueillant. Commande en ligne également.

Speck
2 Holland Park Avenue, Portland Road, W11 4ND
020 7229 7005
Traiteur italien. Pâtes fraîches, olives délicieuses et du vrai jambon blanc pour les enfants! Original, le service *Pasta for Kids*: l'équipe de Speck vient chez vous avec la machine à fabriquer les pâtes, les sauces et apprend aux enfants l'art de préparer eux-mêmes leur repas préféré... 8h-20h30 lundi-vendredi, 19h le samedi.

Tawana Oriental Supermarket
18 Chepstow Road, Paddington, W2 5BD
020 7221 6316 - www.tawana.co.uk
Supermarché asiatique (thai, chinois, japonais, malaisien). On y trouve tous les ingrédients.

The Fish Shop
201 Kensington Church Street, W8 7LX
020 7243 6626
www.kensingtonplace-restaurant.co.uk
Poissonnier du restaurant Kensington Place. Produits très frais et bien emballés. Assez cher.

The Spice Shop
1 Blenheim Crescent, W11 2EE - 020 7221 4448
www.thespiceshop.co.uk
Boutique étonnante, unique à Londres: toutes les épices du monde, pour tous les besoins culinaires. Feuilles et plantes bizarres, mais la propriétaire se fera un plaisir de vous en expliquer l'utilité et la préparation! Possibilité de commander par Internet.

Coffee Plant
180 Portobello Road, W11 2EB - 020 7221 8137
www.coffee.uk.com
Excellente sélection de thés, 25 cafés, tisanes. Uniquement bio ou *fair trade* (commerce équitable). Dégustation sur place.

VÊTEMENTS-CHAUSSURES

Adultes

Nombreuses boutiques chic et branchées faisant une large place aux marques de créateurs, notamment sur Westbourne Grove et Ledbury Road. Sur Kensington Park Road, la boutique phare de **Paul Smith** vaut le détour (l'univers du créateur décliné sur les trois étages d'une maison victorienne). Autour de Clarendon Cross, une jolie place au coeur de Notting Hill, **The Cross** (141 Portland Road), le temple du style girlie avec des accessoires ultra-féminins, ou encore **Virginia** (98 Portland Road), spécialiste du vêtement rétro et vintage.
Sans oublier évidement **Portobello Road**, avec ses stands de vêtements vintage (ne pas manquer les stands au coin de Tavistock Road) et ses boutiques.

Charity Shop

Mary's Living and Giving Shop
177 Westbourne Grove, W11 2SB
www.maryportas.com/livingandgiving
020 7727 6166
Nouveau concept très tendance, articles de superbe qualité, livres, objets de déco. Se veut aussi un endroit de rencontre pour la communauté avec offre de thé, café et gateaux et organisation d'ateliers. Tous les profits vont à *Save The Children*.

LIBRAIRIES - DISQUES

Books for Cooks
4 Blenheim Crescent, Notting Hill, W11 1NN
020 7221 1992 - www.booksforcooks.com
Unique en son genre à Londres, un vrai paradis pour les amoureux de l'art culinaire. Librairie spécialisée en livres de cuisine. Tous les jours, plats et gâteaux mitonnés par les chefs maison (recettes tirées des livres en vente dans la boutique) sont servis sur des tables au fond de la boutique. Cours de cuisine toute l'année, au 1er étage.

Honest Jon's Records
278 Portobello Road, W10 5TE - 020 8969 9822
www. honestjons.com
Disquaire spécialisé dans le jazz et la world music, avec une bonne sélection pour les collectionneurs de vinyles. Un étage entier est consacré au reggae avec aussi un bon choix de soul, hip hop, ou funk.

Intoxica
231 Portobello Road, W11 1LT - 020 7229 8010
www.intoxica.co.uk
Achat-vente de disques de collection.

AUTRE

Pret A Vivre
20 All Saints Road, W11 1HG
020 3039 3322 - www.pretavivre.com
Rideaux et stores sur mesure. Seule entreprise de Londres distributrice des tissus Toiles de Mayenne. Service de qualité.

Sortir

PARCS ET AIRES DE JEUX

Holland Park. Mini-zoo, terrain de foot, tennis-club, *playground* avec immenses araignées. Aire sécurisée pour les petits. Jardin japonais. Paons et lapins en liberté. Théâtre d'été. Cafétéria ouverte aux beaux jours.

Kensington Memorial Park
St Mark's Road, W10 6NP
Terrain de foot et de cricket, courts de tennis, aire de jeux, pataugeoire.

Playstation Skate Park
Bay Sixty6, 65-66 Acklam Road, W10 5QZ
020 8969 4669
A Ladbroke Grove, les seules pistes *indoor* de *skateboard* à Londres. Rampes de glisse, pistes de saut... Cours le samedi matin.

Bramley's Big Adventure
136 Bramley's Road, W10 6SR - 020 8960 1515
Espace de jeux couvert pour enfants de 0-11 ans, avec toboggans géants, piscines à boules, etc. 10h-18h. Cafétéria. Organisation d'anniversaires. Ateliers pendant les vacances.

CINÉMAS

Electric Cinema
191 Portobello Road, W11 2ED - 020 7908 9696
www.electriccinema.co.uk
Le cinéma comme à la maison! Sièges en cuir, canapés, repose-pieds et guéridons... Bar ouvert 1/2 h avant chaque séance. Salle magnifique. Le lundi à 11h, séances réservées aux parents accompagnés d'enfants de moins de 12 mois. Le samedi à 10h30, séances pour les 3-14 ans accompagnés des parents.

Holland Park

Carnaval de Notting Hill

Séances *Kids Club Workshop*, samedi 9h30, réalisation de court-métrages, théâtre de mime.

Gate Notting Hill
87 Notting Hill Gate, W11 3JZ - 0870 704 2058
www.picturehouses.co.uk
Art et Essai. Films étrangers. Séances pour les familles le samedi à 10h30.

FÊTES

Carnaval de Notting Hill, le dernier week-end du mois d'août. Le plus grand carnaval d'Europe. Pendant deux jours, Notting Hill renoue avec son passé afro-caribéen. Parades, danse et musique dans une débauche d'odeurs culinaires!

RESTAURANTS - CAFÉS

Hereford Road
3 Hereford Road, Westbourne Grove, W2 4AB
020 7727 1144 - www.herefordroad.org
Dans une ancienne boucherie victorienne. Cuisine très anglaise à base de produits locaux.

Julie's
135 Portland Road, Holland Park, W11 4LW
020 7229 8331 - www.juliesrestaurant.com
Située sur une jolie placette, ce restaurant chic à l'atmosphère romantique a été le décor d'une scène du film *Match Point* avec Scarlett Johansson. Petites pièces privatives où les stars aiment venir incognito. Terrasse aux beaux jours. Brunch le dimanche ; les enfants sont bienvenus et le personnel aux petits soins.

George's Portobello Fish bar
329 Portobello Road, W10 5SA – 020 8969 7895
L'un des meilleurs *fish & chips* à emporter de Londres, fréquenté par Jamie Oliver.
Pas de tables à l'intérieur, mais quelques tables à l'extérieur s'il fait beau.

Lisboa
57 Golborne Road, Notting Hill, W10 5NR
020 8968 5242
Une excellente pâtisserie-café qui vous transporte immédiatement au Portugal: comptoir en inox, petites tables où se serre une clientèle très cosmopolite aux accents méditerranéens. En face, *deli* avec une bonne sélection de fromages, charcuterie, anchois ou poissons marinés et surtout de vrais pastels de Nata comme on en trouve à Belhem à Lisbonne (gâteau typique portugais avec de la crème).

Osteria Basilico
29 Kensington Park Road, W11 2EU
020 0772 79957 - ww.osteriabasilico.co.uk
Plats méditerranéens dans une ambiance italienne "rustique" et chaleureuse. Un endroit sympathique et abordable pour déguster une pizza.

New Tom
226 Westbourne Grove, W11 2RH
020 7243 3341 - www.tomsdeli.co.uk

The Ladbroke Arms

Julie's

Le *deli* du fils de Terence Conran. Le meilleur *breakfast* du quartier servi au café à l'étage (souvent plein tôt le matin et à l'heure du déjeuner). En bas, épicerie, fruits et légumes, sélection de fromages, pain. Personnel chaleureux et service rapide.

The Ledbury
127 Ledbury Road, Notting Hill, W11 2AQ
020 7792 9090 - www.theledbury.com
L'un des meilleurs restaurants de Londres, deux étoiles Michelin.

PUBS

The Cow Pub & Restaurant
89 Westbourne Park Grove, W2 5QH
0207 221 0021 - www.thecowlondon.co.uk
Très bon *pub*/restaurant ouvert par Tom Conran. Reconnu dans le quartier pour la qualité de ses fruits de mer. Ambiance sympathique.

The Churchill Arms
119 Kensington Church Street, W8 7LN
020 7727 4242
Le *pub* le mieux décoré du quartier: couvert de fleurs dès le printemps et de sapins à Noël. L'intérieur relativement petit est toujours bondé avec une ambiance chaleureuse. Restaurant thaïlandais au fond, caché sous les plantes vertes : cuisine thaï délicieuse, service très simple et prix imbattable.

The Windsor Castle
114 Campden Hill Road, W8 7AR - 020 7243 8797
www.thewindsorcastlekensington.co.uk
Pub traditionnel bénéficiant d'un grand jardin clos à l'arrière, idéal pour prendre un brunch les beaux jours.

The Ladbroke Arms
54 Ladbroke Grove, W11 3NW - 020 7727 6648
www.ladbrokearms.com
Gastro *pub* renommé, avec une adorable petite terrasse très courtisée. Pour déjeuner ou diner, mieux vaut réserver.

The Westbourne
101 Westbourne Park Villas, W2 5ED
020 7221 1332 - thewestbourne.com
Gastro pub dans la plus pure tradition britannique. Très agréable pour déjeuner dehors aux beaux jours grâce à son grand espace extérieur.

Visible
299 Portobello Road, W10 5TD - 020 8969 0333
Cocktail-lounge bar. Endroit très sympathique avec jazz le jeudi soir.

Ouest

Chiswick
Acton
Ealing

Ces quartiers résidentiels sont à proximité du ***M4 Corridor***, où siègent de nombreuses entreprises internationales, à mi-distance entre le centre de Londres (juste après **Hammersmith**) et l'aéroport d'**Heathrow**. **Chiswick** (prononcez "cheese-ik"), W4, quartier chic en vogue, dépend au nord du quartier d'**Ealing** et au Sud du *borough* de **Hounslow**. Chiswick bénéficie de modes de communications faciles et directs avec le centre de Londres et le quartier français de South Kensington, tout en offrant une qualité de vie provinciale.

Acton (W3) et **Ealing** (W5, W7, W13) permettent également d'accéder facilement au cœur de Londres (bonnes connexions métro) et d'en sortir rapidement, du fait de la proximité de la M25 par la A40. Ces quartiers voisins, reliés par la *High Street*, sont imbriqués l'un dans l'autre et nous avons choisi de les traiter ensemble.
Administrativement, ils dépendent tous deux du *borough* d'Ealing.
Si **Ealing** bénéficie d'un excellent réseau d'écoles françaises et anglaises et d'une communauté française chaleureuse et très soudée qui intègre facilement les nouveaux arrivants, **Acton** est plutôt recherché pour ses parcs et ses centres multisports.
Le développement, ces dernières années, de magasins et boutiques de proximité n'oblige plus à faire ses courses dans le centre de Londres.

Ces quartiers se caractérisent donc par une grande qualité de vie, avec leurs maisons en briques rouges, plus larges que dans le centre. Les prix de **Chiswick** sont équivalents à ceux de **Fulham**, mais baissent nettement à **Ealing**. Les maisons ont de grands jardins joliment arborés, dans lesquels on pourra donner aux beaux jours des *Garden Parties* très appréciées.
Habiter ces quartiers, c'est embrasser pleinement le mode de vie anglais selon lequel "*WEST IS THE BEST*", c'est pouvoir pratiquer facilement de nombreux sports et activités et avoir l'opportunité de s'intégrer à la population locale.
Informations sur Acton et Ealing sur *www.getwestlondon.co.uk*

Petite enfance

Pour toute information sur les modes de gardes et les places disponibles, consultez le ***Family Information Service*** de votre *borough* (*www.hounslow.gov.uk* par exemple).
Vous trouverez une liste assez complète des *day nurseries, childminders, nannies* et *playgroups* sur les sites communautaires *www.chiswickw4.com* et *www.ealingtoday.co.uk*.

DAY-NURSERIES

The Beanstalk Montessori Nursery School
St. Peter's Church, Black Lion Lane, W6 9BE
078 1740 1085
2-5 ans. Petite *nursery* familiale.
OFSTED outstanding.

Devonshire Day Nursery
Bennett Street, W4 2AH - 020 8995 9538
2 mois-5 ans. Bien conçue pour l'accueil des jeunes enfants: superbes locaux, clairs et propres avec des salles spéciales pour les siestes et un jardin. Personnel compétent. Déjeuner, goûter et couches fournis. 8h-18h. *OFSTED outstanding.*

Elmwood Montessori
St Michael's Centre, Elmwood Road, W4 3DY - 020 8994 8177
www.elmwoodmontessori.co.uk
2 ans1/2-5 ans. Locaux clairs et aérés, activités intérieures et extérieures. Personnel très compétent. Petits effectifs.

Our Lady Queen of Peace Day Nursery
10 Chiswick Lane, W4 2JE - 020 8994 2053
2-5 ans. Petite structure pour 25 enfants basée dans un couvent. *OFSTED outstanding.*

Tic-Toc Day Nursery
11-13 Chiswick High Road, W4 2ND - 020 8748 5888
3 mois-5 ans. Ouvert toute l'année 8h-18h. Locaux agréables et clairs. Cour extérieure. *OFSTED outstanding.*

NANNIES

Swansons Nanny Agency
258 Acton Lane, W4 5DJ - 020 8994 5275
www.swansonsnannies.co.uk
Personnel compétent. Formules souples, possibilité de partager la *nanny.*

MOTHER & TODDLER GROUPS

Childsplay Café & Private Nursery
Hogarth Youth Centre, Duke Road, W4 2JR
020 8994 7736
0-5 ans. Pendant que les mères prennent un café, les enfants jouent et font des activités sportives ou manuelles. Les grands frères et sœurs sont les bienvenus. Ouvert du lundi au samedi de 8h30 à 18h30. £4 + café.

Pitshanger Community Playcentre
Pitshanger Park, Meadvale Road, W5 1LU
020 8998 1918
Dans le parc. Aires de jeux extérieure et intérieure. Bonne ambiance. £3/session.

PLAYGROUPS

Grove Park Playgroup
St Paul's Church, Grove Park Road, W4 3SB
020 8742 8293 - www.groveparkplaygroup.org
2-4 ans. Le matin 9h15-12h15, 13h15-16h15 (lundi et mercredi) dans un très joli parc. £2/session.

Imaginations Playgroup
Chiswick Methodist Church, Sutton Court Road, W4 4NL - 020 8742 1707
www.imaginationspreschool.com
2-5 ans. 9h-12h. Privilégie l'éveil des plus jeunes, très bonne ambiance pour les petits. Prix très abordable. Propose un service de transport avec journée continue. L'un des meilleurs *playgroups* du quartier.
Sont également présents dans ces quartiers les réseaux **Gymboree** et **Amanda's Action Club**.

Ecoles

ECOLE MATERNELLE BILINGUE

Ark of Noah
Michael Simons Hall, Lynton Avenue, Ealing, W13 0EB - 020 8997 7116
www.arkofnoah.net
Petite école maternelle bilingue (française - non homologuée), à partir de 3 ans. Possibilité de suivre le programme français en préparation d'entrée en maternelle au Lycée Français (Ecole André Malraux). Les enfants apprennent l'anglais en douceur et en petits groupes, pour les préparer éventuellement à intégrer le système anglais. L'équipe est très sympathique.

La Chouette School
Montys, 17 The Mall, Ealing, W5 2PJ
020 8567 5323 - http://lachouetteschool.co.uk
60 élèves. 2-6 ans. Maternelle bilingue privée non homologuée (deux jours en français, deux jours en anglais, le mercredi matin étant consacré à des activités enseignées dans les 2 langues). Cursus en conformité avec le programme de l'Education Nationale. Située tout près d'*Ealing Broadway*. Potager, recyclage, cuisine bio. Garderie. £1,950 (*part time*)-£2,900 (*full time*) par trimestre.

ECOLES FRANÇAISES

Maternelle & Primaire

Ecole André Malraux
44 Laurie Road, W7 1BL - 020 8578 3011
www.lyceefrancais.org.uk

300 élèves, 11 classes (moyenne section-CM2). Demi-pension obligatoire. L'une des trois annexes primaires du Lycée Français Charles de Gaulle. Vastes classes ouvertes sur des espaces verts. L'Amicale des parents d'élèves organise des activités extra-scolaires en français. £1,600-£2,100/trimestre. Pas de métro. Bus E1 et E3.

ECOLE FLAM

La Petite Ecole d'Ealing

Harvington School, 20 Castlebar Road, Ealing Broadway, W5 2DS - 078 9630 4369
www.petiteecoledealing.co.uk
3-17 ans. Première petite école française du samedi de Londres créée en 1986, pour les enfants bilingues scolarisés dans le système scolaire anglais pendant la semaine. De 10h à 13h. Préparation aux GCSE et AS français. 342 élèves.

ECOLE INTERNATIONALE

International School of London

139 Gunnersbury Avenue, W3 8LG
020 8992 5823 - www.islschools.org/london
3-17 ans, mixte. Pas d'uniforme. Cours en anglais avec soutien personnalisé. Programme du Bac international depuis le primaire. Pour les élèves francophones, le français est enseigné chaque semaine comme dans une école française. Moyenne de 15 élèves par classe. Ecole donnant sur le **Parc de Gunnersbury**. £18,000/£24,600 par an sans les frais ESL et français langue maternelle. Ramassage à domicile par le bus de l'école. Une bonne solution, bien que chère, pour conserver un bon niveau en français tout en apprenant l'anglais, tant au niveau primaire que secondaire.

ECOLES ANGLAISES

Nursery & primary schools

Belmont School
1 Belmont Road, W4 5UL - 020 8994 7677
State school mixte. Uniforme partiel. 470 élèves, 3-11 ans. Gratuit. Très bon accueil des enfants étrangers (quelques familles françaises), pour lesquels sont organisés des cours de soutien en anglais pendant le temps scolaire. Bon niveau. Admission sur critères de proximité. *OFSTED outstanding*.

Chiswick & Bedford Park Preparatory School
Priory House, Priory Avenue, W4 1TX
020 8994 1804 - www.cbppschool.co.uk
3-11 ans. 185 élèves. *Prep-school* mixte proche de Turnham Green. Uniforme. £2,160/trimestre (*Nursery*), £3,800/trimestre (autres classes). *OFSTED outstanding*.

Grange Primary School
Church Gardens, W5 4HN - 020 8567 1432
3-11 ans. Assez grande école publique (3 classes de *Reception*-GS). Bonne *nursery*. EFL pour les non anglophones.

The Falcon School For Boys
2 Burnaby Gardens, W4 3DT
020 8747 8393 - www.falconsboys.com
Pre-prep pour garcons 3-7 ans. Poursuite de la scolarité dans la *prep school* basée à Richmond.

Montpelier Primary School
Montpelier Road, W5 2QT
020 8997 5855 - www.montpelierschool.net
Ecole publique gratuite mixte. 4-11 ans. Uniforme.

North Ealing Primary School
Pitshanger Lane, W5 1RP - 020 8997 2653
www.northealingprimary.org
Publique, mixte, gratuite. 450 élèves, 3-11 ans. Uniforme partiel.

St Gregory's Catholic Primary School
Woodfield Road, W5 1SL - 020 8997 7550
www.st-gregory.ealing.sch.uk
Voluntary aided school catholique mixte. Uniforme partiel. 460 élèves, 3-11 ans. Gratuite. Bon niveau.

St Mary's Catholic Primary School
Duke Road, Chiswick, W4 2DF - 020 8994 5606
Ecole catholique mixte. Uniforme complet. 270 élèves, 4-11 ans. Bon niveau. Gratuit.

Strand on the Green Junior School
Thames Road, Chiswick, W4 3NX - 020 8994 7847
www.strandjuniors.co.uk
3-11 ans. Mixte. Gratuite.

Primary&secondary schools

Notting Hill & Ealing High School
2 Cleveland Road, W13 8AX
020 8799 8400 - www.nhehs.gdst.net
Independent school de filles très réputée, l'une des 15 meilleures écoles secondaires de Londres. 4-18 ans. Non confessionnelle. 750 élèves. Recommandée à des élèves très académiques. Uniforme partiel. £4,200-£5,500/trimestre.

St Benedict's School
54 Eaton Rise, W5 2ES - 020 8862 2000
www.stbenedicts.org.uk
Selective independent school, mixte, 3-18 ans. Catholique mais ouverte à tous. Uniforme complet, avec blazer. Très bonne en rugby. Parents très actifs au sein de l'école. 300 élèves. Bons résultats sans trop de pression. £4,000 / trimestre.

Secondary schools

L'Ouest de Londres dispose d'une offre secondaire intéressante et variée qui peut convenir à des enfants français.

The Arts Educational Schools London
14 Bath Road, Chiswick, W4 1LY
020 8987 6600 - www.artsed.co.uk
Independent school, mixte, 11-16 ans. 200 élèves. Spécialisée dans les arts, la danse, la musique, le théâtre. £4,000 / trimestre. Admission sur tests et auditions. *OFSTED outstanding*.

Chiswick School
Burlington Lane, W4 3UN - 020 8747 0031
www.chiswick.hounslow.sch.uk
Collège public non-sélectif, mixte, 11-18 ans. Uniforme partiel. 1 240 élèves. Ecole entourée de verdure avec de nombreux équipements sportifs. Bonnes relations profs/élèves, ambiance sympa, niveau académique moyen. Gratuit.

Ealing Independent College
83 New Broadway, W5 5AL - 020 8579 6668
www.ealingindependentcollege.com
Etablissement qui prépare les enfants aux examens par des petits groupes tutoriaux. A partir de 13 ans (*GCSEs*), mais plus souvent en *6th form* (16-18 ans). £2,000 / matière. Bon encadrement et bons résultats aux examens. Une solution de secours intéressante pour des enfants ayant besoin de suivi particulier ou ayant des difficultés à s'adapter en école classique. Permet aussi de repasser les examens.

Ellen Wilkinson School for Girls
Queen's Drive, Acton, W3 0HW - 020 8752 1525
www.ellenwilkinson.ealing.sch.uk
Ecole publique gratuite, 1 400 filles, 11-19 ans. Spécialisée maths et sciences. Bon soutien ESL (50% des enfants ont l'anglais comme seconde langue). Bons équipements arts et sports. Résultats en progrès constant.

Twyford Church of England High School
Twyford Crescent, W3 9PP
020 8752 0141 - www.twyford.ealing.sch.uk
Voluntary aided, mixte anglicane, 11-18 ans. Uniforme partiel. La meilleure école gratuite d'Ealing en termes de résultats aux examens (GCSE, A Level). 1 200 élèves. *OFSTED oustanding.*

Logement

Chiswick est divisé en deux par la route A4: Au sud et jusqu'à la Tamise, agréables maisons souvent edwardiennes, *semi-detached* avec de grands jardins, à proximité de la gare, accessible par bus (E3, 272), mais éloignées du métro et avec peu de commerces de proximité.

Au nord, les maisons, plutôt victoriennes, se répartissent de part et d'autre de la *High Road*, à proximité du métro Turnham Green et des commerces. Bedford Park, le quartier le plus chic et le plus cher, avec de nombreuses maisons classées, construites en briques rouges et menuiseries blanches (balcons, portillons...). Beaucoup de charme. Compter, pour une maison de 4 chambres, de £1,000 à plus de £1,500/semaine à la location.

La communauté française d'**Ealing** est dynamique et accueillante. Les Français se regroupent dans trois zones principales. Ealing Broadway, au cœur de la ville, dispose

de grandes maisons avec jardins et est à proximité de l'**Ecole française André Malraux**. Accès au terminus des *District* et *Central Lines*.

A **Ealing Common** les maisons sont souvent moins grandes ou espacées et les environs ne sont pas très chaleureux. Mais la *Piccadilly Line* permet de se rendre directement au Lycée Français à South Kensington et dans le centre.

South Ealing dispose du beau parc de Lammas Park. Quartier chic avec quelques commerces de proximité et un accès très facile au centre par la *Piccadilly Line*.

Acton, moins résidentiel, bénéficie néanmoins de bons équipements sportifs répartis dans des parcs et d'un centre-ville très commerçant. Le prix de location d'une maison de 4 chambres est de £600 à £1,000 par semaine.

Transports

MÉTRO

Ealing et **Acton** sont en zones 2 et 3 et sont bien desservis par les **Central, District** et **Piccadilly Lines**.

BUS

La ligne **94** dessert Acton Green/Piccadilly Circus. La ligne **70**, Acton/South Kensington (bus direct pour le Lycée Français à South Kensington, très long, plus d'1 h). Les lignes **207** et **607** Uxbridge/Shepherd's Bush permettent de rejoindre le centre de Londres.

Sports

(A Adulte, E Enfant)

CLUBS DE SPORT

De très nombreux clubs multisports dotent ces quartiers.

Chiswick Park A
Building 3, 566 Chiswick High Road, W4 5YA - 020 8987 5800
www.virginactive.co.uk
Superbe club privé, *membership*. Belle piscine couverte, *gym*... tennis. Restaurant.

Chiswick Community Sports Hall AE
Burlington Lane, W4 3UN
020 8747 6699
www.chiswickschool.org
Badminton, foot, basket, judo, volley, multigym, trampoline... De 17h à 22h en semaine et de 9h à 19h le dimanche. Stages pendant les vacances scolaires anglaises. Prix raisonnables.

Hogarth Health Club AE
Airedale Avenue, Chiswick, W4 2NW
020 8994 4600 - www.thehogarth.co.uk
Le "Club" chic du centre de Chiswick. Très beaux équipements, spa... *Membership*.

The Park Club AE
The Park Club, East Acton Lane, W3 7HB
020 8743 4321 - www.theparkclub.co.uk
Club privé, *membership*. Grand parc aménagé pour les enfants. Piscines intérieure et extérieure chauffée, tennis, gym, mur d'escalade, foot... Garderie. Restaurant, bar.

The Chiswick Riverside The AE
Duke's Meadows, Chiswick, W4 2SX
020 8987 1800 - www.virginactive.co.uk
Club privé avec *membership*, cotisation élevée. Tennis: 12 courts couverts, 12 non couverts, piscine, cours adultes et enfants, compétition en équipes... Emplacement privilégié en bordure de Tamise au milieu d'espaces verts, très beaux équipements. Un petit air de Club Med au bord de la Tamise: de nombreux Français viennent y passer leur week-end.

Virgin Active Ealing AE
5th Floor, Ealing Broadway CentreTown Square, W5 5JY - 020 8579 9433
www.virginactive.co.uk
Gym, piscine, sauna, bains de vapeur... Très central, facile d'accès.

West London Health and Fitness Club AE
36 Bromyard Avenue, W3 7AU
020 8600 9600
www.virginactive.co.uk
Club privé, *membership*. Tennis non couverts, 3 piscines: 25 m, enfants, avec remous. Studios de gym, musculation sur machines, *Kidsville* pour les petits: *arts & crafts, playstation*, crèche. Restaurant, bar. Possibilité de suspendre son abonnement en cas d'absence.

West London YMCA AE
25 St. Mary's Road, Ealing, W5 5RE
020 8832 1500- www.ymcawestlondon.org
Large choix d'activités pour les enfants: gym, foot, stretch, judo, danse, danses irlandaises...

AVIRON

Chiswick Boathouse AE
Duke's Meadows
Au bord de la Tamise, au niveau de *Chiswick*

Bridge, pour glisser sans bruit sur l'eau. Infos sur place, samedi et dimanche matin.

CRICKET

Ealing Cricket Club E

Corfton Road, W5 2HS

020 8997 1858 - www.ealingcc.co.uk

Pour pratiquer un sport très anglais dès 8 ans. Grand feu d'artifice pour *Guy Fawkes' Day* en novembre.

DANSE

Arts Educational Weekend School AE

14 Bath Road, Chiswick, W4 1LY - 020 8987 6692

www.artsed.co.uk

Danse classique, moderne, jazz, claquettes dans cette école réputée... A partir de 3 ans. Présentation aux examens de danse.

Innovation Dance Ealing AE

96-98 Pitshanger Lane, W5 1QX

020 8998 2283

www.innovationdancestudios.co.uk

Tous types de danses, *Street Dance*, danses irlandaises ...

EQUITATION

Ealing Riding School AE

19 Gunnersbury Avenue, W5 3XD

020 8992 3808 - www.ealingridingschool.biz

Reprise en groupe. Enfants + 5 ans, adultes.

FOOT

Pitshanger Park

Scotch Common, Pitshanger Lane, W13 8DL

www.pitchero.com

Club de bénévoles. Les enfants 7-18 ans se retrouvent pour jouer tous les samedis à 10h. Gratuit. Informations sur place.

GOLF

Duke's Meadows AE

Dan Mason Drive, W4 2SH

020 8994 3314

9 trous. Practice. Pas besoin d'être membre: "*play and pay*". Leçons pour les 4-14 ans. Clubs et balles fournis.

Ealing Golf Club AE

Perivale lane, Greenford, UB6 8TS

020 8997 0937 - www.ealinggolfclub.com

Membership, mais les visiteurs sont bienvenus.

NATATION

Gurnell Leisure Centre AE

Ruislip Road East, W13 0AL - 020 8998 3241

2 piscines, dont 1 pour enfants et 1 de 50m (rare). Activités pour les enfants pendant les vacances scolaires. Ouvert de 7h à 22h en semaine et 8h à 17h le week-end.

New Chiswick Pool AE

Edensor Road, W4 2RG - 0845 456 6675

Piscine de 25 m. Sauna et hammam. Abonnement possible et très bon marché.

RUGBY

Ealing Trailfinders Rugby Club E

Vallis Way, W13 0DD - 020 8799 0404

www.ealingrugby.co.uk

Cours le dimanche matin. Mixte, 6-16 ans.

WASPS

Twyford Avenue Sports Ground, Acton, W3 9QA

020 8993 8384 - www.wasps.co.uk

Entrainement le dimanche matin. Nombreux Français.

TENNIS

Les amateurs de tennis sont gâtés dans l'Ouest de Londres, avec de nombreux courts et clubs avec ou sans abonnement.

Duke Meadows

Dan Mason Drive, W4 2SH

020 8994 3314 - www.dukesmeadows.com

Formule "*play and pay*" avec 5 courts couverts, 4 extérieurs, une bonne alternative au *Riverside* tout proche. Stages pour les jeunes pendant les vacances.

Ealing Lawn Tennis Club AE

Daniel Road, W5 3RY

020 8992 0370 - www.ealingtennis.com

Club très accueillant: 15 courts dont 3 couverts et certains en gazon. *Membership*.

Hartswood Tennis Club AE
Hartswood Gardens, 31-33 Hartwood Road, W12 9NE - 020 8746 1390
www.hartswoodtennis.co.uk
Club familial et convivial à *Stamford Brook*. 6 courts non couverts. Dès 4 ans.

Will to Win Tennis Centre AE
Chiswick House, Great Wesr Road, Chiswick, W4 2RP - 020 8994 1466
www.willtowin.co.uk
4-11 ans. Courts non couverts dans le superbe parc de *Chiswick House*. Club sympa et très abordable. *Social tennis, Adult & Children leagues*.

Activités artistiques et culturelles

(A Adulte, E Enfant)

Amanda's Action Kids E
www.amandasactionclub.co.uk
4 mois-5 ans. Favorise le développement physique harmonieux des enfants grâce à des activités récréatives: interaction entre les mouvements et la musique. Amanda donne ses cours à Chiswick Town Hall. Organisation de goûters d'anniversaire.

Chiswick Choir
www.chiswickchoir.org.uk
Chorale pour chanteurs... confirmés. Répétitions le mardi à 20h à St Michael's Centre, Elmwood Road, Grove Park, W4 3DY. 3 concerts par an.

Ealing, Hammersmith and West London College A
020 8741 1688 - www.wlc.ac.uk
Préparation au IELTS, différents lieux de cours dans le quartier. Une mine de renseignements pour trouver des cours, des activités, des spectacles...

Education in Stage & Theatre - ESTA E
16 British Grove, W4 2NL
020 8741 2843 - www.estatheatreschool.com
Cours de théâtre le samedi matin. 6-17 ans. Environ £300/trimestre.

The Questors Theatre E
12 Mattock lane, W5 5BQ
020 8567 0011 - www.questors.org.uk
Ateliers 6-10 ans. Spectacles. Centre très dynamique, développe la créativité et l'imagination des enfants.

Ealing Junior Music School E
Twyford Church of England High School, Twyford Crescent, W3 9PP - 020 8930 0579
www.ejms.org.uk
Ecole de musique de 400 élèves. Le samedi matin. Cours individuels, chorale, orchestre. Large choix d'instruments. Pas de cours de piano. Tarifs raisonnables.

Questors Young Musicians Club E
Grange Middle School, Church Gardens, South Ealing, W5 4HN - www.qymc.org
3-18 ans. Possibilité de jouer en groupe. Ecole du samedi.

Twisters Gym and Dance E
St.John's Church, Mattock Lane, Ealing, W13 9LA
www.twisters.org.uk
Cours de danse, gymnastique et art à partir de 6 mois.

Open Ealing AE
The Orchard Cafe, Singapore Road, West Ealing, W13 0EP - www.openealing.com
Centre artistique qui propose un accès pour tous à tous les arts. Concert tous les 2e samedi du mois, théâtre le 3e samedi et toute la semaine des cours en journée ou le soir, pour adultes et enfants, ateliers pendant les vacances (peinture, dessin, photographie, atelier d'écriture, histoire de l'art etc..).

Santé

NHS

Hôpitaux / Maternités

Ealing Hospital
Uxbridge Road, Southall, UB1 3HW
020 8967 5000 - www.ealinghospital.nhs.uk
Maternité, sages-femmes formées pour les accouchements dans l'eau.

Hammersmith Hospital
Du Cane Road, W12 0HS - 020 3313 1000
www.nhs.uk/hammersmith
Spécialisé dans le traitement du cancer, transplantation du rein et maladies cardiaques. Consultations externes, mais pas d'urgences. Maternité.

Queen Charlotte's and Chelsea Hospital
150 Du Cane Road, W12 0HS
020 3313 1111 - www.imperial.nhs.uk/qcch
La plus ancienne maternité de Grande-Bretagne (1739), locaux adjacents au Hammersmith Hospital. Très réputée. Centre néonatal. Accouchement naturel favorisé.

Certaines sages-femmes sont formées pour pratiquer l'accouchement dans l'eau. Gynécologie et fertilité.

MÉDECINE PRIVÉE

BMI Clementine Churchill Hospital
Sudbury Hill, Harrow, Middlesex, HA1 3RX
020 8872 3872 - www.bmihealthcare.co.uk/cch
Excellent hôpital privé, locaux propres. Attente raisonnable. Particulièrement recommandé.

Achats

ALIMENTATION

Marchés

Chiswick :
The Food Market - Grove Park Farm House: produits bio -fruits et légumes, confitures, jus de fruits, pain… Le dimanche 10h-14h.

Ealing-Acton :
Farmers'market à Leeland Road, W13. Le samedi 9h-13h. Viande vendue sous vide.

Autres Commerces

Dans Pitshanger Lane, Ealing, nombreux magasins d'alimentation: poissonnier, bonne boulangerie, traiteur italien qui vend des pâtisseries …
A Turnham Green Terrace à Chiswick, on trouve de très bons commerces de bouche: Covent Garden Fishmongers (poissonnier), Mortimer & Bennett (charcutier italien), Macken Brothers (boucher), Maison Blanc (pâtissier).

Cook
22 Chiswick Lane, W4 2JG - 020 8994 2820
www.cookfood.net
Plats cuisinés surgelés délicieux. Possibilité de commander en ligne.

As Nature Intended
201 Chiswick High Road, W4 2DR - 020 8742 8838
www.asnatureintended.uk.com
Excellent magasin diététique, produits bio : viande, poisson, légumes...

Richardsons Butchers
88 Northfield Avenue, W13 9RR - 020 8567 1064
Boucherie de qualité réputée dans le quartier.

AMEUBLEMENT-DÉCO

La *High Road* de **Chiswick** est idéale pour se meubler: Aram Picture Framing (encadrement), Chiswick Curtain Company (rideaux, stores sur mesure), Interiors of Chiswick (grande boutique d'ameublement). Et The Old Cinema, une caverne d'Ali Baba de meubles contemporains et anciens (souvent XIXe et XXe anglais), pour trouver le meuble, le bibelot ou la gravure à rapporter de son séjour londonien.
Dans *Devonshire Road*, plusieurs magasins pour la salle de bains et une boutique de carrelages aux tons variés.
A **Ealing-Acton**, les magasins d'ameublement et de décoration sont concentrés dans les centres commerciaux Ealing Broadway et Arcadia: Argos, Sofa Workshop, Marks & Spencer...

Academy Auctioneers & Valuers
Northcote House, Northcote Avenue, W5 3UR
020 8579 7466

Chiswick Auctions
1-5 Colville Road, off Bollo Lane, W3 8BL
020 8992 4442
Salles de ventes aux enchères: on y passe toujours un bon moment à chiner -mobilier ancien anglais en acajou, argenterie, tableaux animaliers, cheminées, mais aussi télévisions… Exposition la semaine, vente le mardi.

FLEURS-PLANTES

Garden Centre Syon Park
Middlesex, TW8 8JF - 0844 288 5069
Très grande jardinerie située au cœur de Syon Park. L'un des meilleurs endroits de Londres pour acheter des plantes de bonne qualité. Personnel compétent et petit salon de thé.

MUSIQUE

Ealing Strings
4 Station Parade, Uxbridge Road, W5 3LD
020 8992 3993 - www.ealingstrings.info
Spécialisé dans le violon, l'alto et le violoncelle. Remises sur les réparations d'instruments d'enfants.

VÊTEMENTS-CHAUSSURES

La plupart des boutiques de Chiswick se concentrent sur Chiswick High Road, entre Sainsbury's et Chiswick Lane. Devonshire Road et Turnham Green Terrace proposent aussi nombre de belles boutiques.

Autres commerces

Southall est le quartier indien d'Ealing, où l'on peut acheter des tas d'objets (bibelots, bijoux, argenterie...) à prix très intéressants. Restaurants, épiceries, temples. On est transporté en Inde !

Chiswick House

Syon Park

AUTRES

Associations

Cercle Français de Chiswick
Raphael Room, St Michael & All Angels (Parish Hall), W4 1TX
Organise des conférences sur l'art ou l'histoire en français le 2e vendredi de chaque mois, 18h30. Cotisation : £30 par an.

Sortir

PARCS ET AIRES DE JEUX

Chiswick House and Gardens
Burlington Lane, Chiswick, W4 2RP - 0370 333 1181
Les jardins italiens et anglais de **Chiswick House** sont un havre de calme avec leurs cours d'eau, canards et cascade, grandes pelouses pour pique-niquer et jouer, allées pour faire du vélo, terrains de cricket et tennis... Excellente cafétéria. Chiens autorisés. L'architecture, le dessin des jardins ainsi que les œuvres d'art en font un petit coin d'Italie à Londres. Ne ratez pas les concerts en plein air ou le superbe spectacle son et lumière sur la façade de la villa en juillet/août. Parking gratuit.

Bedford Park
Acheter à la librairie de Chiswick le dépliant sur ce quartier classé et suivre les itinéraires proposés pour une promenade découverte architecturale. Etonnant endroit mi-artiste mi-campagne, où chaque maison est différente tout en s'intégrant à l'ensemble.

Gunnersbury Park
Grand parc, terrains de foot, rugby et mini-golf pour enfants.

Pitshanger Park
Parc avec terrains de tennis et de foot.
Une association locale dynamique organise une grande fête chaque année fin juin.

Lammas Park et Walpole Park
Parcs plus petits, mais agréables avec tennis municipaux.

Syon Park
Brentford, Middlesex, TW8 8JF
www.syonpark.co.uk
3 activités possibles et complémentaires pour satisfaire petits et grands:
Très beau château anglais, entouré d'un grand parc, appartenant depuis plus de 400 ans à la même famille, aujourd'hui, le Duke de Northumberland. Sert de décor pour des films. **Maison des Papillons** (extraordinaire collection), *Garden Centre* (vente de plantes et *Pet Shop*), restaurant, cafétéria.

Pour les enfants, le Centre de jeux et d'aventure **Snakes & Ladders** (020 8847 0946): parcours avec échelles, motos, tapis de jeux, mini-golf... en extérieur ou intérieur. Cafétéria, anniversaires. Ouvert tous les jours, 10h-18h. Cours gratuits : musique le mardi et art plastique le jeudi.

The London Tropical Zoo (London Road, Brentford, Middlesex, TW8 8JF - 020 8847 4730 - *www.tropicalzoo.org.com*), endroit incroyable récupérant notamment des animaux capturés à Heathrow. Une tortue géante se balade ainsi en liberté dans les couloirs, lvous pouvez toucher les animaux dans une pièce prévue à cet effet. A 13h, vous pouvez aider à nourrir les animaux!

FÊTES

En hiver

Christmas Carols dans les églises et les écoles en décembre (par exemple à St Greggory's).
A Pitshanger Lane: fête de quartier au

Hogarth's House

Fuller's Brewery

moment des illuminations de Noël. Animations de rue, organisées par l'association des commerçants, danses, spectacles, barbecue… Infos chez les commerçants.

L'été

Bedford Park Festival, en juin, anime tout le quartier pendant plusieurs jours. Concerts à l'église St Mikael's & All the Angels, fête foraine sur le Green, cirque…

Ealing Jazz Festival

Walpole Park, Mattock Lane, W5 - 020 8825 6640

Chaque année, ce festival très attendu rassemble au début du mois d'août de nombreux passionnés de jazz autour d'artistes connus, de haut niveau. A ne pas manquer!

Animations et spectacles de danses dans le parc de **Pitshanger Lane**, en juillet.

Fêtes foraines deux fois par an sur *Ealing Common.*

Nombreux *car boot sales* (l'équivalent de nos vide-greniers) dans les écoles.

MUSÉES

Gunnersbury Park Museum

Popes Lane, W3 8LQ

0845 456 2796

Petit musée dans l'ancienne propriété de la famille Rothschild entourée d'un immense parc: une balade qui mérite le détour.

Hogarth's House

Hogarth Lane, Great West Road, W4 2QN

020 8994 6757

Charmante maison du célèbre peintre William Hogarth, où sont exposés quelques-uns de ses tableaux. Entrée gratuite.

Osterley Park N.T.

Jersey Road, Isleworth, Middlesex, TW7 4RB

020 8232 5050

Superbe demeure néo-classique du XVIIIe siècle, illustrant le talent de l'architecte Robert Adam, entourée d'un grand parc de plus de 300 hectares. Les écuries du XVIe siècle sont encore utilisées aujourd'hui. Vente directe de légumes et œufs produits par la ferme.

Pitshanger Manor

Walpole Park, Mattock Lane, W5 5EQ

020 8567 1227

Reconstruit sous forme de villa de style Régence par l'architecte Sir John Soane. Collection de poteries. Expositions d'art moderne.

AUTRES

Ealing Studios

Ealing Green, W5 5EP

020 8567 6655 - www.ealingstudios.co.uk

Pour cinéphiles passionnés, visite des plus vieux studios de cinéma du monde, créés en 1902. Bel exemple architectural. Utilisé pour le tournage du « *King's Speech* » avec Colin Firth. Réservation conseillée.

Fuller's Brewery

Chiswick Lane South, W4 2QB

020 8996 2000 - www.fullers.co.uk

La plus ancienne brasserie de Londres, installée au même endroit depuis Cromwell. On y apprend tous les secrets de fabrication de la bière et un petit musée montre le passage des techniques traditionnelles aux techniques d'aujourd'hui. La visite comprend une dégustation de bière. Interdit aux enfants de moins de 13 ans.

RESTAURANTS

Budsara Thai bistro
99 Chiswick High Road, W4 2ED
020 8995 5774
Petit restaurant thaï à la cuisine excellente et au service agréable.

Darcau
4 Bedford Road, Chiswick, W4 1LS
020 8994 0367
Restaurant français préparant d'excellent plats à emporter et offrant la possibilité de s'offrir une pause déjeuner agréable sur la terrasse au soleil.

Côte Restaurant
50-54 Turnham Green Terrace, Chiswick, W4 1QP
020 8747 6788
Le bon plan pour un déjeuner délicieux à un prix compétitif, dans un décor de café parisien.

La Trompette
5-7 Devonshire Road, Chiswick, W4 2EU
020 8747 1836
Excellente cuisine gastronomique française.

Le Vacherin
76-77 South Parade, Chiswick, W4 5LF
020 8742 2121
Ambiance brasserie française à prix raisonnable.

Rasputin
265 High Street, Acton, W3 9BY
020 8993 5802
L'un des rares restaurants russes de l'Ouest londonien.

Santa Maria
15 Saint Mary's Road, Ealing, W5 5RA
020 8579 1462 - www.santamariapizzeria.com
La meilleure pizzeria d'Ealing. Riquiqui restaurant très "busy", pas de réservation mais vente à emporter. Pizza italienne authentique (pas d'hawaïenne jambon-ananas!) au feu de bois, que des Italiens du pizzaiolo au patron, en passant par les serveurs. On s'y croirait !

PUBS

The Red Lion
13 St Mary's Road, Ealing, W5 5RA
020 8567 2541
Tout à fait le pub "vieille Angleterre", tel qu'on l'imagine en France. Situé en face des studios d'Ealing, où furent tournés les célèbres Ealing comédies des années 1940-1960. Décoration discrète avec quelques photos des films. Idéal pour prendre un verre en attendant sa table à la pizzeria Santa Maria, sa voisine.

The Bell& Crown
11-13 Thames Road,W4 3PL - 020 8994 4164
Pub au bord de la Tamise bénéficiant d'une véranda où se réchauffer l'hiver, tout en profitant de la vue panoramique. L'été, les Anglais investissent le passage devant le *pub* avec leurs bières à la main: dépaysement assuré!

The Old Pack Horse
434 Chiswick High Road, W4 5 TF
020 87994 2872
Décor chaleureux. Cuisine thai.

The Swan
1 Evershed Walk, 119 Acton Lane, W4 5HH
020 8994 8262
Petit *gastro-pub* sympathique en plein Bedford Park. Bénéficiant d'un grand jardin, il est très prisé dès le printemps. Cuisine plutôt méditerranéenne. Ambiance art-déco.

Duffy's
124 Pitshanger Lane, W5 1QP
0871 951 1000
Petit *pub* familial et sympathique, bonne ambiance, idéal pour déjeuner avec les enfants le dimanche.

The Ealing Park Tavern
222 South Ealing Road, W5 4RL
020 8758 1879
Grand *pub* très bien décoré avec patio agréable aux beaux jours.

The Rocket Pub
11-13 Churchfield Road, W3 6BD
020 8993 6123
Gastro-pub traditionnel.

The Grove
Ealing, W5 5QX - 020 8567 2439
Gastro-pub, joli cadre, bonne cuisine, chouette petit jardin-terrasse aux beaux jours.

The Duke of Kent
Scotch Common, Ealing, W13 8DL
020 8991 7820 - www.dukeofkent.co.uk
En famille, bonne cuisine inventive, joli cadre et superbe jardin avec aire de jeux pour les enfants. Nombreuses salles, dont certaines privatisables. Voisin du charmant "village" de Pitshanger Lane.

Putney

Putney *(SW15, borough* de *Wandsworth)* fait face à **Fulham,** de l'autre côté de la Tamise et lui ressemble par bien des aspects: même ambiance de petite ville, même attrait des bords de Tamise. **Putney** est cependant plus spacieuse, plus aérée et moins polluée, car entourée de nombreux et immenses espaces verts et les bords de Tamise sont mieux aménagés. Il est possible d'aller à pied jusqu'à **Barnes** et au-delà, en longeant les nombreux **clubs d'aviron** (lieu de départ chaque année de la fameuse course Oxford-Cambridge) et le **Wetland Centre**. De l'autre côté de **Putney Bridge**, les quais sont entièrement réaménagés en promenade piétonne agrémentée de nombreux restaurants et cafés, très agréable aux beaux jours. Putney est d'autant plus recherchée qu'elle dispose d'un parc immobilier varié et de bonne qualité (la moitié de la ville est classée, on peut y trouver de magnifiques maisons victoriennes dotées d'immenses jardins), d'excellentes écoles publiques et privées et d'un bon réseau de transport (deux stations de métro et une gare).

Hélas, Putney souffre du bruit des avions qui atterrissent à Heathrow face au vent d'ouest. La *High Street* qui la traverse est certes très pratique, mais la circulation y est infernale, de même que sur le pont aux heures de pointe.

Sur le site *www.putneysw15.com,* en grande partie animé par les gens du quartier, vous trouverez des tas d'adresses utiles notamment en ce qui concerne la vie quotidienne (*window cleaners, cleaners*, etc.), avec des commentaires d'utilisateurs.

Petite enfance

Une liste à jour de *playgroups* et activités pour la petite enfance est disponible sur *www.putneysw15.com*. Voir aussi *www.netmums.com.*

DAY-NURSERIES

Notre sélection:

- **Noddy's Nursery**
  2 Gwendolen Avenue, SW15 6EH
  020 8788 4081 - www.noddysnursery.com
  Au centre ville. Méthode Montessori.
- **The Roche Nursery School**
  Keswick House, 42 Keswick Road,
  East Putney, SW15 2JE - 020 8704 4857
  www.therocheschool.co.uk
- **Putney Pre-School & Day Nursery**
  107-109 Norroy Rod, SW15 1PH
  0175 320 1132
  www.asquithnurseries.co.uk
  Très bien équipée.

Ecoles

ECOLES FRANÇAISES

Les plus proches sont l'école **Marie d'Orliac** à Fulham, **Wix** à Clapham, **l'Ecole de Battersea** et **l'Ecole des Petits** de Fulham.

ECOLES ANGLAISES

Nursery & primary schools

Brandlehow Primary School
Brandlehow Road, SW15 2ED
020 8874 5429 - www.brandlehow.ik.org
3-11 ans. *Community school* mixte. De beaux bâtiments et beaucoup d'espace, dans une rue calme. Non religieuse, uniforme simple (sweatshirt et T-shirt de l'école).

Hotham Primary School
Charlwood Road, SW15 1PN - 020 8788 6468
www.hothamprimaryschool.org.uk
3-11 ans. *State school* mixte, non religieuse, gratuite. 245 élèves dans une bâtisse victorienne avec beaucoup d'espace (3 cours de récréation). Excellente école. Section bilingue français en Reception et Year 1, curriculum anglais enseigné en français. Nombreuses activités extra-scolaires.

Hurlingham School
122 Putney Bridge Road, SW15 2NQ
020 8874 7186 - www.hurlinghamschool.co.uk
4-11 ans. Mixte. *Independent.* £3,930/£4,160 par trimestre. Entrée non sélective. Superbes locaux. *OFSTED outstanding.*

Our Ladies of Victory Primary School
1 Clarendon Drive, SW15 1AW - 020 8788 7957
www.ourladyofvictories.wandsworth.sch.uk
4-11 ans. Ecole catholique mixte, gratuite. Très bons résultats, la musique est un de leurs points forts (tous les enfants font solfége, chorale et flûte). Nombreux Français, cours de français d'un assez bon niveau. Admission sur critères religieux, très longue liste d'attente, mais des places se libèrent parfois dans les classes supérieures. *OFSTED outstanding.*

Merlin School
4 Carlton Drive, SW15 2BZ
020 8788 2769 - www.merlinschool.net
4-8 ans. *Independent school* mixte (90 garçons, 50 filles). Petite école familiale, bon niveau, beaucoup de musique et de théâtre. Admission facilitée à *The Harrodian* à Hammersmith. £3,450 par trimestre.

Nursery, Primary & Secondary Schools

Ibstock Place School
Clarence Lane, Roehampton, SW15 5PY
020 8876 9991 - www.ibstockplaceschool.co.uk
3-18 ans. *Independent school* mixte, laïque. 760 élèves. Campus spacieux avec 3 bâtiments pour les différents niveaux (*nursery, junior, senior*). Terrains de sport et piscine. Eloignée des transports. Bonne réputation, liste d'attente. De £2,305 par trimestre en *nursery* à £5,185 en *senior school.*

Putney High School
35 Putney Hill, SW15 6 BH
020 8788 4886 - www.putneyhigh.gdst.net
Independent school pour filles de 4 à 18 ans. Laïque. Uniforme. Bon niveau, activités, sport et musique. £ 3,396/£4,388 par trimestre.

Putney Park School
Woodborough Road, SW15 6PY
020 8788 8316 - www.putneyparkschool.co.uk
4-16 ans. *Independent*, mixte (180 filles et 40 garçons de 4-8 ans). Bonne école à taille humaine. Ambiance familiale.
£4,000 par trimestre.

The Falcons School for Girls
11 Woodborough Road, SW15 6PY
020 8992 5189 - www.falconsgirls.co.uk
Independant school de filles 3-11 ans. Uniforme, éléves étrangers bien accueillis.

Secondary Schools

Ashcroft Technology Academy
100 West Hill, SW15 2UT
020 88770357 - www.ata.org.uk
11-18 ans. Mixte, gratuite. Nouveau type d'école indépendante de l'Etat développée par des sponsors privés (Lord Ashcroft). Très multi-ethnique. Accueil spécial autistes.
OFSTED outstanding.

Logement

L'offre immobilière à **Putney** est très variée, depuis les *Council Estates* (HLM) aux magnifiques manoirs victoriens, en passant par tout l'éventail architectural britannique, *terraced houses* (maisons mitoyennes), maisons victoriennes et edwardiennes de toutes tailles, *mansion blocks* et même appartements *design* dans des immeubles en verre. Putney offre de vraies grandes maisons avec jardin, très recherchées car offrant une qualité de vie introuvable plus près du centre. A la location, compter pour un appartement de 3 à 4 chambres £350 à £600 / semaine, de £600 à £1,000 pour une maison de 3/4 chambres.
La zone la plus résidentielle de Putney est **West Putney,** au Nord du *Heath*: larges rues et grandes maisons victoriennes de 6 ou 7 chambres entourées de grands jardins; mais on en trouve aussi à **East Putney** (dont les plus belles sur les bords de Tamise), mieux desservi par les transports. Le reste de East

St George's Wharf

Putney est un mélange architectural de maisons mitoyennes (*terraced houses*), appartements et *mansions*. Près de la *High Street*, on trouve surtout des maisons victoriennes en *terrace*, qui deviennent de plus en plus grandes, de même que leur jardin, au fur et à mesure que l'on se dirige vers Richmond à l'ouest.
Au sud de **Lower Richmond Road**, quelques rues intéressantes ont été bien conservées avec leurs lignées de *cottages*, les lampadaires victoriens et les trottoirs pavés en briquettes (**Parkfields, Coalecroft Road**). Un peu plus loin en allant vers Richmond, rues calmes et tranquilles au bord du **Putney Lower Common.** Sans oublier les nombreux appartements flambant neufs dans le nouveau complexe immobilier de **St George's Wharf**, immédiatement près du pont.

Transports

MÉTRO

Deux stations de métro: **East Putney** au centre, et **Southfields** au Sud sur la *District Line*, et une gare, **Putney**.

BUS

Quartiers très bien desservis. Les lignes **14, 414, 430** et **74** relient Putney et Fulham au centre ville, en passant par South Kensington (très utile pour aller au Lycée Français et pratique pour les enfants qui peuvent voyager seuls en bus - et gratuitement s'ils ont moins de 11 ans).

Sports

(A Adulte, E Enfant)

Enorme succession de terrains de sports sur les bords de Tamise, entre Putney et Barnes avec prolifération de clubs en tous genres. Nous n'en citons que quelques-uns.

CLUBS DE SPORT

Putney Leisure Centre AE
Dryburgh Road, SW15 1BL - 020 8785 0388
www.placesforpeopleleisure.org
Piscine avec cours de natation et aquagym, salles de sport, cours de danse, de yoga, gymnastique, Pilates, activités pour les enfants. Café et garderie. Municipal.

Roehampton Club AE
Roehampton Lane, SW15 5LR
020 8480 4200 - www.roehamptonclub.co.uk
Club superbe, très anglais, bien équipé. Tennis, natation, squash, cricket, etc. Atout: un terrain de golf de 18 trous.

Roehampton Sports & Fitness Centre
Laverstock Gardens, SW15 4JB
020 8785 0535 - www.placesforpeopleleisure.org
Municipal. Cours et activités pour adultes et enfants.

AVIRON

Thames Rowing Club AE
Embankment, SW15 1LB
020 8788 0798 - www.thamesrc.co.uk
Club privé (fondé en 1860, l'un des plus vieux de Londres). Ouvert à tous, mais pour rameurs

sérieux. Inscriptions vers la fin septembre dans les équipes, si des places sont disponibles.

Vesta Rowing Club AE

Embankment, SW15 1LB

020 8788 0326 - www.vestarowing.co.uk

Membership £445/an. Liste d'attente.

FOOTBALL

Sporting Duet Academy E

079 8420 4555 - www.duetacademyfc.com

Le samedi matin de 9h30 à 11h à Wandsworth Park pour les 5-18 ans. Rencontre de clubs anglais dans le cadre de la *London Saturday Youth Football League*.

Little Kickers E

Eddie Catz, 68-70 Putney High Street, SW15 1SF

www.littlekickers.co.uk

Cours pour les 2-5 ans le mardi après -midi.

TENNIS

The Putney Lawn Tennis Club AE

Balmuir Gardens, SW15 6NG

020 8788 4344 - www.pltc.co.uk

10 courts en synthétique. *Membership*. Cours pour enfants, adultes, *social tennis*.

RUGBY

Rosslyn Park FC AE

Upper Richmond Road, SW15 5JH - 020 8876 1879

Le dimanche matin. Stage la dernière semaine d'août.

YOGA

Body and Brain Putney AE

199B Upper Richmond Road, SW15 6SG

020 8780 2555 - www.bodynbrain.co.uk

Cours qui combinent yoga, tai chi, méditation.

Sivananda London Yoga Vetanda Centre A

51 Felsham Road, Putney, SW15 1AZ

020 8780 0160 - www.sivandanda.org

Centre londonien de cette école de yoga internationale. Nombreux cours sur une base de *drop-in* (paiement à la séance), stages, conférences. Café, boutique et librairie.

Activités artistiques et culturelles

ART

Putney School of Art and Design A

Oxford Road, SW15 2LQ - 020 8788 9145

Très bons cours d'art, de photographie et de graphic design. Cours municipaux, en semaine et le samedi. Prix très abordables.

CHORALE

The 1885 Singers A

All Saints' Church, Putney Common, SW15 1HL

020 8788 1031 - www.1885singers.com

Chorale ouverte à tous. 4 concerts par an.

Putney Choral Society

The Putney Methodist Church, Putney, SW15 6SN

079 0998 1278 - www.putneychoralsoc.org.uk

Chorale d'une soixantaine de personnes, ouverte à tous. Répertoire varié. Répétitions le lundi de 19h15 à 21h15.

DIVERS

Eddie Catz

68-70 Putney High Street, 1st Floor, SW15 1SF

020 3475 5268 - www.eddiecatz.com

Aire de jeux intérieure pour les 0-10 ans. Ouvert 7j/7. Nombreuses activités organisées.

MUSIQUE

Bea's Baby Music School E

Putney Leisure Centre, Dryburgh Road, SW15 1BL

020 8670 9378 - www.babymusic.co.uk

Eveil musical des tout-petits (6 mois-3 ans 1/2). Mercredi de 11h10 à 11h40.

THÉÂTRE

Group 64 E

Ravenna Road, SW15 6AW

020 8788 6935 - www.g64.org.uk

Cours de théâtre pour enfants et jeunes de 4 à 18 ans au théâtre de Putney.

Services

Décharge

Household Waste Recycling Centre, Smugglers Way, SW18 1JS - 020 8871 2788

Accès facile à la décharge de Wandsworth, la seule des environs. Ouverte lundi-vendredi 9h-16h, samedi 8h-18h, dimanche 8h-17h.

Handyman

Jacques Faudot - *jfaudot@hotmail.co.uk*

020 8789 5645 / 075 9672 8368

Santé

Hôpitaux

Pour les urgences, les hôpitaux les plus proches sont le Charing Cross à Fulham (adultes) et le Chelsea & Westminster à Chelsea (adultes et enfants).

Queen's Mary Hospital

Roehampton Lane, SW15 5PN - 020 8487 6000

www.nhs.uk

Consultations extérieures. Petites urgences et brûlures.

Kingston Hospital NHS Foundation Trust
Galsworthy Road, Kingston Upon Thames, Surrey, KT2 7QB - 020 8546 7711
www.kingstonhospital.nhs.uk
Bonne réputation pour les accouchements en *NHS* en chambre particulière!

Médecins

Putneymead Group Medical Practice
266 Upper Richmond Road, SW15 6TQ
020 8788 0686
Grand centre médical (*NHS* et privé) avec 20 médecins, un cabinet de kinésithérapie et un centre de soins d'urgences. Visites à domicile.

Achats

On trouve à peu près tout sur l'artère principale de Putney, la très fréquentée *High Street* et notamment dans le centre commercial **Putney Exchange.** Quelques boutiques de caractère dans *Lacy Road* et commerces pratiques dans *Upper et Lower Richmond Road*, à *St George Wharf* et sur les quais de Tamise.

ALIMENTATION

Parsons Nose
88 Lower Richmond Road, SW15 1LL
020 8788 6160 - www.parsonsnose.co.uk
Boucher traditionnel de qualité.

AUTRE

Ritz Music
3a Lacy Road, SW15 1NH
020 8788 5000 - www.ritzmusic.co.uk
Tous instruments, vente, location et réparation. Liste de professeurs particuliers sur le site internet.

Sortir

RESTAURANTS

L'Auberge
22 Upper Richmond Road, SW15 2RX
020 8874 3593 - www.ardillys.com
Cuisine française de qualité et abordable.

Cho-san
292 Upper Richmond Road, SW15 6TH
020 8788 9626
L'un des meilleurs japonais au Sud de la Tamise.

Emile's Restaurant
98 Felsham Road, SW15 1DQ
020 8789 3323 - www.emilesrestaurant.co.uk
Restaurant français de quartier. Bonne cuisine et prix raisonnables. *Take away* possible.

Fish and Grill
200-204 Putney Bridge Road, SW15 2NA
020 8742 2121
Restaurant de poisson. En sous-sol, *cockail bar* avec *jazz live* le jeudi soir.

Ma Goa
242-244 Upper Richmond Road, SW15 6TG
020 8780 1767 - www.ma-goa.com
Cuisine familiale, mélange d'indien et de portugais (Goa). Réservation conseillée.

Phoenix Bar & Grill
162-164 Lower Richmond Road, SW15 1LY
020 8780 3131
L'un des bons restaurants de Putney. Cuisine moderne franco-italienne dans un cadre rafffiné près de la Tamise. Terrasse. Assez cher.

Royal China
3 Chelverton Road, SW15 1RN - 020 8780 1520
Chaîne de restaurants chinois de Hong Kong proposant notamment de délicieux *dim sums*.

PUBS

The Star & Garter,
4 Lower Richmond Road, SW15 1JN
020 8788 0345 - www.thestarandgarter.com
Superbe vue sur la Tamise. Parfait aussi pour un déjeuner.

Duke's Head
8 Lower Richmond Road, SW15 1JN
020 8788 2552 - www.dukesheadputney.com
Pub agréable aux beaux jours en bord de Tamise. Terrasse.

The Jolly Gardeners
61-63 Lacy Road, SW15 1NT - 020 8789 2539
www.thejollygardenerssw15.co.uk
Terrasse. Très agréable en été.

The Coat and Badge
8 Lacy Road, SW15 1NL - 020 8788 4900
www.geronimo-inns.co.uk
Terrasse. Très agréable en été.

JAZZ CLUB

Half-Moon
93 Lower Richmond Road, SW15 1EU
020 8780 9383 - www.geronimo-inns.co.uk
Ce *pub/jazz club* existe depuis 1963 et a reçu les plus grands (Stones, U2, The Who...). Le programme change tous les jours, concerts de jazz gratuits le dimanche après-midi.

Richmond

Barnes
Kew
Richmond upon Thames

Kew Gardens

De l'autre côté du beau pont de Hammersmith, sur la rive sud de la Tamise, **Barnes** (*borough* de Richmond, SW13) a su conserver l'ambiance d'un village avec ses espaces verts, son étang et sa forte vie communautaire. Les familles s'installent ici pour profiter de la tranquillité et de la présence d'excellentes écoles. Si le pont reste difficile à traverser, le train amène à Waterloo en 20 minutes et les courageux pourront se rendre à pied ou en vélo à **Hammersmith**, d'où partent nombre de lignes de métro.

Le charme des bords de la Tamise à **Kew** et **Richmond** (*borough* de Richmond, TW9 et TW10) et la lande de Richmond ont attiré les monarques et l'aristocratie britannique qui y ont construit leurs résidences d'été. Depuis le XVIIIe siècle, de nombreux artistes y ont vécu (comme les peintres Reynolds et Hogarth), tandis que Turner, Constable ou les Impressionnistes français en ont reproduit les couleurs. Vous vous sentez vraiment à la campagne, tout en profitant des avantages de la ville.

Légèrement excentrés, Kew et Richmond proposent une vie sportive, culturelle et artistique intense, ce qui permet d'éviter les déplacements vers le centre de Londres, bien qu'accessible assez facilement en train et métro. Les écoles y sont bien équipées et spacieuses et grâce au niveau de vie élevé, l'activité commerciale y est particulièrement dynamique.

Ces quartiers sont moins « français » et vous aurez plus facilement l'occasion de rencontrer et de vous lier avec des Anglais ou d'autres expatriés (Suédois très présents à **Barnes** et Allemands à **Ham**, où se trouvent leurs écoles nationales). Les berges de la Tamise débordent d'activités: promenades à pied ou en vélo, clubs d'aviron, sans oublier de nombreux *pubs* typiques accueillants en toute saison... Seul bémol : situés sous l'itinéraire d'atterrissage à Heathrow, ces quartiers souffrent d'une importante pollution sonore. **Quelques sources d'information:**

www.barnesvillage.com, site communautaire avec annuaire pratique, critiques de restaurants, actualités locales, etc.

www.totallyrichmond.co.uk: infos utiles sur Richmond, sorties, activités, boutiques, restaurants, etc.

www.artsrichmond.org.uk: liste les très nombreuses activités culturelles et artistiques du *borough*, accompagnées de critiques, ainsi qu'un annuaire des associations culturelles.

Petite enfance

Pour toute information sur les structures d'accueil de la petite enfance, les places disponibles, nourrices, etc., contactez le ***Family Information Service*** du *borough* de

Richmond, *www.richmond.gov.uk* ou par téléphone: 020 8831 6298. Le site tient à jour une liste des options de garde avec les places disponibles.

DAY-NURSERIES

En voici une sélection, toutes bien notées par l'*OFSTED*. Il en existe des dizaines d'autres.

Barnes Montessori Nursery
Barnes Sports Club, 261 Lonsdale Road, SW13 9QL - 020 8748 2081
www.barnesmontessori.co.uk
2-5 ans. Sessions le matin et l'après-midi.

Kew Day Nursery & Pree-School
Mortlake Road (entrée via Townmead Road), Kew, TW9 4ES - 020 8878 9430
www.asquithnurseries.co.uk
3 mois-5 ans. Près de la gare de Richmond. 7h30-18h30.

Richmond Day Nursery
c/o Marshgate Primary School, 157 Queens Road, Richmond, TW10 6HY - 020 8332 2085
www.asquithnurseries.co.uk
3 mois-4 ans. 7h30-18h30, 51 semaines par an. *Before and After-School club* sur place pour les 5-8 ans. *OFTSTED outstanding*.

St Elizabeth's Nursery
St. Elizabeths School, Queens Road, Richmond, Surrey, TW10 6HN - 020 8940 3015
2ans ½ -5 ans. 9h-11h45 et 12h15-15h.

St. Michael's Montessori Nursery School
St. Michael's Church, Elm Bank Gardens, Barnes, SW13 0NX – 020 8878 0116
www.stmichaelsmontessori.co.uk
2 ans ½ -5 ans.

The Studio Montessori Nursery Centre
25 Kew Gardens Road, Richmond, TW9 3HD
020 8940 0064 ou 020 8408 1950
www.studiomontessori.co.uk
2¾ to 5 ans. Privée. Liste d'attente. *OFTSTED outstanding*.

Sudbrook School
Bute Avenue, Petersham, Richmond, TW10 7AX
020 8334 0990 - www.sudbrookschool.co.uk
2-5 ans. Très bonne *nursery* située dans un bel immeuble entouré d'un jardin. Liste d'attente. *OFTSTED outstanding*.

Windham Nursery School
Windham Road, Richmond, Surrey, TW9 2HP
020 8831 6060 - www.windham.richmond.sch.uk
3-5 ans. *Nursery* communale gratuite, très réputée. Inscrire l'enfant dès 2 ans. Admission sur critères de proximité. *OFTSTED outstanding*.

MOTHER & TODDLER GROUPS PLAYGROUPS

Le site *Netmums.com* peut vous aider à trouver le playgroup le plus proche de chez vous.

Barn Church Toddler Group
The Barn Church, Atwood Avenue, Richmond, TW9 4HF - 078 5227 8663
0-3 ans. Lundi, mercredi et vendredi 9h15-11h. *Playgroup* très sympa. Bon assortiment de jouets. Sessions de comptines. Café. £2.

Pushbabies
London Wetland Centre, Queen Elizabeth's Walk, Barnes, SW13 9WT – 020 8563 9704
www.pushbabies.com
Balade énergique mamans-enfants avec programme d'exercice à la clé. Le mardi et le jeudi à 9h30. Rendez-vous à la réception. . £5 pour les membres, £7 pour les non-membres du *Wetland Centre*.

Raleigh Road United Church Babies & Toddlers Group
Raleigh Road United Church, Raleigh Road, Richmond, TW9 2DX
Lundi 10h-11h30, à 14h30 le mercredi, d'octobre à avril. £2.

Playgroup at Castelnau Community Centre
Castelnau Community Centre, 7 Stillingfleet Road, Barnes, SW13 9AQ - 020 8892 8725
0-5 ans. Lundi, mercredi et vendredi de 9h à 16h. Espace extérieur, activités manuelles.

Stay & Play at Ham Children's Centre
Ashburnham Road, Ham, TW10 7BG
020 3734 3400
0-5 ans. Mardi, jeudi de 9h30 à 11h30.

Story Explorers
St Marys Grove, Richmond, TW9 1UY
077 4859 2842 - www.storyexplorers.co.uk
2-5 ans. Du lundi au vendredi, 9h15-12h et 13h45-15h. Organise aussi des activités pendant les vacances et des anniversaires.

The Little Bunch
The Vineyard Life Church, The Vineyard (off Hill Rise), Richmond, TW10 6AQ - 020 8498 1865
0-3 ans. Le mercredi de 10h à 11h. *Playgroup* sympa.

Windham Little Learners
Windham Nursery School, Windham Road, Richmond, TW9 2HP - 020 8831 6060
www.windham.richmond.sch.uk
0-3 ans. *Playgroup* apprécié pour sa « *messy area* » où les enfants peuvent peindre, sculpter, coller, etc., (tout ce qui est difficile à organiser à la maison !). Bac à sable et jeux

extérieurs. Eau et fruit pour les enfants, café et thé pour les mamans. Mardi, mercredi et jeudi de 9h15 à 11h. Une session par semaine et par famille, £5.

Ecoles

ECOLES ANGLAISES

Nursery & primary schools

Barnes Primary School
Cross Street, Barnes, SW13 0QQ - 020 8876 7358
www.barnesprimaryschool.co.uk
Ecole publique mixte 3-11 ans. Bons résultats et très grand choix d'activités extrascolaires proposées dans le cadre des *after-school clubs* (+ de 30). *OFSTED outstanding.*

Broomfield House School
Broomfield Road, Kew Gardens, TW9 3HS
020 8940 3884 - www.broomfieldshouse.com
Ecole privée mixte. 3-11ans. Très bonne réputation. £1,980-£3,600 par trimestre.

East Sheen Primary School
Upper Richmond Road West, SW14 8ED
020 8876 7484 - www.eastsheen.richmond.sch.uk
Ecole publique mixte 5-11 ans. Beaucoup d'espace, un étang, des jeux extérieurs et un parcours d'activités. Association de parents d'élèves très active. *OFSTED outstanding.*

Kew College
24-26 Cumberland Road, Kew TW9 3HQ
020 8940 2039 - www.kewcollege.co.uk
Ecole privée mixte, 3-11 ans. Très bonne école, esprit ouvert, soutien scolaire si nécessaire. £2,200-£3,250 par trimestre.

Kew Riverside Primary School
Courtlands Avenue, TW9 4ES - 020 8487 8437
www.kewriverside.richmond.sch.uk
Ecole publique mixte 4-11 ans.
OFSTED outstanding.

King's House School
68 King's Road, Richmond, TW10 6EG
020 8940 1878 - www.kingshouseschool.org
Ecole privée de garçons, 4-13 ans. *Nursery* mixte 3-4 ans. Bon niveau académique et beaucoup de sport. £2,015-£4,200 par trimestre.

Marshgate Primary School
157 Queen's Road, Richmond, TW10 6HY
020 8332 6219
www.marshgate.richmond.sch.uk
Ecole publique mixte 4-11 ans. Située dans de très beaux locaux avec jardin, étang et facilités sportives. *OFSTED outstanding.*

Barnes

St Elizabeth's Catholic Primary School
Queen's Road, Richmond, TW10 6HN
020 8940 3015 - www.st-elizabeths.richmond.sch.uk
Ecole catholique mixte 3-11 ans. Gratuite, excellent niveau. Très demandée, accessible aux catholiques pratiquants uniquement.

St Osmund's Catholic Primary School
Church Road, Barnes, SW13 9HQ - 020 8748 3582
www.st-osmunds.richmond.sch.uk
4-11 ans. Très bonne école catholique. Liste d'attente. Fréquentation hebdomadaire de l'église indispensable. Les parents sont très impliqués dans l'école. Locaux chaleureux et à taille humaine.

Sheen Mount Primary School
West Temple Sheen, SW14 7RT - 020 8876 8394
www.sheenmount.richmond.sch.uk
Ecole primaire publique mixte 4-11 ans. 450 élèves. La meilleure école du quartier. Il faut habiter à côté pour avoir une chance d'avoir une place.

The Harrodian School
Lonsdale Road, Barnes, SW13 9QN
020 8748 6117 - www.harrodian.com
Ecole privée mixte 4-18 ans. Près de 1 000 élèves. Bon curriculum qui attire notamment des Français qui veulent passer au système anglais. Très bel environnement, avec des facilités sportives exceptionnelles, un théâtre et des salles de concert. Liste d'attente à prévoir, mais des places peuvent se libérer en fonction des départs (nombreuses familles expatriées). £4,431-£6,766 par trimestre.

The Queen's C of E Primary School
Cumberland Road, Kew, TW9 3HJ
020 8940 3580 - www.queens.richmond.sch.uk
Ecole anglicane mixte 4-11 ans. Très demandée car gratuite, mais avec un niveau d'éducation permettant d'intégrer les bonnes *Independent schools* secondaires. Belles installations et bon curriculum. Priorité aux anglicans pratiquants.

The Russell School
Petersham Road, TW10 7AH - 020 8940 1446
www.russell.richmond.sch.uk
Ecole publique mixte 3-11 ans. Très bonne école de quartier avec une admission locale. Liste d'attente. Bel environnement, terrains de sport, jardin sauvage. Classe spéciale *SEN.*

The Vineyard School
Friars Stile Road, Richmond, TW10 6NE
020 8948 0195 - www.vineyard.richmond.sch.uk
Ecole publique mixte 4-11 ans. Belles installations, bon équilibre entre l'académique, l'extrascolaire et le sport. *OFSTED outstanding.*

Unicorn School
238 Kew Road, Richmond upon Thames, TW9 3JX - 020 8948 3926
www.unicornschool.org.uk
Ecole privée mixte 3-11 ans. 170 élèves. Située près de Kew Gardens, cette petite école qui garde une atmosphère relaxée et conviviale, tout en obtenant d'excellents résultats académiques. Organisée en association, les frais de scolarité sont calculés au plus juste.

Tower House School
188 Sheen Lane, SW14 8LF
020 8876 3323 - www.thsboys.org.uk
Prep-School de garçons 4-13 ans. 180 élèves. Education anglaise traditionnelle, avec des exigences académiques fortes, mais beaucoup de place accordée au sport et aux activités extrascolaires.

Nursery, primary & secondary schools

Hampton Court House
Hampton Court Road, Surrey KT8 9BS
020 8943 0889 - www.hamptoncourthouse.co.uk
3-18 ans. Enseignement primaire et secondaire bilingue français-anglais dès 3 ans. Ecole anglaise conventionnée et agréée par le CNED. Dans un manoir géorgien au centre d'un magnifique parc. Bus scolaire depuis Londres Centre. £3,800 à £5,400/trimestre.

Ibstock Place School
Clarence Lane, Roehampton, SW15 5PY
020 8876 9991 - www.ibstockplaceschool.co.uk
Ecole privée mixte 3-18 ans. 900 élèves, programme artistique très intéressant, beaucoup de sport (campus de 3 ha avec piscine et terrains de sport), équipements extra-scolaires exceptionnels. Entrée non sélective à 3 ans, puis sur sélection à 11 ans. Programme de français poussé. Excellents résultats. £4,755-£6,130 par trimestre.

St. Catherine's School
Cross Deep, Twickenham, TW1 4QJ
020 8891 2898 - www.stcatherineschool.co.uk
Ecole privée de filles, 3-18 ans. 380 élèves, Uniforme complet. Bons résultats. Pensionnat. Nombreuses activités extra-scolaires au sein de l'école. £2,720-£5,535 par trimestre.

Primary & Secondary schools

Colet Court
Lonsdale Road, Barnes, SW13 9JT - 020 8748 3461
www.coletcourt.org.uk
Garçons 7-13 ans. Prépare à *St Paul's Boys School*. Admission sur examen. £6,034/trimestre, déjeuner compris.

Secondary schools

Richmond upon Thames College
Egerton Road, Twickenham, TXW2 7SJ
020 8607 8305 - www.rutc.ac.uk
College (lycée anglais) pour les 16-18 ans à temps plein. Seul établissement public à préparer au Bac International. *A Levels* dans de nombreuses matières. Admission sur entretien et dossier. Bons résultats. Bon accueil des étudiants étrangers. Gratuit pour les 16-18 ans enrôlés à temps plein. Offre également des cours pour adultes et des apprentissages/ formations professionnelles courtes. A noter pour les sportifs, ce *college* compte aussi plusieurs *sports academies* (rugby, football, golf, athlétisme, netball, aviron, volleyball) qui permettent de s'entraîner à haut niveau tout en suivant des cours.

St Paul's School
Lonsdale Road, London SW13 9JT
020 8748 9162 - www.stpaulsschool.org.uk
Independent school très réputée, l'une des meilleures de Londres. Garçons 7-18 ans. Pensionnat. L'admission est sur examen, très sélectif et très difficile pour les étrangers. £7,548 / trimestre.

Logement

Ambiance de village à **Barnes**, où l'on trouve facilement à la location des *cottages* avec petit jardin pour +£700/£800 par semaine et des

Aviron à Barnes/Chiwick

grandes maisons avec grand jardin pour +£1,000 à 1,500 par semaine.

A **Kew**, compter £900-£1,000 pour une maison de 3-4 chambres.

Ville à part entière avec de jolis magasins, **Richmond** est un endroit très privilégié, entouré de grands parcs (**Richmond Park, Kew Gardens**) et cerné par la Tamise avec de grandes maisons et jardins (certaines en hauteur ont une superbe vue, dans le quartier de **Richmond Hill**). Compter pour une maison de 4 chambres de £750 à £1,000 par semaine à la location.

Transports

Barnes n'est pas desservi par le métro, mais les bus **33, 72, 209, 283** permettent d'accéder en 10 minutes à *Hammersmith station*, le **337** va vers Wandsworth et le **493** vers Roehampton ou East Sheen. Deux gares, situées à **Barnes Bridge** et **Barnes Common**, desservent Clapham Junction, puis Waterloo.

Kew est desservi par une sation de métro (**Kew Gardens**, sur la *District Line*) et par l'*Overground*.

De **Richmond**, 4 trains directs par heures pour Waterloo Station (20 minutes). L'*Overground* relie Richmond et Kew au nord de Londres (direct Kentish Town en ½ h). La *District Line* dessert tout l'Ouest de Londres et le centre.

Sports

(A Adulte, E Enfant)

CLUBS DE SPORT

Barn Elms Sports Centre AE
Queen Elizabeth Walk, Barnes, SW13 0DG
020 8876 9873 - www.wandsworth.gov.uk
Terrains de sport municipaux répartis sur 20 hectares en bordure de Tamise. Gymnase, 16 courts de tennis, terrains de sport en dur et en herbe.

Rocks Lane Multi Sports Centres AE
Rocks Lane, Barnes, SW13 0DG - 020 8876 8330
www.rockslane.co.uk
Grands terrains de sports pour les communautés de Barnes et Hammersmith. Rugby, football, cricket et tennis. Il y a même un camping utilisé par les scouts de la région. Cours et matchs/tournois organisés après l'école et pendant les vacances scolaires.

Roehampton Club AE
Roehampton Lane, SW15 5LR - 020 8480 4200
www.roehamptonclub.co.uk
Club typique anglais avec *membership* (assez cher). Golf (avec handicap), tennis, squash, croquet, piscine, fitness. Restaurants et activités sociales.

AVIRON

Barnes Bridge Ladies Rowing Club A
Civil Service Boathouse, Dukes Meadows, Chiswick, W4 2SH - www.bblrc.co.uk
Club pour femmes uniquement. Pour

rameuses confirmées, mais le club offre aussi des sessions de formation sur 6 semaines aux débutantes. *Membership* annuel pour ramer en équipe.

Cygnet Rowing Club A
Civil Service Boathouse, Dukes Meadows, Chiswick, W4 2SH - 020 8994 0025
www.cygnet-rc.org.uk
Pendant du *Barnes Bridge Ladies Club*, réservé aux hommes. Propose également des sessions d'entraînement pour débutants, qui démarrent généralement en avril. Cotisation annuelle.

Barn Elms Boathouse AE
Queen Elizabeth Walk, Barnes, SW13 0DG
020 8788 9472
www.wandsworth.gov.uk/barnelmsboathouse
Club municipal. Cours tous niveaux.

Putney Town Rowing Club A
Kew Meadows Path, Richmond, TW9 4EN
020 8878 8236 - putneytownrc.co.uk
Club sympa et ouvert de 250 membres environ. Bar avec terrasse dominant le pont de Chiswick, que l'on peut louer pour des fêtes privées.

CRICKET

Kew Cricket Club
The Pavilion, Kew Green, TW9 3AH
020 8940 9155 - www.kewcc.co.uk
A partir de 7 ans. Le dimanche matin sur le *green* de Kew.

Cricket à Kew

DANSE

Southwest School of Ballet E
The Garage Studio, 26-28 Priest's Bridge, SW14 8TA - 020 8392 9565
www.southwestballet.co.uk
Ecole de danse bien établie.
A partir de 2 ans 1/2.

The Kew Academy of Performing Arts
United Church Hall, Raleigh Road, Richmond, TW9 2DX - 01932 423456
Danse classique, street dance, claquettes, théatre.

ESCRIME

London Thames Fencing Club AE
St Paul's School, Lonsdale Road, SW13 9JH
www.londonthamesfencingclub.com
Pour sportifs confirmés, mais cours possibles pour les débutants. A partir de 11 ans. Lundi, mercredi et jeudi 19h-22h.

FOOTBALL

Barnes Eagles Football Club AE
www.barneseagles.com
De 7 à 16 ans. Mixte. Le samedi et dimanche matin 10h30-12h. Plusieurs lieux d'entraînement.

Kew Park Rangers Football Club
077 7075 5538 - www.kewparkrangers.co.uk
4-17 ans. Garçons et filles. Entrainements à *North Sheen recreation ground* and *Christ School*, Richmond. Football pour handicapés également.

GOLF

9 Hole Pitch & Putt Golf Course AE
Palewell Common, Enmore Gardens, SW14 8RF
020 8876 3205
9 trous. On joue sans réservation, location d'équipement sur place.

KARATÉ

London Karate AE
www.londonkarate.co.uk
Intervient dans plusieurs endroits, à Barnes, Richmond, Roehampton.

NATATION

Pools on the Park Springhealth Richmond AE
The Old Deer Park, Richmond, TW9 2SF
020 8940 0561 - www.springhealth.net
Centre de natation situé au milieu d'un parc avec de belles piscines intérieures et extérieures. Propose également d'autres sports, fitness, yoga, arts martiaux...

Wandsworth Swimming Club AE
www.wandsworthsc.com
Clubs de natation pour enfants à partir de 7 ans en soirée et le week-end. Utilise §3 piscines suivant les âges.

RUGBY

Minis London French RFC E
Barn Elms Playing Fields, Barnes, SW13 9SA
078 8411 4996 - www.londonfrenchrfc.com

Pour les 7 à 13 ans. Tous les dimanches de 10h à 12h. Stages à la Toussaint et en février. Tournoi London Minis 5 Nations Championship.

London Scottish Football Club AE
Kew Foot Road, Richmond, TW9 2SS - 020 8940 7156 www.londonscottish.com
Rugby à partir de 5 ans. Pour les enfants, un club sympa et détendu animé par des parents. Une bonne occasion de se faire des copains anglais et de participer à des matchs de championnat. Très bon accueil réservé aux Français.

London Welsh Rugby Football Club AE
Old Deer Park, Kew Road, Richmond, TW9 2AZ 020 8940 2368 - www.london-welsh.co.uk

Richmond Rugby Club AE
The Athletic Ground, Twickenham Road, TW9 2SF - 020 8332 7112 - www.richmondfc.co.uk
6-12 ans. Dimanche matin 9h30-11h30.

TENNIS

Best Tennis AE
www.besttennis.co.uk
A Barn Elms Sports Centre, Queen Elizabeth Walk, Barnes, SW13 0DG et au National Tennis Centre, 101 Priory Lane, Roehampton, SW15 5JQ: Cours pour enfants de 3 à 16 ans et pour adultes, en semaine et le week-end. Stages pendant l'été.
A Old Deer Park, Richmond, TW9 2SF : cours pour les enfants de 3 à 8 ans.
A Shene Sports & Fitness Centre, Park Avenue, SW14 8AT : cours pour les enfants de 3 à 11 ans.

Hartswood Lawn Tennis Club AE
31-33 Hartswood Road, W12 9NE- 020 8746 1390 www.hartswoodtennis.co.uk
Club familial et convivial. 6 courts non couverts. Dès 4 ans.

Sports Development Team A
44 York Street, Twickenham, TW1 3BZ 020 8831 6133 - www.richmond.gov.uk
Cours de tennis pour adultes à différents endroits du *borough*.
Voir aussi le **Rocks Lane Multisports Centre** ci-dessus.

YOGA - PILATES

The Garage Studio
26 Priests Bridge, Barnes, SW14 8TA 020 8878 0556 - www.thegaragestudio.co.uk

Physio on the River
The Old Ticket Office, The Terrace, Barnes, SW13 0NP - 020 8876 5690 www.physio-on-the-river.co.uk
Centre de physiothérapie qui propose aussi des cours de yoga et de Pilates.

Activités
artistiques et culturelles

(A Adulte, E Enfant)

CENTRES CULTURELS

The Old Sorting Office Art Centre
49 Station Road, Barnes Green, SW13 0LF 020 8876 9885 - www.osoarts.org.uk
Centre communautaire situé sur le *Common* qui présente des spectacles, expositions, concerts. On peut aussi y suivre des cours de danse, yoga, Pilates, etc.

Landmark Arts Centre
Ferry Road, Teddington, TW11 9NN 020 8997 7558 - www.landmarkartscentre.org
Concerts, expositions, cours pour adultes.

Richmond Adult Community College A
Parkshot, Richmond, TW9 2RE - 020 8891 5907 www.racc.ac.uk
Cours d'informatique, déco florale, théâtre, poterie, musique, chant… Cours d'anglais en journée et le soir : préparation aux différents examens d'anglais de Cambridge que l'on peut présenter en décembre et en juin. Profs efficaces et bonne ambiance. Excellent rapport qualité / prix.

ART

Kew Art Studio A
270 Sandycombe Road, Richmond, TW9 3NP 020 8332 2122 - www.kewstudio.org
Cours de dessin, peinture…

CHORALE

The Barnes Choir
All Saints Church, East Sheen Avenue, SW14 8AX www.barneschoir.org.uk
Chorale amateur qui se réunit le mardi soir de 20h à 22h.

COURS D'ANGLAIS

Barnes Community Association English School A
Rose House, 70 Barnes High Street, SW13 9LD 020 8878 7229 - www.englishinbarnes.co.uk
Cours d'anglais tous niveaux, sérieux et à bas prix.

MUSIQUE

Richmond Music Trust
www.richmondmusictrust.org.uk
Organise des cours individuels et collectifs, des orchestres et des concerts. Plusieurs centres à Twickenham et Sheen.

PHOTOGRAPHIE

Richmond and Twickenham Photographic Society
www.rtps.org.uk
Association de photographes amateurs de ces coins photogéniques des bords de la Tamise (et autres…). Très ancienne (120 ans !) et très active, elle organise des expositions, réunions, conférences...

THÉÂTRE

Kew Academy of Performing Arts AE
United Church Hall, Raleigh Road, Richmond, TW9 2DX - 01932 423456 - www.kewacademy.co.uk
A partir de 2ans ½, danse classique et moderne, cours de théâtre.

Orange Tree Theatre E
1 Clarence Street, Richmond, TW9 2SA
020 8940 0141 - www.orangetreetheatre.co.uk
Ateliers avec représentation dans le théâtre en fin de trimestre. 19h-21h, lundi (16 -18 ans), mardi (12-14 ans), mercredi (14-16 ans), jeudi (12-14 ans), 9h-11h le samedi (9-11 ans) et 11h15-13h15 (7-9 ans). Stages l'été.

Monkey Music E
St Luke's Church, The Avenue, Kew, Richmond TW92AJ - 020 8847 4031 - www.monkeymusic.co.uk
Ateliers musicaux pour enfants de 3 mois à 4 ans.

Perform E
Barnes Methodist Church Hall, Station Road, Barnes, SW13 0NH - www.perform.org.uk
Théâtre, danse et chant pour 4-7 ans, le vendredi de 16h à 18h.

Stagecoach
www.stagecoach.co.uk → *Chapitre Activités*
Cours dans plusieurs endroits à Kew et Richmond .

Step on Stage Academy of Performing Arts
The Green, Twickenham, TW2 5TS
079 7390 0196
www.steponstageacademy.co.uk
Ecole de musique, théâtre, comédie musicale pour les 3-18 ans. Divers lieux pour les cours à Richmond et Twickenham. Stages.

Vie sociale

Barnes Community Association
70 Barnes High Street, SW13 9LD - 020 8878 2359
www.barnescommunityassociation.org
Organise divers évènements et fêtes dans le village. Elle est située dans la jolie *Rose House* au bout du *Pond*, que l'on peut également louer pour des réceptions privées. L'association organise aussi des échanges avec la ville jumelée du Pecq, près de Paris.

Cercle Français de Richmond
21 Paradise Road, TW9 1SA - 020 8876 7009
www.richmondfrenchcircle.org.uk
Affiliée à l'Alliance Française de Londres. Organise chaque mois des conférences ayant trait à la culture française à *Vestry Hall, 21 Paradise Road, TW9 1SA.*

The Richmond Art Society
The American International University in London, Queen's Road, TW10 6JP
www.richmondartsociety.com
Cette association organise des expositions-vente d'art deux fois par an et des conférences sur l'art, le mercredi soir à l'université américaine. Cotisation annuelle: £25.

Santé

NHS

Hôpitaux

Service d'urgences les plus proches :

Pour Barnes :
Charing Cross Hospital, Fulham Palace Road, W6 8RF - 020 3311 1234

Pour Richmond :
West Middlesex University Hospital, Twickenham Road, Isleworth, TW7 6AF
020 8560 2121

Pour les blessures légères:

Teddington NHS Walk-in Centre
Teddington Memorial Hospital, Hampton Road, TW11 0JL - 020 8714 4004
Service de radiologie.

Queen Mary's Hospital, Minor Injuries Unit, Roehampton Lane, SW15 5PN
020 8487 6000
Service de radiologie.

Achats

Barnes
Les boutiques indépendantes sont encore nombreuses sur les charmantes *High Street* et *Church Street.* Elles sont recensées sur le site *www.barnescommunityassociation.org*, qui se mobilise pour leur défense.

Barnes *Country Market* tous les vendredis matin à Rose House *(70 High Street, SW13 9LD)*: plats cuisinés, grand choix de gâteaux faits maison. *Farmers' Market* le samedi de 10h à 14h à *Essex Surgery car park* avec viandes, poissons, fruits et légumes bio.

Kew

Kew
Centre Commercial ***Kew Retail Park*** sur ***Bessant Drive*** avec un grand Marks & Spencer, TKMaxx, Gap, Boots, etc.

Sinon, les petits commerces, cafés et restaurants indépendants s'éparpillent dans de charmantes ruelles autour de la gare. Mention spéciale pour Chandler Guitars, magasin de musique spécialisé dans la vente et réparation de guitares, sympa, compétent et pas cher (*300-302 Sandycombe Road, TW9 3NG - 020 8940 5874*).

Mary's Living & Giving
64 Church Road, Barnes Village, SW13 0DQ
020 8741 9041
Charity Shop chic et branchée. Parfait pour dénicher un vêtement de grande marque à bas prix, tout en donnant à l'association *Save the Children*.

Richmond
Un *Farmers' market* se tient le samedi de 11h à 15h à ***Heron Square, TW9 1EJ*** (à côté du pont). Très joli endroit qu'on semble ne pouvoir visiter que le jour du marché.

On trouve tout ou presque sur la grande rue commerçante ***George Street.*** Entre celle-ci et le *Green*, jolies ruelles pavées piétonnières pleines de petits commerces indépendants dont Maison Home Interiors, jolis meubles peints, décorations et accessoires pour la maison (*7 Hill Rise, TW10 6UQ - www.maisonhomeinteriors.com*); Lion & Unicorn avec une jolie sélection de livres pour enfants (*19 King Street, TW9 1ND, 020 8940 0483 - www.lionunicornbooks.co.uk*);

Kooks, deux boutiques de matériel et ustensiles pour la cuisine et la pâtisserie (*2-4 Eton Street, TW9 1EE - 020 8332 3030*).

Aux beaux jours, allez déguster une glace à Gelateria Danieli (*16 Brewers Lane, TW9 1HH 020 8439 9807*).

Le *Garden Centre* de Syon Park est l'un des meilleurs endroits de Londres pour acheter des plantes de bonne qualité. Personnel compétent, café et jeux pour enfants. *Petersham Nurseries* est une autre grande pépinière atypique et branchée, avec restaurant étoilé et animations diverses (*adresses ci-dessous, dans **Sortir***).

Sortir

FÊTES ET ÉVÉNEMENTS

Kew

Kew The Music
www.kew.org
Festival de musique classique annuel pendant toute une semaine en juillet.

Richmond

RichDance
En avril. Festival de danse amateur

ARThouse Open Studios Festival
En juin-juillet. Portes ouvertes dans des ateliers d'artistes.

Twickenham Carnaval
En juin. Parade, jeux, ateliers. Les Caraïbes en bord de Tamise.

Music and Drama Festival
En septembre-octobre. Spectacles pendant deux semaines.

On The Edge
En août. Festival de musique du monde sur la terrasse bordant la Tamise à Richmond.

Litterature Festival
En novembre. Lectures, conférences, ateliers...

MUSÉES / GALERIES / CURIOSITÉS

Orleans House Gallery
Riverside, Twickenham, TW1 3DJ - 020 8831 6000
www.richmond.gov.uk/arts
Espaces municipaux où sont organisés festivals, expositions, ateliers, etc. Café.

Marble Hill House
Richmond Road, Twickenham, TW1 2NL
0370 333 181 - www.english-heritage.org.uk
Parfait exemple d'architecture néo-classique palladienne située au milieu d'un immense parc en bord de Tamise.

Museum of Richmond
Old Town Hall, Whittaker Avenue, TW9 1TP
020 8332 1141 - www.museumofrichmond.com
Ce musée présente le riche patrimoine culturel et historique de Richmond. Activités pour les adultes et les enfants. Ouvert du mardi au samedi. Entrée libre.

Strawberry Hill
268 Waldegrave Road, Twickenham, TW1 4ST
020 8744 1241 - www.strawberryhillhouse.org.uk
Incroyable manoir néo-gothique construit par Horace Walpole à l'époque géorgienne. Beau jardin à l'anglaise. Café. Ouvert d'avril à octobre.

The Poppy Factory
20 Petersham Road, Richmond, TW10 6UR
020 8940 3305 - www.poppyfactory.org
Fabrique des célèbres coquelicots en papier, symboles du soutien aux anciens combattants et aux forces armées, que chacun porte à la boutonnière aux alentours du 11 novembre. Visites deux fois par jour du lundi au jeudi, à réserver à l'avance.

PARCS ET AIRES DE JEUX

Royal Botanic Gardens, Kew
Kew, Ricmond, TW9 3AB - 020 8332 5655
www.kew.org
Classé par l'Unesco au Patrimoine de l'Humanité. Somptueux et immense parc qui recèle des espèces rares et souvent uniques de plantes, d'arbres et de fleurs (étiquettes explicatives). Un souci de préservation, d'innovation et de recherche dans les plantations fait sans cesse évoluer l'esthétique des jardins. Magnifiques serres victoriennes (plantes tropicales). Aquarium. Reconstitution des origines de la flore et de la faune terrestre dans *The Evolution Gallery*. Expositions temporaires de plantes, photos, etc. Décorations saisonnières: citrouilles pour Halloween, sapin à Noël. Des oies, faisans, écureuils... viennent paisiblement à la rencontre des promeneurs. Restaurants et boutiques. Prix d'entrée : £16.50 (£11 le mardi pour les habitants de Richmond, Hounslow, Wandsworth, Kinston upon Thames, Hammersmith et Fuhlam sur justificatif).

Ham House
Ham Street, Richmond, TW10 7RS
020 8940 1950 - www.nationaltrust.org.uk
Superbe jardin XVIIe, avec une très belle allée de charmilles entourant un parterre de lavandes célébré dans toute l'Angleterre. Maison anglaise meublée du XVIIe, jardins et grand parc arboré où l'on peut pique-niquer. Cafétéria.

Syon Park
Brentford, Middlesex, TW8 8JF
020 8560 0882 - www.syonpark.co.uk
Très beau château anglais servant de décor pour des films, entouré d'un grand parc avec une Maison des Papillons, extraordinaire collection. *Garden Centre* (vente de plantes et Pet Shop). Restaurant, cafétéria. Et pour les enfants, le Centre de jeux et d'aventure *Snakes & Ladders* (020 8847 0946 - *www.snakes-and-ladders.co.uk*): parcours avec échelles, motos, tapis de jeux, mini-golf... en extérieur ou intérieur. Cafétéria, anniversaires. Ouvert de mars à novembre, 10h-17h.

Richmond Park and Isabella Plantation
L'ancienne réserve de chasse d'Henry VIII avec ses cerfs en liberté. Au centre, se trouve Isabella Plantation, un jardin clos rempli de rhododendrons et d'azalées.

Richmond Heritage Guides
www.richmondwalks.co.uk
Marches les mercredi et samedi avec guide entre juin et octobre. £3.

Promenades en vélo
N'oubliez pas les fabuleuses pistes cyclables qui permettent de traverser Chiswick le long des bords de la Tamise de Hammersmith Bridge à Richmond, itinéraires et détails sur les nombreuses pistes cyclables signalisées par des panneaux bleus.

C.Imbert

Kew Gardens

Isabella Plantation, Richmond Park

The Wetland Centre
Queen Elizabeth's Walk, Barnes SW13 9WT
020 8409 4400 - www.wwt.org.uk
Situés dans une boucle de la Tamise, ces anciens réservoirs ont été réaménagés pour accueillir une réserve naturelle d'oiseaux. Reconversion parfaitement réussie, car non seulement les oiseaux du pays ont apprécié et peuplent maintenant les moindres recoins de la réserve, mais les créateurs du parc ont aussi reconstitué des zones différentes d'habitat naturel en fonction des climats. La visite du parc est un régal, car vous avez l'impression de faire le tour du monde des oiseaux, passant d'une zone arctique à la forêt tropicale. Des observatoires sont aménagés pour ne pas déranger les oiseaux. Visites guidées, animations pour les enfants. Restaurant.

THÉÂTRE / CONCERTS

Barnes Music Society
www.barnesmusicsociety.org.uk
Produit 7 concerts par an et 4 pour les enfants à Barnes.

Richmond Concert Society
richmondconcerts.co.uk
Organise régulièrement des concerts dans des écoles et des églises.

The Eel Pie Club
The Cabbage Patch, 67 London Road, Twickenham, TW1 3SZ - 020 8973 3605 - www.eelpieclub.com
Concerts live qui perpétuent la tradition Rock et Rythm & Blues d'Eel Pie Island, refuge de musiciens dans les années 70.

Richmond Theatre
Little Green, Richmond, TW9 1QJ - 0844 871 7651
Salle d'architecture classique qui présente des spectacles de danse, théâtre, comédies musicales ou spectacles pour enfants. Excellents spectacles de pantomines à Noël.

Orange Tree Theatre
1 Clarence Street, Richmond, TW9 2SA
020 8940 3633
www.orangetreetheatre.co.uk
Petit théâtre qui présente des créations originales.

Twickenham Stadium
200 Whitton Road, Twickenham, TW2 7BA
0871 222 2120
www.rfu.com/TwickenhamStadium
En dehors des légendaires matchs de rugby, ce stade programme aussi des méga-concerts classiques et modernes.

CINÉMA

The Olympic Studios
117-123 Church Road, Barnes, SW13 9HL
020 8912 5161
www.olympiccinema.org.uk
Très bonne programmation. Fauteuils et canapés confortables, dans lesquels on peut boire un verre. Parking gratuit.

RESTAURANTS

Barnes

Orange Pekoe
3 White Hart Lane, SW13 0PX - 020 8876 6070
orangepekoeteas.com
Salon de thé typiquement *british,* au bord de la Tamise dans le vieux village de Barnes. Sert petit-déjeuner, déjeuner et *afternoon-tea*. Sélection de thés exceptionnelle.

Riva
169 Church Road, SW13 9HR - 020 8748 0434
Cuisine d'Italie du nord. Plats raffinés et délicieux.

Sonny's
94 Church Road, SW13 0DQ - 020 8748 0393
www.sonnyskitchen.co.uk
Excellente cuisine *modern british* et bon rapport qualité-prix.

Kew

Ma Cuisine
9 Station Approach, TW9 3QB - 020 8332 1923
www.macuisinebistrot.co.uk
Petit resto français sans prétention, à bon rapport qualité-prix.

The Glasshouse
14 Station Parade, TW9 3PZ - 020 8940 6777
www.glasshouserestaurant.co.uk
Restaurant français. Une étoile Michelin.

Richmond

Compte tenu de sa taille, il y a curieusement peu de restaurants recommandables à Richmond, plutôt servi par les chaînes familiales type Giraffe, Strada, Zizzi. Si vous êtes en balade, *Church Street* à Twickenham de l'autre côté de la Tamise regorge de petits restaurants et *pubs* sympas, qui s'étalent dehors sur la rue piétonne aux beaux jours (mention spéciale à l'Osteria Pulcinella, au 36 de la rue, restaurant italien typique - *TW1 3NR - 020 8892 5854*).

Bingham Restaurant
61-63 Petersham Road, TW10 6UT
020 8940 0902 - www.thebingham.co.uk
Cuisine raffinée et moderne. Joli salon avec vue sur la rivière. Salon/ bar et petites tables en terrasse pour prendre juste un verre. Hôtel également.

Chez Lindsay
11 Hill Rise, TW10 6UQ - 020 8948 7473
www.chez-lindsay.co.uk
Crêperie bretonne.

La Buvette
6 Church Walk, TW9 1SN - 020 8940 6264
www.labuvette.co.uk
Petit restaurant français style bistrot, au cœur de Richmond.

Eat at Petersham
Church Lane, Petersham Road, TW10 7AB
020 8940 5230 - www.petershamnurseries.com
En plein cœur de Petersham Nurseries, excellent restaurant haut de gamme. *Slow food.* On s'installe sur des meubles de bric et de broc à vendre dans le jardin s'il fait beau.

Swagat
86 Hill Rise, Richmond Hill, TW10 6UB
020 8940 7557 - www.swagatindiancuisine.co.uk
Très bon Indien. Nombreux plats végétariens.

PUBS

Barnes

The Bulls Head
373 Lonsdale Road, SW13 9PY - 020 8876 5241
www.thebullshead.com
Pub thai en bord de Tamise renommé pour ses concerts de jazz. Programme différent chaque soir.

Coach and Horses
27 High Street, SW13 9LW - 020 8876 2695
Enorme jardin avec barbecue l'été et, surtout, terrain de jeux pour les enfants. Beaucoup de tables. Ambiance cosy à l'intérieur avec feux de cheminée.

The Sun Inn
7 Church Road, SW13 9HE - 020 8876 5256
www.thesuninnbarnes.co.uk
Idéalement situé face au *pond*. Quand le beau temps revient, tout le monde boit sa pinte de

Church Street, Twickenham

Richmond Park

The Dysart Arms

bière au bord de l'étang. Feux de cheminée et jeux de société font le bonheur des petits et des grands.

Kew

Sur le *green* de Kew, pour faire une halte avant ou après la visite des jardins botaniques:

Coach & Horses Hotel
8 Kew Green, TW9 3BH - 020 8940 1208
Gastro pub.

Rose & Crown
79 Kew Green, TW9 3AH - 0871 951 1000

Richmond

Nombreux *coffee shops* et *pubs* en bord de la rivière, qui débordent dehors les beaux jours et offrent de jolies vues sur la Tamise. Y aller pour prendre un verre plutôt que déjeuner.

The White Cross
Riverside, TW9 1TH - 020 8940 6844

Pitcher & Piano
11 Bridge Streetm, TW9 1TQ - 020 8332 2524
De l'autre côté, sur Twickenham, légèrement moins bondé:

The London Apprentice
62 Church Street, Old Isleworth, TW7 6BG
020 8560 1915

Pubs corrects sur le *green* dans le vieux Richmond:

The Cricketers
The Green, TW9 1LX - 020 8940 4372

The Prince's Head
28 The Green, TW9 1LX - 020 8940 1572
Un peu plus loin vers la colline :

Lass O'Richmond Hill
8 Queen's Road, TW10 6JJ - 020 8940 1306
www.lassorichmondhill.co.uk

The Dysart Arms
135 Petersham Road, TW10 7AA
020 8940 8005
www.thedysartarms.co.uk
Ambiance sympa après une balade dans le parc. Réservation indispensable le week-end.

The Marlborough
46 Friars Stile Road, TW10 6NQ
020 8940 8513
www.themarlboroughrichmond.co.uk
Joli jardin avec barbecue l'été.

The Roebuck
130 Richmond Hill, TW10 6RN - 020 8948 2329
Pub datant de 1738, au bord de la Tamise avec une jolie vue, où l'on peut déguster des *maids of honour*, pâtisserie favorite de Henry VIII.

Wandsworth

Battersea
Clapham
Balham
Tooting

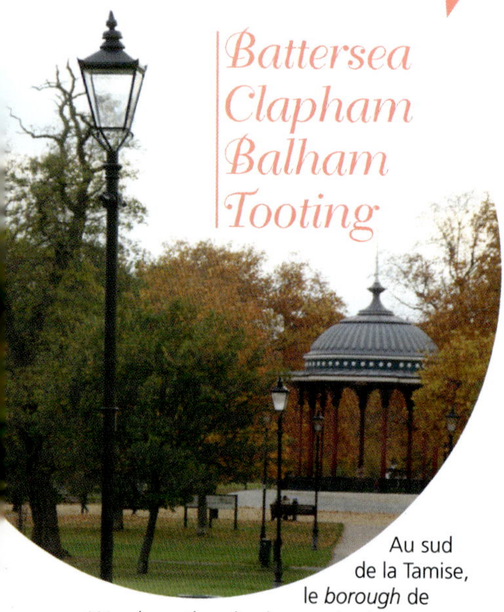

Au sud de la Tamise, le *borough* de Wandsworth a de plus en plus le vent en poupe: **Battersea** SW11, **Clapham** SW11, (Clapham SW4 dépend du *borough* de Lambeth), **Balham** SW12, **Earsfield** SW18, **Tooting** SW17 et **Streatham** SW16.

Pour commencer, les mètres carrés y sont plus abordables. Pour le prix d'un appartement à South Kensington, vous pouvez vous offrir un mode de vie typiquement anglais: une maison victorienne étroite de façade, avec une *bow window* sur la rue et un jardin où réunir les amis autour d'un barbecue. **A savoir:** *la council tax* à Wandsworth est depuis de nombreuses années la moins chère de tout le Royaume-Uni.

Les vastes espaces verts, **Battersea Park, Clapham Common, Wandsworth Common** et **Tooting Common** contribuent à la qualité de vie. La partie comprise entre Clapham Common et Wandsworth Common est connue sous le terme de *Between the Commons* et est animée par une population jeune et active. Les rues commerçantes, décrépies jusqu'aux années 1990, se sont embourgeoisées, pour devenir par endroits très branchées. Les bars nouvelle vague colonisent peu à peu les axes fréquentés.

De Northcote Road à Balham High Road, c'est une floraison de vitrines remises au goût du jour. Pour les réfractaires aux courses en grande surface, on trouve là bouchers et fromagers, avec des petits marchés en plein air.

Le nombre des écoles ne manquera pas d'être remarqué par les nouveaux venus. Clapham est surnommé la *Nappy Valley*, en raison de la plus forte densité d'enfants au m^2 en Angleterre.

La forte présence française à Clapham et ses alentours est due à l'annexe du Lycée Français, l'Ecole de Wix, située au nord de Clapham Common et à une école française privée, l'Ecole de Battersea. La scolarisation des enfants peut également se faire dans une école publique anglaise locale telle *Belleville School* ou *Honeywell School,* avec le suivi intégré du CNED.

Il fait bon vivre du côté de Clapham. On y partage la vie des Anglais, sans pour autant être isolé tout à fait de sa douce France. L'Institut Français n'est pas loin, ni les merveilles de King's Road. Les amis parlent les deux langues. Les enfants connaissent les règles du foot en anglais. Les parents s'y sont mis. Plus personne ne veut revenir en France.

Petite enfance

- **Wandsworth Family Information Service**

www.fis.wandsworth.go.uk - 020 8871 7899
Site local très bien fait sur les écoles, les modes de garde, activités.
N'hésitez pas à consulter régulièrement le site du council: *www.wandsworth.gov.uk*
Vous trouverez une mine d'informations sur l'onglet *Education and learning* (écoles, modes de garde, etc.).

- **www.totallyclapham.co.uk**

Ce site local recense toutes les activités sportives et de loisirs du quartier.

DAY-NURSERIES

Melrose House Southfields
39 Melrose Road, SW18 1LX - 020 8874 7769
www.melrose-house.com
2-4 ans. 9h15 – 12h15 + mardi, mercredi et jeudi jusqu'à 15h15. Jardin.
OFSTED outstanding.

Alphabet Nursery School
Chatham Hall, 152 Northcote Road, SW11 6RD
www.alphabetnursery.co.uk - 020 7924 2678
2 ans-5 ans. Agréable, spacieux et chaleureux. Matin ou après-midi. Grande aire de jeux à l'extérieur. Liste d'attente.

Elm Park Nursery
90 Clarence Avenue, SW4 8JR
www.elmparknursery.co.uk - 020 8678 1990
3 mois-5 ans. Accueil très chaleureux. 8h-18h. Prix intéressants.

Eveline Day Nursery
30 Ritherdon Road, Tooting, SW17 9BE
www.evelinedaynursery.com - 020 8672 7549
Fait partie d'un groupe de 5 *nurseries*. 3 mois-5 ans. Belle maison, jardin bien adapté aux enfants. Propre, repas équilibrés (cuisinière à plein-temps). Personnel motivé et impliqué. Cours de danse, chansons et cours de français. 7h30-18h30.

Kindergartens Nursery Group
www.thekindergartens.com
2 ans 1/2-5 ans. Méthode Montessori. Enseignants très impliqués. Nombreuses activités: sorties, cours de musique, spectacles… Haut de gamme. Assez cher. Plusieurs centres:

- **The Park,** *St Saviours Church Hall, 351 Battersea Park Road, SW11 4LH*
2-4 ans. Très grand et très clair. Personnel qualifié.
- **Crescent I** *Flat 1, 10 Trinity Crescent, SW17 7AE - 020 8767 5882*
Dans le sous-sol d'une maison. Très clair, jardin agréable.
- **Crescent II,** *Holy Trinity Church Hall, 74 Trinity Road, SW17 7SQ*
Dans la nef de l'église, spacieux mais vétuste.
OFSTED outstanding.

Nightingale Montessori Nursery School
St Luke's Community Hall, 194 Ramsden Road, SW12 8RQ - 079 5856 7210
www.nightingalemontessori.co.uk
2-5 ans. Cours de français, danse et musique. Locaux clairs et jardin clos. Rentrées en septembre, janvier et avril. Horaires aménageables.

The Marmelade Bear
St Magdalene Church Hall, Trinity Road, SW17 7SD - 020 8672 4711
2-5 ans. Très bien. Accueil enjoué, activités variées. Un vrai travail est effectué avec les enfants, toujours de façon très ludique.

Thomas's Kindergarten
St. Mary's Church, Battersea Church Road, SW11 3NA - 020 7738 0400
www.thomas-s.co.uk
4-7 ans. Bonne réputation, liste d'attente. £1,865-£2,335 / trimestre.

Baby Room Nursery
52-54 Webbs Road, SW11 6SF - 020 7924 2722
0-5 ans. 8h-18h. £40-£80 par jour.

Ecoles

ECOLES FRANÇAISES

Maternelle & Primaire

L'Ecole du Parc
64 Garfield Road, SW11 5PN
020 7326 9642 - www.ecoleduparc.co.uk
Ecole française non homologuée. 1-5 ans : crèche, petite, moyenne et grande section de maternelle. 45 enfants. Possibilité de mi-temps (le matin seulement). Mercredi après-midi libre. Activités. Centre aéré pendant certaines vacances.

L'Ecole de Battersea
Trott Street, SW11 3DS - 020 7924 3186
www.lecoledespetits.co.uk
Ecole française homologuée. Petite Section à CM2. 250 élèves. 5 à 8 heures hebdomadaires d'enseignement en anglais. £3,500 / trimestre (incluant les activités). Uniforme. Grande cour, gymnase moderne. Salle d'informatique. Activités: foot, art, escrime.

Ecole de Wix (annexe du Lycée Charles de Gaulle)
Wix's Lane, Clapham Common, North Side, SW4 0AJ - 020 7738 0287

Annexe du Lycée Français. 330 élèves, 14 classes de la MS au CM2. Ambiance de village. Nombreuses familles mixtes et enfants bilingues. Classes bilingues (14 places par niveau) pour moitié composées d'enfants du Lycée Français et de l'école anglaise Wix Primary, qui partage le même bâtiment. Les enfants reçoivent un enseignement bilingue grâce à 2 enseignants qui travaillent en étroite collaboration sur un calendrier scolaire adapté.

ECOLES ANGLAISES

Nursery schools publiques

Les visiter avant de s'inscrire. Locaux souvent vétustes. L'enfant doit avoir 3 ans avant le 1er septembre pour rentrer en *nursery*. Plein-temps pour les plus de 4 ans ou lorsque les parents travaillent (ou sont étudiants). Scolarité gratuite (statut de *state nursery*). L'inscription se fait auprès du *borough*.

Balham Nursery School
72 Endlesham Road, SW12 8JL - 020 8673 4055
www.balham-nursery.wandsworth.sch.uk
Excellente maternelle avec 2 classes de 25 élèves. Personnel qualifié, très proche des enfants. Grand jardin. Sélection sur critère de proximité géographique. La meilleure *nursery* du quartier. *OFSTED outstanding*.

Honeywell Infant School
Honeywell Road, SW11 6EF - 020 7228 6811
www.honeywellschools.org
Personnel charmant et motivé. Beaucoup d'activités manuelles. Très à l'anglaise.

St Mary's RC Nursery School
Crescent Lane, Clapham, SW4 9QJ
020 7622 5479 - www.st-marys.lambeth.sch.uk
Mixte, catholique.

Wix's Nursery
Wix's Lane - Clapham Common, SW4 0AJ
020 7228 3055 - www.wix.wandsworth.sch.uk
Située dans les mêmes locaux que l'Ecole de Wix, annexe du Lycée Français. Accueil sur critère de proximité des enfants de 3 ans (pas de Petite Section de maternelle à l'Ecole de Wix). L'année suivante, ils peuvent soit passer en Moyenne Section à l'Ecole de Wix, soit poursuivre une scolarité gratuite en MS bilingue. La section bilingue est sélective (dossier, profil, entretien) et accueille moitié Anglais, moitié Français. Des passerelles permettent de réintégrer l'un ou l'autre système en cas de besoin. Dates des vacances anglaises.

Nursery & Primary Schools privées

Eaton House The Manor School
58 Clapham Common Northside, SW4 9RU
020 7924 6000 - www.eatonhouseschools.com
2 ans ½-13 ans. Ecole privée partagée en plusieurs départements sur le même site, autour d'un beau manoir géorgien longeant Clapham Common. *Nursery* mixte de 60 places (2 ½ -4 ans), *Pre-prep* de garçons 4-8 ans (210 places), *Prep-school* de garçons 8-13 ans, *Prep-school* de filles 4-11 ans (180 places). Très bonne qualité de l'éducation. Petits effectifs. £2,135-£5,808 / an.

Hornsby House School
Hearnville Road, Balham, SW12 8RS
020 8673 7573 - www.hornsby-house.co.uk
3-11 ans. *Independent school*. Professeurs très qualifiés. Correspond totalement aux critères français. Locaux magnifiques, bel uniforme. £4,125-£4,435 / trimestre.

Finton House School
171 Trinity Road, SW17 7HL
020 8682 0921 - www.fintonhouse.org.uk
4-11 ans. *Independent school*, mixte. Non sélective. £4,905-£5,045 / trimestre.

Parkgate House School
80 Clapham Common Northside, SW4 9SD
020 7350 2452 - www.parkgate-school.co.uk
2 ans 1/2-11 ans. *Independent school* typique. *Nursery* Montessori. Très beau bâtiment face au *Common*. Les enfants y sont très heureux. Uniforme mauve. Liste d'attente longue, surtout dans les petites classes. £4,080-£5,020 / trimestre. Le grand luxe.

The Roche School
11 Frogmore, Wandsworth, SW18 1HW
020 8877 0823 - www.therocheschool.co.uk
2 ans ½- 11 ans. *Independent school*. Mixte. £4,390-£4,710 / trimestre. Petites classes. Non sélective. Accueil des enfants ayant des difficultés d'apprentissage (Dyslexie, Asperger, etc.). *OFSTED outstanding*.

Thomas's London Day Schools
Battersea: *28-40 Battersea High Street, SW11 3JB - 020 7978 0900*
Clapham: *Broomwood Road, SW11 6JZ*
020 7326 9300 - www.thomas-s.co.uk
4-13 ans. *Independent school*. Mixte. Deux sites. Le Prince George a fait sa rentrée à Battersea ! Personnel qualifié et attentif. Beaucoup de théâtre. Longues listes d'attente. £5,483-£6,385 /trimestre.

State Primary schools (publiques et gratuites)

Beatrix Potter School
Magdalen Road, Earlsfield, SW18 3ER
020 8874 1482 - www.beatrixpotterschool.com
Bonne école primaire. Grande cour avec potager et étang. Un ordinateur par enfant. Recrutement sur critère de proximité.

Shaftesbury Park Primary School
Ashbury Road, Battersea, SW11 5UW
020 72283652
http://shaftesburypark.wandsworth.sch.uk
Filière bilingue à parité horaire dès la *Reception* (MS). Curriculum anglais enseigné en français. Les petits Français y sont très heureux.

Allfarthing Primary School
St. Ann's Crescent, Wandsworth, SW18 2LR
020 8874 1301
www.allfarthing.wandsworth.sch.uk
3-11 ans. Mixte. Recrutement sur critère de proximité.

Belleville Primary School
Belleville Road, SW11 6PR
Meteor Street, SW11 5NZ
020 7228 6727 - www.belleville-school.org.uk
Très prisée des parents français. Nécessité d'habiter près de l'école pour avoir une place. Grande implication des parents (club de français, danse...). Direction dynamique. Equipe spécialisée pour des problèmes tels que dyslexie, enfants surdoués... Salle informatique, salle vidéo/multimédia. Cours du CNED au sein de l'école par des professeurs extérieurs. *OFSTED outstanding.*

Honeywell Junior School
Honeywell Road, SW11 6EF
020 7228 6811 - www.honeywelljuniorschool.com
Très prisée des familles françaises également. Nécessité d'habiter près de l'école pour avoir une place. CNED au sein de l'école par des professeurs extérieurs. *OFSTED outstanding.*

Holy Ghost Catholic Primary School
Nightingale Square, SW12 8QJ - 020 8673 3080
www.holyghost.wandsworth.sch.uk
Très bonne école catholique. Les enfants doivent être baptisés et la famille pratiquante. Nécessité d'habiter à proximité de l'école. Beaucoup de Français. CNED organisé par des mamans françaises à domicile. *OFSTED outstanding.*

Secondary schools

Graveney School
Welham Road, Tooting, SW17 9BU
020 8682 7000 - www.graveney.org
11-18 ans. *State school* mixte. L'une des plus grandes *secondary schools* du Royaume-Uni. 2 000 élèves. Gratuit. *OFSTED outstanding.*

Emanuel School
Battersea Rise, SW11 1HS
020 8870 4171 - www.emanuel.org.uk
10-18 ans. *Independent school* mixte, fondée en 1594. Très bonne réputation. 720 élèves. £5,468 / trimestre.

Logement

BATTERSEA

Prix moyen des locations par semaine: entre £300 et £850 pour les appartements (1 chambre en colocation au 4 chambres) et entre £475 et £1,200 pour les maisons (2 à 5+ chambres).

Battersea Park, central Battersea and the River

Les +: parc magnifique, proximité de King's Road, 12mn en vélo ou bus de South Kensington.
Les -: pas de métro, peu de commerces, peu de rues résidentielles.

Clapham Common North Side, Clapham Junction

Les +: très central, tout se fait à pied, proximité des transports en commun (métro, train, Overground), magasins et Ecole de Wix.
Les -: maisons et jardins plus petits. Quartier bruyant (circulation routière, avions). Ecoles publiques anglaises de niveau moyen.

« Between the Commons »

Les +: quartier très recherché, car proche de Northcote Road (adorable rue commerçante, ambiance de village), d'écoles publiques et privées anglaises très cotées. Comme son nom l'indique, ce quartier est situé entre Wandsworth Common et Clapham Common (avec des *playgrounds,* clubs pour enfants, tennis).
Les -: prix très élevés, bruyant (avions).

BALHAM et TOOTING

Prix moyen des locations par semaine: entre £300 et £70000 pour les appartements (du studio au 4 chambres) et entre £520 et £900 pour les maisons (2 à 5+ chambres).

Balham

Les +: quartier mixte en plein développement avec de grandes maisons, prix plus raisonnables, proximité de *Tooting Common.*
Nightingale Triangle, proche d'écoles privées et publiques très demandées. Maisons immenses avec grand jardin. Adresse très chic!
Balham High Road et St. James Drive: en bordure de Wandsworth Common et à proximité de Bellevue Road, rue animée et très résidentielle.
Heaver: grandes maisons *double fronted,* jusqu'à 8 chambres et trois salons, grands jardins. Proximité de Balham High Road, rue commerçante. Quartier très recherché.
Les -: écoles publiques moyennes.

Tooting

Les +: quartier animé, grandes maisons à prix raisonnable, le *Common* et sa piscine en plein air. Beaucoup de produits indiens.
Les -: bruyant, faire attention au choix de la rue avant de louer ou d'acheter.

CLAPHAM

Prix moyen des locations / semaine: entre £350 et £800 pour les appartements (du studio au 3 chambres) et entre £550 et £1,000 pour les maisons (2 à 5+ chambres).

Abbeville Village

Les +: très grandes maisons familiales, rue commerçante, ambiance de village, proximité de Clapham Common.

Old Town

Les +: quartier branché qui bouge, proximité du métro.
Les -: bruyant, principalement des maisons transformées en appartement.

Clapham North
Les +: quartier très central, nombreuses maisons et appartements à louer, cinéma.
Les -: bruyant et alentours du métro difficiles (nombreuses boîtes de nuit). Ecoles publiques anglaises de niveau moyen.

Transports

Quartier très bien connecté aux divers moyens de transport.
L'aéroport de Heathrow se trouve à 45 mn en voiture et celui de Gatwick à 30 mn par le train (de Clapham Junction). La M25 et la M3 peuvent être atteintes en 30 mn et la M4 en 25 mn. Waterloo est à seulement 15 mn de Clapham South (***Northern Line***) et à 10mn de Clapham Junction (***British Rail***).

MÉTRO

La ***Northern Line*** a un accès direct vers Waterloo, la City et King's Cross-St Pancras. En changeant à London Bridge, vous arrivez directement dans le monde financier de Canary Wharf.

BUS

A Clapham Junction, le **319** (depuis Tooting) vous emmène directement à Sloane Square en passant par King's Road. Les enfants prennent le bus **345** ou **49** pour aller au Lycée Français à South Kensington.

TRAIN

La grande **gare de Clapham Junction** dessert Victoria (5 mn), Waterloo (10 mn) et Gatwick (30 mn). Pas de connection avec le métro, mais avec l'*Overground*, vous pouvez vous rendre rapidement à Kensington Olympia, Shepherd's Bush (pour faire du shopping à Westfield) et Kentish Town.

Sports

(A Adulte, E Enfant)

CLUBS MULTISPORTS

Balham Leisure Centre AE
Elmfield Road, SW17 8AN - 020 8772 9577
Centre familial. Piscine petite, très agréable et propre. Garderie 3 mois-5 ans.

Crystal Palace National Sports Centre
Ledrington Road, SE19 2BB - 020 8778 0131
Cet ex-complexe olympique est facilement accessible en voiture ou en train depuis Clapham Junction, Wandsworth Common ou Balham. Piscine olympique de 50 m (rare), mur d'escalade, courts de tennis et de squash, terrains d'athlétisme et gymnase.

Latchmere Leisure Centre AE
Burns Road, Battersea, SW11 5AD - 020 7207 8004
Grand centre sportif. Garderie 3 mois-5 ans, personnel très qualifié. Piscine avec bassin progressif pour les enfants en bas-âge, vagues et toboggan en forme d'éléphant. Propreté moyenne, eau souvent trop chaude.

Wandle Recreation Centre AE
Mapleton Road, Wandsworth, SW18 4DN
020 8871 1149
Salle de sports, cours pour enfants et adultes, football, basket, volley-ball, tennis de table et salle de jeu pour enfants de 1 à 8 ans.

Tooting Leisure Centre AE
Greaves Place, SW17 0NE - 020 8333 7555
Garderie 3 mois-5 ans excellente. Très bon centre, beaucoup d'activités.

ATHLÉTISME

Millenium Area
Battersea Park, East Carriage Way, SW11 4NJ AE
020 8871 7535
Terrain d'athlétisme avec pistes de course de 400 m et salle de sport. Prix d'entrée modique. Stages pour enfants pendant les vacances scolaires.

DANSE

Fancy Footwork E
www.fancyfootwork.co.uk
2-8 ans, danse moderne et jazz. 3 groupes d'âge: 2-3 ans (un parent doit rester), éveil musical 3-8 ans, ballet 5-8 ans. Petits effectifs. Plusieurs centres dans le *borough*.

Royal Academy of Dance School AE
36 Battersea Square, SW11 3RA
020 7326 8000 - www.rad.org.uk
Cours de danse classique, yoga, contemporaine, «West End Jazz», claquettes, tous niveaux (5-16 ans), en semaine après l'école ou le samedi matin.

The Spring School of Ballet E
The Contact Centre, Hambalt Road, SW4 9EQ
0845 094 2797
Danse classique et moderne à partir de 2 ans 1/2. Même programme et mêmes examens que la *Royal Academy of Dance*.

Vacani School of Dancing AE
Broomwood Methodist Church Hall, Kyrle Road, SW11 6BD - 01483 722733 / 079 7468 2123
www.vacani.com
A partir de 2 ans 1/2. Danse classique et moderne, claquettes.

ESCRIME

Escrime Academy E

L'Ecole de Battersea, Trott Street, SW11 3DS
079 7964 4596 (Annaick Dulac)
Cours de fleuret, épée et sabre le mardi de 16h15 à 17h45 pour les débutants de 5 à 9 ans, le mercredi de 14h à 16h30 pour les 7 à 10 ans. £22 la séance, matériel prêté par le club. Championnats.

FOOTBALL

Broomwood Football Club E

www.broomwoodfc.org
A *Wandsworth Common*, différents entrainements selon âge et niveau, à partir de 5 ans, le samedi matin 10h30-12h. £30/an.

Little Foxes

www.thelittlefoxesclub.com
Foot dans Battersea Park. Plusieurs créneaux horaires et âges.

GOLF

Central London Golf Centre AE

Burntwood Lane, SW17 0AT
020 8871 2468 - www.clgc.co.uk
Très beau 9 trous en plein centre de Wandworth. Cours particuliers ou collectifs. Tous niveaux. Les parents peuvent prendre des cours en même temps que leurs enfants. Parking gratuit. Prix correct.

GYM / YOGA

Fitness Centre AE

Millenium Arena, Battersea Park, East Carriage Way, SW11 4NJ - 020 8871 7537
Abonnement mensuel ou *pay as you go* : cours de yoga, kick boxing, zumba... Sauna. Pour les + de 16 ans. Prix intéressants.

Fitness Fusions A

122a Stonhouse Street, SW4 6AL - 020 3372 5141
Yoga, Hot yoga, Pilates. Prix intéressants.

Mayfield Gymnastics Club E

Springfield Hospital, 61 Glenburnie Road, Tooting SW17 7DY - 020 87672094
www.mayfieldgymnastics.com
Club très sérieux de la fédération anglaise de gymnastique. A partir de 3 ans. Gymnatique Rythmique et Sportive.

Tumble Tots E

Bromwood Church Hall, SW11 6BD
020 8464 4433
Cours de gymnastique pour les enfants de moins de 2 ans, 2-3 ans et +3 ans. Chansons rythmiques, poutre.

Surya Yoga

154 Clapham Park Road, SW4 7DE
020 7622 42 57 - www.suryayoga.co.uk
Ashtanga et Hatha yoga, stages. Grande salle.

Tom Logan

www.innerheartbeat.com
Tom est un prof d'Iyengar très expérimenté et apprécié. Cours à la carte. Deux centres. **St Peter's Church**, *Prescott Place, SW4 6BX* le samedi matin et **Thurleigh Road Practice**, *The Studio, 2e ét., 88a Thurleigh Road, SW12 8TT* en semaine et en soirée.

PISCINE

Tooting Bec Lido AE

Tooting Bec Common, Tooting Bec Road, SW16
020 8871 7198
La plus grande piscine extérieure d'Angleterre (91,5 mètres de long). Non chauffée. Début mai à fin août. Aire de pique-nique, café. Très agréable.

Clapham Leisure Centre

141 Clapham Manor Street, SW4 6DB - 020 7627 7900
Moins chère, plus petite, mais larges lignes pour nager, bonne température. En face du Sainsbury's. Forfait journée.

South West Swimming School

020 8767 2723
4 piscines à Tooting, Balham et Battersea, dont une dans Emanuel School, large éventail d'horaires. Apprentissage excellent, beaucoup d'attention apportée à l'enfant. Personnel

qualifié et sympathique. Groupes mamans-bébés (5-18mois).

RUGBY

Battersea Ironsides Minis Rugby Football Club E

Off Burntwood Lane, Earlsfield, SW17 0AW
020 8874 9913 - www.ironsidesrugby.com
Mini, Midi et Junior Rugby (3 ans et 1/2 - 17 ans). Mixte. Les entraîneurs sont souvent des papas bénévoles. Approche très professionnelle, matchs interclubs. Cours dimanche matin, 10h-12h30.

TENNIS

Clapham Common Tennis Courts

Windmill Drive, SW4 9AN - 020 7223 9837
Sessions juniors, cours particuliers, *women social* le mercredi (bon moyen de rencontrer des Anglaises). Infos affichées au *Bowling Green Café*, à côté des tennis. Inscription sur place.

Millenium Arena, Battersea Park

020 8871 7542
19 courts. Réservation par téléphone possible avec l'*Annual Registration card*. Cours particuliers et collectifs pour adultes et enfants, stages pendant les vacances scolaires anglaises.

Wandsworth Common Tennis Courts

Dorlcote Road, SW18 3RT - 020 8871 4706
6 courts.

Grafton Tennis and Squash Club

70A Thornton Road, Tooting SW12 0LF
020 8673 2891 - www.grafton.mycourts.co.uk
4 courts de tennis, 3 courts de squash. *Clubhouse*. Tarifs raisonnables.

TRANMPOLINE / PARKOUR

FlipOut Wandsworth

Bendon Valley, Earlsfield, SW18 4LZ
*0845 2411 341 - www.*flipout.co.uk
120 trampolines, Parkour. Cours de yoga. Ouvert tous les jours

Activités artistiques et culturelles

Voir le site *www.mumsonthego.co.uk* qui répertorie les activités pour enfants.

ART

Arty Party E

(Clapham, Balham, Wandsworth, Wimbledon)
www.artyparty.co.uk - 020 8675 7055
Stages de bricolage pendant les vacances anglaises pour les 5-9 ans, 9h-15h30, £160/semaine ou £37.50/jour. Prévoir un *lunch-box*. Ateliers à thèmes. Personnel très compétent et ambiance fantastique. Les enfants adorent... et les parents aussi.

Pottery Café

153 Northcote Road, SW11 6QB - 020 7223 3388
Peinture sur faïence Emma Bridgewater. Très grande salle pour fêtes d'anniversaire.

COURS POUR ADULTES

ELT (English Language Training)

16 Old Town, Clapham, SW4 0JY
020 7622 7254 - www.elt-online.co.uk
Excellente école, tous niveaux. Maximum 15 élèves par classe. Entre 4 et 10 h de cours par semaine.

South Thames College

www.south-thames.ac.uk - 020 8918 7777
Plusieurs centres, à Wandsworth, Putney, Tooting et Roehampton. Très grand choix de cours. Prix raisonnables pour les habitants de Wandsworth. Tous niveaux, journée et cours du soir.

MUSIQUE

Festival Chorus A

Broomwood Methodist Church Hall, Kyrle Road, SW11 6BD - www.festivalchorus.wordpress.com
Chorale amateur d'environ 100 personnes, ouverte à tous. Répétitions le lundi soir 20h-21h30 à l'église, concerts à Pâques, juillet, Noël.

Monkey Music E

www.monkeymusic.co.uk
Ateliers musicaux pour bébés et enfants jusqu'à 3 ans. Plusieurs sites à Clapham, Balham, Wandsworth et Battersea.

Tin Pan Annie Music E

020 8670 0644 - www.tinpanannie.co.uk
St Barnabas' Church, Clapham Common North Side, SW4 9SW
St Luke's Church, 194 Ramsden Road, SW12 8RQ et St James's Community Hall, Ouseley Road, SW12 8EW
Pour les 4 mois à 4 ans. La musique dans le rire et la joie.

THÉÂTRE

Jigsaw Performing Arts School E

Chestnut Grove School, Boundaries Road, SW12 8JZ - 020 8447 4530 - www.jigsaw-arts.co.uk
Cours de chant, danse et comédie le samedi matin et pendant les vacances anglaises. De 3 ans à 18 ans.

Perform E

www.perform.org.uk
Plusieurs sites à Clapham, Battersea et Balham. Ateliers musicaux, danse, chant de 4 à 12 ans.

Northcote Road

Stagecoach Theatre Arts School E
www.stagecoach.co.uk
Cours de danse et de chant le week-end et pendant les vacances scolaires anglaises à Honeywell School. De 4 à 18 ans.

Services

Décharge municipale

Household Waste Centre
Smugglers Way, Wandsworth, SW18 1JS
020 8871 2788
Lundi-vendredi de 9h à 16h, Samedi de 8h à 18h, Dimanche de 8h à 17h.
Immense décharge pour le centre et le sud-ouest de Londres. Tout se recycle : meubles, électroménager, ordinateurs, huile moteur, piles... Beaucoup de monde le week-end.

Handyman

Building Handyman
22 Battersea Rise SW11 1EE - 020 7924 3650
Plomberie, peinture, toit, salle de bain, etc.

Santé

NHS

The Junction Health Centre
Arches 5-8, Clapham Junction Approach, SW11 2NU - 0333 200 1718
Ouvert toute l'année, de 8h à 20h.
Consultations avec ou sans rendez-vous par des *GP*. Il n'est pas nécessaire d'y être enregistré.

Thurleigh Road Practice
88a Thurleigh Road, SW12 8TT - 020 8675 3521
Equipe accueillante, prise de RV le jour même pour une urgence. *Baby Clinic*.
Spécialiste des allergies. *NHS* et privé (adhésion + paiement des consultations).
Un soin à la française.

Hôpitaux

Chelsea and Westminster Hospital
369 Fulham Road, SW10 9NH
020 3315 8000 - www.chelwest.nhs.uk
Service d'urgences pédiatriques. Bonne qualité, délais d'attente variables, moins de 3 heures, express en pédiatrie. Nombreuses spécialités (cardiologie, cancérologie, diabète, dermatologie, chirurgie, gynécologie), ainsi qu'un centre mères-enfants et une unité spécialisée dans la pédiatrie, où l'on peut rencontrer des sages-femmes ou des infirmières pour enfants. Centre de FIV, plusieurs médecins français.

St George's Hospital
Blackshaw Road, Tooting, SW17 0QT
020 8672 1255 - www.stgeorges.nhs.uk
Bonne maternité, mais confort "spartiate". Service néo-natal excellent. Très bon suivi des grossesses. Service d'urgences adultes et pédiatriques. Urgences maternité excellentes.

St Thomas's Hospital
Westminster Bridge Road,
Lambeth Palace Road, SE1 7EH - 020 7188 7188
Excellente gestion des urgences pédiatriques et des accouchements. Très propre et très

bonne réputation aussi bien dans le *NHS* que dans le privé. Chambres avec vue sur la Tamise et le *London Eye*!

MÉDECINE PRIVÉE

Kinésithérapeute

Physio For All
The Battersea Practice: 40 Webbs Road, SW11 6FS - 020 7228 2141
www.physio4all.com
Equipe de spécialistes pluridisciplinaires passionnée et experte en : kinésithérapie, ostéopathie, douleurs de dos, blessures du sport, orthopédie, traumatologie, pédiatrie, kiné respiratoire, sophrologie, rééducation périnée-abdominale, massage et Gym. Réceptionnistes françaises.

Ostéopathie

Osteopath at Physio4Life
125 Upper Richmond Road , SW15 2TL
020 8704 5998 - 079 3401 6678
www.physio4life.co.uk
Pierre Meslet, ostéopathe français se déplace à domicile. Urgences 7j/7.

Homéopathe

Neal's Yard Remedies
6 Northcote Road, SW11 1NT - 020 7223 7141
www.nealsyardremedies.com/clapham-store
Caninet de consultations. Produits homéopathiques sur place.

Achats

ALIMENTATION

Marchés

Hildreth Street Market
Off Balham High Street (SW12)
Fruits, légumes et fleurs à prix sympas. Petit mais pratique. Lundi-samedi 7h-18h

Balham's Farmers' Market
Chestnut Grove Primary School, Angle de Chestnut Grove et Hearnville Road (SW12 8JZ)
Viande, volailles, fruits, légumes. Samedi matin 9h-14h.

Northcote Road Market
SW11 6QB
10h-18h du lundi au samedi. Très bons fruits et légumes, fleurs, boulangerie, viennoiseries, poissonnerie et divers stands.

Tooting Market
21-23 Tooting High Street, SW17 0SN
Marché couvert ouvert depuis plus de 100ans. Ouvert tous les jours. Fruits, légumes, épices, vêtements. Pas cher.

Commerces alimentaires

Whole Foods Market
305-311 Lavender Hill, SW11 1LN - 020 7585 1488
Supermarché bio de qualité. On y trouve même du pain Poilâne.

Hamish Johnston
48 Northcote Road, SW11 1PA - 020 7738 0741
Excellent fromager. Fromages français et délicieux fromages anglais à découvrir.

The Hive Honey Shop
93 Northcote Road, SW11 6PL - 020 7924 6233
www.thehivehoneyshop.co.uk
Magasin de miel de toutes sortes. Vous le goûtez avant de l'acheter. La ruche amuse beaucoup les enfants. Unique.

M. Moen & Sons
24 The Pavement, SW4 0JA - 020 7622 1624
Une boucherie comme en France. On y trouve même du lapin. Top qualité et grande variété.

Moxon's Fishmongers
020 8675 2468
Excellente poissonnerie, à la sortie du métro Clapham South. Fermée le lundi.

Cook
37 Abbeville Road, London SW4 9JX
020 8675 5369 - www.cookfood.net
Plats surgelés excellents. Sans colorants ni additifs. Plats familiaux (lasagnes, Shepherd's pie, tajines, curries....), gâteaux. Possibilité de commander sur internet également.

Dee Light Bakery
14 Ritherton Road, Balham, SW17 8QD
020 8672 0250 - http://deelightbakery.com
Délicieuse boulangerie-pâtisserie élue Baker of the Year 2015 par Farm Shop & Deli. Cours de cuisine pour enfants et adultes.

ANTIQUITÉS / ARTISANAT

General Auctions
Garratt Mills, Trewint Street, SW18 4HA
020 8870 3909 - www.generalauctions.co.uk
Salle de vente aux enchères : voitures, bijoux...

Merton Abbey Mills
20 The Long Shop, SW19 2RD - 020 8543 9608
www.mertonabbeymills.org.uk
Marché d'artisans. Boutiques, restaurants, ateliers de poterie.

Northcote Road Antique Market
155a Northcote Road, SW11 6QB - 020 7228 6850
www.northcoteroadantiques.co.uk
Véritable caverne d'Ali Baba *very british*. Tableaux, gravures, verreries, mobilier, argenterie, bijoux, nappes anciennes... ainsi que de belles commodes patinées. Prix souvent négociables. Ouvert tous les jours.

COUTURE

Fabrics Galore
52-54 Lavender Hill, SW11 5RH - 020 7738 9589
Superbes tissus (de marque) à prix imbattables.

Wimbledon Sewing Machine
293-312 Balham High Road, Upper Tooting, SW17 7AA - 020 8767 4724
Un vrai petit "Marché Saint-Pierre". Tout pour la couture et matériel *art and craft.*

DIVERS

Amélie's Follies
34 Webb's Road, Battersea SW11 6SF-020 7924 3826
Lingerie, maillots de bains, grandes marques françaises. Bons conseils. On y parle français.

GRANDS MAGASINS

St. John's Road, SW11
Dans cette rue interdite aux voitures (mais pas aux bus ni aux vélos), nombreux magasins dont Debenhams et TK Maxx.

The Southside Shopping Centre
181 Wandsworth High Street, SW18 4TF
020 8870 2141
Centre commercial. Parking. Waitrose, H&M, Poundland, Primark, Argos, Iceland, Boots et Décathlon. Cinéma.

MUSIQUE

Northcote Music Shop
155C Northcote Road, SW11 6QB
020 7228 0074
Vente et réparations d'instruments. Cours de guitare, piano, saxophone, flute,...

Drumshack
58 Lavender Hill, SW11 5RH
020 7801 6959 - www.drumshack.co.uk
Guitares, batteries, accessoires, neufs ou d'occasion. Cours de guitare et de batterie.

Orange & Lemons
61-63 Webbs Road, SW11 6RX - 020 7924 2040
Matériel Hi-Fi haut de gamme.

RUES COMMERCANTES

Bellevue Road (SW17), magasins très chics de vêtements et de chaussures.

Abbeville Road (SW4) ressemble plus à un petit village avec tout sur place (coiffeur, magasins chics de décoration, ...) et beaucoup de restaurants qui acceptent les enfants.

Northcote Road (SW11), avec son marché, ses magasins de divers styles (chic, sport, déco, antiquités, gadgets, ...).

Webb's Road: nombreuses boutiques typiques indépendantes.

St John's Road: magasins de chaîne (TK Maxx, Debenhams....).

Tooting High Street: Primark (l'équivalent de notre Tati national, mais avec la mode et le rangement en plus).

Sortir

PARCS ET AIRES DE JEUX

Clapham Common
Grand *playground* et bassin rempli d'eau l'été. Le *Bowling Green Cafe* (Clapham Common West Side, près des tennis) est le rendez-vous des mamans françaises et anglaises après l'école, dès qu'il fait beau. Fêtes foraines et cirques de passage.

Wandsworth Common
Etangs et canards. Très appréciable pour se promener en vélo et pour pique-niquer. Deux aires de jeux sécurisées et une aire de jeux réservée aux enfants handicapés de 5 à 14 ans *(Lady Allen Playground, Chivalry Road).*

Battersea Park
Adventure Playground pour les 5-16 ans. Toboggans, balançoires, etc. Entrée gratuite.

ANIMATIONS

Affordable Art Fair
www.affordableartfair.com
Dans Battersea Park, foire d'art contemporain chaque année en mars et octobre. Très courue.

Artist's Open House Wandsworth
www.wandsworth.gov.uk
En octobre chaque année, plus de 200 artistes vivant à Wandsworth ouvrent leurs portes au public.

Street Party
C'est une tradition assez répandue dans le quartier. Chacun cuisine un plat et tout le monde mange ensemble dans la rue (fermée à la circulation pour l'occasion). A ne pas manquer pour rencontrer ses voisins.

THÉÂTRE

Battersea Arts Centre (BAC)
Lavender Hill, SW11 5TN - 020 7223 2223
www.bac.org.uk
Centre culturel. Théâtre, mais aussi spectacles et concerts. Café sympa.

CINÉMA

Clapham Picture House
76 Venn Street, SW4 0AT - 0871 902 5727
www.picturehouses.co.uk
Situé à deux pas de la station de métro Clapham Common. 4 salles. Programmation de films français. Carte d'abonnement (tarifs avantageux). Projections le samedi matin pour les enfants de 3 à 12 ans (£3 la place, £1 si membre *Kids club*).

RESTAURANTS

Chez Bruce
2 Bellevue Road, SW17 7EG
020 8672 0114
Le seul restaurant 1 étoile au Michelin au sud de la Tamise! Réservation conseillée le week-end.

Bellevue Restaurant
218 Trinity Road, SW17 7HP
020 8767 5810
Bonne cuisine française pour un prix abordable.

Gazette
79 Sherwood Court, Chatfield Road, Battersea, SW11 3UY - 020 7223 0999
96-100 Balham High Road, SW12 9AA
020 8722 1232 - gazettebrasserie.co.uk
Authentique brasserie française.

Le Quecumbar
42-44 Battersea High Street, SW11 3HX
Brasserie. Concert de musique *live* presque tous les soirs. Pour les fans de Django Reinhardt et de la Gipsy Swing.

Thaï On the River
2 Lombard Road, Battersea, SW11 3RQ
020 7924 6090
Demander une table sur la Tamise.

PUBS

The Duke of Devonshire
39 Balham High Road, SW12 9AN - 020 8673 1363
Idéal avec les enfants avec son grand jardin avec terrain de jeux. *Sunday roast.*

The Nightingale
97 Nightingale Lane, SW12 8NX - 020 8673 1637
Typique *pub* de quartier, avec petit jardin à l'arrière. Enfants acceptés.

The Ship Inn
41 Jews Row, Wandsworth, SW18 1TB
020 8870 9667
Grand *gastro-pub* très sympa avec terrasse sur la Tamise. Ouvert depuis 1786. Restaurant à l'intérieur, très bonne ambiance. Idéal aux beaux jours avant ou après une balade le long de la Tamise.

The Bedford
77 Bedford Hill, Balham, SW12 9HD - 020 8682 8940
Pub très dynamique avec salle de concert intégrée. Concerts *live*, *"comedy club"* et cours de danse.

The Windmill
Clapham Common South Side, SW4 9DE
020 8673 4578
Pub sur Clapham Common. Feu de cheminée. *Fish and chips, Sunday roast*. Le pub propose même des chambres avec vue sur le Common. On se croirait à la campagne. Adresse originale pour loger famille et amis qui viennent vous rendre visite.

Wembley

Lycée International de Londres Winston Churchill

Wembley appartient au *Greater London* et constitue la partie Nord du *borough* de Brent, lui-même au Nord-Ouest de Londres (zone 4). Ce quartier est notamment connu pour avoir accueilli l'exposition coloniale de l'Empire britannique en 1924-1925. Plus récemment, le nouveau stade de Wembley et ses 90 000 places y a ouvert ses portes en 2007 et reçoit les finales de plusieurs tournois de football au Royaume-Uni ainsi que les concerts des grandes stars.

Largement habité par des familles, les Indiens forment la première communauté en nombre de ce quartier. On y trouve d'ailleurs l'impressionnant Mandir (temple indien) hindou traditionnel hors d'Inde, le *Neasden Temple*. Encore très résidentiel, les commerces, restaurants et cafés y sont rares. On peut toutefois espérer que le quartier se développe dans les prochaines années, avec l'ouverture récente du Lycée International Winston Churchill. A part quelques familles avec des enfants scolarisés au Lycée qui se sont installées dans un rayon de 200 mètres autour de la station de métro Wembley Park, ou plus au nord, à Kingsbury (reliant Canary Wharf par la ligne de métro Metropolitan Line), la tendance est plutôt d'aller vivre davantage dans les quartiers alentours plus au sud, longeant la ligne de métro *Jubilee Line*.

West Hampstead (➤ *Quartier Nord-Ouest)* desservi à la fois par l'*Overground* (pratique pour aller au Collège Français Bilingue de Londres à Kentish Town), la *Jubilee Line* et la station de train Thameslink (qui relient la City et King's Cross – pratique pour St Pancras International), ce quartier couvre une zone d'anciens jardins maraîchers. On y trouve quelques maisons (3/4 chambres à +£1,500/semaine) avec de grands jardins et des arbres centenaires…

Finchley Road (➤ *Quartier Nord de Hampstead Heath*), desservie par les deux lignes de métro *Metropolitan* et *Jubilee* est une option également, mais, comme tout grand axe, le quartier est assez embouteillé. L'axe parallèle Fitzjohn's Avenue, avec ses très bonnes écoles privées anglaises, dispose malheureusement d'un marché locatif très insuffisant.

Certains micro-quartiers, comme **Cricklewood**, au nord-ouest, ou **Fortune Green Road** à l'est (avec Heath Drive et Platt's Lane) disposent de quelques rues agréables avec des commerces.

Hampstead et plus au sud, **St John's Wood** (➤ *Quartier Hampstead et ses alentours*), sont décidément très chers (£2,000-£3,000 par semaine), à cause de la proximité de l'école américaine.

A savoir : comme il y a peu de communications transversales en transports en commun, tout se fait en voiture, d'où les nombreux embouteillages au moment du *school run* !

MB Camps

Et à consulter absolument le forum gratuit à but non lucratif *www.wembleywonderful.com* créé par une maman pour que la communauté des parents du Lycée International de Londres (futurs, à venir, potentiels), puisse échanger bons plans, adresses, etc... Modéré en anglais, toutes les langues sont permises pour poster et répondre! Recommandations sur le quartier, les activités, etc.

Petite enfance

Toutes les informations utiles sont regroupées sur le site du council : *www.brent.gov.uk*

NURSERY

St Nicholas Nursery School

22 Salmon Street, Kingsbury, NW9 8PN
020 8205 7153 - www.stnicholasnursery.org.uk
Reliée à l'école St Christopher, cette crèche accueille les enfants de 0 à 5 ans, à mi-temps ou plein temps. Elle est ouverte de 8 à 18h.

Ecoles

Le Brent peut se vanter d'abriter un très grand nombre d'écoles : 56 écoles primaires et 15 lycées, auquel est venu s'ajouter le tout nouveau Lycée International Winston Churchill.

ECOLE FRANCAISE

Lycée International de Londres Winston Churchill

Brent Town Hall, Forty Lane,
Wembley, HA9 9HD
www.lyceeinternational.london
Ecole française homologuée (primaire et secondaire). 500 élèves de la Grande Section de maternelle à la Première (capacité de 1 100 élèves à terme). Ouverture de la Terminale en 2017.
Situé dans un bâtiment classé de 1940 (ancien hôtel de ville de Brent), le second lycée français de Londres s'étend sur deux hectares, dont 12 000m2 tout juste rénovés et spécialement dédiés à l'enseignement. Gymnase, théâtre, piste d'athlétisme et bibliothèque CDI. Le primaire bénéficie d'un enseignement anglais très renforcé et la mise en place d'une section internationale, d'une filière ST2I (sciences de l'ingénieur) ou encore d'une préparation interne à Sciences po. sont également à l'étude. £9,770-£10,470/an, déjeuner et tablette compris. Nombreuses activités extra-scolaires. L'association des parents d'élèves est très active et accueillante (notamment avec un comité d'accueil des nouveaux parents).

ECOLES ANGLAISES

Gower House School

Blackbird Hill, Kingsbury, NW9 8RR
www.gowerhouseschool.co.uk - 020 8205 2509
Ecole privée. 2 ans ½ à 11 ans. Français enseigné à partir de 5 ans. Cours d'informatique dispensés à tous les niveaux. *Holiday clubs* proposés pendant les vacances scolaires et garde surveillée jusqu'à 18h. Environ £2,200 par an.

Fryent Primary School

Church Lane, Kingsbury, NW9 8JD
020 8205 4047 - www.fryent.brent.sch.uk
Ecole publique mixte, accueillant les enfants de 3 à 11 ans. Uniforme obligatoire. Plusieurs *After School Clubs* proposés : Choi Kwang Do (arts martiaux), gymnastique, danse. Candidature via le *London Borough of Brent Admissions Service* (schooladmissions@ brent.gov.uk).

St Christopher's Preparatory School

71 Wembley Park Drive, Wembley, HA9 8HE
020 8902 5069 - stchristophersschool.org.uk
Candidature via l'administration de l'école elle-même (stchris@happychild.co.uk). £2,730-£2,865 par an. Activités extra-scolaires: violon, violoncelle, flute, piano, théâtre, orchestre, *after-care* et *pastoral care.*

ECOLES BILINGUES

Saint Jérôme Church of England Bilingual School

120 - 138 Station Road, Harrow, HA1 2QB
www.stjeromebilingual.org
Ecole publique. Ouverture prévue en septembre 2016, clôture des inscriptions : 15 janvier 2016. Gratuite 4-11 ans.

ECOLES SECONDAIRES

Ark Academy

Forty Avenue, Wembley, HA9 9JR
020 8385 4390 - www.arkacademy.org
3-18 ans. Mixte. Uniforme obligatoire. *OFSTED outstanding.*

Michaela Community School

North End Road, Wembley, HA9 OUU
020 8795 3183 - mcsbrent.co.uk
Ouverte en Septembre 2014, école mixte,

Le stade de Wembley

Wikimedia commons

gratuite. Accueille les enfants de 11 à 18 ans. 120 places en *Year 7* chaque année. Activités extra-scolaires le mardi et vendredi : cours de débats, mandarin, football, *Maths Computer Club, Reading Club*.

Logement

Si vos enfants sont inscrits au Lycée International de Londres, soit vous jouez la carte du « au plus près » en choisissant de vous installer à Wembley, surtout si vos avez des petits que vous devrez accompagner en voiture, soit celle du « direct en métro », le long des lignes Jubilee et Metropolitan, qui desservent toutes les deux Wembley Park, la station du Lycée. Option à privilégier si vos avez des adolescents, le cadre de vie de Wembley n'étant pas particulièrement attrayant en dehors du centre commercial et du parc.
A Wembley, où de nombreux projets immobiliers sont en cours de construction, les familles francophones ont découvert une vraie vie de communauté, tout en se situant à 15 minutes de Baker Street.
Si vous désirez être plus proches du centre et goûter à l'effervescence de la vie londonienne à quelques encablures de métro de Wembley, plusieurs quartiers sympathiques sont possibles : Swiss Cottage (→ ***Hampstead et alentours***), St John's Wood, West Hampstead (→ ***Nord Ouest***), Willesden Green... La station Finchley Road, au sud de West Hampstead (→ ***Nord de Hampstead Heath***) est particulièrement pratique si vous avez des enfants scolarisés à Wembley, à l'EIFA ou à Jeannine Manuel : par la Metropolitan Line (un arrêt), c'est direct pour Wembley en 7 minutes chrono !
Vous pouvez également vous installer plus au nord, pour avoir plus d'espaces verts, comme à Pinner ou Harrow-on-the-Hill sur la Metropolitan Line, ou Barn Hill (quartier résidentiel en bord du Fryent Country Park en pleine mutation, où de nombreuses familles francophones se sont déjà installées), ou Stanmore, au bout de la Jubilee Line... et savourer la vie à la campagne.
Willesden Green, un quartier qui monte, avec de nombreux investissements publics, dont une magnifique bibliothèque peut être une option pour un logement moins cher et plus spacieux.
Vous pouvez utiliser votre voiture et donc élargir le périmètre de recherche (avec un petit bémol : la circulation, c'est quand même coton !), mais si vous avez des enfants scolarisés dans différentes écoles, vous pouvez choisir une option centrale pour tous. West Hampstead peut s'avérer un bon point de ralliement, car le quartier est desservi à la

fois par l'Overground, le train et le métro. Marylebone (→ *Westminster Nord*) est une autre possibilité.

Transports

Le quartier est principalement desservi par le métro (zone 3) : la station Wembley Park sur la Jubilee Line et la Metropolitan Line est à quelques minutes de marche du Lycée International.

Sports

CLUBS MULTISPORTS

Vale Farm Sports Center
Watford Road, North Wembley, HA0 3HG
020 8908 6545 - http://www.everyoneactive.com
Centre sportif disposant d'une piscine, d'une salle de sport, de terrains de badminton, tennis, squash, ping-pong, football. Cours de self-défense pour les femmes, judo, trampoline, £6 par cours. Camps pour les enfants pendant les vacances.

Willesden Sports Centre
Donnington Road, NW10 3QX - 020 8955 1120
www.1life.co.uk
Football, fitness, piscine, tennis, ping-pong, basket-ball, volley-ball, dojo et cricket.

Lifestyle Fitness
Empire Way, Wembley, HA9 0NH
03300 553546 - www.lifestylefitness.co.uk
Salle de sport, abonnement ou à la journée.

GYMNASTIQUE

Harrow School of Gymnastics AE
186 Christchurch Avenue, Harrow, Wealdstone, HA3 5BD - 020 8427 5611
www.harrowschoolofgymnastics.co.uk
Gymnastique pour tous, à partir de 3 ans. Cours pour adultes le soir. Stages pendant les vacances scolaires anglaises. Championnats.

Activités artistiques et culturelles

Le *borough* de Brent est un quartier très actif pour les jeunes enfants, il encourage les mamans à sortir de chez elles le plus possible, avec de nombreux *children centers* et des rendez-vous en anglais et souvent en français (lecture, comptines chants...) dans les bibliothèques.

Santé

NHS

Wembley Park Medical Centre
21 Wembley Park Drive, Wembley, HA9 8HD
020 8903 6033
www.wembleyparkdrive.co.uk
Le *GP* Juliette Ross est française et spécialiste en rhumatologie et acupuncture.

MÉDECINE PRIVÉE

Wembley Physiotherapy Service
5 The Dene, Wembley HA9 7QT
020 8900 1554
www.wembleyphysio.co.uk
N.A. Brill, physiothérapeute suisse, parle anglais, allemand et français. A 15 mn à pied de Wembley Park. Pas de consultation le week-end.

Achats

Les familles effectuent leurs achats "à l'Outlet" ou à Brent Cross ou se déplacent facilement dans le centre de Londres en métro (Baker Street est à 13 mn et Bond Street à 20 mn). Pratique : un supermarché ASDA se trouve juste en face du Lycée International. On trouve les "pulses" et épices indiennes dans le quartier indien Neasden.
Bon à savoir : un magasin Ikea est accessible en 10 mn à voiture à Brent Cross.

London Designer Outlet
Wembley Park Boulevard, Wembley, HA9 0KL
020 8912 5210
www.londondesigneroutlet.com
Grand centre commercial proche du Lycée. Cinéma et restaurants. De très bons prix!

Brent Cross Shopping Center
Hendon, NW4 3FP – 020 8202 8095
www.brentcross.co.uk
Autre centre commercial, au Nord de Wembley.

Sortir

Neasden Temple
BAPS Shri Swaminarayan Mandir
105-119 Brentfield Road, Neasden, NW10 8LD
Premier temple hindou (*mandir*) à être construit en Europe selon les règles ancestrales de l'architecture védique (sans utilisation aucune de fer ou acier), *Neasden*

Neasden Temple

Temple, de son vrai nom *Shri Swaminarayan Mandir*, est situé à 20 mn à pied de la station de métro Neasden. Sa construction a duré 3 ans et a été entièrement financée par la communauté hindoue (plus de 3 000 volontaires ont participé aux travaux). Temple et centre d'éducation, *Neasden Temple* est ouvert au public toute l'année. Vous devrez laisser vos effets personnels (sacs et appareils photo) auprès du service de sécurité, éteindre vos téléphones portables et enlever vos chaussures à l'entrée du bâtiment.
L'entrée est gratuite, à l'exception de l'exposition *Understanding Hinduism* (£2), utile pour comprendre les valeurs de l'hindouisme, notamment la présence de Dieu en toute chose. Terminez votre visite par un déjeuner au restaurant Shayona: vous y découvrirez l'essence même de la cuisine hindoue végétarienne, sans ail, sans oignon et sans alcool. Le supermarché attenant regorge de denrées exotiques, riz vendu par sacs de 5 à 20 kg, farines de toutes sortes, graines, fruits secs, etc.... Un vrai dépaysement total, hors du temps et de l'espace.

RESTAURANTS

Young's Peking Restaurant
329 Harrow Road, Wembley, HA9 6BA
020 8902 2836 - www.youngspeking.co.uk
Petit restaurant chinois authentique.

Ma-Karm Thai Cuisine
The Plough, 253 Ealing Road, Alperton, HA0 1ET - 079 4961 0857
www.makarmthaicuisine.co.uk
Excellent restaurant thai.

Watkin's Folly Bar & Restaurant
Empire House Business Center, 1 Empire Way, Wembley, HA9 0EW
020 8902 9944 - www.watkinsfolly.co.uk
Restaurant irlandais dans Wembley Park. 6 écrans géants pour suivre les matchs de rugby et les concerts.

Momo House
2 Glenmore Parade, Ealing Road, Wembley, HA0 1JT - 020 8902 2307 - www.momo-house.co.uk
Restaurant halal, indien et népalais. Livraison possible. Prix intéressants.

Arena Meze Bar
307 Harrow Road, Wembley, HA9 6BD
020 8902 1849 - www.arenarestaurant.co.uk
Restaurant grec. Musique *live* le samedi soir.

MB Camps

Westminster Nord

Bayswater
Marylebone
Paddington

En retrait des circuits touristiques et des quartiers ultra-chics se cachent deux petits havres de paix: **Marylebone** (W1) et **Bayswater** (W2). **Paddington** (W2), pour sa part, est un quartier de gare, mais comprend quelques enclaves résidentielles.
Située à quelques pas de **Regent's Park** et d'**Oxford Street**, la rue de Rivoli londonienne (la plus polluée de Londres), **Marylebone**, est empreinte de l'esprit de village dont sont si fiers les Anglais, en particulier autour de **Marylebone High Street,** qui a su garder le charme des rues commerçantes d'antan. Ici, les rues sont propres et les *mews* bien entretenues, un charme discret et très britannique règne sur le quartier et de nombreux squares offrent autant de verdure que d'espace aux grandes bâtisses victoriennes. Marylebone est aussi connu pour **Harley Street,** la rue des médecins qui ont traditionnellement établi leur cabinet de consultation le long de cette grande artère .
A l'Ouest, de l'autre côté d'**Edgware Road** commence **Bayswater**, quartier mixte qui mêle immigrants de tous bords, étudiants et nombreux touristes. C'est un quartier relativement tranquille, très bien situé entre **Hyde Park**, la fameuse **gare de Paddington** –d'où vient l'ours du même nom– et **Queensway**, grande rue commerçante qui annonce le début de **Notting Hill**. La banalité des constructions cache souvent la qualité de vie de ses habitants, qui bénéficient d'impôts réduits et de nombreux services et équipements offerts par le riche *borough* de Westminster.

Petite enfance

DAY-NURSERIES

Hope Montessori Nursery School
11A West End Quay, South Wharf Road, Paddington, W2 1JB - 020 3075 0170
et *57 Marylebone Lane, W1U 2NT*
079 1984 4853
www.hopemontessorischool.com
0-8 ans. Activités : théatre, yoga, espagnol.

Micky Star Community Nursery
58-61 St Michael Street, W2 1QR
020 7262 5590
0 mois à 5 ans. Journée 8h-18h ou *drop in.*

Paint Pots Montessori School
St Stephens Church, Westbourne Park Road, W2 5QT - 020 7223 0123
www.paint-pots.co.uk
2 ans ½ - 5 ans. 9h15-12h30 et 13h-15h45. £2,170/trimestre pour 5 demi-journées, £3,510 pour 5 journées et 4 après-midi (nécessité d'apporter un déjeuner pour l'enfant). Pas de cour. *OFSTED outstanding.*
et *St John's Parish Hall, Hyde Park Crescent, W2 2QD - 020 7402 2529 - www.paint-pots.co.uk*
Grande cour (ce qui est rare) utilisée le plus souvent possible.

Ravenstone Pre-Preparatory School
The Long Garden, St George's Fields, Albion Street, W2 2AX - 020 7262 1190
2 mois-7 ans. 8h-18h. Plus de 100 places. £1,940/mois (plein temps) en *nursery.*

MOTHER & TODDLER GROUPS

Gymboree Play & Music
Whiteleys, 1rst floor, Queensway, Bayswater, W2 4YN - 020 7229 9294 - www. gymboree-uk.com
Jusqu'à 5 ans. 1ère session gratuite.

Marylebone Library
109-117 Marylebone Road, NW1 5PS
0-2 ans : mardi 10h30. Moins de 5 ans : vendredi 15h45. Gratuit.

Paddington Children's Library
Clifford Hall, Porchester Road, W2 5DU
Sessions gratuites *Under 5's* mercredi et vendredi 10h30-11h30.

St John's Hyde Park
Hyde Park Crescent, W2 2QD
020 7262 1732
Under 5s Playgroup. Mardi et jeudi, de 10h à 11h30. Quarantaine d'enfants. £1 par session.

St Mary's Church Toddler Group
Wyndham Place, W1H 1PQ - 020 7258 5040
6 mois-3 ans. £3 par session ou £25 pour le trimestre. Jeudi et vendredi 9h30-13h. Liste d'attente.

Toddlers and Mums Montessori
St Stephen's Church, St Stephen's Crescent, W2 5QT - 020 7243 4227
4 mois-5 ans, accompagnés d'un parent. Lundi-vendredi, 10h-12h.

PLAYGROUPS

St John's, Hyde Park
Hyde Park Crescent, W2 2QD
stjohnsplaygroup@hotmail.co.uk
Mercredi de 15h45-17h15. -5 ans. £1/session.

Ecoles

ECOLES FRANÇAISES

Les Trois Oursons
Lower Ground Floor, 170 Gloucester Terrace, Paddington Gate, W2 6HS - 020 7099 0452
www.oursons.co.uk
Ecole maternelle privée bilingue. 10 mois à 5 ans. Lundi-vendredi 8h à 18h. 54 places. Mi-temps possible.

L'Ecole bilingue
St David Welsh Church, St Mary's Terrace, Paddington, W2 1SJ - 020 7224 8427
www.lecolebilingue.com
3-11 ans. Ecole française homologuée (primaire) bilingue permettant de s'orienter au choix dans le secondaire français ou anglais. Donne sur le *green* de Paddington. *OFTSED outsanding*. £2,885-£3,115/trimestre.

ECOLES ANGLAISES

Nurseries & primary schools

Connaught House School
47 Connaught Square, W2 2HL
020 7262 8830
www.connaughthouseschool.co.uk
A Marble Arch. 4-11 ans (8 ans pour les garçons). *Independent school* mixte. Petite école, bonne ambiance. Pas de cour, le sport se fait au parc. Quelques places pour les filles de 8 ans. *OFTSED outsanding*.

Hampden Gurney CofE Primary School
Nutford Place, W1H 5HA - 020 7641 4195
www.hampdengurneyschool.org.uk
3-11 ans. 230 élèves. Gratuite, mais il faut fournir un certificat de baptême chrétien lors de l'inscription (qui reste sujette à des critères d'admission). Si vous habitez dans les environs et avez décidé de tenter l'expérience de l'éducation anglaise, cette école bénéficie d'un environnement hors du commun (construction ultramoderne) et d'une équipe pédagogique dévouée digne des meilleures *prep-schools* privées. *OFSTED outstanding*.

Saint James's and Saint Michael's CofE Primary School
4 Craven Terrace, W2 3QD - 020 7641 6218
www.stjamesandstjohnschool.co.uk
3-11 ans. Mixte. 186 élèves. Ecole typique de ce quartier avec de nombreux élèves d'origine étrangère, bien cotée par l'*OFSTED*.

St Mary's Bryanston Square Primary School
Enford Street, W1H 1DL - 020 7641 4130
www.stmary.bryanston.net
3-11 ans. 239 élèves. Mixte. Bien notée par l'*OFSTED*.

Queen's College Preparatory School
61 Portland Place, W1B 1QP
020 7291 0660 - www.qcps.org.uk
Independent School de filles 4-11 ans. £4,610/£4,985 par trimestre.

Wetherby Preparatory School
48 Bryanston Square, W1H 2EA
020 7535 3520 - www.wetherbyprep.co.uk
Prep-school privée de garçons 7-13 ans. £6,035 par trimestre. Liée avec *Wetherby School* (➤ *Quartier Notting Hill*). 210 élèves. Ecole très huppée, qui prépare aux meilleures écoles privées secondaires. Ouverte aux enfants étrangers s'ils sont bilingues. Très académique et traditionnelle.

Secondary schools

Francis Holland School
Regent's Park, Clarence Gate, Ivor Place, NW1 6XR - 020 7723 0176 - www.fhs-nw1.org.uk
Independent school Church of England pour filles, 11-18 ans. £5,900 par trimestre, déjeuner compris. Très bonne école, axée sur le sport, excellents résultats académiques.

Queen's College London
43-49 Harley Street, W1G 8BT
020 7291 7000 - www.qcl.org.uk
Independent school pour filles 11-18 ans. Environ 340 élèves. £5,620 par trimestre. Cours individuels de musique: £210 par trimestre. Orientation langues et arts, bonne offre de sports. Entrée possible à 11 ans sur examen (*North London Consortium exam*) et en *6th Form* à 16 ans sur dossier. Liée à ***Queen's College Prep*** pour le primaire. (*Voir ci-dessus*).

Portland Place School
56-58 Portland Place, W1B 1NJ
020 7307 8700 - www.portland-place.co.uk
Independent school mixte, 11-18 ans. Environ 150 élèves. £6,330 par trimestre. L'une des rares écoles privées de Londres ne pratiquant pas d'admission sélective, mais qui obtient malgré cela de bons résultats.

St Marylebone CofE School
64 Marylebone High Street, W1U 5BA
020 7935 4704
Academy. Filles, 11-18 ans, quelques garçons en *6th Form*. Sur deux sites (*Blandford Street* pour les plus de 16 ans). Gratuite. Beaucoup d'options. L'une des meilleures écoles secondaires "publiques" de Westminster. Admission sur critères religieux et de proximité. *OFSTED outstanding.*

ECOLE INTERNATIONALE

South Bank International School
63-65 Portland Place, W1B 1QR - 020 7436 9699
www.southbank.org
11-18/19 ans. £8,260-£8,995 par trimestre. Baccalauréat International.

Ecole Internationale Franco-Anglaise (EIFA)
36 Portland Place, W1B 1LS - 020 7637 5351
www.ecole-ifa.com
Ecole primaire bilingue homologuée, membre du réseau de la Mission Laïque. Programme français enseigné en français et en anglais. £4,950-£5,190/trimestre. 4 classes de collège (une par niveau) et projet d'ouverture d'un lycée à proximité en 2017 préparant au bac international en français et en anglais.

Ecole Jeannine Manuel
43-45 Bedford Square, Bloomsbury, WC1B 3DN
contact@jmanuel.uk.net
www.ecolejeanninemanuel.org.uk
Ecole bilingue non homologuée, tout près du *British Museum*, accueille 480 élèves de toutes nationalités de la moyenne section à la 5ème (et progressivement 1 300 élèves jusqu'à la terminale, avec un baccalauréat à option internationale et un baccalauréat international). £15,000/an (assistance financière allouée à 20% des élèves par la Fondation Jeannine Manuel).

Logement

Bayswater reste encore de nos jours un quartier boudé par les familles françaises. Principalement résidentiel, si l'on exclut les artères principales qui le délimitent, il regorge pourtant de nombreuses maisons et grands appartements. Il se divise en trois grandes zones.

Entre Marble Arch et Lancaster Gate, au Sud de Sussex Gardens, la zone la plus chère du quartier, car bordant Hyde Park. On y trouve de grandes maisons, quelques *mews* et de grands appartements. Du fait qu'une partie de cette zone a été détruite durant la Seconde Guerre Mondiale, les immeubles et maisons particulières datant de la fin des années 60 proposent le plus souvent des garages et de grandes baies vitrées.

Au Nord de Sussex Gardens, le quartier de Paddington: petits appartements dans les rues très proches de la gare. Cette zone est indéniablement, sur quelques centaines de mètres, un "quartier de gare". Par contre, entre St Mary's Hospital et Edgware Road, un complexe immobilier ultra moderne et luxueux amorce un renouveau du quartier.

Entre Lancaster Gate et Queensway, d'anciennes bâtisses victoriennes ont été transformées pour abriter de nombreuses familles au calme. Les habitations de cette zone sont à des prix raisonnables.

Comme dans tout le centre de Londres, les prix à la location comme à l'achat varient d'une rue à l'autre. Location d'un appartement de 3/4 chambres: de £600 à £1,450 par semaine. Les maisons, très prisées, à nombre de chambres égal, sont sur le marché entre £850 et £2,000 par semaine.

Juste à coté, encore plus près du centre, le quartier de **Marylebone** est assez homogène: grandes bâtisses autour de squares privés, petites maisons, *mews* rénovées et quelques grands immeubles victoriens en briques rouges. De-ci de-là, quelques immeubles modernes offrent les rares parkings souterrains disponibles dans le quartier.

Marylebone bénéficie d'un marché immobilier stable et malgré sa position géographique, reste plus abordable que son voisin Mayfair. Un appartement comportant 3/4 chambres à la location varie de £650 à £2,200/semaine. Les maisons disponibles seront dans la même tranche de prix, mais plutôt supérieure.

Ces deux quartiers bénéficient d'impôts locaux (*council tax*) parmi les plus bas du centre ville.

La gare de Paddington

Transports

Bayswater comme Marylebone disposent d'un accès facile aux principales lignes de bus et de métro qui traversent Londres. La station Baker Street dessert Wembley par la Metropolitan Line en deux stations seulement.

Sports

(A Adulte, E Enfant)

CLUBS DE SPORT

YMCA Club A

112 Great Russell Street, WC1B 3NQ
020 7343 1700 - www.ymcaclub.co.uk
Immense club de sport très bien équipé ouvert 7j/7. Piscine. Studio de Pilates (possibilité d'abonnement séparé). Garderie. Tarifs étudiants.

Seymour Leisure Centre AE

Seymour Place, W1H 5TJ
020 7535 2020 - www.gll.org
Centre municipal avec piscine. Nombreuses activités, y compris des cours de plongée et de *kick-boxing*, le samedi et le dimanche pour les enfants. Mur d'escalade. *Memberhip* et possibilité de *pay & play*.

Porchester Centre AE

Queensway, Bayswater, W2 5HS
020 7792 2919 - www.better.org
Centre municipal avec piscine. Nombreuses activités, yoga, Pilates, aérobic et karaté pour les enfants. A côté, le Spa propose une expérience de hammam: succession de pièces chaudes et de piscines froides, dans un décor original art-déco. *Membership* et possibilité de *pay & play*.

CRICKET

MCC Cricket Academy AE

Lord's Cricket Ground, St John's Wood Road, NW8 8QN - 020 7616 8612
www.lords.org/mcc/cricket-academy
Un sport culte en Angleterre ! Cours d'une heure (£17), les lundi et jeudi de 17h à 18h ou de 3 heures (£51) le samedi de 10h à 13h pour les 8-16 ans. Stages de deux jours pour les 8-18 ans pendant les vacances de Pâques anglaises.

DANSE

Danceworks A

16 Balderton Street, W1K 6TN
020 7629 6183 - www.danceworks.net

Equitation dans Hyde Park

Très grand choix de cours, ballet, danse moderne, hip-hop, yoga, claquettes, zumba, arts martiaux. Plusieurs niveaux. Prix raisonnables.

EQUITATION

Ross Nye Stables AE

8 Bathurst Mews, W2 2SB - 020 7262 3791

Ecoles d'équitation à partir de 6 ans. Du mardi au vendredi de 7h à 18h, le week-end de 9h à 17h. Manège. Poney-club. Les sorties se font dans Hyde Park. Cher (£75/heure pour un cours particulier).

FOOTBALL AE

Le samedi matin 9h30-11h30, dans Hyde Park, entraînement et matchs de football pour les enfants sur le grand terrain situé à proximité des tennis. Pas d'inscription à l'avance. De nombreux matchs informels ont lieu dans Hyde Park et Regent's Park le week-end.

PATINOIRE

Queens Ice and Bowl AE

17 Queensway, Bayswater, W2 4QP

020 7229 0172 - www.queensiceandbowl.co.uk

Cours collectifs pour enfants de plus de 5 ans d'une demi-heure par niveau le samedi matin, sessions de 6 semaines (£72). Les cours commencent en septembre et suivent le calendrier scolaire anglais. Le prix comprend l'entrée et les enfants peuvent patiner après. Cours très populaires, il faut s'inscrire à l'avance. Cours pour adultes également (£14.50). Parfait pour une sortie en famille. Ce complexe abrite aussi un *bowling*.

TENNIS

Regent's Park Tennis Centre AE

York Bridge Road, Inner Circle, NW1 4NU

020 7486 4216 - www.willtowin.co.uk

Ouvert 9h-21h toute l'année. Courts éclairés. Cours pour 3-16 ans et pour adultes. Stages.

The Hyde Park Tennis Centre

South Carriage Drive, W2 - 020 7262 3474

www.willtowin.co.uk

6 courts dans un cadre idyllique. Proximité d'un minigolf de 12 trous, que les enfants peuvent parcourir seuls. Cours individuels et collectifs. Stages pendant les vacances scolaires anglaises.

Activités artistiques et culturelles

COURS POUR ADULTES

Westminster Adult Education Service

219 Lisson Grove, NW8 8LW

020 7297 7297 - www.waes.ac.uk

Cours d'anglais, tous niveaux, gratuits pour tous les ressortissants de l'UE. Nombreuses activités (photo, couture, informatique, musique...) réparties sur plusieurs centres à Westminster. Certains proposent une garderie pour vos enfants pendant les cours.

THÉÂTRE

Sylvia Young Theatre School AE

1 Nutford Place, W1H 5YZ - 020 7258 2330

www.sylviayoungtheatreschool.co.uk

Cours d'une journée le week-end (£95), les mercredi et vendredi soir pour les adultes et stages pendant les vacances scolaires anglaises.

Harley Street

Santé

SYSTÈME PUBLIC: NHS

GPs

Pour trouver le *GP* le plus proche de chez vous, utilisez le service de recherche du site *www.nhs.uk*

Si votre *GP* ne peut pas vous recevoir et que vous voulez un rendez-vous le jour même (pour rhumes, petites brûlures, gros hématomes, etc.), la *NHS* propose un service de *walk-in centre,* équivalent de nos dispensaires. Un seul site situé à Leicester Square dessert tout Westminster:

Soho NHS Walk-in Centre
1 Frith Street, W1D 3HZ - 020 7534 6500
Lundi-vendredi 8h-20h, samedi et dimanche 10h-20h. Après 18h, il est conseillé de téléphoner avant de vous déplacer.

Hôpitaux

Westminster est divisé en quatre zones en ce qui concerne l'organisation de ses hôpitaux. Suivant l'adresse de votre *GP* (qui dépend elle-même de votre propre adresse), vous serez dirigé, en cas de besoin, vers l'hôpital couvrant votre zone géographique.

Chelsea and Westminster Hospital
369 Fulham Road, SW10 9NH
020 3315 8000 - www.chelwest.nhs.uk
Service d'urgences pédiatriques. Nombreuses spécialités (cardiologie, cancérologie, diabète, dermatologie, chirurgie, gynécologie). Centre de FIV, plusieurs médecins français.

St Mary's Hospital
Praed Street, W2 1NY - 020 3312 6666
www.imperial.nhs.uk/stmarys
Service d'urgences pédiatriques. Plus de 50 spécialités.

Western Eye Hospital
153-173 Marylebone Road, NW1 5QH - 020 3312 6666
Service d'urgences ophtalmologiques de qualité.

MÉDECINE PRIVÉE

Cardiologie

The Heart Hospital
16-18 Westmoreland Street, W1G 8PH
020 3456 7898 - www.uclh.nhs.uk
Centre spécialisé en cardiologie. Centre de recherche de pointe.

Cabinets dentaires avec praticiens français

Dr Archangel de la Valette & Associés
8 Westbourne Grove, W2 5RA - 020 7229 6622
Soins dentaires au laser, implants, soins gratuits pour les enfants. *NHS.*

The Ivory Dental Studio
179 Gloucester Place, NW1 6DX - 020 7224 8558
www.theivorydentalstudio.co.uk
Dr Pauline Abitbol.

The Baker Street Dental Clinic
102 Baker Street, W1U 6FY
020 7486 1047 - www.bakerstreetdental.com

European Dental Centre
2 Harley Street, W1G 9PA
020 7436 6196 - www.europdental.com

Cliniques

French Medical Clinic
14 Harley House, Brunswick Place, NW1 4PN
020 7486 3903 - www.frenchmedicalclinic.org.uk
Dr Jean-Marie Sandor (généraliste, adultes, enfants).

The London Clinic
20 Devonshire Place, W1 6BW
020 7935 4444 - www.lonclin.co.uk
Nombreuses spécialités, dont une unité récemment ouverte pour le cancer. Très réputée.Dr Jean-François Charles (généraliste).

Harley Street Clinic
35 Weymouth Street, W1G 8BJ - 020 7935 7700
www.theharleystreetclinic.co.uk
24h/24.

Dermatologie

Dr Véronique Bataille
Princess Grace Hospital, Outpatient Department
47 Nottingham Place, W1U 5LZ - 018 9562 8836
www.dermatology-consultant.co.uk

Gynécologie-Obstétrique - Pédiatrie

The Portland Hospital for Women and Children
205-209 Great Portland Street, W1W 5AH
020 7580 4400 - www.theportlandhospital.com
Dr Claudine de Munler-Jauniaux (pédiatre)
Pr Eric Jauniaux (obstétricien : 020 7390 8113)
La maternité des stars. L'environnement est évidemment beaucoup plus agréable que celui proposé dans les hôpitaux *NHS*. Parfait pour les grossesses sans risque couvertes par une bonne mutuelle. Toutes les spécialités de pédiatrie. Rendez-vous très rapides.
£150 / consultation simple (hors examens).

Ophtalmologie

Western Eye Hospital
Voir ci-dessus. De nombreux ophtalmologistes de renom ont un cabinet privé au sein de cet hôpital, ce qui donne accès à tout un équipement, qu'ils n'ont pas forcément à une adresse sur Harley Street…

University College Hospital
250 Euston Road, NW1 2RG - 020 3456 7890
Très bon département d'ophtalmologie spécialisé pour les enfants.

Massages

Chi Yu Wellness Centre
36 George Street, W1U 7DR
020 7486 0304 - www.chi-yu.co.uk
Massages japonais et autres massages thérapeutiques.

Achats

Les habitants de **Bayswater** ont le choix entre le **centre commercial Whiteleys** à Queensway, le plus grand du centre Londres et les commerces de **Portobello Road / Westbourne Grove** (→ *Quartier Notting Hill*). Ceux de **Marylebone** ont tout sous la main sur la High Street. Enfin, la proximité d'Oxford Street donne accès à une multitude de grands magasins: **Marks & Spencer, Selfridges, House of Fraser, Apple** ou encore le très fameux **John Lewis**.
Voir sur le site *www.streetsensation.co.uk* tous les commerces listés par rue commerçante.

ALIMENTATION

La plupart des commerces alimentaires haut de gamme se concentrent autour de Marylebone High Street.

Alfie's Antique Market

Marchés

Church Street Market
NW8
Ce petit marché d'alimentation quotidien en plein air grandit le vendredi et se développe en grand marché général le samedi.

Marylebone Farmer's Market
Cramer Street Car Park, W1
Juste derrière Marylebone High Street, marché de produits fermiers vendus en direct. Le plus grand du centre de Londres. Dimanche 10h-14h.

Autres commerces

Boutiques de meubles et de décoration, plutôt antiquités, sur **Church Street**. Au bout, ne pas manquer **Alfie's Antique Market**, des stands couverts vendant diverses antiquités ou brocante et quelques vendeurs de meubles italiens neufs.

Whiteleys
151 Queensway, W2 4YN
Grand centre commercial dans un immeuble classé. Trois niveaux de boutiques, cinémas.

Nombreuses boutiques de mode sur et dans le quartier de **Marylebone High Street:** Agnes B, Sixty 6, The White Company, Ronit Zilkha, Monsoon, Fen Wright Manson…

James Smith & Sons
53 New Oxford Street, WC1A 1BL
Magasin spécialisé dans les parapluies.
So british!

Sortir

Balade en péniche sur Regent's Canal
A ne manquer sous aucun prétexte, dès les beaux jours. Prendre la péniche **Jason's Trip à Little Venice** (5 mn à pied de la gare de Paddington). Vous êtes transportés au fil de l'eau dans ces vieilles péniches autrefois tirées par des chevaux. Au bout de la balade se trouve le **Camden Lock Market**, un marché très hétéroclite et très sympathique. Il est possible de revenir par le même chemin ou en bus **(27)**.

Pour les adeptes des **promenades en vélo**, Hyde Park reste à quelques coups de pédales de Bayswater et Marylebone. Sinon, une piste traverse Bayswater d'Ouest en Est pour continuer en longeant au nord de Marylebone, avec une desserte de Regent's Park et de Saint James's Park (via Mayfair).

Connaught Village Christmas Market
Une fois par an, en général durant la première semaine de décembre, les habitants et les commerçants organisent une petite fête pour célébrer l'esprit "village" du quartier. Un bon moyen de rencontrer de nouveaux arrivants ou d'écouter les Anciens parler de Londres d'avant la guerre…

Horseman's Sunday
Chaque 3e dimanche de septembre, à l'issue du service, rassemblement de plus d'une centaine de cavaliers devant l'église St John, à Hyde Park Crescent. Le pasteur à cheval mène la parade célébrant l'équitation dans Londres et bénit les chevaux.

Le week-end, participer en famille aux activités de la **Wallace Collection.**

Wigmore Hall: petite salle de concerts d'une remarquable acoustique. Nombreux récitals dont certains spécialement destinés aux enfants.

RESTAURANTS

Angelus
4 Bathurst Street, W2 2SD - 020 7402 0083
www.angelusrestaurant.co.uk
Restaurant gastronomique dans une ambiance de brasserie. Cuisine française. Bonne carte de vins français. Très bon rapport qualité/prix.

Bombay Palace
50 Connaught Street, W2 2AA - 020 7723 8855
Très bonne cuisine indienne.

Golden Hind
73 Marylebone Lane, W1U 2PN - 020 7486 3644
Fish & Chips centenaire, un pionnier du genre. *BYO (bring your own bottle + £1).*
Fermé le dimanche.

Royal China
13 Queensway, W2 4QJ - 020 7221 2535
www.rcguk.co.uk
Le temple du *Dim Sum* hongkongais, ces petites bouchées à la vapeur aux parfums délicats. Très bon rapport qualité/prix. Beaucoup de monde. Pas de réservations.

Spice of India
12A Bathurst Street, W2 2SD - 020 7262 5603
www.spiceofindialondon.co.uk
Petit restaurant indien sans prétention, mais cuisine impeccable et délicieuse. Curry, tandoori. Très bon rapport qualité/prix.

Maroush
21 Edgware Road, W2 2JE - 020 7723 0773
www.maroush.com
L'adresse incontournable pour manger libanais à Londres. Plats toujours frais et délicats, service impeccable.

NoorJahan 2
26 Sussex Place, W2 2TH - 020 7402 2332
www.noorjahan2.com
Excellent Indien, cuisine et cadre raffinés.

PUBS

The Chapel
48 Chapel Street, NW1 5DP - 020 7402 9220
www.thechapellondon.com
Gastro-pub charmant, lumineux et propre. Menu au-dessus de la moyenne. Ici, pas de *Fish & Chips*, mais des plats savoureux et une terrasse ombragée parfaite en été pour savourer une pinte. Idéal avec des enfants.

The Prince Bonaparte
80 Chepstow Road, W2 5BE - 020 7313 9491
www.theprincebonapartew2.co.uk
Gastro-pub sympa. Un peu bondé le week-end.

The Victoria
10A Strathearn Place, Paddington, W2 2NH
020 7724 1191 - www.victoriapaddington.co.uk
Pub typique, beaucoup de charme. On peut y réserver une salle pour des fêtes privées.

The Windsor Castle
27-29 Crawford Place, W1H 4LJ - 020 7723 4371
Pub thaï avec déco originale, où vous découvrirez tout sur la famille royale. Très bonne cuisine.

Westminster Sud

Belgravia
Pimlico

Si Londres nous semble souvent charmant par ses mélanges de genres, les quartiers de Belgravia et Pimlico nous rappellent qu'un certain cloisonnement est toujours présent au cœur de la société britannique.

Nous voici donc plongés dans le monde d'Alice au Pays des Merveilles.

D'un côté, **Belgravia**, où la Dame de Cœur a dû fortement influencer les ancêtres du Duc de Westminster (propriétaires des terres et d'une grande partie des immeubles depuis 1677) dans la gestion de leur patrimoine. Ici, les espaces verts sont taillés au centimètre près, les façades extrêmement bien entretenues, la chaussée toujours immaculée et les comportements exubérants absents. L'omniprésence de la police et des gardes privés des très nombreuses ambassades ajoute à cette atmosphère feutrée une impression de sécurité. C'est là que réside le charme de ce quartier: à l'abri des grandes bâtisses quelque peu impressionnantes, se trouvent des petites rues parsemées de maisonnettes charmantes, dont le calme en fait rêver plus d'un après une longue journée...

Puis soudainement, au sud-est de **Buckingham Palace Road**, tout change. Les rues s'animent, les façades se colorent et l'on s'attendrait presque à voir le lièvre de Mars sortir en courant de **Victoria Station**.

Pimlico, ce quartier qui, il y a encore 20 ans, souffrait d'une très mauvaise réputation, a été peu à peu reconquis par les jeunes en début de carrière à la recherche d'un appartement dans le centre.

Coincé entre **Chelsea** (à l'ouest), **Belgravia** (au nord) et **Westminster** (au nord-est), bordé par la Tamise, Pimlico est un quartier résidentiel sans prétention. Certes, une trentaine de députés y ont élu domicile pour être à quelques pas du Parlement, mais la force de ce quartier réside dans sa proximité des centres de vie (**Kensington**, **Chelsea** ou même **Oxford Street**) et dans son potentiel de développement qui devrait se prolonger dans les années à venir.

Belgravia et **Pimlico** (SW1) restent des quartiers principalement résidentiels, vides de centres de vie conséquents. Leurs habitants tendent à choisir entre South Kensington, Chelsea ou même parfois le triangle Bond Street-Regent Street-Oxford Street pour animer leur quotidien. Les formalités administratives sont les mêmes que celles décrites dans le chapitre consacré à **Westminster Nord**.

Référence :
www.grosvenorlondon.com, site du *trust* qui possède l'essentiel de l'immobilier de ces quartiers. Il maintient un annuaire des commerces, écoles, services, etc.

Petite enfance

Pour toute information sur la petite enfance, contactez le *Family Information Service* de Westminster : *www.westminster.gov.uk/family-information-service*, Knightsbridge & Belgravia Children's Centre Information Point, 020 7641 5748.

CHILDREN'S CENTRES

Bessborough Street Nursery & Clinic
1 Bessborough Street, SW1V 2DJ
020 7641 6387 - www.leyf.org.uk
Centre avec accueil des familles pour des conseils (*Family Information Service*), *baby clinic*, espaces de jeux, *nursery* de 50 places (6 mois-5 ans. 8h-18h, 51 semaines/an). Cour extérieure. Sessions de *playgroups* le lundi matin, mercredi matin et jeudi après-midi. *OFSTED good.*

Churchill Gardens Children's Centre
Churchill Gardens Primary School, Ranelagh Road, Pimlico, SW1 3EU
020 7641 5923 - 020 7641 5676
Playgroups, drop-ins, conseils… Programme d'activités parents-enfants.

Knightsbridge and Belgravia Children's Centre Information Point
Victoria Library, 160 Buckingham Palace Road, SW1W 9UD - 020 7641 8691
Information, garderie, *drop-in*.

DAY-NURSERIES

Abbots Manor Community Nursery
Sutherland Street, SW1V 4JP - 020 7834 6033
www.leyf.org.uk
2-5 ans. 9h-16h. 24 places. Jardin. *Nursery* gérée par un *trust*, tarifs étudiés.

Marsham Street Community Nursery
121 Marsham Street, SW1P 4LX - 020 7233 8341
www.leyf.org.uk
6 mois-5 ans, 8h-18h, 51 semaines/an. Fait partie d'un *Children's Centre*.

Miss Daisy's Nursery
Fountain Court Buckingham Palace Road, SW1W 9SU - 020 7730 5797
www.missdaisysnursery.com
2 ans ½ - 4 ans. Entrée en septembre uniquement. Adaptation progressive jusqu'à 3 jours pleins par semaine avec *lunchbox*. £3,400-£5,600/trimestre.

Pimlico Nursery
24 Moreton Street, SW1V 2PT - 0800 085 4074
www.brighthorizons.co.uk
3 mois - 5 ans. 8h-18h. Cour extérieure. Privée. *OFSTED good.*

Tachbrook Nursery School
Cockburn House, Aylesford Street, SW1V 3RT
020 7641 8725
3-5 ans. Cour extérieure. Tarifs étudiés. *OFSTED outstanding.*

Young England Kindergarten
St Saviour's Hall, St George'S Square, SW1V 2HP
020 7834 3171
www.youngenglandkindergarten.co.uk
2 ans ½ - 4 ans. Privée. Grand hall et accès à un jardin. £2,750 (matin) / £1,850 (après-midi).

PLAYGROUPS

Buckaroochies
Westminster Chapel, Buckingham Gate, SW1E 6BS - 0207 834 1731
Playgroup très populaire (liste d'attente), avec de nombreux jouets, déguisements, piscine à boules. Le mercredi de 10h à 11h30. Café pour les mamans. £30/trimestre.

Lesser Gang
St James the Less Church
Thorndike Street, Off Moreton Street, SW1V 2PS
020 7630 6282
Moins de 5 ans. Tous les mardis 10h-11h30. Session d'essai gratuite, puis £20 / trimestre.

Pimlico Library
Lupus Street, SW1 3AT - 020 7641 6200
Sessions le lundi et mardi matin: chants, jeux, comptines, mouvements… 3-12 mois de 11h à 12h, 1-2 ans ½ de 10h à 11h. Une session par mois le samedi avec les pères. Gratuit.

Pimlico Toy Library
133A Lupus Street, SW1V 3EN - 020 7834 3356
One o'clock autour de nombreux jouets. 0-5 ans. Lundi, mardi et mercredi, différents horaires suivant l'âge. *Membership* annuel £20 + £1 par session.

Pimlico Library

Pippa's Poppets
St Gabriel's Church vestry, 30 Warwick Square, SW1V 2AD - www.pippaspoppets.co.uk
4 mois-3 ans. 40 minutes. Sessions musique et mouvements le lundi matin. £8 par session.

St Peters Poppets
St Peter's Church, Parish Hall (2nd floor), 119 Eaton Square, SW1W 9AL
stpeterspoppets.co.uk
Le lundi de 9h30 à 11h. £2. Petit *playgroup* sympa essentiellement constitué de mamans. Café.

Victoria Library
160 Buckingham Palace Road, SW1W 9UD
020 7641 1300
Chansons, contes et comptines pour les moins de 5 ans / 3eme samedi du mois, Toddler Time pour les moins de 5 ans, contes et chansons.

Ecoles

ECOLES ANGLAISES

Nursery & Primary Schools

Churchill Gardens Community Primary School
Ranelagh Road, SW1V 3EU - 020 7641 5935
www.churchillgardens.westminster.sch.uk
Ecole publique anglicane mixte 3-11 ans. 300 élèves. Excellente réputation, très dynamique, beaucoup d'activités extrascolaires. *OFSTED outstanding.*

Eaton House Belgravia School
3-5 Eaton Gate, SW1W 9BA - 020 7924 6000
www.eatonhouseschools.com
Pre-prep school de garçons, 4-8 ans. Non sélective (admission sur liste d'attente). Pas de cour, mais sport tous les après-midis au parc. £4,890/trimestre.

Pimlico Academy

Millbank Academy
Erasmus Street, SW1P 4HR - 020 7641 5945
www.millbankacademy.org.uk
Ecole publique mixte, gratuite, 230 enfants. 3-11 ans. *OFSTED outstanding.*

St Peter's Eaton Square CE Primary School
Lower Belgrave Street, SW1W 0NL
020 7641 4230 - www.stpeaton.org.uk
3-11 ans. Ecole primaire mixte, anglicane, 300 élèves. Très bons résultats. Gratuite.

St Vincent de Paul RC Primary School
Morpeth Terrace, SW1P 1EP - 020 7641 5990
3-11 ans. Ecole mixte, catholique. 250 élèves. Bon corps enseignant. *OFSTED good.*

St Gabriel's CofE Primary School
Churchill Gardens, SW1V 3AG - 020 7641 6300
4-11 ans. 200 élèves. Ecole anglicane mixte. *OFSTED outstanding.*

Primary & Secondary

Westminster Under School
Adrian house, 27 Vincent Square, SW1P 2NN
020 7821 5788 - www.westminsterunder.org.uk
Prep-school anglicane pour garçons 7-13 ans qui prépare à la prestigieuse *Westminster School*. £5,460 par trimestre, déjeuner compris.

Nursery, Primary & Secondary schools

Francis Holland School
39 Graham Terrace, SW1W 8JF - 020 7730 2971
www.fhs-sw1.org.uk
4-18 ans. *Independent school* de filles. 500 élèves. £5,450-£6,150/trimestre. Académique, mais pas trop. Assez internationale. Uniforme.

Secondary schools

Pimlico Academy
Lupus Street, SW1V 3AT - 020 7828 0881
www.pimlicoacademy.org
Etablissement secondaire mixte 11-18 ans. Public, gratuit. 1 200 élèves. Spécialité arts visuels et scène -unique dans le pays. A obtenu une note *outstanding* de l'*OFSTED* pour ses excellents résultats, avec une population d'élèves essentiellement issus des logements sociaux environnants. Quelques élèves français fréquentent cet établissement, qui s'est montré très ouvert et intéressé pour les accueillir. Ils ont notamment eu droit à un tuteur spécial, gratuit, pour leur faire rattraper des examens anglais (*GCSEs*). Les parents sont enthousiastes, à la fois concernant la qualité de l'enseignement, des locaux et équipements (un ordinateur dernier cri par élève,

Belgravia Square

bibliothèque toute neuve, cantine avec fruits, café et thé à volonté, etc.) et la discipline très stricte. Soutenue par des sponsors privés, l'*Academy* fonctionne sur un schéma très simple : tout est fait pour aider chaque enfant à réussir, mais uniquement s'il s'engage à respecter l'école et à travailler. A considérer de près donc si votre enfant ne s'adapte pas ou n'a pas de place dans le système français .

The Grey Coat Hospital

Greycoat Place, SW1P 2DY - 020 7969 1998
www.gch.org.uk

11-18 ans. Etablissement secondaire anglican pour filles. Inscription un an en avance. Plus de 1 000 élèves. Spécialité langues. Très bons résultats. Gratuite.

Westminster School

17 Dean's Yard, SW1P 3PB - 020 7963 1003
www.westminster.org.uk

Etablissement privé 13-18 ans, garçons uniquement jusqu'à 16 ans, filles à partir du *6th Form*. £7,800-£8,456/trimestre. L'une des meilleures *Independent schools* secondaires de Londres, extrêmement prisée par l'*establishment* britannique, admission réservée aux meilleurs élèves des meilleures écoles, à l'ombre de *Westminster Abbey*!

Logement

Belgravia est un quartier chic et cher, très résidentiel et parfaitement situé dans un coin calme du centre de Londres.

Au Nord de Buckingham Palace Road et au Sud d'Eaton Square, on trouve de charmantes maisons, petites aux yeux de leurs voisines de Belgrave Square et d'Eaton Square, mais de taille très respectable.

Sur Eaton Square, cœur du quartier, les énormes bâtisses ont été divisées en appartements luxueux avec gardien.

Plus au Nord, Belgrave Square a été envahi par les ambassades. Seule la pointe **nord-est** de Belgravia offre des maisons et des *mews* de taille humaine, où un esprit de village a survécu à l'invasion du quartier par les riches investisseurs étrangers. Les contraintes sont importantes: les charges locatives élevées, devoir d'entretien et de conformité des façades contraignant... Mais la tranquillité n'a parfois pas de prix: les appartements et les maisons sont de très bon standing, le tout à quelques pas de South Kensington et Piccadilly.

Lupus Street à Pimlico

Compter entre £3,000 et £3,500+ par semaine pour la location d'un appartement.

Pimlico se montre moins constant.

Autour de Cambridge Street, juste au sud-ouest de Buckingham Palace Road, on peut presque s'imaginer à Chelsea. Rues propres et très *british*, mais le contraste entre les groupes de maisons bien entretenues et les *Council Estates* n'est pas toujours très engageant. La partie la plus désirable du quartier se situe autour de Dolphin Square et St George's Square, dans la *Pimlico grid*. Les maisons victoriennes s'y louent de £1,000 à £2,000+ par semaine.

Les alentours de Victoria Station sont en constante rénovation et les quais de la Tamise offrent de nouveaux complexes immobiliers très attractifs. Il faudra attendre encore quelques années pour y trouver une véritable cohérence. Les loyers y sont beaucoup plus abordables: £500-£1,500 par semaine pour un appartement de 3-4 chambres et £700-£1,500 pour une maison. Plus on se rapproche de Westminster ou Belgravia, plus les prix montent.

Transports

MÉTRO

Belgravia est desservi par les stations **Sloane Square** et **Hyde Park Corner.**

Pimlico n'est desservi que par une seule station (**Pimlico**, ***Victoria Line***).

La station **Victoria** se situe entre les deux quartiers et permet un accès facile vers la *City* et Kensington (et le Lycée Français) par la ***Circle Line*** et la ***District Line.***

Le Collège Français Bilingue de Londres est relativement facile d'accès par la ***Victoria Line*** jusqu'à Highbury & Islington, puis changement pour l'***Overground*** jusqu'à Kentish Town West (30 minutes).

BUS

Les **36** et **436** remontent Vauxhall Bridge Road pour rejoindre Marble Arch et de nombreuses lignes s'arrêtent à Hyde Park Corner pour aller soit à l'ouest vers Kensington, Chelsea, Fulham (lignes 74, 414), soit à l'est vers Oxford Street, Piccadilly Circus et la *City*.

TRAIN

La gare de Victoria abrite le Gatwick Express, qui rejoint l'aéroport en 20 minutes.

Sports

(A Adulte, E Enfant)

CLUBS DE SPORT

Dolphin Square
Chichester Street, SW1V 3LX - 020 7798 8686
www.dolphinsquare.co.uk/fitnessclub
Club de sport privé assez luxueux. Superbe piscine. Garderie.

Pimlico Fitness
Lupus Street, SW1V 3AT - 079 0547 2012
www.pimlicofitness.com
Programme d'activités multisports dans cette école, quand les cours sont terminés (18h-22h en semaine et 9h-16h le week-end).

Queen Mother Sports Centre AE
223 Vauxhall Bridge Road, SW1V 1EL
020 7630 5522 - www.better.org
Grande variété d'activités: de l'aérobic au basket-ball, en passant par le badminton ou les arts martiaux. Trois piscines dont une réservée aux jeux d'eau. Bébé-nageurs.

ESCRIME

Salle Boston Fencing Club AE
Westminster City School, Palace Street, SW1E 5HJ
077 1091 7677 (Contact: Tomek)
www.*salleboston.com*
Cours pour adultes et enfants (moins de 14 ans, moins de 20 ans).

FOOTBALL

Little Kickers E
Holy Apostles Church, 47 Cumberland Street, SW1V 4LY - 0845 300 7795 / 079 6011 7415 (Ben)
www.littlekickers.co.uk
2-5 ans. Cours le jeudi.

SPORTS NAUTIQUES

Westminster Boating Base AE
136 Grosvenor Road, SW1V 3JY - 020 7821 7389
www.westminsterboatingbase.co.uk
Centre nautique en bord de Tamise, qui propose des cours de voile, canoë-kayak, permis bateau. Possibilité de louer des salles en front de rivière pour des fêtes privées.

YOGA / PILATES

Light Centre
9 Eccleston Street, Belgravia, SW1W 9LX
020 7881 0728 - www.lightcentrebelgravia.co.uk
Programme de cours toute la journée et thérapies alternatives.

Activités artistiques et culturelles

(A Adulte, E Enfant)

Westminster Adult Education Service
020 7297 7297 - www.waes.ac.uk
Nombreuses activités (photo, couture, informatique, musique...) réparties sur plusieurs centres. Certains proposent une garderie pendant les cours.

Westminster School of Performing Arts AE
St Ann's Lane, 12 Old Pye Street, SW1P 2DG
077 6831 0521
www.westminsterperformingarts.co.uk
Ecole de danse, musique, théâtre pour les 3-18 ans. Stages de deux semaines l'été. L'après-midi et le samedi. Cours pour adultes le samedi.

Santé

NHS

Hopitaux

St Thomas' Hospital
Westminster Bridge Road, SE1 7EH - 020 7188 7188 - www.guysandstthomas.nhs.uk
Service d'urgences. Maternité.

Soho NHS Walk-in Centre
Soho Centre for Health and Care
1 Frith Street, W1D 3HZ - 020 7534 6500
Lundi-vendredi 8h-20h et 10h-20h les samedis et dimanches. *Walk in Centre.* Maux légers uniquement.

Médecine privée

The Lister Hospital
Chelsea Bridge Road, SW1W 8RH
020 7730 7733
www.thelisterhospital.com
Clinique privée. Toutes spécialités.

Vétérinaire

Elizabeth Street Veterinary Clinic
55 Elizabeth Street, Belgravia, SW1W 9PP
020 7730 9102 - www.esvc.co.uk
L'une des rares cliniques ouverte 24h/24h dans tout le centre-ouest de Londres. Mieux vaut avoir assuré son animal, car les tarifs sont à la hauteur des prestations : haut de gamme. Dr Pascal Sulitzer est français et se déplace à domicile en vélo.

Achats

Belgravia et **Pimlico** sont des quartiers résidentiels très calmes, émaillés de quelques rues commerçantes très chics qui concentrent boutiques, marchés, cafés et restaurants. Quelques centres commerciaux complètent pour le tout-venant.
Rues commerçantes:
Elizabeth Street
(*www.elizabethstreetlondon.com*): Poilâne, Jeroboams, traiteurs et épicerie fine, boutiques de vêtements haut de gamme, parfumeur.
Motcomb Street à Belgravia : grand Waitrose, le traiteur Ottolenghi, Pâtisserie Valérie, Pierre Hermé et boutiques de vêtements et chaussures haut de gamme comme Louboutin, quelques boutiques de décoration et galeries d'art et des restaurants chics et étoilés.
Pimlico Road (*www.thepimlicoroad.com*): traiteur bio Daylesford Organic, *designer shops*, nombreuses galeries d'art et magasins d'antiquités et restaurants réputés. Sans oublier le *Farmers' Market* qui a lieu tous les samedis matins à Orange Square, au coin de Pimlico Road et Ebury Street.

CENTRES COMMERCIAUX / GRANDS MAGASINS

Cardinal Place
76-98 Victoria Street, SW1E 5JD - 020 7963 4000
www.creativevictoria.com
Grand centre moderne près de Victoria. Marks & Spencer, Boots, nombreuses boutiques de vêtements, restaurants et cafés.

House of Fraser
101 Victoria Street, SW1E 6QX - 0844 800 3762
Rayon maison pratique pour s'équiper.

Victoria Place Shopping Centre
115 Buckingham Palace Road, SW1W 9SJ
020 7931 8811
www.victoriaplaceshopping.com
Sainsbury's, Boots et de nombreuses boutiques de vêtements.

AUTRES

Evans Cycles Victoria
320-320b Vauxhall Bridge Road, SW1V 1AA
020 7976 6298 - www.evanscycles.com
Tout pour le vélo. Vente et réparations.

Sorties

PARCS ET AIRES DE JEUX

Si Belgravia et Pimlico ont peu d'espaces verts publics, **Hyde Park** au nord, **Saint James's Park** au nord-est se trouvent à seulement quelques minutes de marche et, de l'autre côté du Chelsea Bridge, s'étend **Battersea Park**.

Une piste de vélo traverse Pimlico d'ouest en est par Lupus Street et vers le Parlement. Une autre piste, du nord au sud, longe Buckingham Palace et mène à Green Park. Une troisième piste remonte vers le nord par Ebury Bridge Road, puis Chesam Street et Lowndes Street (pour longer Sloane Streat en l'évitant), avant d'arriver dans Hyde Park.

MUSÉES - CURIOSITÉS

Situés dans l'hyper-centre de Londres, Belgravia et Pimlico permettent de profiter facilement de son offre culturelle et comptent des musées de réputation internationale.

Buckingham Palace
Buckingham Palace Road, SW1A 1AA
020 7766 7302 - www.royalcollection.org.uk
La résidence officielle londonienne des monarques d'Angleterre depuis 1837. Si le drapeau *Union Jack* flotte sur le palais, c'est signe que la reine y réside.Les appartements d'état et le jardin se visitent exclusivement en août et septembre, pendant le séjour annuel de la famille royale en Ecosse. La Galerie de la Reine présente des expositions temporaires (en principe ouverte toute l'année, mais vérifier les horaires, car elle ferme pour certaines occasions). Les *Royal Mews* présentent la cavalerie et les carrosses royaux. Ouvertes toute l'année.

Churchill War Rooms
Clive Steps, King Charles Street, SW1A 2AQ
020 7930 6961 - www.iwm.org.uk
Fascinant musée installé dans les galeries souterraines secrètes qui ont accueilli le gouvernement anglais pendant le *Blitz* (bombardement de Londres en 1940-41). Reconstitue le QG de Churchill et la vie quotidienne du haut commandement britannique durant cette période cruciale de l'histoire. Ouvert toute l'année de 9h30 à 18h.

Tate Britain
Millbank, SW1P 4RG - 020 7887 8888
www.tate.org.uk
Tous les jours, 10h-17h50, sauf les 24, 25 et 26 Décembre. Activités familiales et pour enfants le week-end et les vacances scolaires.

Westminster Abbey
20 Deans Yard, W1P 3PA - 020 7222 5152
www.westminster-abbey.org
Cette abbaye gothique abrite les mariages princiers, couronnements et enterrements royaux depuis 700 ans. Sa visite est passionnante, l'abbaye se présente comme une page ouverte de l'histoire britannique. Shakespeare repose dans le coin des poètes. Entrée payante. Café dans la cour de Westminster School. Ouverte du lundi au samedi.

Westminster Palace
Westminster, SW1A 0AA - 020 7219 3000
www.parliament.uk
Aussi appelé *Houses of Parliament*, cet ensemble néo-gothique abrite le parlement (*House of Commons*) et la chambre des *Lords*. Il se visite le samedi toute l'année et au mois d'août, pendant les vacances des *MPs (Members of Parliament)*. En faisant une demande auprès de leur MP, les résidents londoniens peuvent aussi avoir la chance d'assister aux « questions du mercredi », quand le Premier Ministre expose sa politique devant une opposition souvent déchaînée. Spectacle garanti !

RESTAURANTS

Amaya
Halkin Arcade, Motcomb Street, SW1X 8JT
020 7823 1166 - www.amaya.biz
L'un des rares restaurants indiens étoilés. Cuisine ouverte et décor théâtral pour un public gourmet et branché.

Churchill War Rooms

Hunan
51 Pimlico Road, SW1W 8NE- 020 7730 5712
www.hunanlondon.com
Cuisine relevée de l'ouest de la Chine.

Il Convivio
143 Ebury Street, SW1W 9QN - 020 7730 4099
www.etruscarestaurants.com
Cuisine italienne raffinée et spécialités de Sardaigne.

La Poule Au Pot
231 Edbury Street, SW1W 8UT - 020 7730 7763
www.pouleaupot.co.uk
Cuisine française traditionnelle dans un cadre intimiste.

Mango Tree
46 Grosvenor Place, SW1X 7EQ - 020 7823 1888
www.mangotree.org.uk
Décor et cuisine proches des bons restaurants en Thaïlande.

Marcus
The Berkeley Hotel, Wilton Place, Knightsbridge, SW1X 7RL - 020 7235 1200
www.marcus-wareing.com

By permission of Churchill War Rooms, a branch of the Imperial War Museum

Tate Britain

Le meilleur de la cuisine britannique moderne. 2 étoiles Michelin.

Petrus

1 Kinnerton Street, SW1X 8EA - 020 7592 1609
www.gordonramsay.com/petrus
Restaurant du chef star Gordon Ramsay. Formule-Déjeuner à £30 très intéressante pour découvrir une cuisine *modern French*.

PUBS

Antelope

22 Eaton Terrace, SW1W 8EZ - 020 7824 8512
Charmant *pub*. A éviter entre 17h et 18h en semaine, mais très sympathique le reste du temps.

The Thomas Cubitt

44 Elizabeth Street, SW1W 9PA - 020 7730 6060
www.thethomascubitt.co.uk
L'un des *pubs* les plus anciens de Belgravia. Restaurant plus calme à l'étage.

Ebury Restaurant & Wine Bar

139 Ebury Street, SW1W 9QU - 020 7730 5447
eburyrestaurant.co.uk
Cuisine moderne servie sur une carte très fournie.

The Orange Public House & Hotel

37 Pimlico Road, SW1W 8NE - 020 7881 9844
theorange.co.uk
Décoration agréable et cuisine appréciée. Délicieuses pizzas. Chambres à l'étage.

The Pantechnicon Public House & Dining Room

10 Motcomb Street, SW1X 8LA - 020 7730 6074
www.thepantechnicon.com
Bon *gastro pub*, parfait pour un dimanche.

Wimbledon

Vous avez envie d'une maison avec jardin, d'espace, de tranquillité, mais aussi d'un accès direct et rapide tant vers le cœur de Londres que vers la campagne, alors vous pouvez commencer vos recherches à **Wimbledon**, quartier situé au Sud-Ouest de Londres (SW19, SW20, *borough* de Merton). Wimbledon est un nom connu de tous pour son célèbre **tournoi de tennis** en juin (au moment duquel il devient difficile de circuler). Avec ses 55 000 habitants, c'est aussi une ville à part entière, où la qualité de vie est essentielle. Vous êtes encore à Londres (à 30 mn de South Kensington en métro) et profitez pleinement de la nature et du calme sans le stress de la grande ville. Ses excellentes écoles anglaises publiques et privées, ses nombreuses possibilités culturelles, ses immenses espaces verts assortis de nombreux golfs, ses jolies boutiques haut de gamme et sa population aisée en font un lointain cousin de St Germain en Laye.

Petite enfance

Pour une liste à jour, consultez le *Family Service Directory* du *borough* de Merton : *http://fsd.merton.gov.uk*

DAY-NURSERIES

Les 3 *nurseries* suivantes sont classées *outstanding* par l'*OFSTED* :

- **Dicky Birds Nursery**
27 Queens Road, SW19 8NW
et 52a Dundonald Road, SW19 3PH
020 8942 5779
2-5 ans, 9h-16h.
- **Little Learners in the Park**
Durnsford Pavilion, Durnsford Recreation Ground, Wellington Road, SW19 8EQ
020 8944 0101
2 ans 1/2-5 ans. 9h15-15h. £7/heure. Les locaux sont petits.
- **Oaktree Pre-School Nursery**
Fellowship House, 30 St Mary's Road, SW19 7BP
020 8715 1115
1-5 ans. 8h-18h (8h-13h le vendredi).

NANNIES & BABY-SITTERS

- **Wimbledon Nannies**
www.wimbledonnannies.co.uk
020 8947 4666

Ecoles

ECOLE FRANÇAISE

Il n'y a pas d'école française à Wimbledon. La plus proche est l'annexe primaire du Lycée Français à Clapham, dans **Wix** Lane. Beaucoup de familles françaises y emmènent leurs enfants (30 mn en voiture). Certains parents prennent le bus N156 vers Clapham Junction. Pour le secondaire, il faut aller au

Didier Imbert

Lycée Français à South Kensington (25 mn en métro, direct du centre de Wimbledon jusqu'à South Kensington) ou au CFBL à **Kentish Town**: direct en 55 mn en *Overground*.

ECOLES ANGLAISES

Nursery & primary schools

Bishop GilpinChurch of England Primary School
Lake Road, SW19 7EP
020 8946 6666 - www.bishopgilpin.org
4-11 ans. Au bord du *Common*. Mixte. Gratuite. Uniforme.

Donhead Preparatory School
33 Edge Hill, SW19 4NP
020 8946 7000 - www.donhead.org.uk
Independent school. Jésuite. Pour garçons de 4 à 11 ans. Environ £3,200/trimestre.

Dundonald Primary School
Dundonald Road, SW19 3QH
020 8715 1188 - www.dundonald.merton.sch.uk
4-11 ans. Bonne *State School* mixte. *OFSTED outstanding*.

The Study Preparatory Wimbledon
Camp Road, Wimbledon Common, SW19 4UN
020 8947 6969
Pour filles de 4 à 11 ans. *Independent*. Non sélective. ESL.

St Mary's RC Primary School
Russell Road, SW19 1QL - 020 8542 4580
Bonne école catholique. Gratuite.

Wimbledon Chase Primary School
Merton Hall Road, SW19 3QB - 020 8542 1413
www.wimbledonchaseschool.co.uk
3-11 ans. *State school* mixte. Importance accordée au français par la directrice. 600 élèves. *OFSTED outstanding*.

Wimbledon High School
Mansell Road, SW19 4AB - 020 8971 0900
www.wimbledonhigh.gdst.net
4 à 17 ans. *Independent school* de filles réputée, l'une des 20 meilleures écoles secondaires de Londres. £4,043-£5,250/ trimestre.

Wimbledon Park Primary School
Havana Road, SW19 8EJ - 020 8946 4925
www.wimbledonpark.merton.sch.uk
6-11 ans. Plusieurs familles françaises ont inscrit leurs enfants dans cette petite *state school*, très dynamique et chaleureuse, qui accueille des enfants étrangers et leur apporte un soutien personnalisé. Uniforme. Nombreuses activités extrascolaires.

Secondary schools

King's College School
South Side, Wimbledon Common, SW19 4TT
020 8255 5300 - www.kcs.org.uk
Independent school très réputée, l'une des 10 meilleures de Londres. Garçons de 7 à 18 ans (*Pre-prep, junior & senior*). Ouvert aux filles pour le *Sixth Form* (16-18 ans). Très sélectif. Excellents résultats académiques. **Prépare au Baccalauréat International**. Longue liste d'attente. £5,370 à £6,610/trimestre.

Ricards Lodge
Lake Road, SW19 7HB - 020 8946 2208
Collège public de filles d'environ 1 000 élèves. A partir de 11 ans. Bons résultats. Gratuit.

Ursuline High School
Crescent Road, SW20 8HA - 020 8255 2688
www.ursulinehigh.merton.sch.uk
Collège catholique, *comprehensive & voluntary-aided*, de filles, 11-18 ans. Bons résultats académiques. 1 275 élèves. *Sixth form* commun avec Wimbledon College.

Wimbledon College
Edge Hill, SW19 4NS - 020 8946 2533
www.wimbledoncollege.org.uk
Collège jésuite de garçons, 11-19 ans. Gratuit.

Logement

A la différence de beaucoup de quartiers de Londres, les tarifs à la location se font par mois (*pcm - per calendar month*) à Wimbledon.

- maison avec jardin, 4/5 chambres: de +£3,500 à £5,000 par mois
- maison jumelée avec un petit jardin et 3/4 chambres: +£3,000 à £4,000 par mois
- appartement 2/3 chambres: +£2,000 à £4,000 par mois.

On peut décomposer Wimbledon en trois zones. **Wimbledon Village** à l'ouest et **Wimbledon Park** au nord sont deux quartiers calmes et résidentiels. On y trouve essentiellement des maisons particulières ou jumelées, légèrement plus petites et plus chères à Wimbledon Village. **Le centre de Wimbledon Village** est traversé par une rue commerçante bordée de boutiques haut de gamme (Max Mara, Joseph...). Le métro est à 10 mn à pied. Les bus 200, 93 et 493 font la liaison entre le *Village* et le métro.

Les *Commons* (grands espaces verts) bordent ce quartier. *Wimbledon Park* a sa station de métro du même nom, entourée de commerces et un grand parc avec diverses activités sportives.

Le centre ville est très animé. Le centre commercial *Centre Court* comprend 60 boutiques et 2 supermarchés.

South Wimbledon et Raynes Park sont deux quartiers excentrés par rapport au métro, mais plus abordables (+£3,000 par mois pour une maison de 4 chambres et +£3,500 par mois pour 5 chambres).

Transports

MÉTRO

Wimbledon est desservi par la ***District Line*** aux stations **Wimbledon** et **Wimbledon Park**. Le Lycée Français, à South Kensington, est ainsi à 10 stations en direct de Wimbledon (25 mn). Le sud de Wimbledon est desservi par la ***Northern Line*** à la station de **South Wimbledon.**

BUS

Le **93**, avec un changement à Putney Bridge, permet de rejoindre le centre de Londres. Le **22** et le **14** vous emmènent ensuite à Chelsea, South Kensington ou King's Road. Un **tramway** relie Wimbledon centre à Croydon (arrêt devant le magasin Ikea).

TRAIN

Waterloo Station est à 15 mn de la **gare de Wimbledon** (également station de métro) et 20 mn de la **gare de Raynes Park**.

Sports

*(**A** Adulte, **E** Enfant)*

De par sa situation entourée de verdure, Wimbledon offre de nombreuses possibilités pour pratiquer des activités sportives. Nous n'en mentionnons ici que quelques-unes parmi les plus «anglaises». Pour toute information supplémentaire, consulter le site du *borough* de Merton qui dispose d'un annuaire en ligne de tous les sports.

CLUBS DE SPORT

Pour bien profiter de la qualité de vie qu'offre Wimbledon, le mieux est d'adhérer à un club offrant un choix d'activités sportives correspondant à vos goûts, ce qui vous permettra de rencontrer des «*like-minded people*» au cours des nombreuses manifestations sociales qui y sont organisées. Le vendredi soir est généralement réservé à la soirée «*club*». Sans oublier les enfants, qui pourront participer à de nombreuses activités après l'école et se faire de nouveaux amis anglais... Prévoir un droit d'entrée non remboursable (*entry fee*) et une cotisation mensuelle (*membership fee*), à laquelle s'ajoutent les cours de sport particuliers ou collectifs. Les tarifs varient en fonction des prestations, n'hésitez pas à négocier.

▸ David Lloyd A
Bushey Road, Rayne's Park, SW20 8TE
www.davidlloyd.co.uk
12 courts de tennis couverts, 9 extérieurs. Piscines intérieure et extérieure. Plus de 50 cours de sports différents par semaine.

▸ Wimbledon Leisure Centre AE
Latimer Road, SW19 1EW
020 8542 1330 - www.gll.org
Municipal. Piscine, sauna, cours de fitness, bar, garderie... Pour enfants: gym, basket, foot, cours de natation, danse classique... Prix très raisonnables.

▸ Wimbledon Rackets & Fitness AE
Cranbrook Road, SW19 4HD
020 8947 5806
www.wimbledonclub.co.uk
Cours de fitness, salle de musculation, sauna, bar, réservation de terrains pour le squash et le badminton. Forfait mensuel avec accès illimité. Club convivial.

Wimbledon Park Golf

GOLF

Wimbledon ne compte pas moins de 4 terrains de golf (**Royal Wimbledon**, **Coombe Hill**, **Wimbledon Park** et **Wimbledon Common**)! Il est conseillé de devenir membre d'un de ces clubs pour pouvoir jouer le week-end et rencontrer d'autres joueurs.

EQUITATION

Wimbledon Village Stables AE
24 High Street, SW19 5DX
020 8946 8579 - www.wvstables.com
Mieux vaut être membre pour monter le week-end (très peu de places pour les non-membres). Cours particuliers. Cours de dressage et sauts possibles avec compétition pour les membres.

Ridgway Stables AE
93 Ridgway, Wimbledon Village, SW19 4SU
020 8946 7400 - www.ridgwaystables.co.uk
Cours particuliers pour enfants et adultes.

TENNIS

Westside Lawn Tennis Club
20 Woodhayes Road, SW19 4RF
020 8947 4987 - www.westsideltc.org.uk
12 courts (bitume, *quick* et 2 en herbe artificielle). *Membership* ou pas.

Wilton Tennis Club AE
28 Wilton Grove, SW19 3QX
020 8296 9668 - www.wiltontennisclub.co.uk
Petit club familial situé au sud de Wimbledon. 4 courts extérieurs. Equipes hommes et femmes, cours pour enfants, *social tennis*. £190/an/adulte + *joining fee* £40.

RUGBY

Old Ruts Rugby Club AE
Poplar Road, Merton Park, SW19 3JS
www.oldrutsrugby.com
Equipes de *U7* à *senior*, accueil super chaleureux.

Activités artistiques et culturelles

Merton Adult Education
Whatley Avenue, SW20 9NS
020 8274 5222 - www.maec.ac.uk
Dépend de la mairie. Plusieurs centres à Wimbledon. Tous types de cours pour adultes: anglais, peinture, atelier floral, mosaïque, poterie, fitness, danse, golf... Prix très abordables. Sessions de 10 à 16 semaines.

Polka Theatre
240 The Broadway, SW19 1SB
020 8543 4888 - www.polkatheatre.com
Organise des ateliers pendant les vacances scolaires anglaises. Par groupe d'âge pour les 3-9 ans.

Reflect Productions
Merton Park Primary School, Church Lane, SW19 3HQ - 079 5212 7021
www.reflectproductions.co.uk
Club de théâtre pour enfants en semaine et pendant les vacances.

Services

HANDYMAN

Jacques Faudot
075 9672 8368 - jfaudot@hotmail.co.uk
Décoration intérieure et extérieure, travaux divers d'entretien de la maison.

ORDURES MÉNAGÈRES

Waste Services
63-69 Amenity Way, off Garth Road, Morden SM4 4AX - 020 8274 4902
Décharge. 7/7j, 8h-16h
Waste Services

Tri sélectif
Chaque maison est équipée d'une boîte verte (journaux, verre) et d'une mauve (plastique, métal). Le ramassage s'effectue en même temps que les ordures ménagères, une fois par semaine. C'est très peu et cela fait la joie des écureuils et des nombreux renards si vous laissez vos sacs poubelles à l'extérieur. Il existe aussi des containers pour le verre, le plastique,

le papier ou les vêtements sur plusieurs parkings : à B&Q (magasin de bricolage), Alexandra Road, SW19, sur le parking du Théâtre, The Broadway, SW19 ou sur celui de Wimbledon Park, Revelstoke Road, SW19.

Santé

HÔPITAUX

St Georges Hospital
Blackshaw Road, Tooting, SW17 0QT
020 8672 1255 - www.stgeorges.nhs.uk
Aux urgences, l'attente est longue.

Kingston Hospital NHS Trust
Galsworthy Road, Kingston upon Thames, Surrey, KT2 7QB - 020 8546 7711
www.kingstonhospital.nhs.uk
Service d'urgences.

MÉDECINE PRIVÉE

Ability Matters Clinic
132-134 Arthur Road, Wimbledon SW19 8AA
020 8944 9919 - www.abilitymatters.co.uk
Clinique orthopédique située à 25m du métro Wimbledon Park. Semelles, sur ordonnance de votre GP.

Parkside Hospital
53 Parkside, SW19 5NX
020 8971 8000 - www.parkside-hospital.co.uk
100 médecins spécialistes, y compris en chirurgie plastique. RV rapides.

Richmond Practice
19 Sheen Road,, Richmond upon Thames, Surrey, TW10 1AD - 020 8940 5009
www.richmondpractice.co.uk
Sage-femmes, pédiatres...

Achats

The Broadway est la principale artère commerçante de Wimbledon, avec comme attraction principale le centre commercial Centre Court.

Centre Court Shopping Centre
4 Queens Road, SW19 8YA
Incontournable, parking souterrain pas cher, toutes les grandes chaînes comme Debenhams, GAP, H&M, Next, Accessorize, Monsoon, Mothercare, Faith, Kew, … concentrées dans le même centre. Ouvert tous les jours.

Boutiques haut de gamme dans **Wimbledon Village**, même si les chaînes s'y implantent de plus en plus.

ALIMENTATION

Wimbledon Park Farmers' Market
45 Havana Road, SW19 8EJ
Dans la cour de l'école primaire, petit marché de produits fermiers et biologiques. Samedi matin 9h-13h environ.

Grand marché de fruits et légumes, épicerie et vêtements le dimanche sur le parking du Wimbledon Stadium (vide-grenier le mercredi et samedi).

Bayleys & Sage
60 High Street, SW19 5EE - 020 8946 9904
Epicerie fine, produits anglais (délicieux scones...), italiens (huile d'olive, antipasti...) et français (pain Poîlane, fromages...).

Autres

Wimbledon car boot sale
Wimbledon Greyhound Stadium, Plough Lane, SW17 0BL - 0870 840 8905
Le mercredi de 10h30 à 14h, le samedi de 6h30 à 13h30 et le dimanche de 7h à 1h30. Enorme vide-grenier pour les amoureux de la chine. Vous pouvez vendre ou acheter tout et n'importe quoi. £2 l'entrée pour les acheteurs. Réservation pour un emplacement de voiture par téléphone.

Sortir

PARCS ET AIRES DE JEUX

Cannizaro House & Park
West Side Common, SW19 4UE
033 0024 0706 - www.hotelduvin.com
Très joli parc municipal libre d'accès avec un hôtel 4* sur le site où l'on peut déjeuner, diner, prendre un verre ou un délicieux *afternoon tea*.

Cannizaro House

Wimbledon Park
2 aires d'activités pour enfants jusqu'à 12 ans, interdites aux chiens, plusieurs courts de tennis découverts, un grand espace pour les joueurs de foot ou rugby, une piste d'athlétisme, un plan d'eau pour pratiquer la voile au sein du club et même un snack pour prendre un en-cas. Endroit très agréable.

Richmond Park, avec ses cerfs en liberté, lieu magique pour la découverte de la nature, à vélo ou à pied.

Une très belle balade à faire en vélo: aller de Wimbledon à Richmond en passant par les *Commons* et Richmond Park.

Eddie Catz
42 Station Road, SW19 2LP
020 3475 5268 - www.eddiecatz.com
Fantastique pour les enfants 3-12 ans. Grand hangar avec une aire de jeux à boules et une mini-discothèque. Emplacement réservé et fermé pour les moins de 4 ans.

FÊTES

Course de lévriers
Wimbledon Greyhound Stadium,
Plough Lane, SW17 0BL
0870 840 8905 - www.lovethedogs.co.uk
Mardi, vendredi et samedi à partir de 19h30 toute l'année. Possibilité de parier, comme au tiercé. Restaurant: on y dine en regardant les courses.

Fête foraine dans les *Commons*
3ème semaine de juin
Auto-tamponneuses, manèges, barbes à papa… avec de nombreuses animations le samedi (promenades en poneys, concours de chiens, démonstrations équestres, divers spectacles des associations locales…).

Marché de Noël dans le Village
Le premier week-end de décembre, tout le Village est rendu piétonnier pour une immense *Christmas Fair.*

MUSÉES

Southside House
3-4 Woodhayes Road, SW19 4RJ
020 8946 7643
www.southsidehouse.com
Maison du XVIIe siècle encore habitée par les descendants de Robert Pennington. De nombreux liens avec Anne Boleyn, Marie-Antoinette, l'Amiral Nelson, Lady Hamilton... Une atmosphère toute particulière. Visites les mercredi, samedi et dimanche à 14h, 15h et 16h de Pâques à octobre.

Wimbledon Lawn Tennis Museum
Church Road, SW19 5AE - 020 8946 6131
Pour les passionnés de tennis. Des premières raquettes aux tenues de Mc Enroe ou Bjorn Borg.

THÉÂTRES

Les amateurs sont gâtés à Wimbledon, avec 3 théâtres situés sur *The Broadway*:

New Wimbledon Theatre & New Wimbledon Studio

93 The Broadway, SW19 1QG - 020 8545 7900

Des pièces et comédies musicales de qualité, souvent en direct du West End.

Polka Theatre

240 The Broadway, SW19 1SB - 020 8543 4888

www.polkatheatre.com

Compagnie de théâtre jeune public, qui propose des représentations de bonne qualité tout au long de l'année.

RESTAURANTS

Café Du Parc

122 Arthur Road, SW19 8AA - 020 8946 9014

A côté de la station Wimbledon Park, petit mais sympa pour un en-cas.

Light café

48 High Street, SW19 5AX

020 8946 3031 - www.lightwimbledon.com

Cuisine typique anglaise.

The Common Room

18 High Street, SW19 5DX - 020 8944 1909

Pub sympa avec les enfants. Ecran géant pour les matchs. *Beer garden* à l'arrière.

The Light House Restaurant

75-77 Ridgway, SW19 4ST

020 8944 6338 - www.lighthousewimbledon.com

Cuisine internationale. Très fréquenté pendant le tourmoi de Wimbledon.

Wimbledon Tandoori

26 Ridgway, SW19 4QW - 020 8946 1797

www.wimbledontandoori.co.uk

Bonne cuisine himalayenne, accueil chaleureux.

PUBS

The Crooked Billet

14-15 Crooked Billet, SW19 4RQ

020 8946 4942

www.thecrookedbilletwimbledon.com

Un des plus anciens gastro-*pubs* de Wimbledon (XVIe siècle), sur les *Commons*. Une atmosphère accueillante et confortable, décor anglais traditionnel. *Beer garden*.

The Woodman

222 Durnsford Road, SW19 8DR - 020 8946 0274

A 2 mn de la station Wimbledon Park, lieu accueillant. Animations certains soirs: concerts de Rock et Karaoke.

Wimbledon Common

Index

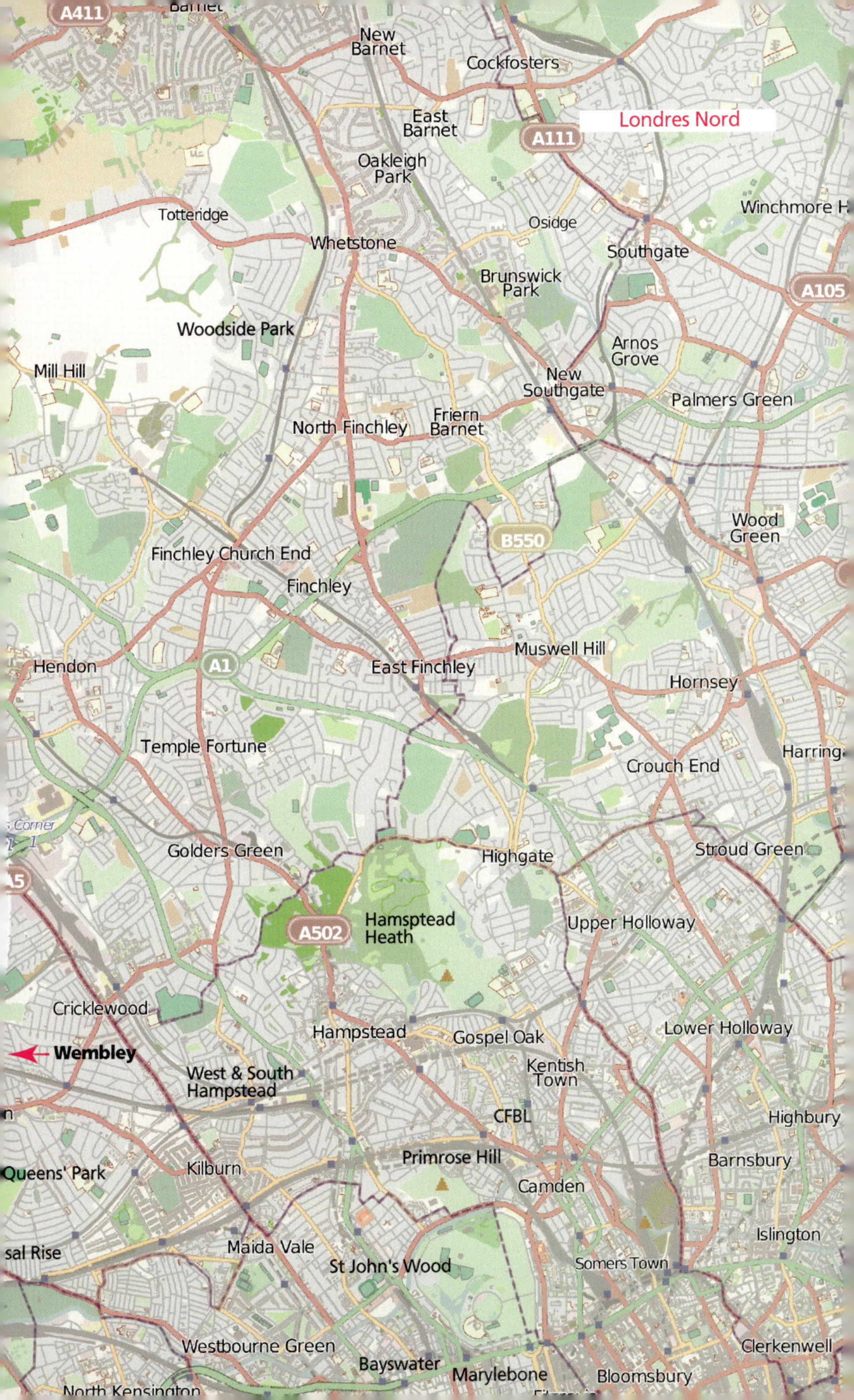
Londres Nord
A411
New Barnet
Cockfosters
East Barnet
A111
Oakleigh Park
Totteridge
Osidge
Whetstone
Southgate
Brunswick Park
A105
Woodside Park
Arnos Grove
Mill Hill
New Southgate
Palmers Green
North Finchley
Friern Barnet
Wood Green
B550
Finchley Church End
Finchley
Muswell Hill
Hendon
A1
East Finchley
Hornsey
Temple Fortune
Crouch End
Golders Green
Highgate
Stroud Green
A502
Hampstead Heath
Upper Holloway
Cricklewood
Hampstead
Gospel Oak
Lower Holloway
Wembley
West & South Hampstead
Kentish Town
CFBL
Highbury
Queens' Park
Kilburn
Primrose Hill
Barnsbury
Camden
Islington
Maida Vale
St John's Wood
Somers Town
Westbourne Green
Bayswater
Marylebone
Bloomsbury
Clerkenwell
North Kensington

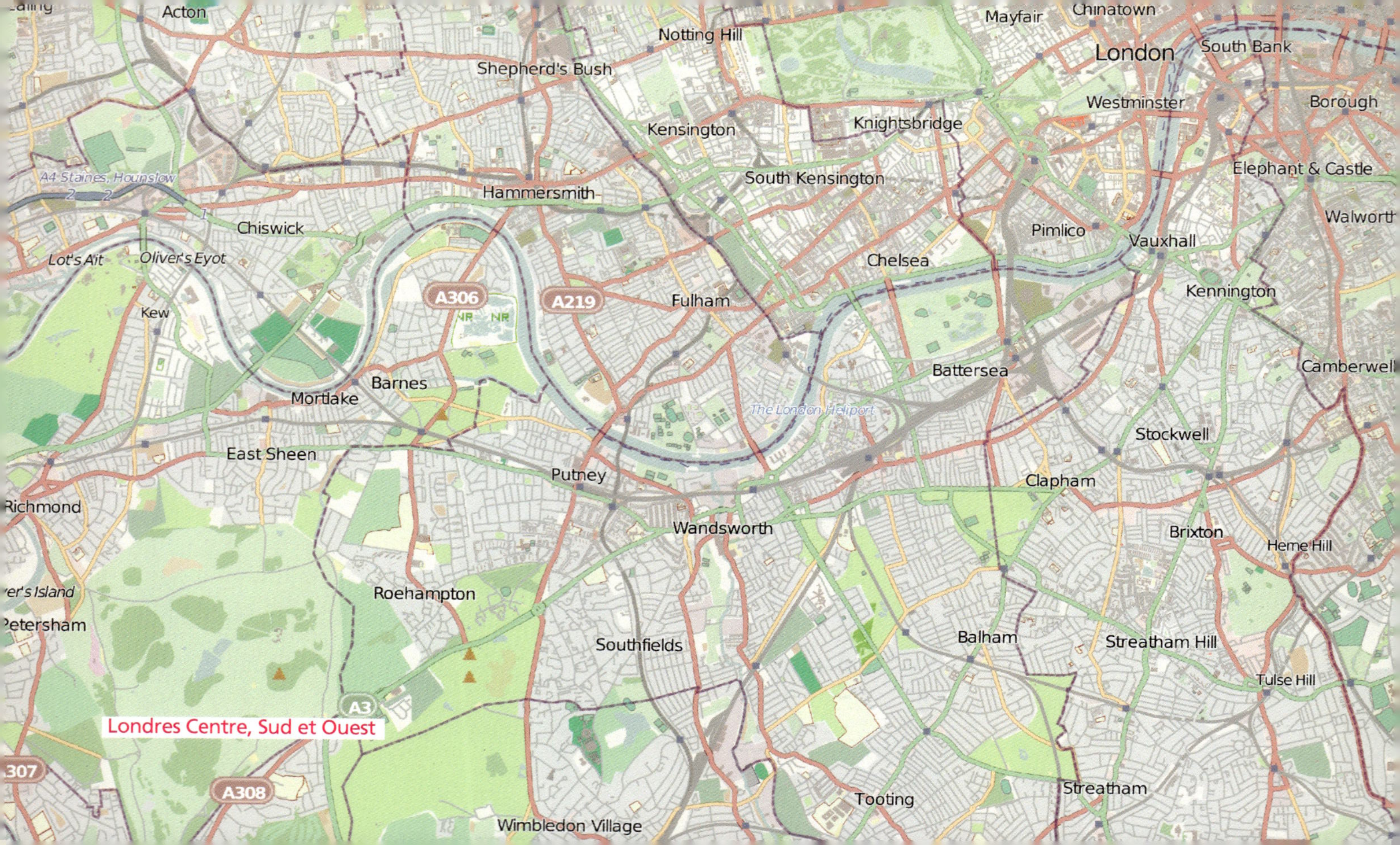
Londres Centre, Sud et Ouest
Acton
Notting Hill
Mayfair
Chinatown
London
South Bank
Shepherd's Bush
Westminster
Borough
Kensington
Knightsbridge
Elephant & Castle
South Kensington
A4 Staines, Hounslow
Hammersmith
Walworth
Chiswick
Pimlico
Vauxhall
Lot's Ait
Oliver's Eyot
Chelsea
Kew
A306
A219
Fulham
Kennington
Battersea
Camberwell
Barnes
Mortlake
The London Heliport
East Sheen
Stockwell
Putney
Clapham
Richmond
Wandsworth
Brixton
Herne Hill
Roehampton
Petersham
Southfields
Balham
Streatham Hill
Tulse Hill
A3
A308
Tooting
Streatham
Wimbledon Village